Beiträge zur Geschichte des Nationalsozialismus
Band 20

»Die Deportation der Juden aus Deutschland«

Beiträge zur Geschichte des Nationalsozialismus
Band 20

Die Deportation der Juden aus Deutschland

*Pläne – Praxis – Reaktionen
1938-1945*

WALLSTEIN VERLAG

Gedruckt mit Unterstützung der
»Stiftung Erinnerung«, Lindau

HerausgeberInnen und Redaktion:
Christoph Dieckmann, Wolf Gruner, Anne Klein, Birthe Kundrus, Beate Meyer, Armin Nolzen, Babette Quinkert, Sven Reichardt, Thomas Sandkühler, Sybille Steinbacher

Herausgeberinnen und verantwortliche Redakteurinnen dieses Bandes:
Birthe Kundrus und Beate Meyer

Postanschrift der Redaktion:
Jun.-Prof. Dr. Sven Reichardt
Universität Konstanz
Fachbereich Geschichte und Soziologie
Fach D 1
Universitätsstraße 10
78457 Konstanz

© der Texte bei den AutorInnen
© dieser Ausgabe Wallstein Verlag, Göttingen 2004
www.wallstein-verlag.de
Vom Verlag gesetzt aus der Adobe Garamond
Umschlaggestaltung: Basta Werbeagentur, Steffi Riemann
unter Verwendung eines Fotos (Ausschnitt): Würzburger Juden auf dem Weg zum Bahnhof (zweite Deportation aus Mainfranken am 7.12.1942, Ziel: Izbica bei Lublin), Staatsarchiv Würzburg, Gestapo 18880a/Foto 87.
Wir danken Dr. Herbert Schott vom Staatsarchiv Würzburg.
Druck: Hubert & Co, Göttingen
ISBN 3-89244-792-6

Inhalt

In eigener Sache 9

Editorial 11

WOLF GRUNER
Von der Kollektivausweisung zur Deportation der Juden
aus Deutschland (1938-1945)
Neue Perspektiven und Dokumente 21

BEATE MEYER
Handlungsspielräume regionaler jüdischer Repräsentanten (1941-1945)
Die Reichsvereinigung der Juden in Deutschland und die Deportationen . . . 63

MONICA KINGREEN
»Wir werden darüber hinweg kommen«
Letzte Lebenszeichen deportierter hessischer Juden.
Eine dokumentarische Annäherung 86

ROBERT KUWAŁEK
Das kurze Leben »im Osten«
Jüdische Deutsche im Distrikt Lublin aus polnisch-jüdischer Sicht 112

BEATE KOSMALA
Zwischen Ahnen und Wissen
Flucht vor der Deportation (1941-1943) 135

CHRISTIANE KULLER
»Erster Grundsatz: Horten für die Reichsfinanzverwaltung«
Die Verwertung des Eigentums der deportierten Nürnberger Juden 160

FRANK BAJOHR
Über die Entwicklung eines schlechten Gewissens
Die deutsche Bevölkerung und die Deportationen 1941-1945 180

Fundstück
NICHOLAS TERRY
Ein Gespräch zwischen dem britischen Botschafter Victor Mallet
und Jacob Wallenberg, November 1941 in Stockholm
Dokument: Memo by HM Minister Stockholm, 17.11.41, Conversation
with M Jacob Wallenberg regarding conditions in Germany 196

Rezensionen

Saul Friedländer u.a., Bertelsmann im Dritten Reich *(Hartwig Stein)* 209

Manfred Gailus, Protestantismus und Nationalsozialismus *(Tanja Hetzer)* ... 212

Cornelia Hecht, Deutsche Juden und Antisemitismus
in der Weimarer Republik *(Armin Nolzen)* 215

Alexandra Przyrembel, »Rassenschande« *(Yfaat Weiss)* 217

Fritz Kieffer, Judenverfolgung in Deutschland *(Susanne Heim)* 219

Kiran Klaus Patel, »Soldaten der Arbeit«.
Arbeitsdienste in Deutschland und den USA *(Rüdiger Hachtmann)* 220

Michael Buddrus, Totale Erziehung für den totalen Krieg *(Dagmar Reese)* ... 224

Peter Süß, »Ist Hitler nicht ein famoser Kerl?«
Graetz – Eine Familie und ihr Unternehmen *(Dieter Ziegler)* 227

Uwe Mai, »Rasse und Raum« *(Rüdiger Hachtmann)* 230

Isabel Heinemann, »Rasse, Siedlung, deutsches Blut« *(Birthe Kundrus)* 233

Brian Mark Rigg, Hitlers jüdische Soldaten *(Christoph Rass)* 235

Tatjana Tönsmeyer, Das Deutsche Reich und die Slowakei *(Dieter Pohl)* ... 237

Christopher R. Browning, Die Entfesselung der »Endlösung« *(Wolf Gruner)* 238

Andrej Angrick, Besatzungspolitik und Massenmord *(Frank Golczewski)* ... 242

Christoph Rass, »Menschenmaterial«.
Innenansichten einer Infanteriedivision *(Armin Nolzen)* 244

Wolfgang Scheffler/Diana Schulle (Bearb.), Buch der Erinnerung
(Beate Meyer) 246

Robert Jan van Pelt, The Case for Auschwitz *(Sybille Steinbacher)* 248

Peter Burke, Augenzeugenschaft *und*
Klaus Hesse/Philipp Springer, Vor aller Augen *und*
Klaus-Michael Mallmann u.a., Deutscher Osten 1939-1945
(Anne Klein) 251

Michael Wedekind, Nationalsozialistische Besatzungs-
und Annexionspolitik in Norditalien *(Armin Nolzen)* 253

Lutz Hachmeister/Friedemann Siering (Hg.), »Die Herren Journalisten«
(Daniel Uziel) 255

Nicolas Berg, Der Holocaust und die westdeutschen Historiker
(Irmtrud Wojak) 257

Eric Hobsbawm, Gefährliche Zeiten *und*
George L. Mosse, Aus großem Hause *und*
Wilma und Georg Iggers, Zwei Seiten der Geschichte
(Kirsten Heinsohn) 260

Martin Sabrow u.a. (Hg.), Zeitgeschichte als Streitgeschichte
(Sven Reichardt) 263

Replik zur Rezension seines Buches
»Die Historiographie der Shoah aus jüdischer Sicht« *(Dan Michman)* 265

Personenregister 267

Zu den Autorinnen und Autoren 270

In eigener Sache

Die Redaktion der »Beiträge zur Geschichte des Nationalsozialismus« hat sich mit Erscheinen von Band 20 verändert: Christian Gerlach mußte aus beruflichen Gründen aus dem Herausgeberkreis ausscheiden, was für uns einen Verlust bedeutet, denn er zählt zu den Wegbereitern unserer Zeitschrift. Im Wissen, daß er uns als Autor und Rezensent verbunden bleiben wird, danken wir ihm an dieser Stelle noch einmal herzlich für sein jahreslanges Engagement. Mit Birthe Kundrus, Sven Reichardt und Sybille Steinbacher haben wir drei neue Redakteurinnen und Redakteure gewonnen, die dazu beitragen werden, unseren Anspruch auf eine kritische NS-Geschichtsforschung zu erfüllen.

Die »Beiträge« stehen methodisch für eine politische Sozialgeschichtsschreibung. Unser Ziel ist es, durch integrative, betont empirische Geschichtsforschung Erklärungsansätze für die beunruhigende Stabilität und Effizienz des NS-Regimes zu liefern und vereinfachender Mythenbildung und reiner Ideologiebezogenheit entgegenzuwirken. Dazu gehört, theoretische Modelle beziehungsweise Deutungsangebote im Hinblick auf ihre Erklärungskraft für die NS-Geschichte zu überprüfen.

Gegenüber den »Beiträgen« der ersten Jahre hat sich der Schwerpunkt von politischen Planungen, Utopien und Eliten hin zur Untersuchung der politischen Praxis im »Dritten Reich« und zur Betrachtung verschiedener sozialer Gruppen verlagert. Die in der Forschung gegenwärtig vorherrschende Trennung von Wirtschafts- und Sozialgeschichtsschreibung erscheint uns eher erkenntnishemmend. Wir nehmen regionale, nationale und internationale Perspektiven in den Blick und gehen über die gängigen, von den Rahmendaten 1933 und 1945 markierten zeitlichen Zäsuren hinaus, um Kontinuitätslinien und Wendepunkte in Politikfeldern und Biographien sowohl in der Vor- als auch in der Nachgeschichte des »Dritten Reiches« auszumachen.

Die »Beiträge« erscheinen weiterhin einmal jährlich und werden ihren ausführlichen Rezensionsteil beibehalten. Sie richten sich keineswegs ausschließlich an ein fachwissenschaftliches Publikum. Vielmehr wollen wir im Sinne der Interdisziplinarität und des internationalen Austausches auch Forscherinnen und Forschern aus anderen Fächern und anderen Ländern ein Forum bieten.

Editorial

Im Jahre 1933 lebten im Deutschen Reich mehr als 500.000 Personen, die einer jüdischen Gemeinde angehörten. Knapp neun Jahre später waren rund zwei Drittel von ihnen mehr oder minder zwangsweise emigriert. Als die systematischen Deportationen der Juden im Herbst 1941 anliefen, lagen bereits Jahre der systematischen Ausgrenzung und Vertreibung hinter den Betroffenen. Sie hatten ihre Arbeitsstellen und ihre Firmen, ihre Wohnungen und große Teile ihres Eigentums verloren, waren diskriminiert, isoliert, schikaniert, zu Verhören vorgeladen und/oder während des Novemberpogroms 1938 verhaftet worden. Wer irgendwie konnte, hatte das Deutsche Reich mit oder ohne Besitz auf legalen oder illegalen Wegen verlassen. Zurück blieben neben denen, die nicht auswandern wollten, vor allem die, die es nicht konnten: die Alten, Verarmten und Kranken.

Bereits vor dem Herbst 1941 hatte es einzelne Deportationen gegeben. Die NS-Führung hatte in einigen Fällen, beispielsweise bei Juden mit ausländischer Staatsangehörigkeit, Zwangsmaßnahmen in Form einer direkten, staatlich gelenkten Vertreibung eingeleitet, um diese aus dem Reich zu »entfernen«. So waren im Oktober 1938 etwa 17.000 Juden polnischer Herkunft abgeschoben worden, es folgten aus vorgeblich militärischen und siedlungspolitischen Gründen weitere Deportationen aus Stettin (Februar 1940) und Schneidemühl (März 1940) in den Distrikt Lublin im Generalgouvernement, aus Baden und der Pfalz (Oktober 1940) nach Gurs im unbesetzten Teil Frankreichs sowie aus Danzig (Februar 1941) und Wien (Februar/März 1941), wiederum in den Distrikt Lublin. Diese Kollektivausweisungen entwickelten sich seit Oktober 1941 zum zentral gesteuerten Mittel, die Juden aus allen Gebieten des »Großdeutschen Reichs« zu entfernen.[1] Ab diesem Zeitpunkt wurden deutsche und staatenlose Juden in den nicht näher definierten »Osten« und ab Sommer 1942 in das »Altersghetto« Theresienstadt im Reichsprotektorat Böhmen und Mähren transportiert. Die Transporte des Herbstes 1941 markieren den Übergang zu einer Politik der Zwangsverschleppung, da die Mobilisierung der Juden per Auswanderungsdruck dem NS-Regime nicht mehr genügte. Deportationen meinten zu diesem Zeitpunkt die zwangsweise Umsiedlung einzelner Personengruppen auf Initiative und Betreiben staatlicher Organe. Genauer wäre es daher, von Zwangsumsiedelungen zu sprechen, denn die Verschleppungen waren auf Dauer angelegt, eine Rückkehr der Betroffenen –

---

1 Es bleibt anzumerken, daß dieses Ziel nicht verwirklicht wurde, die Deportierten blieben ja im Macht- und Verfügungsbereich des nationalsozialistischen Staates. Daher handelte es sich bei den Deportationen der Juden ab Herbst 1941 auch nicht mehr um Vertreibungen im engeren, juristischen Sinn, also über die über die rechtmäßigen bzw. annektierten Grenzen Deutschlands hinaus. Vgl. zum juristischen Diskurs Dieter Blumenwitz (Hg.), Recht auf die Heimat im zusammenwachsenden Europa. Ein Grundrecht für nationale Minderheiten und Volksgruppen, Frankfurt am Main 1995; als historiographischer Überblick: Andreas Gestrich (Hg.), Ausweisung und Deportation. Formen der Zwangsmigration in der Geschichte, Stuttgart 1995.

historisch betrachtet durchaus ein Merkmal von Deportationen, z. B. im Falle von Sträflingen – war nicht eingeplant. Allerdings trifft der Terminus »Umsiedelung« wiederum kaum die Verwahrung in Lagern und Ghettos, geschweige denn den weiteren tödlichen Verlauf der Deportationen. Die Deportationen der Juden im »Dritten Reich« sind also historisch wie juristisch schwierig auf einen Begriff zu bringen, verfehlt wäre es aber, sie von dem Zeitpunkt an, als die NS-Machthaber sie als Mittel antijüdischer Politik einsetzten, mit »Todestransporten« gleichzusetzen. Vielmehr entwickelten sie sich erst später dazu, und es ist gerade dieser sich allmählich herausschälende Zusammenhang, der das Thema komplex und vielschichtig macht.

Zwischen Oktober 1941 und März 1942 betrafen zwei Deportationswellen ca. 60.000 von den über 300.000 in Deutschland, Österreich und dem Protektorat Böhmen und Mähren lebenden Juden wie auch Sinti und Roma.[2] Eine dritte Verschleppungswelle fand zwischen Mitte März und Mitte Juni 1942 statt, mit der etwa 55.000 Personen in Ghettos und Lager im Distrikt Lublin (insbesondere Izbica, Piaski und Zamosc), aber auch nach Warschau transportiert wurden. Wesentliche Schaltstelle war das Reichssicherheitshauptamt (RSHA), in dem Adolf Eichmann in Fortführung seiner Rolle als bisheriger Cheforganisator der Zwangsauswanderung nun in seinem Referat »Juden- und Räumungsangelegenheiten« die Vertreibungen mit allen anderen beteiligten zentralen und regionalen Regierungs- und Parteistellen abstimmte. Üblicherweise wurden als Beförderungsmittel Züge benutzt, ca. 1.000 Personen pro Transport füllten die Waggons. In Berlin, wo 70.000 Juden lebten, sowie in Wien und Prag mit jeweils 50.000 jüdischen Einwohnern etablierte das RSHA mit Hilfe der Gestapo eine bis zum Kriegsende dauerhaft aufrechterhaltene Struktur von Zuständigkeiten, Arrestzellen und Sammellagern, andernorts wurde ad hoc organisiert, wenn eine »Aktion« befohlen worden war. Die Gestapo bezog die Repräsentanten der jeweiligen jüdischen Gemeinde in die Abwicklung der Deportationen ein. In der Regel wurden die zu Deportierenden aufgelistet, benachrichtigt und mußten sich in zentralen Sammelstellen melden, wo insbesondere die Vermögens- und Wohnungsfragen geklärt wurden. Nach ein bis zwei Tagen – ab 1943 dauerte die Haftzeit im Sammellager länger, bis ein Transport zusammengestellt war – gelangten sie zu Fuß, per Lastwagen oder Straßenbahn zum Bahnhof zu den bereitstehenden Zügen. Oft geschah dies unter den Augen der nichtjüdischen deutschen Öffentlichkeit. Wieviel Gepäck und welche Nahrungsmittel mitgenommen werden durften, war festgelegt. Deportiert werden sollten nach den bis Frühjahr 1943 geltenden Richtlinien des RSHA alle Juden aus dem Reich mit Ausnahme der in Mischehe lebenden, denen, die einer kriegswichtigen Arbeit nachgingen, die Frontsoldaten gewesen, die über 60 Jahre alt waren oder eine ausländische Staatsbürgerschaft besaßen. Staatenlose Juden sollten indessen ausdrücklich einbezogen werden.

Die Deportationen lagen im Spannungsfeld von zwei politischen Großvisionen: Zum einen gehörten sie zur nationalsozialistischen Phantasmagorie einer ethnischen

---

2 Vgl. zum folgenden Christopher R. Browning, Die Entfesselung der »Endlösung«. Nationalsozialistische Judenpolitik 1939-1942, München 2003, S. 536 ff. Eine Besprechung dieses Buches durch Wolf Gruner findet sich in unserem Rezensionsteil.

Neuordnung Europas unter der Prämisse weitestgehender »rassischer« Einheitlichkeit, die im Zuge der gewalttätigen Aneignung des Kontinents geschehen sollte und zu der wesentlich das Instrument »volklicher Flurbereinigungen« (Adolf Hitler) gehörte.³ Insofern standen die nationalsozialistischen Vertreibungen in der Kontinuität einer politischen Praxis, die Nationalstaaten homogenisierte, indem man Minderheiten verschob, als Maßnahme präventiver oder tatsächlicher Konfliktbeseitigung oder zur Erzwingung ethnischer »Einheitlichkeit«.⁴ Zum anderen waren sie Teil einer hiervon zwar nicht unabhängigen, aber doch eigenen Vorgaben und Traditionen entsprechenden spezifischen »Judenpolitik«, die dem Ziel verpflichtet war, »das Deutsche Reich judenrein zu machen«, was schließlich in dem Versuch kulminierte, alle Juden zu töten, derer die Deutschen in Europa habhaft wurden. Daß als Zielgebiete für die Deportationen stets Peripherien – jedenfalls aus der Sicht der NS-Machthaber – in den Blick genommen wurden, gleich ob Kolonien wie Madagaskar oder okkupierte Gebiete wie »der Osten« Europas, hing nicht nur mit dem Gedanken der »Reinheit« des Zentrums, sondern auch mit der Vorstellung zusammen, in diesen imperialen Randzonen ließe sich die Idee des »Verschwindens« tatsächlich realisieren, unbemerkt von jeder Form von Öffentlichkeit und im Einklang mit den vermeintlich unzivilisatorischen Gegebenheiten dieser »abgelegenen« Gebiete.

Auffällig – und die Forschung seit langem schon beschäftigend – ist die Ungleichzeitigkeit von Deportationen und Ermordung: Während die sowjetischen Juden schon seit Sommer 1941 mit sich steigernder Radikalität umgebracht wurden, verschleppte man die Deportierten aus dem Reich in die Ghettos von Lodz, Minsk und Riga – nachdem deren einheimische Bewohner zuvor getötet worden waren. Etwa 6.000 der deportierten Juden jedoch ermordeten Erschießungskommandos sofort nach der Ankunft in Kowno und Riga. Wiederum parallel hierzu und zu der als vorübergehende Maßnahme erachteten Unterbringung in den Ghettos wurde mit Tötungsarten durch Gas experimentiert. So wurde das erste mit Gaswagen ausgestattete Vernichtungslager in Chelmno im Dezember 1941 in Betrieb genommen, in Bełżec und Birkenau wurden im März 1942 stationäre Gaskammern errichtet. Offenbar gründet diese Ungleichzeitigkeit sowohl auf dem Krieg als generellem Katalysator der Judenverfolgung als auch auf den jeweils aktivierten Feindbildern. Als die Deutschen in Polen einmarschiert waren, war das polnische »Judenproblem«, das den Besatzern nun in Gestalt des orthodoxen Juden entgegentrat, noch sekundär. In diesem Feldzug ging es zuerst darum, den antizipierten Widerstand der polnischen Intelligenz zu brechen, um so das Land zu »befrieden«.⁵ Zwei Jahre später hingegen identifizierten die

---

3 Vgl. v.a. Götz Aly, »Endlösung«. Völkerverschiebung und der Mord an den europäischen Juden, Frankfurt am Main 1995.
4 Vgl. z. B. Andrew Bell-Fialkoff, Ethnic Cleansing, New York 1996; Robert M. Hayden, Schindler's Fate: Genocide, Ethnic Cleansing, and Population Transfers, in: Slavic Review 55 (1996), Nr. 4, S. 727-749; Norman M. Naimark, Flammender Haß. Ethnische Säuberung im 20. Jahrhundert, München 2004 (engl. Originalausgabe: Fires of Hatred. Ethnic Cleansing in Twentieth-Century Europe, Cambridge/London 2001).
5 Vgl. neuerdings Alexander B. Rossino, Hitler Strikes Poland. Blitzkrieg, Ideology, and Atrocity, Kansas City 2003; auch Browning, Entfesselung (wie Anm. 2), S. 172.

Nationalsozialisten den sowjetischen Gegner mit »dem Judentum« und dem »jüdischen Bolschewismus«. Nun konnte sich der Kampf geradewegs gegen »die Juden« richten, und in diesem »Vernichtungskrieg« sollte der Nationalsozialismus seinen endgültigen »Aggregatzustand« (Bernhard Kroener) finden. Allein: Es bleibt die Frage, wie sich in diesen Ungleichzeitigkeiten, diesen Überlagerungen und nicht- bzw. nur teilweise korrespondierenden Entwicklungen die Vertreibung der Juden aus Deutschland verorten läßt.

Denn die NS-Machthaber unterschieden weiterhin zwischen osteuropäischen und westeuropäischen bzw. »deutschen Juden« oder den Juden, die aus dem »Altreich«, Österreich und dem Protektorat stammten. Die deutschen Juden waren die ersten in Zentral- und Westeuropa, die aus ihrer Heimat deportiert werden sollten. Ihr Tod durch Arbeit oder die mörderischen Lebensbedingungen an den Deportationszielorten wurde zunächst nur billigend in Kauf genommen. Noch zögerten die Verantwortlichen, sie gleich und aktiv umzubringen. Anlaß für die Deportationen ab Herbst 1941, so Peter Longerich in seiner großen synthetisierenden Darstellung, seien zwei Beweggründe gewesen: einmal die Drohgebärde an die noch nicht in den Krieg eingetretenen Vereinigten Staaten, um diese von einer weiteren Annäherung an Großbritannien abzuhalten, sowie das propagandistisch-integrierende Motiv, eine Entlastung der ohnehin prekären, durch den Bombenkrieg weiter verschärften Wohnungssituation herbeizuführen. Beide Momente seien »auf eine äußerst raffinierte Weise miteinander verbunden«[6] gewesen. Einmal davon abgesehen, ob diese Überlegungen tatsächlich ausschlaggebend waren: Die Frage, inwiefern mit der räumlichen Entfernung der Juden aus dem Reich gleichzeitig die Entscheidung darüber gefallen war, diese an den neuen Aufenthaltsorten Zielorten zu töten, beantwortet auch Longerich nicht eindeutig: Er datiert den Übergang von der »Judenpolitik« zur »Vernichtungspolitik« bereits auf den Herbst 1939, weil schon zu diesem Zeitpunkt die Vernichtungsrhetorik massiv die Äußerungen führender Funktionäre des NS-Staates durchzogen habe. Doch erst im Mai/Juni 1942 hätten die NS-Machthaber in Bezug auf die Juden aus dem Reich diesen Worten auch Taten folgen lassen, indem sie das eingeführte Ablaufschema der Vertreibungen aufgaben. Zudem sei nicht wie ursprünglich geplant nach dem erwarteten Sieg, sondern schon während des andauernden Rußlandfeldzuges eine Deportation sämtlicher Juden im deutschen Herrschaftsbereich anvisiert worden. In der Folge sei zum einen die deutsche Quote erhöht und zum anderen seien die Transporte aus Zentraleuropa sofort in die Vernichtungslager geleitet worden. Die Ermordung in Auschwitz sei damit endgültig an die Stelle der Idee vom »Juden-Reservat« getreten. Mit dieser neuen Praxis sei, so Longerich, die alte Erklärung obsolet geworden, die Morde als »Lösungen« für »Sachzwänge« auszugeben. Deren Logik lautete, daß die deportierten »Altreich«-Juden zur Zwangsarbeit umgesiedelt worden seien. Sie hätten sich aber den Bedingungen im Ansiedlungsgebiet nicht gewachsen gezeigt und müßten daher – angesichts der sich verschärfenden Ernährungs- und Unterbringungsmöglichkeiten und der wegen der Kriegslage

---

6 Peter Longerich, Politik der Vernichtung. Eine Gesamtdarstellung der nationalsozialistischen Judenverfolgung, München/Zürich 1998, S. 432.

blockierten weiteren Umsiedlung – beseitigt werden.[7] Im Zuge der Ausdehnung des Deportationsprogramms auf den Westen und Südosten Europas habe die Vernichtungspolitik, das einzige während des Krieges noch durchführbare Element der »rassischen« Neuordnung Europas, zunehmend die Funktion einer Klammer der deutschen »Besatzungs- und Bündnispolitik« eingenommen.[8]

Christopher R. Browning hebt in seiner fundamentalen Studie über die »Entfesselung der Endlösung« als Grund für die eigentlich verschobene, im Herbst 1941 auf Drängen mehrerer Gauleiter gleichwohl erfolgte Deportation der deutschen Juden vor allem die zu diesem Zeitpunkt herrschende Siegeseuphorie hervor.[9] Er stimmt Longerich zwar zu, daß es im Herbst/Winter 1941 weder einen Plan noch ein Programm zur Ermordung von Millionen europäischer Juden gegeben habe, doch sei bis Ende 1941 zumindest die Richtung klar gewesen, denn »ungeachtet der Methoden und des zeitlichen Ablaufs«[10] sollte kein europäischer Jude entkommen. Das halbe Jahr zwischen dem Beginn der Deportationen und der systematischen Tötung sei eine Periode der Initiativen, Experimente und Vorbereitungen gewesen, bis dann im März 1942 die »Endlösung« umfassend in Gang gesetzt wurde. Die ersten beiden Deportationswellen aus Deutschland hätten dazu gedient, Erfahrungen zu sammeln und die ineinandergreifende Tätigkeit einer Vielzahl von Behörden und Ämtern zu koordinieren.[11]

Christian Gerlach befaßt sich hingegen hingegen u.a. mit der Frage, wann der Moment erreicht war, an dem die Deportationen nicht mehr Endziel, sondern Vorstufe zur Vernichtung wurden. Er mißt der Wannsee-Konferenz im Januar 1942 die Schlüsselstellung für die Ermordung der deutschen Juden zu: Während die Tötung der russischen Juden sofort mit der deutschen Besetzung der sowjetischen Gebiete vonstatten ging, sei bis dahin das Schicksal der deutschen Juden noch prinzipiell offen gewesen. Auf dem Tisch habe allein der Befehl Hitlers vom September 1941 gelegen, die Juden des gesamten Reichsgebiets möglichst noch im laufenden Jahr in die eingegliederten Ostgebiete und dann weiter »nach Osten« zu deportieren. Nach der Wannsee-Konferenz hingegen habe Konsens über die Einbeziehung der deutschen und der zentraleuropäischen Juden in das systematische Mordprogramm bestanden.[12] Diese These steht vor dem Hintergrund, daß Gerlach Hitlers grundsätzliche Entscheidung, sämtliche europäischen Juden zu töten, exakt auf den 12. Dezember 1941 datiert, nach dem Kriegseintritt der USA und nach der Beendigung der Gauleitertagung am gleichen Tage. Er weist damit Hans Mommsens These zurück, der grundsätzlich ausgeschlossen hatte, »daß Hitler die Genozid-Politik in Form einer direkten

---

7 Ebd., S. 489.
8 Ebd., S. 586.
9 Browning, Entfesselung (wie Anm. 2), S. 486 ff.
10 Ebd., S. 535.
11 Ebd., S. 569.
12 Christian Gerlach, Die Wannsee-Konferenz, das Schicksal der deutschen Juden und Hitlers politische Grundsatzentscheidung, alle Juden Europas zu ermorden, in: WerkstattGeschichte 18 (1997), S. 7-44.

Führerweisung in Gang gesetzt hat.«[13] Für Mommsen entfaltete die »Utopie« des Judenmords gerade im »Zwielicht unklarer Befehlsgebung« und »ideologischer Fanatisierung« ihre Dynamik.[14]

Obwohl sich also die neuere Forschung verstärkt den Deportationen als Thema zugewandt hat, sind doch bislang nur einzelne Aspekte beleuchtet worden. Im Gegensatz zu älteren Ansätzen der Holocaustforschung, die für die Deportation und Ermordung der Juden ein breites Spektrum mehr oder minder eindimensionaler Erklärungen anbot,[15] das von Hitlerzentrierten Deutungen bis zum Selbstlauf bürokratisch-administrativer Prozesse reichte, betonen neuere Untersuchungen die Interdependenzen zwischen Kriegsplanung und -verlauf, Hunger- und Umsiedlungsplänen, innen- und außenpolitischen Motiven und versuchen, die Zusammenhänge zwischen Deportation, Ghettoisierung »im Osten« und systematischer Ermordung zeitlich und inhaltlich genauer zu bestimmen. Gleichwohl scheinen bestimmte Kernfragen, die den Stellenwert der Deportationen im NS-Verfolgungs- und Vernichtungsgefüge bestimmen, nicht hinreichend geklärt. Warum z. B. hat es in den Augen der NS-Machthaber nicht gereicht, die Juden in irgendeiner Ecke des neuen Reiches zu konzentrieren, warum mußten sie auch noch physisch ausgelöscht werden? Genügt hier der Verweis darauf, daß allen ethnischen Säuberungen ein genozidaler Zug zu Eigen ist? Oder liegt die Spezifik dieses Mordes in der »Intensität der nationalsozialistischen Rassenideologie«[16], genauer noch im Ideologem der immer und überall auftauchenden und ansteckenden »Anti-Rasse« der Juden? Legt nicht gerade der changierende Inhalt des Begriffs »Deportation« nahe, den Holocaust noch stärker als bisher als uneinheitliche und keineswegs zielgerichtete Entwicklung anzusehen? Aber auch der konkrete Ablauf der Deportationen in den Städten des Deutschen Reiches und die Reaktionen der Betroffenen stellen noch weitgehend weiße Flecken in der Forschung dar, wenngleich sich vermehrt Regionalstudien, ergänzt durch Gedenkbücher und publizierte Photosammlungen mit den Transporten aus einzelnen Gebieten und Städten befassen.[17] Dieser Fokus auf Mikrostudien steht zugleich für eine

---

13 Hans Mommsen, Die Realisierung des Utopischen: Die »Endlösung der Judenfrage« im »Dritten Reich«, in: ders., Der Nationalsozialismus und die deutsche Gesellschaft, Reinbek 1991, S. 214.

14 Ebd., S. 215.

15 Vgl. dazu Dan Michman, Die »Shoa« in den Augen der Historiker: Probleme der Konzeptualisierung, Periodisierung und Deutung, in: ders., Die Historiographie der Shoa aus jüdischer Sicht. Konzeptualisierungen. Terminologie. Anschauungen. Grundfragen, Hamburg 2002, S. 14-45; vgl. auch den intentional ausgerichteten Artikel »Deportation« in der Enzyklopädie des Holocaust. Die Verfolgung und Ermordung der europäischen Juden, Band 1, hg. von Israel Gutman u.a., München 1995, S. 316-322.

16 Naimark, Haß (wie Anm. 4), S. 109.

17 Stellvertretend für die zahlreichen, verstreuten Publikationen sei hier ein Hinweis auf die Überblicksartikel zu Berlin, München, Frankfurt, Wien, Breslau, Nürnberg, Stuttgart, Hamburg, Köln, Kassel, Düsseldorf, Münster, Osnabrück und Bielefeld, Hannover, Leipzig und Dresden sowie Dortmund von div. Autoren mit weiterführenden Literaturangaben gegeben, in: Buch der Erinnerung. Die ins Baltikum deportierten deutschen, österreichischen und

Neuorientierung in der lokalen und regionalen Forschung, deren Schwerpunkte zuvor eher auf der antijüdischen Politik, der Pogromnacht 1938 und den »Arisierungen« lagen. Zwar fehlen noch vergleichende Forschungen, doch fällt auf, daß die antijüdische Politik – wenngleich zentral gesteuert – lokal und regional durchaus unterschiedliche Ausprägungen aufwies.

Der vorliegende Band intendiert daher, den Komplex der Deportation der Juden aus dem »Altreich« 1938-1945« aus einer multiperspektivischen Sicht auszuleuchten. Zum einen unternimmt er es, das administrative Planen und Handeln auf der Täterseite zu erhellen: Wann, von wem, warum und unter welchen Bedingungen fielen die Entscheidungen über Abschiebung bzw. Deportation der Juden aus dem »Altreich«? Was verbarg sich jeweils hinter den Begriffen »Deportation« und »Endlösung«? Wie sah die Praxis der Deportationen aus? Lief dieser Vorgang überall im Deutschen Reich gleich ab? Und: Konnten die jüdischen Funktionäre, die die Nationalsozialisten bekanntlich für ihre Zwecke einspannten, diesen Prozeß aufhalten, abmildern oder überhaupt beeinflussen? Zum anderen liegt ein Schwergewicht auf den Reaktionen der Opfer. Wie weit war die jüdische Bevölkerung darüber informiert, was vor sich ging? Lassen sich Zusammenhänge zwischen dem Ahnen um das Verfolgungsgeschehen in Osteuropa und den Versuchen deutscher Juden herstellen, sich der Deportation zu entziehen? Spiegelten sich die zeitlich aufeinander folgenden Etappen – Ghettoisierung/Zwangsarbeit im Osten, dann Ermordung vor Ort bzw. in einem Vernichtungslager und schließlich direkte Transporte nach Auschwitz – in den Versuchen deutscher Juden, sich der Deportation zu entziehen? Deckte sich ihr Wissen um den Holocaust mit dem der nichtjüdischen betroffenen Bevölkerung? Weiter ist zu fragen, wie die einheimische Bevölkerung in den Zielgebieten die in »ihre« Ghettos eingewiesenen deutschen Juden wahrnahm und welche Nachrichten von den Deportierten aus Ghettos und Lagern in die Heimat gelangten. An den Herkunftsorten löschten die damit befaßten staatlichen Stellen die bürgerliche Existenz der Deportierten aus, hier ist zu untersuchen, was eigentlich mit deren Eigentum geschah und welche Institutionen ihre Hinterlassenschaft abwickelten. In anderen Worten: Wer profitierte vom Judenmord? Von besonderer Bedeutung ist schließlich die Frage, welche Haltung die »Volksgenossen« zu den Deportationen einnahmen.

Wolf Gruner befaßt sich in seinem Einführungs- und Überblicksartikel mit den im NS-Staat entwickelten Plänen, die Juden aus dem Deutschen Reich, dem »Altreich« und schließlich dem deutschen Herrschaftsbereich zu deportieren. Detailreich zeigt er, wie das federführende Reichssicherheitshauptamt mit den Gestapostellen die Deportation der Juden aus Deutschland in Zusammenarbeit mit Ministerien, Arbeitsämtern, der Reichsbahn und vielen anderen Institutionen organisierte. Er weist auch auf Hitlers wiederholte Eingriffe in den Prozeß hin, die von einer Erfolgskontrolle (bei der Abschiebung der polnischen Juden), der persönlichen Anordnung bis hin zur zeitweiligen Unterbrechung der Transporte aus kriegsbedingten Gründen reichten. Nach-

tschechoslowakischen Juden, bearbeitet von Wolfgang Scheffler und Diana Schulle, 2 Bde., München 2003. Vgl. ansonsten die in diesem Band vorgelegten Beiträge, die weitere Angaben zur regionalen Forschungsliteratur und zu Gedenkbüchern enthalten.

dem die Vertreibungen der Jahre 1933 bis 1938 nicht zum Ziel geführt hatten, gingen die Verantwortlichen zu Abschiebungen über und entwarfen – nach Kriegsbeginn – Pläne für »Judenreservate« in Madagaskar und später im Generalgouvernement. *Gruner* vertritt auf der Grundlage von neuen Dokumenten die These, die Deportation aller Juden aus Deutschland sei bereits kurz nach dem Überfall auf Polen beschlossen und auch konkret in Angriff genommen worden. Damit entkoppelt er die Deportationspläne vom oben diskutierten Wendepunkt zum Judenmord 1941/1942 und weist auf den genozidalen Gehalt hin, der den Plänen schon 1939/1940 zu eigen war.

Das Reichssicherheitshauptamt gab die Reihenfolge der Städte und Landkreise, aus denen die Juden »abwandern« sollten, den Zeitpunkt und die Personenzahlen verbindlich vor. *Beate Meyer* behandelt in ihrem Beitrag anhand der Städte Frankfurt, Nürnberg und Mainz die Möglichkeiten der jüdischen Funktionäre, das Deportationsgeschehen vor Ort zugunsten ihrer (Zwangs)Mitglieder zu beeinflussen. Nachdem sich die Repräsentanten der Reichsvereinigung der Juden in Deutschland teils gezwungen, teils in der Hoffnung, ein »milderes« Verfahren als die Gestapo organisieren zu können, zur Mitwirkung bei der Organisation der Transporte bereit erklärt hatten, mußten die Leiter der meisten Bezirksstellen polizeilich zugewiesene Aufgaben erfüllen. Sie waren beispielsweise in die Erstellung der Deportationslisten einbezogen, benachrichtigten die Betroffenen, richteten Sammellager ein, sorgten für deren Unterhaltung und statteten die Transporte mit Handwerkzeug oder Maschinen aus, die vorgeblich zur Ansiedlung im Osten gedacht waren. Am Beispiel der Herrschaftskonstellationen in den drei genannten Städten untersucht die Autorin, welche Handlungsspielräume den jüdischen Funktionären jeweils noch blieben. Diese hingen wesentlich davon ab, so das Ergebnis, ob sie einen Ansprechpartner bei einer der führenden Verfolgungsinstanzen (Gestapo bzw. NSDAP-Gauleitung) fanden. Die regionalen Akteure konnten versuchen, die Zahl derjenigen, die zusätzlich zur vorgegebenen Deportationsliste als »Schutzhäftlinge« abtransportiert werden sollten, gering zu halten und die allgemeine Atmosphäre zu beeinflussen, in der die zu Deportierenden ihre letzten Tage oder Wochen am Heimatort erlebten.

Monica Kingreen präsentiert in ihrem Beitrag eine Fülle letzter Lebenszeichen von hessischen Juden. Sie zitiert aus Abschiedsbriefen von Juden, die angesichts der bevorstehenden Deportation Selbstmord verübten, und arbeitet aus Postkarten, Briefen, Kassibern, Tagebuchaufzeichnungen und Nachkriegsberichten heraus, was die Verschleppten aus den Lagern über ihre Lebensumstände, ihre Nöte und – soweit ersichtlich – über ihre Vorstellungen von der näheren Zukunft mitteilten. Selbst unter diesen Bedingungen versuchten viele, ihre Selbstachtung und Würde durch die Vermittlung von Bildung und Kultur zu erhalten. In einem weiteren Schritt legt die Autorin dar, welche Schlußfolgerungen die noch nicht deportierten Juden an den Heimatorten aus diesen Informationen zogen. Schon aus den Hilferufen nach lebensnotwendigen Gütern, aus verschlüsselten oder offenen Mitteilungen über den Tod von Leidensgenossen konnten diese schließen, wie hart die Bedingungen des Ghettolebens und der Zwangsarbeit waren, bis schließlich keine Nachrichten mehr in die Heimat gelangten. Deutlich wird, daß etliche Juden bis zu ihrer Ermordung glaubten, daß ihre Arbeitsfähigkeit ein Überleben garantieren könnte.

EDITORIAL

Robert Kuwałek erörtert das Schicksal der Juden aus dem »Altreich« in einem der wichtigsten Zielgebiete von Deportationen, nämlich dem Distrikt Lublin. Der Beitrag wagt den Versuch, die zeitgenössische Sicht der polnischen und jüdischen Bewohner der Region auf die aus dem »Altreich« Deportierten zu rekonstruieren. Hierzu hat der Autor nicht nur Archivmaterial ausgewertet, sondern auch Interviews mit Polen und polnisch-jüdischen Überlebenden geführt. *Kuwałeks* Resümee lautet, daß in den Ghettos traditionelle kulturell und religiös motivierte Gegensätze zwischen »Westjuden« und »Ostjuden« wieder aufbrachen und allenfalls partiell überwunden werden konnten. Die wenigen Monate in den Durchgangslagern, als polnische und nichtpolnische Juden unter elenden Bedingungen zusammengepfercht lebten, führten zu verschärften Konfliktlagen, die eine Solidarisierung oftmals verhinderten und statt dessen alte Klischees und Vorurteile belebten.

Beate Kosmala wertet in ihrem Beitrag die Daten von rund 1.000 deutschen Juden aus, die untergetaucht oder unter falscher Identität überlebten. Die meisten stammten aus Berlin oder hatten sich in die Reichshauptstadt geflüchtet. Die Fluchtwellen lassen Rückschlüsse auf den Kenntnisstand der deutschen Juden vom Schicksal der bereits Deportierten zu und spiegeln insofern auch die Entwicklung der »Endlösung« von der Ghettoisierung »im Osten« hin zur systematischen Ermordung wider. Im Herbst/Winter 1941 bestand noch die allgemeine Einschätzung, es handle sich um eine »Evakuierung« in Arbeitslager. Dem entzogen sich diejenigen, die sich diesen Strapazen nicht gewachsen fühlten, die Zahl der Untergetauchten war noch gering. Spätestens ab Oktober 1942 veränderte sich aber die Situation, und Monat für Monat verstärkte sich die Fluchtwelle, bis sie infolge der sogenannten Fabrik-Aktion (27. Februar 1943) ihren Höhepunkt erreichte. Dennoch, so geht aus den ausgewerteten Erinnerungsberichten hervor, kann der Entschluß, in die »Illegalität« zu gehen, nicht monokausal auf Kenntnis oder Unkenntnis des Geschehens »im Osten« zurückgeführt werden. Schließlich blieb das »Wissen« oft schemenhaft, und das »Nichtwissen« war in manchen Fällen auch Teil einer lebensnotwendigen Verdrängung. Ob der folgenschwere Schritt in den Untergrund gewagt wurde, hing von vielen Faktoren ab: Von günstigen Gelegenheiten, von der Unterstützung durch Dritte, auch davon, ob auf Bindungen an Familienangehörige, die wegen ihres Alters oder Gesundheitszustandes nicht untertauchen konnten, Rücksicht zu nehmen war. Der Entschluß, sich der Deportation zu entziehen, rettete etwa einem Viertel der Untergetauchten das Leben, die anderen fielen Razzien, Denunziationen oder den Bomben zum Opfer.

Christiane Kuller untersucht in ihrem Beitrag, wie das Eigentum der Deportierten verwertet wurde. Im arbeitsteiligen Prozeß des Judenmords löschten die Beamten der Oberfinanzdirektion die Reste der bürgerlichen Existenz der Deportierten aus, indem sie deren verbliebenes Vermögen in der »Aktion 3« zugunsten des Deutschen Reiches beschlagnahmten, sobald die Deportierten die Reichsgrenzen überschritten hatten. Am Beispiel von Nürnberg – wo Sicherheitspolizei und NSDAP-Gauleitung bereits seit Jahren im offenen Konflikt miteinander lagen – zeigt sie die Konkurrenz- und Verteilungskämpfe zwischen RSHA und Gestapo auf der einen und der Oberfinanzdirektion auf der anderen Seite um Macht, Geld, Grundstücke, Möbel und Kunstwerke auf. Während sich die örtliche Gestapo – wie zuvor schon die NSDAP –

bereits weit über das im »Deutschen Reich« übliche Maß hinaus bereichert hatte, setzte sich nun die Reichsfinanzverwaltung durch. Die Behörde schuf innerhalb kürzester Zeit organisatorische Strukturen für den behördlichen Raub des Eigentums der Deportierten, die so umfassend waren, daß der NS-Staat mit dem größten Gewinn aus der »Aktion 3« hervorging.

Frank Bajohr fragt in seinem Beitrag nach der Entwicklung eines »schlechten Gewissens« bei den deutschen »Volksgenossen«. Im zeitlichen Längsschnitt wertet er Stimmungsberichte, die in der NS-Zeit auf verschiedenen politischen und administrativen Ebenen erstellt wurden, und andere Quellen aus, die Aufschluß über Meinungen und Haltungen zu den Deportationen geben. Während die offizielle Presse demonstrativ zu den Transporten schwieg, zeigen seine Quellen trotz aller Schönfärberei und Tabuisierung ihrer Verfasser, welch großes Interesse die Bevölkerung diesem Vorgang entgegenbrachte. *Bajohr* konstatiert, daß die meisten »Volksgenossen« zwischen aktiver Zustimmung, unauffälliger Zurückhaltung und kritischer Distanz schwankten, sich aber zumeist mit öffentlichen Äußerungen zurückhielten – im Gegensatz zu der weitaus kleineren Gruppe, die einen Dissens in Form von humanitären Einwänden erkennen ließ. Eine ähnliche Verhaltensvielfalt offenbarte sich in den Reaktionen auf die Versteigerungen des Besitzes deportierter Juden. Der Autor beschreibt, wie sich mit der Kriegswende 1942/43 diffuse Bestrafungsängste ausbreiteten, die während der zunehmenden Luftangriffe auf deutsche Städte weiter aktiviert wurden. Angesichts des Kriegsverlaufes machte sich in der Bevölkerung die Furcht breit, im Falle einer Niederlage für das an den Juden begangene Unrecht in Haftung genommen oder selbst in ähnlicher Weise behandelt zu werden.

Unser diesmaliges »Fundstück« ergänzt die vorangegangenen Aufsätze und erweitert sie noch einmal um eine neue Perspektive, nämlich um die eines nicht beteiligten ausländischen Beobachters. *Nicholas Terry* kommentiert das hochinteressante Protokoll eines Gespräches zwischen dem schwedischen Geschäftsmann Jacob Wallenberg und dem britischen Botschafter in Stockholm Victor Mallet. Der Industrielle Wallenberg gab Eindrücke und Informationen weiter, die er bei einem Besuch in Berlin im November 1941 gewonnen hatte. Der Botschafter notierte insbesondere die von Wallenberg registrierte ablehnende Haltung der Deutschen zur Judendeportation, die weitverbreitete Kenntnis von Hungerplänen für die überfallene Sowjetunion und die Klagen über den extremen Arbeitskräftemangel in der hochtourig auf Kriegsrüstung laufenden Industrie. Die britischen Geheimdienste analysierten seine Aufzeichnungen (wie ähnliche Quellen auch) unter ökonomischen Vorzeichen: Sie werteten die Deportationen als Indiz, daß Deutschland Zwangsarbeiter im Osten einsetzen wollte – und hielten an dieser fatalen Fehl-Einschätzung bis Ende 1942 fest, als das NS-Regime längst zur systematischen Ermordung der Juden übergangen war.

Die Herausgeberinnen

WOLF GRUNER

Von der Kollektivausweisung zur Deportation der Juden aus Deutschland (1938 – 1945)
Neue Perspektiven und Dokumente

Im NS-Staat wurden Tausende Juden deutscher und anderer Staatsangehörigkeit in Sammellager interniert und dann mit Bussen, Lastwagen, Personen- oder Güterzügen verschleppt: nach Polen, nach Frankreich, in Ghettos in den besetzten Ostgebieten, nach Auschwitz und Theresienstadt.[1] Die Massendeportationen aus Deutschland gehören zu den in der Literatur am häufigsten erwähnten, gleichwohl am wenigsten analysierten Aspekten der Verfolgungsgeschichte. Weder ist hinreichend erforscht, wie und wann die Methoden der Massentransporte entwickelt, noch wie die Deportationen im Reich geplant wurden. Welche zentralen und lokalen Behörden waren beteiligt?

Gemeinhin verstehen Forschung und Öffentlichkeit unter den Deportationen diejenigen Massentransporte aus Deutschland, die Mitte Oktober 1941 begannen. Diese Sicht verknüpft die Deportationen direkt oder indirekt mit dem Völkermord an den europäischen Juden. Zentrale Pläne vom Herbst 1939 für »Umsiedlungen« der Juden in ein Reservat im besetzten Ostpolen wurden, da gescheitert, kaum untersucht, die Massentransporte des Jahres 1940 aus Pommern und Baden als regionale Sonderfälle unterschätzt. Zu Vorgeschichte, Ablauf und Organisation der NS-Deportationen hatte H. G. Adler bereits 1974 ein Standardwerk vorgelegt.[2] Seit jener Zeit thematisierten viele der Lokalstudien zur Judenverfolgung auch die Massentransporte.[3] Doch erst seit den 1990er Jahren untersuchen Historiker die lokale Organisation der Deportationen genauer bzw. die einzelner Transporte[4] oder widmen sich

1   Für Anregungen und Kritik zu diesem Aufsatz sei den RedaktionskollegInnen, Thomas Jersch und Dieter Pohl gedankt. Einen Teil der Forschungsergebnisse für diesen Aufsatz erarbeitete der Autor während seiner Zeit als Pearl Resnick Fellow 2002/2003 am Center for Advanced Holocaust Studies des US-Holocaust Memorial Museums in Washington, DC.
2   H. G. Adler, Der verwaltete Mensch. Studien zur Deportation der Juden aus Deutschland, Tübingen 1974.
3   Ausführlich z. B. Herbert Schultheis, Juden in Mainfranken 1933-1945, unter besonderer Berücksichtigung der Deportationen Würzburger Juden, Bad Neustadt a. d. Saale 1980.
4   Zum Beispiel: Michael Zimmermann, Die Gestapo und die regionale Organisation der Judendeportationen. Das Beispiel der Stapo-Leitstelle Düsseldorf, in: Gerhard Paul/Klaus-Michael Mallmann (Hg.), Die Gestapo. Mythos und Realität, Darmstadt 1995, S. 357-372; Monica Kingreen, Gewaltsam verschleppt aus Oberhessen. Die Deportationen der Juden im September 1942 und in den Jahren 1943-1945, in: Mitteilungen des Oberhessischen Geschichtsvereins NF 85 (2000), S. 5-95; »... Verzogen, unbekannt wohin«. Die erste Deportation von Münchner Juden im November 1941, hg. vom Stadtarchiv München, Zürich/München 2000; Die Deportationen der Hamburger Juden 1941-1945, hg. von der Forschungsstelle für Zeitgeschichte in Hamburg und dem Institut für die Geschichte der deutschen Juden. Mit Beiträgen von Frank Bajohr u.a., Hamburg 2002.

Teilaspekten, wie dem Einfluß der Zwangsarbeit auf den Ablauf der Deportationen.[5] Zuletzt rückten die Enteignung der Juden und die Rolle der Finanzämter mehr in das Zentrum des Forschungsinteresses.[6] Die Namen der Verschleppten werden an immer mehr Orten erfaßt,[7] und es wird endlich dokumentiert, was mit den Opfern nach deren Deportation geschah.[8]

Im folgenden werden Planung, Hintergründe und Entwicklung der NS-Deportationen in einer neuen Perspektive untersucht. Gezeigt wird, daß deren konkrete Vorgeschichte auf das Jahr 1938 zurückging, auf die versuchte Kollektivausweisung einiger hundert sowjetischer Juden, der die Vertreibung burgen- und sudetenländischer Juden sowie die gewaltsame Abschiebung von 17.000 Juden polnischer Staatsangehörigkeit folgten. Schon Adler hatte auf die Bedeutung dieser Massenvertreibungen hingewiesen.[9] Die Kollektivausweisungen von 1938 stellten nicht nur einen neuen, radikalen Schritt der NS-Vertreibungspolitik dar, sondern, basierend auf den Erfahrungen dieser Massenaktionen, entwickelte die Gestapo später die im Krieg angewandten Transportmethoden. Diese Gewaltaktionen waren Ausläufer der forcierten NS-Vertreibungspolitik von 1938, die Massentransporte seit Kriegsbeginn 1939 aber bildeten ein wichtiges Element einer neuen Verfolgungskonzeption, weshalb nur letztere hier als Deportationen bezeichnet werden. Daß die ersten Vertreibungsaktionen

---

5 Dieter Maier, Arbeitseinsatz und Deportation. Die Mitwirkung der Arbeitsverwaltung bei der nationalsozialistischen Judenverfolgung in den Jahren 1938 – 1945, Berlin 1994; Wolf Gruner, Der Geschlossene Arbeitseinsatz deutscher Juden. Zur Zwangsarbeit als Element der Verfolgung 1938 bis 1943, Berlin 1997.

6 »Betrifft: Aktion 3«. Deutsche verwerten jüdische Nachbarn. Dokumente zur Arisierung. Ausgewählt und kommentiert von Wolfgang Dreßen, Berlin 1998; Alfons Kenkmann/Bernd-A. Rusinek (Hg.), Verfolgung und Verwaltung. Die wirtschaftliche Ausplünderung der Juden und die westfälischen Finanzbehörden, Münster 1999; Kurt Schilde, Bürokratie des Todes. Lebensgeschichten jüdischer Opfer des NS-Regimes im Spiegel von Finanzamtsakten, Berlin 2001; Hans-Dieter Schmid, »Finanztod«. Die Zusammenarbeit von Gestapo und Finanzverwaltung bei der Ausplünderung von Juden in Deutschland, in: Gerhard Paul/Klaus-Michael Mallmann (Hg.), Die Gestapo im Zweiten Weltkrieg. »Heimatfront« und besetztes Europa, Darmstadt 2000, S. 141-154; Martin Dean, The Development and Implementation of Nazi Denaturalization and Confiscation Policy up to the Eleventh Decree of the Reich Citizenship Law, in: Holocaust and Genocide Studies 16 (2002), S. 217-242.

7 Z.B. Gedenkbuch: Opfer der Verfolgung der Juden unter der nationalsozialistischen Gewaltherrschaft in Deutschland 1933-1945, bearb. vom Bundesarchiv Koblenz, 2 Bde., Koblenz 1986; Gedenkbuch Berlins der jüdischen Opfer des Nationalsozialismus. »Ihre Namen mögen nie vergessen werden!«, hg. Freie Universität Berlin, Berlin 1995; Peter Schulze, Namen und Schicksale der jüdischen Opfer des Nationalsozialismus aus Hannover, Hannover 1995; Hamburger jüdische Opfer des Nationalsozialismus: Gedenkbuch, bearb. von Jürgen Sielemann (Staatsarchiv Hamburg), Hamburg 1995.

8 Theresienstädter Gedenkbuch. Die Opfer der Judentransporte aus Deutschland nach Theresienstadt 1942-1945, hg. vom Institut Theresienstädter Initiative, Prag 2000; Buch der Erinnerung. Die ins Baltikum deportierten deutschen, österreichischen und tschechoslowakischen Juden. Bearb. von Wolfgang Scheffler und Diana Schulle, Band I, München 2003.

9 Adler, Der verwaltete Mensch (wie Anm. 2), S. 161.

des Jahres 1938 über die »grünen« Grenzen zum Teil am Widerstand der vorgesehenen Aufnahme-Staaten scheiterten, führte zu einer Re-Konzipierung der NS-Vertreibungspolitik, und zwar zunächst zu der Idee, ein Reservat für die Juden in Übersee zu bilden. Doch im Herbst 1939, kurz nach dem Überfall auf Polen, und nicht erst im Sommer 1941 nach dem Beginn des »Unternehmens Barbarossa«, fällte die NS-Führung die Entscheidung über eine vollständige Deportation aller deutschen Juden – in die besetzten polnischen Gebiete, so die These dieses Beitrages. Neue Dokumente belegen, daß diese Deportationen vom Reichssicherheitshauptamt (RSHA) bereits im Herbst 1939 konkret in Angriff genommen und nach Unterbrechungen 1940 fortgesetzt wurden. Statt des Gesamtplans konnte das RSHA wegen des Krieges nur regionale Teil-Aktionen realisieren. Das Jahr 1941 markierte dann den Höhepunkt der zentralen Planungen. Bereits Ende Juli/Anfang August 1941 – und nicht erst Mitte September wie meist angenommen – fiel dann offenbar die Entscheidung der NS-Führung, die meisten Städte im »Großdeutschen Reich« noch während des Krieges von Juden zu »säubern«. Wenn die Deportationen aus dem Deutschen Reich aber von der NS-Führung früher geplant und vorbereitet wurden, als bisher angenommen, ändert das nicht nur ihren Platz in der Geschichte der NS-Judenverfolgung, sondern erhöht auch ihre Bedeutung für deren Interpretation und Verständnis.

1. Die Vertreibungspolitik in der Sackgasse:
Kollektivausweisungen als Ausweg?

Trotz der antijüdischen Politik seit 1933 und einer daraus resultierenden massiven Emigration lebten im Herbst 1937 noch über 350.000 Juden in Deutschland.[10] Durch die Verarmung der jüdischen Bevölkerung wurde die NS-Vertreibungspolitik immer stärker blockiert. Jede Woche schlossen mehr Länder ihre Tore für jüdische Immigranten. Die Vertreibung würde mithin Jahrzehnte beanspruchen.[11] Angesichts dieser politischen Sackgasse zeigte sich die NS-Führung zuerst ratlos. Joseph Goebbels, der Reichsminister für Volksaufklärung und Propaganda und Gauleiter von Berlin, hielt Anfang Januar 1938 in seinem Tagebuch fest: »Die Juden wollen an allen Grenzen emigrieren. Aber niemand will sie hereinlassen. Wohin mit dem Dreck?«[12]

Man suchte nach neuen Wegen der Massenvertreibung. Schon im NSDAP-Programm vom 24. Februar 1920 fand sich der Passus von der Ausweisung aller jüdischen Immigranten aus Deutschland. Seit 1933 war es in ungezählten Einzelfällen zu Ausbürgerungen oder Ausweisungen von deutschen bzw. nichtdeutschen Juden gekom-

---

10 Vgl. Anhang: Bevölkerungsstatistik, in: Wolfgang Benz (Hg.), Die Juden in Deutschland 1933-1945. Leben unter nationalsozialistischer Herrschaft, München 1988, S. 733.
11 Vgl. Wolf Gruner, Die NS-Judenverfolgung und die Kommunen. Zur wechselseitigen Dynamisierung von zentraler und lokaler Politik 1933-1941, in: Vierteljahrshefte für Zeitgeschichte 48 (2000), S. 75-126.
12 Die Tagebücher von Joseph Goebbels. Im Auftr. des Instituts für Zeitgeschichte und mit Unterstützung des Staatlichen Archivdienstes Rußlands, hg. von Elke Fröhlich, Teil I: Aufzeichnungen 1923-1941, Bd. 5, München 2000, S. 84: Eintrag vom 6.1.1938.

men. Viele dieser Vertriebenen wurden als »Staatsfeinde« enteignet.[13] Doch nun testete der NS-Staat erstmals die Möglichkeit einer Kollektivvertreibung an einer Gruppe in Deutschland lebender Juden mit ausländischem Paß. Für den Reichsführer SS und Chef der Deutschen Polizei befahl Dr. Werner Best am 5. Januar 1938 der Gestapo, alle sowjetischen Juden – außer denjenigen im diplomatischen Dienst – »ohne weitere Begründung aus dem Reichsgebiet mit einer Abzugsfrist von 10 Tagen auszuweisen.« Wer das Land nicht freiwillig und fristgemäß verlasse, werde abgeschoben.[14] Ungefähr 500 Personen wiesen die Polizeibehörden förmlich aus.[15] Ende Januar 1938 bat der »Hilfsverein der Juden in Deutschland« die Gestapo um eine Fristverlängerung für die Betroffenen. Die Sowjetunion gestatte weder die Einreise in ihr Staatsgebiet noch anderen Ländern, ihre Staatsbürger aufzunehmen.[16] Als das Geheime Staatspolizeiamt von Problemen an der Grenze erfuhr, wo Polen die Ein- bzw. Durchreise ohne sowjetischen Stempel verwehrte,[17] gewährte es im Februar bis zu zweimal sechs Wochen Verlängerung.[18]

Im Frühjahr 1938 diskutierten Goebbels und Hitler, nicht nur gegen polnische und rumänische, sondern auch gegen deutsche Juden vorzugehen: »Der Führer will sie allmählich alle abschieben. Mit Polen und Rumänien verhandeln. Madagaskar wäre für sie das geeignete.«[19] Ähnlich dachten die Beamten in den Judenreferaten des SD und der Gestapo.[20] Verschärft hatte sich diese Diskussion durch die Annexion Österreichs Mitte März 1938. Zwar waren über einhunderttausend deutsche Juden inzwischen emigriert, doch gerieten doppelt so viele Juden neu unter deutsche Herrschaft. Eine Welle antijüdischer Gewalt in Österreich folgte.[21] Die zweite Kollektivvertrei-

---

13 Grundlage des Raubes bildeten die Gesetze über die Einziehung kommunistischen Vermögens vom 26.5.1933 sowie über die Einziehung volks- und staatsfeindlichen Vermögens vom 14.7.1933; RGBl., 1933 I, S. 293, sowie ebd., S. 479. Vgl. Dean, Development (wie Anm. 6), S. 218-226, Martin Friedenberger, Das Berliner Finanzamt Moabit-West und die Enteignung der Emigranten des Dritten Reiches 1933-1942, in: ZfG 49 (2001), S. 677-694. Vgl. auch den Beitrag von Christiane Kuller in diesem Band.
14 Erlaß des RFSSuChdDtPol S-V 6 1/38-469 (Geheim, i.V. Dr. Best) vom 5.1.1938, Yad Vashem Archives (YV) Jerusalem, 051/OSOBI (Sonderarchiv Moskau), Nr. 69 (501-3-583), Bl. 102+RS. Vgl. hierzu kurz Sybil Milton, Menschen zwischen den Grenzen. Die Polenausweisung, in: Menora. Jahrbuch für deutsch-jüdische Geschichte 1 (1990), S. 189-190; Gruner, NS-Judenverfolgung (wie Anm. 11), S. 99-100.
15 Vermerk SD II 1123 vom 8.2.1938 (ausgef. am 9.2.), YV Jerusalem, 051/OSOBI, Nr. 398, Bl. 10-11.
16 Hilfsverein an Ministerialrat Dr. Krause (Gestapa) am 31.1.1938, ebd., Nr. 398, Bl. 4-6.
17 Handschriftl. Vermerk vom 31.1.1938, ebd, Nr. 69 (501-3-583), Bl. 103.
18 RFSSuChDtPol Schnellbrief (Dr. Best) vom 17.2.1938, ebd., Nr. 69 (501-3-583), Bl. 105.
19 Die Tagebücher von Joseph Goebbels (wie Anm. 12), Teil I, Bd. 5, S. 269-270: Eintrag vom 23.4.1938. Vgl. Saul Friedländer, Nazi Germany and the Jews, Vol. 1: The Years of Persecution, 1933-1939, New York 1997, S. 219.
20 Kurt Düwell, Die Rheingebiete in der Judenpolitik des Nationalsozialismus vor 1942, Bonn 1968, S. 251.
21 Hans Safrian, Die Eichmann-Männer, Wien/Zürich 1993, S. 28-36; Doron Rabinovici, Instanzen der Ohnmacht. Wien 1938-1945. Der Weg zum Judenrat, Frankfurt am Main 2000,

bung richtete sich gegen eine Gruppe nun inländischer Juden im annektierten Gebiet. Im Burgenland an der österreichischen Ostgrenze lebten über 3.000 Juden, die von der dortigen Gestapo, kooperierend mit verschiedenen Behörden, vertrieben wurden. Das erregte internationales Aufsehen.[22] Während im Burgenland die Vertreibung trotz mancher Hindernisse mittelfristig gelang, galt die Kollektivausweisung gegen die sowjetischen Juden nach Ablauf der zweimal verlängerten Ausreisefristen als gescheitert. Auf Befehl des Chefs der Sicherheitspolizei, Reinhard Heydrich, lieferte man Ende Mai 1938 alle, die nicht abgeschoben werden konnten, bis zur Vorlage von Emigrationspapieren in Konzentrationslager ein. Um den Druck noch zu erhöhen, beschlagnahmte man bis zur Ausreise ihr Vermögen.[23] Dieser erste Versuch einer kollektiven Judenvertreibung war u.a. daran gescheitert, daß es keine gemeinsame Grenze mit der Sowjetunion gab.

Mit den beiden Aktionen machte die Gestapo erste Erfahrungen über potentielle geographische und diplomatische Hindernisse für weitere Pläne, Juden aus Deutschland zu vertreiben.[24] Ungeachtet des Fehlschlags begann man ähnliche Schritte gegen andere Gruppen von Juden ausländischer Staatsangehörigkeit in Deutschland einzuleiten. Am 11. Mai 1938 hatte der Reichsführer SS angeordnet, den Aufenthalt rumänischer Juden künftig strikt zu kontrollieren. Bei geringsten Verstößen gegen Gesetze erfolge die Ausweisung, das gelte auch, wenn rumänische Behörden Juden die Staatsbürgerschaft entzögen.[25] Geplant wurde bereits eine große Aktion gegen jüdische Polen, da seit April der polnische Staat im Ausland lebende Juden in wachsender Zahl ausbürgerte und viele nun staatenlos in Deutschland lebten.[26]

2. Eine international organisierte Massenemigration als Alternative?

Aufgrund der vielfältigen Widersprüche der antijüdischen Politik ging die NS-Führung seit dem Frühjahr 1938 verstärkt zur Koordinierung und Zentralisierung der Verfolgungspläne über.[27] Als einzige Chance, die Vertreibung zu forcieren, erschien inzwischen eine organisierte Massenemigration, wie Reichsinnenminister Wilhelm

S. 57-114; Wolf Gruner, Zwangsarbeit und Verfolgung. Österreichische Juden im NS-Staat 1938-1945, Innsbruck u.a. 2000, S. 23-30.
22 Milka Zalmon, Forced Emigration of Jews of Burgenland. A Test Case, in: Yad Vashem Studies XXIV (2003), S. 287-323, hier 290-323. Vgl. auch Safrian, Eichmann-Männer (wie Anm. 21), S. 28-34.
23 Runderlaß RFSSuChdDtPol vom 28.5.1938, in: Helmut Eschwege (Hg.), Kennzeichen J. Bilder, Dokumente, Berichte zur Geschichte der Verbrechen des Hitlerfaschismus an den deutschen Juden 1933-1945, Berlin 1981, S. 111.
24 Vgl. ähnlich Milton, Menschen (wie Anm. 14), S. 190.
25 RFSS-Erlaß vom 11.5.1938, StadtA Leipzig, Kap. 1, Nr. 122, Bl. 105.
26 Referat Herbert Hagen auf SD-Hauptabteilungsleitersitzung II am 9.6.1938, in: Michael Wildt (Hg.), Die Judenpolitik des SD 1935-1938. Eine Dokumentation, München 1995, S. 192. Vgl. zur Politik der polnischen Regierung: Trude Maurer, Abschiebung und Attentat, in: Walter H. Pehle (Hg.), Der Judenpogrom 1938, Frankfurt/Main 1988, S. 52-73.
27 Vgl. ausführlich Gruner, NS-Judenverfolgung (wie Anm. 11), S. 101-102.

Frick am 14. Juni an Göring, Himmler, Heß und Wirtschaftsminister Funk schrieb. Weil nach der »Ausschaltung« aus der Wirtschaft die Juden in Deutschland künftig ohne Besitz daständen, verarmt und von der staatlichen Fürsorge abhängig, fehle ihnen jede Aussicht auf eine individuelle Emigration. Für eine »Masseneinwanderung der Juden«[28] sei bisher kein Land gefunden. Noch bestand in der NS-Führung allerdings Hoffnung, daß andere Staaten eine Massenaufnahme akzeptieren würden. In Evian am Genfer See diskutierten die Delegierten vieler Länder wenig später das Thema der jüdischen Flüchtlinge ausführlich.[29] Doch am 13. Juli 1938 konnte man im »Völkischen Beobachter« die höhnische Schlagzeile lesen: »Keiner will sie haben«. Das NS-Zentralorgan stellte heraus, daß die meisten Delegierten davon überzeugt seien, daß eine wirkliche Lösung nur gefunden werde, »in dem ein geeignetes Gebiet bereitgestellt wird, wo die Juden ›unter sich‹ sind und wohin außer den deutschen Emigranten im Laufe der Zeit die Millionen polnischer und anderer Juden abgeschoben werden können«[30]. Hier zeichnete sich eine Reservatsidee in europäischem Maßstab ab. Doch Reichsfinanzminister Lutz Graf Schwerin von Krosigk lehnte intern eine solche »territoriale Lösung« in einem Überseegebiet wegen der prekären Devisensituation Deutschlands definitiv ab.[31] Wenn man also in der NS-Regierung keine Devisen wegen der Kriegsvorbereitung mehr bereitstellen wollte, war schon im Sommer 1938 an eine vollständige Vertreibung der Juden durch eine »legale« Massenemigration nicht mehr zu denken, weder auf individuellem Weg und durch Repression noch durch eine Massenansiedlung nach internationalen Absprachen

3. Der kommende Krieg und neue Kollektivvertreibungen (Herbst 1938)

Mit der »Sudetenkrise« Anfang September 1938 ergab sich eine veränderte Situation, denn ein Krieg konnte binnen Tagen ausbrechen. Doch Hitler konnte das Sudetengebiet, wo ungefähr 27.000 Juden lebten, durch das »Münchner Abkommen« vom 1. Oktober 1938 friedlich annektieren. Schon vor der Besetzung war es zu einer Massenflucht unter den Juden gekommen. Um eine weitere, langwierige Einzelemigration zu vermeiden, versuchte man, mit Gewalt die Flucht der restlichen Juden zu

---

28 RMdI-Schnellbrief vom 14.6.1938, in: Akten der Parteikanzlei der NSDAP, hg. vom Institut für Zeitgeschichte, München u.a. 1983, Teil I, Bd. 2 -Microfiche-, Nr. 20700228-37. Vgl. Uwe Dietrich Adam, Judenpolitik im Dritten Reich, Düsseldorf 1972, S. 181. Zum Einfluß der Verarmung der Juden auf die zentrale Diskussion: Wolf Gruner, Öffentliche Wohlfahrt und Judenverfolgung. Wechselwirkungen lokaler und zentraler Politik im NS-Staat (1933-1942), München 2002, S. 149-156.
29 Zur Emigration vgl. Susanne Heim, »Deutschland muß ihnen ein Land ohne Zukunft sein«. Die Zwangsemigration der Juden 1933-1938, in: Beiträge zur Nationalsozialistischen Gesundheits- und Sozialpolitik 11 (1993), S. 48-81; Juliane Wetzel, Auswanderung aus Deutschland, in: Benz, Die Juden in Deutschland (wie Anm. 10), S. 412-498.
30 VB (Norddt. Ausgabe) vom 13.7.1938.
31 RFM an die Reichsminister, RFSS, StdF am 23.8.1938, Akten der Parteikanzlei (wie Anm. 28), Teil I/2, Nr. 20700222-27.

erzwingen.[32] Angeblich wurde die Aktion von Hitler in Wien befohlen, dann von Reichskommissar Josef Bürckel und Gauleiter Odilo Globocnik ausgeführt. Nach der Besetzung suchte die Gestapo jedenfalls im Oktober 1938 im sudetenländischen Grenzgebiet Juden auf und ließ diese Verpflichtungserklärungen unterschreiben, binnen weniger Tage das Reichsgebiet zu verlassen.[33] Die neuen Vertreibungen führten zu diplomatischen Verstimmungen u.a. mit der tschechischen Regierung.[34] Doch Deutschland handelte aus einer Position der Stärke, nach wenigen Monaten lebten nur noch 10 Prozent der Juden im Sudetenland.[35]

Nach der Annexion des Sudetenlandes bereitete sich das NS-Regime vor, den tschechischen Staat im Frühjahr 1939 mit Waffengewalt zu zerschlagen. Binnen fünf Monaten also mußte die Masse der Juden aus dem eigenen Herrschaftsgebiet vertrieben werden, denn das Schließen der Grenzen im Kriegsfall bedeutete ein Ende jeder Emigration.[36] Als die polnische Regierung eine Paßüberprüfung ihrer Bürger im Ausland mit Termin 30. Oktober 1938 anordnete, die sich speziell gegen die polnischen Juden im Deutschen Reich richtete, nutzte die NS-Führung das kurzentschlossen als Vorwand zu einer neuen Kollektivausweisung.[37] »Im Benehmen« mit dem Auswärtigen Amt beauftragte Reinhard Heydrich am 26. Oktober 1938 die Landesbehörden, polnischen Juden ab dem 30. Oktober gültige Aufenthaltsverbote zuzustellen.[38] Einen Tag später ordnete Best an, diese Juden sofort »in Abschiebungshaft zu nehmen und unverzüglich nach der polnischen Grenze in Sammeltransporten abzuschieben.« Eine möglichst große Zahl, insbesondere Männer, sollten vor dem 30. Oktober über die Grenze geschafft werden.[39] Daraufhin führte die Polizei in vielen deutschen Städten

---

32 Eine Dissertation zur Judenverfolgung im »Reichsgau« Sudetenland wird zur Zeit von Jörg Osterloh, Halle (Saale), an der TU Dresden fertiggestellt.
33 Nach SS-Tagesrapport vom Oktober 1938 bei Ludomír Kocourek, Das Schicksal der Juden im Sudetengau im Licht der erhaltenen Quellen, in: Theresienstädter Studien und Dokumente 1997, S. 86-104, hier 86-87. Vgl. Deutschland-Berichte der Sozialdemokratischen Partei Deutschlands (Sopade) 1934-1940, hg. v. Klaus Behnken, 7. Aufl., Salzhausen/Frankfurt/Main 1989, Nr. 11 von 1938, S. 1180-1181.
34 Volker Zimmermann, Täter und Zuschauer. Die Judenverfolgung im »Sudetengau« 1938-1945, in: Theresienstädter Studien und Dokumente 1999, S. 180-203, hier 187. Vgl. Friedländer, Nazi Germany (wie Anm. 19), S. 266.
35 Kocourek, Das Schicksal der Juden im Sudetengau (wie Anm. 33), S. 87.
36 Vgl. Kurt Pätzold (Hg.), Verfolgung, Vertreibung, Vernichtung. Dokumente des faschistischen Antisemitismus 1933-1942, Leipzig 1983, S. 144; Philippe Burrin, Hitler und die Juden. Die Entscheidung für den Völkermord, Frankfurt/Main 1993, S. 35.
37 Vgl. zum folg. Sybil Milton, The Expulsion of the Polish Jews, in: Leo Baeck Institute (LBI) Year Book XXIX (1984), S. 169-199 sowie Maurer, Abschiebung (wie Anm. 26), S. 52-73.
38 Schnellbrief (i.V. Heydrich) vom 26.10.1938, Landeshauptarchiv Sachsen-Anhalt Magdeburg, C 20 I b, 1948 V, Bl. 242. (Teilabdruck in: Dokumente zur Geschichte der Frankfurter Juden 1933-1945, hg. v. der Kommission zur Erforschung der Geschichte der Frankfurter Juden, bearbeitet von Dietrich Andernacht und Eleonore Sterling, Frankfurt am Main 1963, X 1, S. 422).
39 FS Blitz RFSSuChDtPol am 27.10.1938, Sächsisches Landeshauptarchiv (SLHA) Dresden, Ministerium des Innern, Nr. 11180, Bl. 5. Akte auch in US-Holocaust Memorial Museum (USHMM) Washington, RG 14.011 M.

Razzien durch. Weil es keine genauen Richtlinien gab, geschah dies überall auf unterschiedliche Weise. Wurden in Württemberg, Hessen und Sachsen ganze Familien verhaftet, traf es in Baden nur Männer. Brachte man an einigen Orten die Opfer in Gefängnisse,[40] so kamen sie anderswo in improvisierte Sammellager in Gaststätten und Ballsälen.[41] Nur mit Handgepäck, oftmals von ihren Familien getrennt, wurden die Betroffenen in Bussen oder Sonderzügen an die Grenze gebracht und dort zum Teil mit Gewalt nach Polen getrieben; in den Tagen vom 26. bis 29. Oktober insgesamt über 17.000.[42] Das stellte eine quantitativ neue Dimension kollektiver Vertreibung dar. Das sächsische Innenministerium berichtete später dem RFSS, abgesehen von einem Todesfall und Nervenzusammenbrüchen habe es keine besonderen Vorkommnisse gegeben. Die Wohnungen habe man nach der Deportation versiegelt, die Schlüssel bei den Polizeistellen hinterlegt. Probleme habe es allerdings mit den Oberfinanzpräsidenten gegeben, die nicht informiert gewesen seien.[43] Nachdem Tausende zunächst die Grenze passiert hatten, weigerte sich die polnische Regierung strikt, alle von Deutschland ausgewiesenen Juden aufzunehmen. Daraufhin mußte die Aktion am 30. Oktober gestoppt werden. Die noch im Niemandsland Ausharrenden brachte man in ihre Heimatorte zurück.[44] Bald häuften sich Anfragen bei den Landesbehörden wegen Miet-, Sach- und Lohnforderungen.[45] Mit der Reichsbahn gab es wegen der kurzfristigen Planung der Sonderzüge und der hohen Transportkosten Konflikte.[46] Der RFSS entschied, daß die »Liquidierung des zurückgebliebenen Vermögens der abgeschobenen polnischen Juden nicht Sache der Polizei sei.« Die Verfügung sei den polnischen Konsulaten zu übertragen.[47] Die Aktionskosten sollten von den Opfern eingezogen oder von der Polizei getragen werden.[48]

---

40 Milton, Menschen (wie Anm. 14), S. 192-193; Maurer, Abschiebung (wie Anm. 26), S. 62-64.
41 SLHA Dresden, MdI, Nr. 11180, Bl. 11+RS: Polizeipräsident Dresden an MdI am 28.10.1938, ebd., Bl. 140: Stadt Dresden Haushalt-Verwaltungsabteilung an Ausländeramt am 1. 12. 1938.
42 Zur Zahl: FS Gestapo Nürnberg-Fürth (Dr. Heigl) an den Inspekteur der Sipo München vom 8. 11.1938, Bundesarchiv (BA) Berlin, ZwA Dahlwitz-Hoppegarten, ZA 1, Nr. 7358, A.3, unfol; Lagebericht der SD-Zentral-Abt II/1 vom 1. 10.-31.10.1938, YV Jerusalem, 051/OSOBI, Nr. 47 (Moskau 500-3-317), Bl. 256+RS.
43 Sächsisches MdI an RFSS vom 1.11.1938; SLHA Dresden, MdI, Nr. 11180, Bl. 41-42. Abdruck, in: Eschwege, Kennzeichen J (wie Anm. 23), S. 112-114.
44 Lagebericht SD-Zentral-Abt II/1 vom 1.10.-31.10.1938, YV Jerusalem, 051/OSOBI, Nr. 47 (Moskau 500-3-317), Bl. 256+RS.
45 Sächs. MdI an RFSS vom 1.11.1938; SLHA Dresden, MdI, Nr. 11180, Bl. 41-42; Kreishauptmann zu Leipzig an MdI am 29.10.1938, ebd., Bl. 24+RS; Polizeipräsident Leipzig an MdI am 29. 10. 1938, ebd. Bl. 25+RS.
46 Polizeipräsident Dresden an Sächs. MdI am 28.10.1938, ebd., Bl. 11+RS; Polizeipräsident Leipzig an Sächs. MdI am 28.11.1938, ebd., Bl. 126. Zur Rolle der Reichsbahn bei der Verfolgung der Juden und den Deportationen speziell arbeitet Alfred Gottwaldt, Berlin, an einer Dissertation.
47 RFSSuChdDtPol an Sächs. MdI am 4.1.1939, SLHA Dresden, MdI, Nr. 11180, Bl. 17.
48 Rundschreiben RFSSuChdDtPol (Dr. Siegert) vom 6.1.1939; ebd., Bl. 178.

Wie Ulrich Herbert zu Recht betonte, wurde die »Polen-Aktion« in ihrer Bedeutung für die weitere Entwicklung von der Forschung unterschätzt.[49] Abgesehen von der Brutalität des Vorgehens machten sowohl der RFSS als auch vor Ort die Gestapo die Erfahrung, daß man eine Massendeportation besser langfristig vorbereite. Noch mußte sich die NS-Führung dem energischen Widerstand der polnischen Seite beugen.[50] Hitler, der sich über die Zahl der »Abgeschobenen« genauestens erkundigt hatte,[51] war höchst unzufrieden mit der »Abmachung, die mit Polen getroffen worden ist.« Er war eher der Meinung, man »sollte es tatsächlich auf verschiedenes ankommen lassen«[52]. Da er hierin mit Goebbels und Himmler übereinstimmte, genügte ihnen der nächste Anlaß, das Attentat auf einen deutschen Botschaftsangestellten in Paris, um gegen alle Juden im Reich mit bisher unvorstellbarer Gewalt vorzugehen. Im Zuge des zentral organisierten Novemberpogroms 1938 wurden 30.000 Männer in Konzentrationslager gebracht, Hunderte jüdische Deutsche ermordet, Tausende Wohnungen, Heime, Geschäfte und Synagogen zerstört und geplündert.[53]

Zwar verschärften Pogrom und KZ-Haft den Druck zu emigrieren, doch war abzusehen, daß Hunderttausende verarmter Juden im »Großdeutschen Reich« zurückbleiben würden. Statt mit einer Milderung der eigenen Politik auf diesen Widerspruch zu reagieren, verständigte sich die NS-Führung auf eine folgenschwere Neuorientierung der »Judenpolitik«: Einerseits forcierte sie die individuelle Emigration mit allerletzten Mitteln, andererseits aber separierte sie nun die Zurückbleibenden von der deutschen Gesellschaft. Entgegen der verbreiteten These, daß nach dem Pogrom die SS das Steuer der antijüdischen Politik übernommen hätte,[54] wurde das neue Verfolgungsprogramm unter der Leitung Görings und arbeitsteilig organisiert. Das Reichssicherheitshauptamt überwachte ab 1939 »lediglich« Emigration und jüdische Einrichtungen, wie z. B. die neue Zwangsorganisation »Reichsvereinigung«. Hingegen zeichneten künftig Arbeits- bzw. Finanzministerium für die Organisation

49 Ulrich Herbert, Best. Biographische Studien über Radikalismus, Weltanschauung und Vernunft 1903-1989, 2. durchges. Aufl., Bonn 1996, S. 217-218. Vgl. auch Maurer, Abschiebung (wie Anm. 26), S. 73.
50 Vgl. Raul Hilberg, Die Vernichtung der europäischen Juden, Frankfurt/Main 1990, Bd. 2, S. 413.
51 FS der Gestapo Nürnberg-Fürth (Dr. Heigl) an den Inspekteur der Sipo München vom 8.11.1938, BA Berlin, ZwA Dahlwitz-Hoppegarten, ZA 1, Nr. 7358, A.3, unfol.
52 Protokoll der Ministerkonferenz zur Judenfrage am 12.11.1938, in: Der Prozeß gegen die Hauptkriegsverbrecher vor dem Internationalen Militärgerichtshof, 14. November 1945-1. Oktober 1946, Nürnberg 1948, Bd. XXVIII, S. 522, Dok. PS-1816.
53 Kurt Pätzold/Irene Runge, Pogromnacht 1938, Berlin 1988. Dieter Obst, »Reichskristallnacht«, Frankfurt/Main u.a. 1991; Wolf-Arno Kropat, »Reichskristallnacht«. Der Judenpogrom vom 7.-10. November 1938 – Urheber, Täter, Hintergründe, Wiesbaden 1997. Zur enormen Wirkung der Massenverhaftungen vgl. Herbert, Best (wie Anm. 49), S. 219.
54 Vgl. die These von der SS-Dominanz ebd., S. 224; Wildt, Judenpolitik des SD (wie Anm. 26), S. 54-60; Ian Kershaw, Antisemitismus und die NS-Bewegung vor 1933, in: Vorurteil und Rassenhaß. Antisemitismus in den faschistischen Bewegungen Europas, hg. von Hermann Graml u.a., Berlin 2001, S. 29-47, hier S. 47.

von Zwangarbeit bzw. Enteignung sowie die Kommunen für die »Ghettoisierung« der Juden verantwortlich.[55]

4. Die Entscheidung über Deportationen aus Deutschland (September 1939)

Gleich nach dem Überfall begannen im September 1939 Einsatzgruppen der Sicherheitspolizei und des SD viele nichtjüdische und jüdische Polen zu ermorden.[56] Mit dem Krieg änderten sich nicht nur die außenpolitischen, sondern auch die innenpolitischen Rahmenbedingungen für die Judenverfolgung im Dritten Reich. Trotz aller Kurskorrekturen galt die Politik der Vertreibung endgültig als gescheitert, denn die meisten Grenzen in Europa wurden gesperrt, und der NS-Staat war nun keinesfalls mehr bereit, Devisen für eine Emigration bereitzustellen.[57] Damit stellte sich der NS-Führung die Frage, was mit der Masse verarmter Juden in Kriegszeiten geschehen solle. Über die Einführung allgemeiner Zwangsarbeit für deutsche und österreichische Juden hatte sich Hitler die Entscheidung persönlich vorbehalten.[58] Doch diese wurde nicht angeordnet, denn nach der raschen Okkupation Polens diskutierte die NS-Führung inzwischen ganz andere Optionen: die zwangsweise Umsiedlung der jüdischen Deutschen in den neuen Herrschaftsbereich. Schon am 19. September beriet der Ministerrat für die Reichsverteidigung über die »Bevölkerung des zukünftigen polnischen Protektoratsgebietes und die Unterbringung in Deutschland lebender Juden«[59].

Rasch fiel die Entscheidung.[60] Am 21. September 1939 informierte Heydrich die Sicherheitspolizei, daß Hitler die generelle »Juden-Deportation« in einen neu zu er-

---

55 Ausführlich zu diesem Konzept: Gruner, NS-Judenverfolgung (wie Anm. 11), S. 108-111; sowie ders., Anti-Jewish Policy in Nazi Germany 1933-1945. From Exclusion and Expulsion to Segregation and Deportation. New Perspectives on Developments, Actors and Goals, in: The Comprehensive History of the Holocaust: Germany, ed. by Yad Vashem Jerusalem with Nebraska University Press (im Druck).
56 Vgl. dazu Michael Wildt, Generation des Unbedingten. Das Führungskorps des Reichssicherheitshauptamtes, Hamburg 2002, S. 447-468; sowie jüngst ausführlich Alexander B. Rossino, Hitler strikes Poland. Blitzkrieg, Ideology, and Atrocity, Lawrence, Kansas 2003.
57 RFM-Vermerk über Besprechung am 16.9.1939, BA Berlin, R 2 RFM, Nr. 14195, Bl.18-19. Jetzt gab es nur noch geringe Quoten legaler Auswanderung in die USA sowie nach Lateinamerika und die vom SD unterstützte illegale Emigration mit gefälschten Visa (u.a. nach Palästina).
58 Vgl. zur Diskussion über die Einführung der Zwangsarbeit, Gruner, Geschlossener Arbeitseinsatz (wie Anm. 5), S. 107-116.
59 Niederschrift über die Sitzung vom 19. 9. 1939, in: Prozeß (wie Anm. 52), Bd. XXXI, S. 231-232, Dok. PS-2852.
60 Vgl. zum folgenden ausführlich: Peter Longerich, Politik der Vernichtung. Eine Gesamtdarstellung der nationalsozialistischen Judenverfolgung, München 1998, S. 251-255; Safrian, Die Eichmann-Männer (wie Anm. 21), S. 71. Zum Ergebnis, daß am 19.9. der neue Beschluß gefaßt war, kommt aufgrund anderer Dokumente auch Dieter Pohl, Von der »Judenpolitik« zum Judenmord. Der Distrikt Lublin des Generalgouvernements 1939-1944, Frankfurt/M. u.a. 1993, S. 26.

richtenden, fremdsprachigen Gau auf polnischem Territorium genehmigt habe, das schloß die deutschen Juden ein.[61] Die Juden sollten in Städten konzentriert werden, die an Bahnstrecken lagen.[62] Daß man bereits in Kürze mit den ersten Transporten deutscher Juden nach Osten beginnen wollte, daran ließ die Gestapo keinen Zweifel. Sie befahl am 26. September 1939 den jüdischen Stellen im »Altreich« – unabhängig von einer nur Tage zuvor angeordneten Erfassung der Arbeitsfähigen –, »eine erweiterte Aufnahme der gesamten jüdischen Bevölkerung« samt deren Vermögen durchzuführen, und dies »mit allergrößter Beschleunigung«[63]. Am gleichen Tag unterrichtete Gestapochef Heinrich Müller die Gestapo im »Altreich«, daß alle jüdischen Organisationen aufgelöst bzw. in die Reichsvereinigung eingegliedert werden.[64]

5. Die erste Teilaktion aus dem Reich nach Nisko in Ostpolen (Oktober 1939)

Am 6. Oktober 1939, dem Tag, an dem Hitler vor dem deutschen Reichstag öffentlich die ethnische Neuordnung Europas und die »Regelung des jüdischen Problems«[65] ankündigte, hatte SS-Hauptsturmführer Adolf Eichmann, der zum Organisator der Deportationen avancieren sollte, von Müller den Befehl erhalten, die »Abschiebung« von Juden aus dem Gebiet Kattowitz sowie »der Mährisch-Ostrauer Gegend« über die Weichsel einzuleiten. Dies diene in erster Linie dazu, Erfahrungen zu sammeln«, um »die Evakuierung größerer Massen durchführen zu können«. Berichte sollten täglich an Müller im neugegründeten Reichssicherheitshauptamt, das Gestapo und SS-Sicherheitsdienst nun unter einem Dach vereinigte, übermittelt werden.[66] Bisher verstand die Forschung die folgenden Ereignisse entweder als lokalen Test oder als Alleingang Eichmanns.[67] Doch eine aufschlußreiche Notiz wurde bis vor kurzem

---

61 RSHA-Aktennotiz vom 27.9.1939 über Besprechung am 21.9.1939, Europa unterm Hakenkreuz: Die faschistische Okkupationspolitik in Polen (1939-1945), Dokumentenauswahl u. Einl. v. Werner Röhr, u. Mitarb. von Elke Heckert u.a., Berlin 1989, Nr. 12, S. 119 f. Daß hier auch die deutschen Juden gemeint waren, hat schon Longerich nachgewiesen, Longerich, Politik (wie Anm. 60), S. 650, Anm. 91.
62 Schnellbrief Heydrich vom 21.9.1939, Auszug bei Adler, Der verwaltete Mensch (wie Anm. 2), S. 107.
63 Veröffentlichung der Weisung vom 26.9.1939, Jüdisches Nachrichtenblatt, Berliner Ausg., Nr. 77/78 vom 29.9.1939, S. 1. Vgl. dazu ausführlicher: Gruner, Geschlossener Arbeitseinsatz (wie Anm. 5), S. 110.
64 Runderlaß CdS S-PP (II Rz) vom 26.9.1939, USHMM Washington, RG. 11.001 M.04, Reel 74 (OSOBI 503-1-385), Bl. 4-5RS.
65 Zit. nach Götz Aly, »Endlösung«. Völkerverschiebung und der Mord an den europäischen Juden, Frankfurt/Main 1995, S. 61. Vgl. Longerich, Politik (wie Anm. 60), S. 255.
66 Vermerk vom 6.10.1939, YV Jerusalem, 051/Nr. 91 (Staatsarchiv Prag), Bl. 3. Auszug bei Adler, Der verwaltete Mensch (wie Anm. 2), S. 128. Das RSHA wurde infolge eines RFSS-Erlasses vom 27.9.1939 gebildet. Zu Personal und Geschichte dieser Institution vgl. Wildt, Generation (wie Anm. 56).
67 Die These vom Alleingang vor allem bei: Seev Goshen, Eichmann und die Nisko-Aktion im Oktober 1939, in: Vierteljahrshefte für Zeitgeschichte 29 (1981), S. 74-96, hier S. 84. Aber

meist übersehen.⁶⁸ Am 6. Oktober 1939 vermerkte Eichmann nämlich zugleich über seine vorbereitende Tätigkeiten: »1. Listen sämtlicher erfaßter Juden ordnen u. zw. nach Altreich, Protektorat und Ostmark. Diese unter sich nach Kultusgemeinden bzw. den Bezirksvertretungen der Reichsvereinigung; auf Grund der von den jüdischen Organisationen eingesandten Landkarten abermals unterteilen. 2. Ausziehen des Vermögens der zum Abschub gelangenden mittellosen Juden.«⁶⁹ Das bedeutete zweierlei: Erstens wurde die Deportation der Juden aus dem Reich zu diesem frühen Zeitpunkt in Berlin vorbereitet. Zweitens war im Gegensatz zu den bisherigen Kollektivausweisungen die Enteignung der zu Deportierenden von Beginn an vorgesehen. Von den ersten Deportationen sollte Himmler ein Erfahrungsbericht vorgelegt werden, der auch an Hitler weitergeleitet werden würde. Es müsse gewartet werden, bis der generelle Abtransport beschlossen werde, denn Hitler habe »die Umschichtung von 300.000 unbemittelten Juden aus dem Altreich und aus der Ostmark angeordnet«⁷⁰.

Zu diesem Zeitpunkt lebten im »Altreich« noch 185.000⁷¹, in Österreich noch 66.000 »Glaubensjuden«, zusammen also 251.000. Die Zahl der Juden nach den NS-Rassekriterien schätzte man in beiden Ländern auf 340.000.⁷² Einen Monat nach Kriegsbeginn war also die Deportation fast aller deutschen und österreichischen Juden nach Polen eine beschlossene Sache. Planungen für eine Kasernierung aller Juden innerhalb Österreichs legte man in Wien bei Reichskommissar Bürckel deshalb unvermittelt am 11. Oktober 1939 ad acta.⁷³ Eichmann hatte dort angekündigt, daß

---

auch bei Christopher Browning, Die Entfesselung der »Endlösung«. Nationalsozialistische Judenpolitik 1939-1942, München 2003, S. 66-73. Longerich spricht von Ausweitung durch Eichmann, doch mit Rückendeckung aus Berlin; Longerich, Politik (wie Anm. 60), S. 256-260. Adler spricht hingegen von zentraler Aktion: Adler, Der verwaltete Mensch (wie Anm. 2), S. 128-140; ähnlich Safrian, Eichmann-Männer (wie Anm. 21), S. 73-78; Gruner, Zwangsarbeit (wie Anm. 5), S. 137-142.

68 Erstmals darauf hingewiesen haben: Longerich, Politik, S. 256 (wie Anm. 60). Peter Klein: Die Rolle der Vernichtungslager Kulmhof (Chełmno), Belzec (Bełżec) und Auschwitz-Birkenau in den frühen Deportationsplanungen, in: Lager, Zwangsarbeit, Vertreibung und Deportation, hg. v. Dittmar Dahlmann und Gerhard Hirschfeld, Essen 1999, S. 462.

69 Vermerk vom 6.10.1939, YV Jerusalem, 051/Nr. 91 (Staatsarchiv Prag), Bl. 4.

70 Besprechung Eichmanns in Kattowitz am 9.10.1939, YV Jerusalem, 051/Nr. 91, unfol.; Vermerk Günther vom 28.10. über Besprechung am 9.10.1939, ebd. Goshen meint, der Führer-Befehl mit der Zahl 300.000 sei Eichmanns Erfindung gewesen, um die Transporte in Kattowitz auszulösen; Goshen, Eichmann (wie Anm. 67), S. 85.

71 Im »Altreich« 77.000 männliche und 108.000 weibliche »Glaubensjuden«, die Zahl der »Rassejuden« schätzte man auf 240.000; »Ergebnisse der Statistik der Reichsvereinigung«, Vermerk des Jewish Central Information Office in Amsterdam vom 21.11.1939; Leo Baeck Institute (LBI/A) New York, Reichsvertretung AR 362, unfol.

72 Im Mai 1939 wurden in Österreich 94.601 »Rassejuden«, im August 1939 105.000 deutsche »Glaubens- und Rassejuden« bei der Polizei registriert, Gruner, Zwangsarbeit (wie Anm. 5), S. 103, 106, 123 und 128.

73 Vgl. »Judenumsiedlung und Wohnungsbedarf in Wien« vom 11.10.1939; Österreichisches Staatsarchiv, Archiv der Republik (ÖStA/AdR) Wien, Bürckel-Mat, Nr. 2315/6, Bl. 99.

»die zu erwartende Endlösung der gesamten Judenfrage« nunmehr erfolge und »daß zur Einleitung der geplanten Gesamtaktion« die »nahezu restlos als minderbemittelt anzusehenden Juden von Wien umgesiedelt werden«[74].

Die ersten Transporte sollten Mitte Oktober 1939 aus dem dem »Altreich« zugeschlagenen Ostoberschlesien, dem Protektorat und Österreich abgehen. Im übrigen »Altreich« wollte man in der ersten bzw. zweiten Novemberwoche mit Transporten beginnen.[75] Die Deportation wurde von Beginn an akribisch vorbereitet. Laut »Merkblatt (Zur Unterrichtung der Staatspolizei(leit)stellen)« sollten die »mittellosen Juden deutscher, polnischer und tschechischer Staatsangehörigkeit sowie staatenlose Juden« namentlich erfaßt werden. Für die Zusammenstellung von Transporten mit je 1.000 Personen würden die Jüdischen Gemeinden eingespannt werden. »Je Kopf können die abwandernden Juden [...] bis 50 kg nichtsperrendes Gut [...] mitnehmen.« Alle Personaldokumente und Bargeld würden den Juden abgenommen, das Geld in Zloty umgetauscht werden. Die Deportierten mußten zuvor eine Umlage von einem Prozent ihres Vermögens bezahlen. Abzutransportierende Juden seien in geeigneten Sälen in der Nähe der Bahnhöfe »zu konzentrieren«. Die Transporte würden von der Gestapo an das Oberkommando der Wehrmacht gemeldet, die Züge von Schutzpolizei oder Gestapo begleitet.[76] In diesem Merkblatt finden sich bereits fast alle Vorgaben, die auch für die späteren Massendeportationen gelten werden.

Gestapochef Müller befahl, daß zuerst je ein Transport aus Kattowitz und Mährisch-Ostrau abgehen sollte, weil diese »in dem zur Aufnahme der ersten Transporte vorgesehenen Gebiete [...] südwestlich von Lublin« ein Barackendorf errichten sollten, »das als Durchgangslager für alle nachfolgenden Transporte gedacht« war. Deshalb sollten die ersten Transporte sich ausschließlich »aus minderbemittelten, männlichen, vollarbeitsfähigen Juden zusammensetzen«, während später auf Geschlecht und Alter keine Rücksicht mehr genommen werde.[77] Bereits am 16. Oktober 1939 zeigte sich Eichmann überzeugt, daß die Deportationen einen kontinuierlichen Verlauf nehmen würden: »Laufende Transporte gehen jetzt regelmäßig vorläufig von Wien für die Ostmark, Mähr. Ostrau für das Protektorat und Kattowitz für das ehemalige polnische Gebiet ab.«[78] Einen Tag später erfuhr die Jüdische Gemeinde Wien,

---

74 »Judenumsiedlung und Wohnungsbedarf in Wien« vom 11.10.1939, ebd., Bl. 99-100. Zit. auch bei Gerhard Botz, Wohnungspolitik und Judendeportation in Wien, 1938-1945. Zur Funktion des Antisemitismus als Ersatz nationalsozialistischer Sozialpolitik, Wien 1975, S. 105.
75 FS Eichmann an Stapo Außenstelle Mähr. Ostrau, zu Hdn. Günther am 16.10.1939, BA Berlin, R 70 Böhmen und Mähren, Nr. 9, unfol. Vgl. Safrian, Eichmann-Männer (wie Anm. 21), S. 77; Longerich, Politik (wie Anm. 60), S. 258.
76 Merkblatt (unsigniert, undat.), S. 1-4, BA Berlin, R 70 Böhmen und Mähren, Nr. 9, unfol. 50 kg Gepäck und 300 RM durften die Wiener Juden mitnehmen, Aufforderung zur Deportation (undat.), YV Jerusalem, 030/Nr. 4, unfol. Vgl. Goshen, Eichmann (wie Anm. 67), S. 87.
77 Vermerk Dannecker über Sitzung am 9.10.1939 in Mähr. Ostrau, S. 1-2, BA Berlin, R 70/ Nr. 9, unfol.
78 FS Eichmann an Gestapo Mähr. Ostrau (Günther) am 16.10.1939, ebd.

daß »mindestens 5 Transporte [...] binnen zwei Wochen« abgehen sollten.[79] Eichmann, der in diesen Wochen zwischen Berlin und den Deportationsorten hin und her pendelte, stand in ständigem Kontakt mit Heinrich Müller. Aus Berlin erhielten er und seine Mitarbeiter genaue Anweisungen, wie z. B. keine Partner aus »Mischehen« in die Transporte einzugliedern.[80]

Die Deportationen begannen am 18. Oktober 1939 und führten in das Gebiet um Nisko am San, im Osten des gerade besetzten Polens. Erste Transporte kamen aus Mährisch-Ostrau, Wien und Kattowitz.[81] Am 26. Oktober, als der zweite österreichische Transport losfuhr, rechneten in Wien Stadtverwaltung, Partei und Ministerien vorläufig mit »einem Abtransport von 65.000 unbemittelten Juden« und mit kontinuierlichen Transporten von je 3.000 Juden pro Woche.[82] Doch der dritte Transport aus Wien am 31. Oktober fuhr nicht mehr ab. Ein in Prag am 28. Oktober gestarteter Zug mit über 300 Juden gelangte über Mährisch-Ostrau zwar bis Sosnowitz, wo ostoberschlesische Juden dem Zug angeschlossen werden sollten. Dort wurde er gestoppt, denn die »Judentransporte« mußten wegen der »weggeschwemmten Sanbrücken« eingestellt werden.[83] Nach dem Abtransport von weit über 5.000 Menschen aus dem Protektorat, Wien und Ostoberschlesien unterbrach Himmler die Deportationen wegen »technischer Schwierigkeiten«, wie er Reichskommissar Bürckel am 9. November 1939 mitteilte.[84] Einen Tag zuvor hatte man die Wiener Gemeinde über den Stop und die Verschiebung der Transporte auf Februar 1940 informiert.[85]

Bisher hatte die Forschung einen viel früheren Abbruch der Transporte wegen eines RSHA-Fernschreibens am 20. Oktober 1939 angenommen.[86] Als Begründung wurden entweder die Vorrangigkeit der »Umsiedlungen« von »Volksdeutschen« oder eine zentrale Intervention gegen die angeblich lokale Aktion angeführt.[87] Etwas rät-

---

79 Eintrag 17.10.1939, in: Bericht IKG Wien 19. 5. 1938- 1944/45, S. 16, Central Zionist Archives (CZA) Jerusalem, S 26, Nr. 1191g, unfol.; Vermerk Brunner vom 18.10.1939, in: Peter Longerich (Hg.), Die Ermordung der europäischen Juden. Eine umfassende Dokumentation des Holocaust 1941-1945, München/Zürich 1989, Nr. 6, S. 52.
80 Undat. Funkgespräch Zimmermann (Brünn) und Günther (Mährisch-Ostrau), BA Berlin, R 70/Nr. 9, unfol.
81 Goshen, Eichmann (wie Anm. 67), S. 92.
82 Niederschrift über Besprechung des Bürgermeisters am 26.10.1939, S. 7-8, ÖStA/AdR Wien, Bürckel-Mat., Büro Bürckel, Karton rot 30, unfol.
83 FS vom 3.11.1939 an Zentralstelle Wien mit Tagesbericht vom 1.- 2.11.1939, YV Jerusalem, 051/ Nr. 91 (Staatsarchiv Prag), Bl. 38.
84 Himmler an Bürckel am 9.11.1939; ÖStA/AdR Wien, Bürckel-Mat., Nr. 2315/6, Bl. 25.
85 Bericht IKG Wien 19.5.1938 – 1944/45, S. 17, CZA Jerusalem, S 26, Nr. 1191g, unfol. Vgl. Vermerk Dr. Becker (Stab Bürckel) vom 13.11.1939; ÖStA/AdR Wien, Bürckel-Mat, Nr. 2315/6, Bl. 22.
86 Vermerk Mährisch-Ostrau über FS vom 20.10.1939, vom 21.10.1939, BA Berlin, R 70/Nr. 9, unfol.
87 Zu ersterem: Aly, Endlösung (wie Anm. 65), S. 64; Safrian, Eichmann-Männer (wie Anm. 21), S. 78-80; Browning, Entfesselung, S. 73 (wie Anm. 67); zu letzterem: Goshen, Eichmann (wie Anm. 67), S. 92.

selhaft blieb immer, weshalb weitere Transporte aus Kattowitz, aus Prag und Wien abgeschickt wurden. Offenbar ging in dieser Anlaufphase der Großdeportationen einiges in Planung und Organisation durcheinander, so sollte ab dem 24. Oktober Wien bevorzugt geräumt werden, aber nicht mehr das Protektorat.[88] Eine neue Quelle stützt die These von der zentralen Leitung der Aktion und dem späten Abbruch durch Himmler. Der Oberlandrat in Mährisch-Ostrau erhielt folgende telefonische Auskunft von der Gestapo: »Es handelt sich um den ersten Versuch im Gesamtreich, die vom Reichsführer SS geplante Aussiedlung der Juden bzw. ihre Ansiedlung in bestimmten Reservaten Innerpolens durchzuführen. [...] Ein Abtransport der Frauen und Kinder hat noch nicht stattgefunden, da dieser vorläufig auf Weisung des Reichsführers SS, Berlin, wegen schlechten Wetters und mangelnder Unterkunftsmöglichkeiten zurückgestellt werden mußte.«[89]

Die Nisko-Deportation stellte also den Beginn bzw. die erste Teil-Aktion der kurz nach Kriegsbeginn geplanten »Umsiedlung« der jüdischen Bevölkerung im Protektorat, Österreich, Ostoberschlesien und dem »Altreich« dar. Deshalb waren in Sonderzügen aus Mährisch-Ostrau Juden aus Prag und Brünn enthalten, in den Transporten aus Kattowitz Juden aus anderen ostoberschlesischen Städten.[90] Die Transporte wurden von Berlin überwacht. Die Kosten trugen die Wiener Zentralstelle für die Transporte aus der Ostmark und Ostoberschlesien und die Prager Zentralstelle für die Transporte aus dem Protektorat.[91] Die Nisko-Transporte stellten einen neuen Typ dar: 1. Statt die Opfer über die Grenzen zu treiben, wollte der NS-Staat diese in einer von Deutschland beherrschten Region »ansiedeln«. 2. Die Juden verloren Teile ihres Besitzes durch Raub, der Rest blieb auf Sperrkonten, 3. Keinerlei Vorstellungen existierten, wovon die Deportierten im Zielgebiet ihr Leben fristen sollten.

6. Die Aufgabe des Reservatsplanes (Ende 1939/Anfang 1940)

Manche der Deportierten mußten künftig unter katastrophalen Umständen in der Umgebung Lublins vegetieren. Andere trieb die SS aus Nisko aber doch über die »grüne« Grenze in die sowjetisch besetzten Gebiete Polens.[92] Die Sowjetunion sperrte sich gegen die massenhaften Überschreitungen der Demarkationslinie, was die Über-

---

88 Vermerk für Regierungspräsidenten Barth vom 25.10.1939, ÖStA/AdR Wien, Bürckel-Mat, Nr. 2315/6, Bl. 23; Vermerk Mährisch-Ostrau vom 24.10.1939, BA Berlin, R 70/Nr. 9, unfol. Vgl. Adler, Der verwaltete Mensch (wie Anm. 2), S. 134; Longerich, Politik (wie Anm. 60), S. 258-260.
89 Verwaltungsbericht vom 2.10.1939 (muß heißen 2. 11.), S. 2, BA Berlin, R 30 Reichsprotektor Böhmen und Mähren, Nr. 4a, Bl. 99. Vgl den Entwurf des Verwaltungsberichtes, ebd., Bl. 94-95 sowie Vermerk über Gestapo-Auskunft, undat., ebd., Bl. 141.
90 Vgl. diverse Vermerke zwischen 6.10. und 3.11.1939, BA Berlin, R 70/Nr. 9, unfol.
91 FS Zentralstelle Wien (Eichmann) an Grenzkommando Mährisch-Ostrau am 1.12.1939, ebd. Sowie Vermerk SD II B 4 Mährisch-Ostrau vom 25.1.1940, YV Jerusalem, 051/Nr. 91 (Staatsarchiv Prag), Bl. 38.
92 Goshen, Eichmann (wie Anm. 67), S. 89-91; ders., Nisko – Ein Ausnahmefall unter den Judenlagern der SS, in: Vierteljahreshefte für Zeitgeschichte (VfZ) 40 (1992), S. 95-106.

legungen bei der NS-Führung verstärkte, ein Reservat im Osten Polens einzurichten. Doch die Wehrmacht äußerte Vorbehalte gegen ein Judenreservat im Grenzgebiet.[93] So war im November 1939 zunächst nicht ganz klar, wie weiter verfahren werden sollte. Die SS- und Polizeiführer im neugebildeten Generalgouvernement erfuhren gleichwohl auf einer Sitzung in Krakau, daß in den nächsten vier Monaten 600.000 Juden aus den annektierten polnischen Gebieten und »demnächst auch alle Juden und Zigeuner aus dem Reichsgebiet«[94] deportiert werden würden. Hans Frank als neuer Generalgouverneur erläuterte am 25. November in Radom, daß das Generalgouvernement Juden und Polen aufnehmen müsse, und zwar »die Juden aus dem Reich, [aus] Wien[,] von überall[.] Juden im Reich können wir nicht brauchen.«[95] Für eine Amtschefbesprechung im RSHA in der dritten Dezemberwoche 1939 entwarf das SD-Judenreferat ein Konzept zur »Endlösung des deutschen Judenproblems«. Darin diskutierte man zwei Optionen, entweder ein »Judenreservat in Polen« einzurichten oder die Juden im »Gouvernement« dezentral unterzubringen. Wenn man sich auf ein Reservat festlegte, so der SD, müsse dies solange durch die Sicherheitspolizei verwaltet werden, »bis die Aussiedlung der Juden aus dem Reichsgebiet, Ostmark und Böhmen/Mähren durchgeführt«[96] sei. Aber am 21. Dezember 1939 gab Gestapochef Müller bekannt, Himmler habe »bis auf weiteres«[97] eine Deportation von Juden aus dem »Altreich« einschließlich der »Ostmark« und des Protektorats in die besetzten polnischen Gebiete verboten. Ursächlich hierfür war, daß sich die Prioritäten zugunsten der Deportation von jüdischen und nichtjüdischen Polen in den annektierten Gebieten verschoben hatten, beeinflußt von den Umsiedlungen der »Volksdeutschen« aus dem Baltikum. Da die »Umsiedlungspläne« in diesen Monaten immer wieder kurzfristig modifiziert wurden, schrieb Götz Aly treffend, diese Tätigkeit von Himmler, Heydrich und Eichmann sei früh von einer »Chronologie des Scheiterns« geprägt gewesen.[98] Diese ließen nun die Reservatsidee fallen und beschlossen, daß das gesamte Generalgouvernement »die geordnete Judenwanderung aus Deutschland und den neuen Ostgauen aufnehmen« müsse, wie am 12. Februar 1940 bekanntgegeben wurde.[99]

93 Longerich, Politik (wie Anm. 60), S. 259.
94 Besprechung beim Generalgouverneur in Krakau am 8.11.1939, in: Eschwege, Kennzeichen J (wie Anm. 23), S. 164-165. Vgl. Aly, Endlösung (wie Anm. 65), S. 128; Wildt, Generation (wie Anm. 56), S. 490-497.
95 Fragment des Protokolls der Sitzung am 25.11.1939, in: Tatiana Berenstein (Hg.), Eksterminacja Zydów na ziemiach polskich w okresie okupacji hitlerowskiej. Zbiór dokumentów, Warschau 1957, Nr. 8, S. 33-34.
96 SD II 112 an Leiter II am 19.12.1939, BA Berlin, R 58, Nr. 544, Bl. 218+RS. Abdruck bei Longerich, Politik (wie Anm. 60), S. 265. Vgl. Safrian, Eichmann-Männer (wie Anm. 21), S. 81.
97 Runderlaß RSHA (S-IV II Rz) vom 21.12.1939, USHMM Washington, RG 11.01 M.04, Reel 72, OSOBI Moskau 503-1-324, Bl. 201.
98 Aly, Endlösung (wie Anm. 65), S. 95.
99 Sitzung bei Göring über Ostfragen vom 12.2.1940, in: Prozeß (wie Anm. 52), Bd. XXXVI, EC-305, S. 302. Vgl. Safrian, Eichmann-Männer (wie Anm. 21), S. 90-91; Aly, Endlösung (wie Anm. 65), S. 80-92.

7. Das »Altreich«: Gesamtplanung und die Teil-Aktionen aus Pommern (Februar/März 1940)

Ende Januar 1940 hob Heydrich das Verbot für Deportationen aus dem »Altreich« auf und kündigte für Februar – neben Deportationen aus den annektierten polnischen Gebieten – einen ersten Transport von 1.000 Juden aus Stettin »aus kriegswirtschaftlichen Gründen« an.[100] Ablauf und Hintergründe dieser ersten Deportation deutscher Juden sind bisher kaum erforscht. Seit dem Abend des 12. Februar 1940 wurde ca. ein Drittel der jüdischen Bevölkerung in Pommern verhaftet, mehr als Tausend Menschen, und am nächsten Tag, dem 13. Februar, mit dem Zug ins Generalgouvernement deportiert.[101] Wenn auch die Mehrheit aus der Stadt Stettin stammte, betraf die Deportation Juden in ganz Pommern, aus Altdamm, Anklam, Gollnow, Greifenhagen, Greifswald, Heringsdorf, Jacobshagen, Pasewalk, Stargard, Stralsund und Wolgast.[102] Dies steht der These entgegen, daß für Baltendeutsche benötigte Stettiner Wohnungen das Motiv für die Aktion gestellt hätten.[103] Die Stapo(leit)stelle Stettin organisierte die Aktion mit Hilfe der NSDAP-Kreisleitung, die Personal zur Abholung der Opfer stellte. Die Gestapo hatte eine erst jetzt aufgefundene Verfügung verfaßt, die den zu Deportierenden vorgelesen werden sollte: Die Opfer hätten sieben Stunden Zeit, einen Koffer mit Kleidung und Decken vorzubereiten. Nicht mitgenommen werden durften Wertpapiere, Devisen, Schmuck, Sparbücher, lediglich Eheringe und eine einfache Uhr waren erlaubt. Schrankschlüssel sollten stecken bleiben, Hausschlüssel abgegeben werden. Die Koffer waren zu beschriften, und die Opfer mußten sich ein Schild mit Namen und Geburtstag um den Hals hängen.[104] Jedes Familienmitglied hatte, wie aus einem Merkblatt hervorgeht, eine Vermögens-

---

100 Vermerk zur Besprechung vom 30.1.1940, in: Pätzold, Verfolgung (wie Anm. 36), Nr. 228, S. 258-259.
101 In Pommern lebten 1939 nur ca. 3.300 Juden (2.000 »Volljuden«, der Rest »Mischlinge«). 1.176 Juden lebten in Stettin, BA Berlin, R 18 RMdI, Nr. 5519, Bl. 417. Scheffler nimmt 985 Verschleppte an, ohne offenbar die auf dem Transport Umgekommenen einzurechnen; Wolfgang Scheffler, Das Schicksal der in die baltischen Staaten deportierten deutschen, österreichischen und tschechoslowakischen Juden 1941-1945. Ein historischer Überblick, in: Buch der Erinnerung (wie Anm. 8), Band I, S. 1-78, hier S. 1. Anm. 3; Frankiewicz gibt hingegen 1.300 Opfer an, Bogdan Frankiewicz, Das Schicksal der Juden in Pommern nach 1933, in: Der faschistische Pogrom vom 9./10. November 1938 – Zur Geschichte der Juden in Pommern, Greifswald 1989, S. 49. Vgl. den Beitrag von Robert Kuwalek in diesem Band.
102 Bogdan Frankiewicz/Wolfgang Wilhelmus, Selbstachtung wahren und Solidarität üben. Pommerns Juden während des Nationalsozialismus, in: »Halte fern dem ganzen Lande jedes Verderben …« Geschichte und Kultur der Juden in Pommern. Ein Sammelband, hg. von Margret Heitmann/Julius H. Schoeps, Hildesheim/New York 1996, S. 453-471, hier S. 460-465; Wolfgang Wilhelmus, Geschichte der Juden in Greifswald und Umgebung. Von den Anfängen bis zum Holocaust, Kückenshagen 1999, S. 93.
103 Vgl. diese These bei Aly, Endlösung (wie Anm. 65), S. 97.
104 Verfügung Gestapo Stettin vom 12.2.1940, USHMM Washington, RG 11.01 M.04, Reel 72, OSOBI Moskau 503-1-337, Bl. 1.

erklärung auszufüllen. Nichtangegebenes Vermögen verfiel dem Reich, registrierter Besitz wurde vom Regierungspräsidenten unter Treuhandschaft gestellt.[105] In den folgenden Wochen wurde das bewegliche Gut verkauft und nach Verrechnung von Schulden die Erlöse auf Sperrkonten eingezahlt.[106] Es wurde viel geraubt, Märchenbücher aus der »Judenaktion vom 13.2.1940« überließ die Gestapo in Swinemünde kostenlos der NSV.[107] Ein Jahr später enteignete der NS-Staat das Vermögen der Deportierten.[108]

Die Deportation der pommerschen Juden, unter denen sich auch Juden aus »Mischehen« und sogar einige »Arier« befanden, nach Ostpolen dauerte mehrere Tage. Über 70 Menschen, meist Alte und Kinder, erfroren bei 22 Grad Celsius unter Null während des mehr als 14 Stunden dauernden Marsches von Lublin zu den fast 30 km entfernten Dörfern Piaski, Glusk und Belcyce. An Kälte und Hunger starb binnen des nächsten Monats ein Viertel der Deportierten.[109] Die von der Gestapo Stettin ausgeführte Aktion war die zweite Deportation neuen Stils innerhalb des Reichsgebietes und die erste aus dem »Altreich«. Über die erste Deportation of »National Germans« zeigte man sich im Ausland alarmiert. Der US-Botschaft in Berlin hatte das Außenministerium erklärt, man sei vor der Maßnahme nicht konsultiert worden. Es handele sich, so die Auskunft, um die Initiative eines lokalen Parteifunktionärs.[110] Einige Forscher nahmen daher eine Einzelaktion des Stettiner Gauleiters an.[111] Doch dem Auswärtigen Amt fehlte jeder Einblick. Auf dessen Anfrage erklärte Gestapochef Müller lediglich, daß es sich um eine Aktion gehandelt habe, die nicht den Auftakt zu größeren Deportationen darstelle.[112] Zu diesem Zeitpunkt waren jedoch schon weitere Deportationen geplant, wie man in der US-Botschaft am 16. Februar 1940 erfahren

---

105 Ebd. und Merkblatt Gestapo Stettin vom 12 2.1940, ebd., Bl. 2-7.
106 Rundschreiben Regierungspräsident Stettin am 15.5.1940, ebd., Reel 74, OSOBI Moskau 503-1-385, Bl. 99; Rundschreiben der Reichsvereinigung vom 14.6.1940, ebd., Bl. 101.
107 FS Stapo II B 4 Stettin an Grenzpolizeikommissariat Swinemünde am 18.4.1940, ebd., Bl. 84RS.
108 Adler, Der verwaltete Mensch (wie Anm. 2), S. 145-146; Wilhelmus, Greifswald (wie Anm. 102), S. 93.
109 Bericht aus Krakau vom 14. 3. 1940, S 1-2, National Archives and Records Administration (NARA) Washington, R 238, T-120, Roll 4651, K 336608-09. Für den Hinweis auf das Dokument danke ich Martin Dean, Washington. Vgl. Adler, Der verwaltete Mensch (wie Anm. 2), S. 144; Else Meyring, »Deportation aus Stettin«, in: Andreas Lixl-Purcell (Hg.), Erinnerungen deutsch-jüdischer Frauen 1900-1990, Leipzig 1992, S. 307-332, hier S. 318-332; Bericht G. M., in: Lebenszeichen aus Piaski. Briefe Deportierter aus dem Distrikt Lublin 1940-1943, hg. von Else Rosenfeld u. Gertrud Luckner, München 1968, S. 27-31.
110 FS Kirk (Berlin) an Secretary of State am 16. 2.1940 (Teil 2), in: John Mendelsohn (Hg.), The Holocaust. Vol. 8: Deportation of the Jews to the East 1940-1944, New York/London 1982, S. 6.
111 So Jacob Toury, Die Entstehungsgeschichte des Austreibungsbefehls gegen die Juden der Saarpfalz und Badens, in: Jahrbuch des Instituts für Deutsche Geschichte in Tel Aviv 15 (1986), S. 431-464, hier 433 f.
112 Christopher Browning, The Final Solution and the German Foreign Office. A Study of Referat D III of Abteilung Deutschland 1940-1943, New York/London 1978, S. 20.

hatte. Für die Juden aus Schneidemühl sei eine ähnliche Anordnung wie in Stettin herausgegeben worden. Daß dies möglicherweise den Beginn einer Generalevakuierung der deutschen Juden darstelle, werde durch US-Informationen aus Polen erhärtet. Das Generalgouvernement bereite sich vor, 60.000 Juden aus Berlin und Wien aufzunehmen.[113]

In diesen Tagen befahl die Gestapo Wilhelmshaven den friesischen und oldenburgischen Jüdischen Gemeinden, sich »für den in Kürze erfolgenden Abtransport nach Polen bereitzuhalten.«[114] Nur durch die rasche Verschickung der dortigen Juden in mehrere Großstädte konnte die Reichsvereinigung diese Deportation aus dem Grenzgebiet verhindern. Aus Leer kamen deshalb seit dem 15. Februar 1940 106 Männer und Frauen nach Berlin.[115] Ein zentrales, bisher unbekanntes Dokument bekräftigt, daß zu diesem Zeitpunkt wieder Massendeportationen aus ganz Deutschland konkret vorbereitet wurden. Am 12. Februar 1940 gab Gestapochef Müller an alle Staatspolizei(leit)stellen Anweisungen zur »Beschränkung der Freizügigkeit von Juden im Reichsgebiet und Zusammenfassung in größeren Orten« heraus. Die Gestapo solle darauf hinwirken, daß die Juden »im Laufe der Zeit innerhalb einer Provinz an geeigneten Orten konzentriert werden.« Dort könnten diese »zur Vorbereitung der Auswanderung und auch aus allgemeinen innenpolitischen Gründen leichter überwacht und erfaßt werden, als dies möglich ist, wenn sie verstreut innerhalb des Reichsgebietes wohnen.« Dem Erlaß beigefügt war eine Liste mit den vorgesehenen Konzentrationsorten, z. B. Frankfurt/Oder und Berlin »(in beschränktem Maße)« für die Provinz Brandenburg plus Berlin, Breslau, Liegnitz und Oppeln für Schlesien, Hildesheim, Osnabrück und Stade für die Provinz Hannover sowie Bingen und Darmstadt für das Land Hessen. Sämtliche vom RSHA vorgesehene Konzentrationsorte, auch die kleineren, lagen an Hauptbahnstrecken, wie im September 1939 für solche Maßnahmen gefordert.[116]

Doch nur Tage später, am 19. Februar 1940 gewichteten Göring und Heydrich die Prioritäten neu: »Im Reichsgebiet [...] lebende Juden können – von besonders gelagerten Fällen abgesehen – derzeit nicht in das Generalgouvernement evakuiert werden.«[117] Erst, so Himmler zehn Tage später vor Parteifunktionären, sollten doch die neuen Ostprovinzen »gesäubert« werden, dann das »Altreich«, dann das Protektorat, immer abhängig von der Ernährungs- und Transportlage im Generalgouvernement.[118] Einer der »besonders gelagerten Fälle« war die Teil-Aktion von Schneide-

---

113 FS Kirk (Berlin) an Secretary of State am 16. 2.1940 (Teil 3-4), in: Mendelsohn, Holocaust. Vol. 8 (wie Anm. 110), S. 7-8.
114 Zit. bei Adler, Der verwaltete Mensch (wie Anm. 2), S. 142.
115 Erster Transport 15.2., zweiter am 13.3. und dritter am 15.3.1940; Johannes Röskamp, Zur Geschichte der Juden in Leer, Leer 1985, S. 144 f.
116 Schnellbrief RSHA (IV D 3) mit Anhang »Übersicht« vom 12.2.1940, USHMM Washington, RG 11.01 M.04, Reel 74, OSOBI Moskau 503-1-385, Bl. 35-36 RS.
117 Zit. nach Aly, Endlösung (wie Anm. 65), S. 86.
118 Heinrich Himmler, Geheimreden 1933 bis 1945 und andere Ansprachen, hg. von Bradley F. Smith u. Agnes F. Peterson, Frankfurt/Main 1974, S. 138 f.

mühl, einer der Provinz Pommern angegliederten Grenzregion zu Polen. Mit dem Erfolg dieser Aktion wäre Pommern »judenfrei« gewesen, bis auf die ausgenommenen Juden in »Mischehen«. Ende Februar 1940 wurden alle Juden des Regierungsbezirkes Schneidemühl, insgesamt 544 Menschen, in der Stadt konzentriert. 165 Juden deportierte man im Güterzug nach Polen.[119] In einem Bericht des polnisch-jüdischen Hilfsausschusses hieß es später, diese seien auf dieselben, überfüllten Lubliner Dörfer des ersten Pommern-Transportes verteilt worden: »Trotz des Einspruches des Generalgouvernements gegen eine überstürzte und planlose Weiterführung der Deportation von deutschen Juden nach Ostpolen wird diese auf Befehl des Reichsführers SS fortgesetzt.«[120] Weitere Transporte habe man in Lublin bereits angekündigt. Auch die zweite Aktion hatte die Gestapo in Pommern unter Berliner Leitung durchgeführt.[121]

In Reaktion auf den Erlaß über die Freizügigkeitsbeschränkung der Juden vom 12. Februar 1940 bereiteten unterdessen Gestapostellen in Deutschland deren regionale Ghettoisierung und mancherorts – was viel über die lokale und regionale Wahrnehmung der zentralen Planung aussagt – bereits sogar Deportationen in »Orte des Operationsgebietes«[122] vor. Es gab aber auch Bedenken gegen vorgesehene Sammelorte. In der Provinz Hessen-Nassau schlugen der SD und die Gestapo anstelle der Städte Marburg und Fulda unter dem bezeichnenden Betreff »Evakuierung der Juden« Kassel als Konzentrationsort der ca. 3.000 jüdischen Einwohner des Regierungsbezirks vor, da sowieso fast die Hälfte bereits dort wohnte.[123] Weil inzwischen die Transporte aus dem »Altreich« aber wieder unterbrochen worden waren, mußte das RSHA am 15. März 1940 bremsen. In einem neuen Schnellbrief hieß es jetzt, der erste Erlaß habe nur dazu gedient, Grundlagen »zu einer späteren Prüfung der Frage der Umsiedlung der Juden zu schaffen.«[124] Lokale Gestapostellen hätten mit Konzentrationsmaßnahmen auf Weisungen aus Berlin zu warten.

---

119 Anlage zu RV-Schreiben an Hauptamt Sipo vom 9 4.1940, BA Berlin, R 8150, Nr. 483, Bl. 214-215. Rücksprache im Gestapa am 1.4.1940, ebd., Bl. 218-220.
120 Bericht aus Krakau vom 14.3.1940, S. 1-2, NARA Washington, R 238, T-120, Roll 4651, K 336608-09. Für den Hinweis auf dieses Dokument danke ich Martin Dean, Washington.
121 Vgl. Eichmann Auskunft, daß die Gestapo die Aktion veranlaßt hat: Vermerk Auswärtiges Amt D Schumburg für Luther vom 21.3.1940; ebd., K 336607. Für das Dokument danke ich Martin Dean, Washington.
122 Schnellbrief RSHA (IVA 5 b) vom 15.3.1940, USHMM Washington, RG 11.01 M.04, Reel 74, OSOBI Moskau 503-1-385, Bl. 38.
123 Notiz SD 112 Kassel (SS-Hauptsturmführer Klingelhöfer) für II 1 vom 4. 3. 1940, Hessisches Hauptstaatsarchiv (HStA) Wiesbaden, Abt. Nr. 483, Nr. 10018, unfol.
124 Schnellbrief RSHA (IVA 5 b) vom 15.3.1940, USHMM Washington, RG 11.01 M.04, Reel 74, OSOBI Moskau 503-1-385, Bl. 38.

8. Europapläne und die Teilaktion in Baden und der Saarpfalz (Sommer/Herbst 1940)

Die Besetzung der Beneluxstaaten und von Teilen Frankreichs modifizierte die bisherigen, auf den Osten fokussierten Deportationsplanungen und radikalisierten diese zugleich in einer europäischen Dimension. Am 25. Juni 1940 eröffnete die Gestapo der Reichsvereinigung, das mit dem Kriegsende »eine grundsätzliche Lösung [...] durch Bereitstellung eines kolonialen Reservatsgebiets für die Juden aus Europa angestrebt werde«[125], eingeschlossen die Juden im Generalgouvernement. Pläne für eine Massendeportation auf die afrikanische Insel Madagaskar – nach der vorausgesetzten Niederlage Englands – erarbeiteten in den nächsten Wochen und Monaten das Auswärtige Amt und das RSHA parallel.[126]

Am 19. Juli 1940 verkündete Goebbels, »sofort nach Kriegsende sämtliche 62.000 in Berlin noch lebende Juden innerhalb eines Zeitraumes von höchstens acht Wochen nach Polen schaffen zu lassen. [...] Herr Hinkel berichtet über den mit der Polizei bereits ausgearbeiteten Räumungsplan, in den sich auf Wunsch des Ministers auch Herr Gutterer einschalten soll. Er soll vor allem dafür sorgen, daß Berlin an erster Stelle gesäubert wird. [...] Erst nach Berlin sollen dann die anderen Judenstädte (Breslau usw.) an die Reihe kommen.«[127] Doch ungeachtet des erklärten Willen Goebbels, Berlin zuerst zu »säubern«, fand die nächste Aktion im Westen Deutschlands statt.

Möglicherweise als erste und einzige Folge des Madagaskarplans wurden im Oktober 1940 deutsche Juden aus Baden und der Saarpfalz in die unbesetzte Zone Frankreichs verschleppt. Veranlaßt hatte diese neue Aktion Himmler auf Befehl Hitlers, und nicht die dortigen Gauleiter, wie oft angenommen. Diese waren aber in ihren staatlichen Funktionen als Reichsstatthalter involviert.[128] Am 22. und 23. Oktober 1940 wurden unter Leitung der Staatspolizeileitstellen in Karlsruhe, Neustadt und

---

125 RV-Vorladung ins Gestapa am 25.6.1940; BA Berlin, R 8150, Nr. 45, Bl. 178. Vgl. Gruner, Geschlossener Arbeitseinsatz (wie Anm. 5), S. 146; Longerich, Politik (wie Anm. 60), S. 274-275.

126 Zum Projekt und seiner Planung vgl. Magnus Brechtken, »Madagaskar für die Juden«. Antisemitische Idee und politische Praxis 1885-1945, München 1997, S. 221-283. Vgl. auch Götz Aly/Susanne Heim, Vordenker der Vernichtung. Auschwitz und die deutschen Pläne für eine neue europäische Ordnung, Hamburg 1991, S. 259-265

127 Protokoll der Konferenz am 19.7.1940, in: Willi Boelcke (Hg.), Kriegspropaganda 1939-1941. Geheime Ministerkonferenzen im Reichspropagandaministerium, Stuttgart 1966, S. 431.

128 Vgl. Erwähnung eines Befehls Hitlers in einem nicht überlieferten RFSS-Erlaß vom 30.9.1940 laut Vermerk vom November 1940; Bernhard Lösener, Das Reichsministerium des Innern und die Judengesetzgebung, in: VfZ 9 (1961), S. 264-313, hier S. 295. Auch im CdS-Schreiben an das Auswärtige Amt vom 29.10.1940 ist von einem »Führerbefehl« die Rede, Faksimile in: Erhard Wiehn, (Hg.), Oktoberdeportation 1940, Konstanz 1990, S. 7. Dagegen sprechen von einer lokalen Aktion der Gauleiter Robert Wagner und Josef Bürckel: Toury, Entstehungsgeschichte (wie Anm. 111), S. 431-464; Scheffler, Schicksal (wie Anm. 101), S. 2; Longerich, Politik (wie Anm. 60), S. 283.

Saarbrücken 6.504 jüdische Deutsche deportiert.[129] Ein Gestapo-Merkblatt zeigt eine aufgrund der Stettiner Erfahrungen noch genauere Vorbereitung der Transporte als bisher, nur »Volljuden« sollten deportiert werden, keine Juden aus »Mischehen« und keine Ausländer. Mit Bussen sollten die Juden zu Sammelstellen gebracht werden. Gas und Strom mußten abgestellt, die Wohnungen selbst verschlossen und die Schlüssel abgeben werden. Die Opfer durften nur 50 kg Gepäck und bis zu 100 Reichsmark mitnehmen.[130] Das Vermögen der Deportierten wurde zugunsten des jeweiligen Landes beschlagnahmt.[131] Mit der Verwertung des mobilen Eigentums, u.a. durch öffentliche Auktionen, beauftragte der Reichsführer SS in der Pfalz den Regierungspräsidenten und in Baden den Minister des Innern. Um die Transportkosten zu bestreiten, waren 10 Prozent aller Bargelderlöse auf ein »Generalunkostenkonto« einzuzahlen.[132] Dem Auswärtigen Amt bereitete diese neue Aktion wieder Probleme, da die vorher nicht informierte französische Seite vehement eine Rücknahme der Verschleppten forderte. Doch das RSHA wiegelte auch diesmal ab, unter Berufung auf den Befehl Hitlers.[133] Möglicherweise beabsichtigte es zu diesem Zeitpunkt, alle Juden aus dem »Altreich«, aus Österreich und dem Protektorat zunächst nach Frankreich zu deportieren. Doch als die Vichy-Regierung intervenierte, schob man eine offenbar schon geplante Verschickung der Juden aus Hessen auf.[134] Das entsprach dem »Fernplan« zur »Endlösung«, der zu diesem Zeitpunkt vorsah, alle Juden aus dem bis dato beherrschten Europa im »Rahmen eines Vier- bis Fünfjahresplanes nach Madagaskar« abzuschieben, wie Eichmann Anfang Dezember 1940 im Reichsinnenministerium erklärte. Lediglich im Rahmen der Nahpläne, die aber wegen des Fernplanes auf das Notwendigste reduziert werden mußten, sollten im Dezember noch 3.000 Juden aus Ostpreußen ins Generalgouvernement deportiert werden.[135]

---

129 CdS – IV D 4 – 2602/40 an Auswärtiges Amt (Luther) am 29.10.1940, Faksimile in: Wiehn, Oktoberdeportation (wie Anm. 128), S. 7; Aufzeichnung für Luther (Auswärtiges Amt) vom 31.10.1940, in: Paul Sauer (Bearb.), Dokumente über die Verfolgung der jüdischen Bürger in Baden-Württemberg durch das nationalsozialistische Regime 1933-1943, Stuttgart 1966, Teil II, Nr. 442, S. 243.
130 Abdruck in: Adler, Der verwaltete Mensch (wie Anm. 2), S. 157 f.
131 AO vom 23.10.1940, Abdruck in: ebd., S. 165.
132 RFSSuChdDtPol-Richtlinien vom 9.11.1940, in: Düwell, Die Rheingebiete (wie Anm. 20), Anhang VIII, S. 296-298.
133 RSHA IV A 5b an Luther am 6.1.1941, in: Sauer, Dokumente (wie Anm. 129), Teil II, Nr. 448, S. 247; vgl. Browning, The Final Solution (wie Anm. 112), S. 44 f.
134 Hinweis auf diesen Plan in Bericht aus Karlsruhe vom 30.10.1940, in: Sauer, Dokumente (wie Anm. 129), Teil II, Nr. 441, S. 242 f. Vgl. ähnlich Aly, Endlösung (wie Anm. 65), S. 185.
135 Vermerk über Besprechung mit Eichmann am 3.12.1940, in: Lösener, Reichsministerium (wie Anm. 128), S. 296.

9. Neue Planungen, neue Machtarrangements
(Ende 1940-Frühsommer 1941)

An der Jahreswende 1940/41 erhielt Heydrich von Hitler über Göring und Himmler offenbar »den Auftrag zur Vorlage eines Endlösungsprojektes«. Die Vorbereitung »müsse sich sowohl auf die einer Gesamtabschiebung vorausgehenden Arbeiten als auch auf die Planung einer bis ins einzelne festgelegten Ansiedlungsaktion in dem noch zu bestimmenden Territorium erstrecken«[136]. Das Madagaskarprojekt war inzwischen zusammen mit der Hoffnung auf die Kapitulation Englands gescheitert, zugleich bereitete der NS-Staat den Überfall auf die Sowjetunion intensiv vor.[137] Da das Zielgebiet für ein solches Projekt also nicht mehr bzw. noch nicht eindeutig feststand, erschienen Teil-Deportationen nach Polen in der Zwischenzeit als praktikables Rezept. So hatte Hitler zu Beginn des Monats Dezember 1940 schriftlich die Deportation aller 60.000 Wiener Juden »noch während des Krieges« ins Generalgouvernement angeordnet. Mit den Transporten sollte Anfang 1941 begonnen werden.[138] Einen Erfolg der Aktion vorausgesetzt, wäre Österreich als dritte Region im Reich »gesäubert« gewesen. Auch in Deutschland mehrten sich Zeichen, daß Deportationen vorbereitet wurden. Ende Januar 1941 gab in München Reichsleiter Karl Fiehler sein Plazet zur Räumung des »Traditionsgaues« bekannt, wie es »in den Gauen Baden, Pfalz und Pommern«[139] geschehen sei. Und Heydrich legte noch im Januar 1941 Hitler einen ersten »Vorschlag« einer »endgültigen Judenevakuierung« vor, der sich nun wieder auf das Generalgouvernement als Ziel bezog.[140] Vor der geplanten Wiener Deportation verbot die Staatspolizeileitstelle allen Juden, das Stadtgebiet ohne Erlaubnis zu verlassen.[141] Doch erneut konnten die Pläne nicht richtig umgesetzt werden. Nach einer ersten Reduzierung auf 10.000 brachte die Gestapo zwischen dem 15. Februar und dem 12. März 1941 »nur« 5.000 Wiener Juden in Orte bei Lublin.[142]

---

136 Zit. nach Aly, Endlösung (wie Anm. 65), S. 269; vgl. Yaacov Lozowick, Hitler's Bureaucrats. The Nazi Security Police and the Banality of Evil, London/New York 2000, S. 182-183; Longerich, Politik (wie Anm. 60), S. 287-288.
137 Weisung Nr. 21 »Fall Barbarossa« vom 18.12.1940, Prozeß (wie Anm. 52), Bd. XXVI, S. 47-52, Dok. PS-446.
138 Lammers an Schirach am 3.12.1940, Prozeß (wie Anm. 52), Bd. XXIX, S. 175, Dok. PS-1950; Reichsstatthalter Wien an HSSPF Kaltenbrunner (Wehrkreis XVII) am 18.12.1940, ebd., S. 175, Dok. PS-1950.
139 Vermerk des Städt. Wohnungsnachweises vom 30.1.1941, YV Jerusalem, MiDN, Nr. 119, Bl. 90.
140 Vgl. Notiz vom 21.3.1941 über eine Besprechung in Berlin vom 20.3.1941, Institut für Zeitgeschichte/Archiv (IfZ) München, MA-423, Bl. 5604-5605. Abdruck bei Adler, Der verwaltete Mensch (wie Anm. 2), S. 152-153.
141 Eintrag am 1.2.1941, in: Bericht IKG Wien 1938- 1944/45, S. 33, CZA Jerusalem, S 26, Nr. 1191g, unfol. Vgl. Erlaß Stapo(leit)stelle Wien vom 7.2.1941, YV Jerusalem, 030/Nr. 84, Bl. 5.
142 Herbert Rosenkranz, Verfolgung und Selbstbehauptung. Die Juden in Österreich 1938-1945, Wien 1978 S. 258-261; Gruner, Zwangsarbeit (wie Anm. 5), S. 215-216.

Im Zuge der Angriffsvorbereitungen auf die Sowjetunion hatte man die Wiener Transporte »bis auf weiteres« gestoppt.[143] Mit Blick auf die erst noch zu erobernden Gebiete versicherte Hitler am 16. März 1941 Hans Frank sogar, daß dessen Generalgouvernement »als erstes Gebiet judenfrei gemacht« werde.[144] Am selben Tag, als Hitler mit Frank sprach, konferierte er auch mit Goebbels. Goebbels triumphierte in seinem Tagebuch: »Wien wird nun bald ganz judenrein sein. Und jetzt soll Berlin an die Reihe kommen. Ich spreche das schon mit dem Führer und Dr. Frank ab.«[145] Das bedeutete, die Transporte in das Generalgouvernement waren zu diesem Zeitpunkt nicht aufgegeben, sondern lediglich unterbrochen worden, und Berlin stand auf der aktuellen Liste.[146] Im Propagandaministerium erfuhren so am 20. März die Teilnehmer einer Besprechung über die »Evakuierung der Juden aus Berlin« von Eichmann, daß der Hitler im Januar vorgelegte Gesamtplan Heydrichs »nur deshalb noch nicht zur Ausführung gelangt sei, weil das Generalgouvernement z. Zt. nicht in der Lage sei, einen Juden oder Polen aus dem ›Altreich‹ aufzunehmen«[147] Da das Generalgouvernement noch die 60.000 Juden aus Wien aufnehmen müsse, man in Wien aber nur 45.000 deportieren könne, könnten die restlichen 15.000 aus Berlin abtransportiert werden.

Am 26. März legte Heydrich Göring einen neuen Gesamtplan zur »Lösung der Judenfrage« vor. Der stimmte dem Entwurf bis auf eine Änderung zu, bei der es sich wohl darum handelte, die Deportationen statt nach Polen nach dem geplanten Überfall in die Sowjetunion zu lenken.[148] Dies eröffnete Perspektiven für eine baldige Massendeportation und beförderte neue Entscheidungen. Hitler verfügte jetzt nach mehrmonatiger Diskussion und wegen der Erfahrungen bisheriger Deportationen, daß den deutschen Juden bei der »Wohnsitzverlegung« ins Ausland die Staatsangehörigkeit aberkannt werde und ihr Vermögen automatisch dem Reich verfalle.[149] Wie

---

143 Müller an Eichmann (Zentralstelle Wien) am 15.3.1941; Safrian, Eichmann-Männer (wie Anm. 21), S. 97. Vgl. Aly, Endlösung (wie Anm. 65), S. 234 f.
144 Zit. nach Aly, Endlösung (wie Anm. 65), S. 251 f. Vgl. Regierungssitzung im GG vom 25.3.1941, Prozeß (wie Anm. 52), Bd. XXIX, S. 492, PS-2233.
145 Die Tagebücher von Joseph Goebbels (wie Anm. 12), Teil I, Bd. 4, S. 543: Eintrag vom 18.3.1941.
146 Vgl. Sitzung am 19.3.1941 zur Transportproblematik bei Adler, Der verwaltete Mensch (wie Anm. 2), S. 440.
147 Notiz vom 21.3.1941 über eine Besprechung vom 20.3.1941, IfZ/Archiv München, MA-423, Bl. 5604-5605: Abdruck bei Adler, Der verwaltete Mensch (wie Anm. 2), S. 152-153.
148 Aly, Endlösung (wie Anm. 65), S. 270-279. Vgl. auch Longerich, Politik (wie Anm. 60), S. 290.
149 Entwurf Rundschreiben RMdI vom März 1941, Akten der Parteikanzlei (wie Anm. 28), Teil I/2, Nr. 10303423. Vgl. Schreiben Lammers vom 7.6.1941 zit. bei Adam, Judenpolitik (wie Anm. 28), S. 299. Die im November 1941 veröffentlichte 11. Verordnung wurde nicht ad hoc formuliert, sondern seit Ende 1940 diskutiert vgl. Adler, Der verwaltete Mensch (wie Anm. 2), S. 499; Dean, Development (wie Anm. 6), S. 228-230; Cornelia Essner, »Die Nürnberger Gesetze« oder die Verwaltung des Rassenwahns 1933-1945, Paderborn u.a. 2002, S. 292-305.

die bisherigen Erfahrungen zeigten, mußte die bevorstehende Gesamtdeportation aus Deutschland auch finanziert werden. Am 17. März 1941 klärte das RSHA den Vorstand der Reichsvereinigung offen darüber auf, daß für die bevorstehende »Gesamtauswanderung der siedlungsfähigen jüdischen Bevölkerung Mittel in erheblichem Umfang erforderlich seien«[150]. Der verzweifelte Versuch der jüdischen Seite scheiterte, das drohende Unheil mit dem Hinweis auf dessen Unfinanzierbarkeit abzuwenden.

Im RSHA gab es im März 1941 wohl nicht zufällig eine entscheidende Umstrukturierung: das für »Umsiedlung« und »Räumungen« zuständige Eichmann-Referat IV D 4 wurde zu IV B 4, das künftig »Räumungen« mit »jüdischen Angelegenheiten« vereinigte.[151] Mit Blick auf die bevorstehende Gesamtdeportation durchbrach das RSHA jetzt die seit Ende 1938 eingehaltene, strikte Aufgabenteilung in der antijüdischen Politik. Erstmals kooperierten Gestapo und Arbeitsämter beim Zwangsarbeitseinsatz im »Altreich«.[152] Das RSHA begann auch in der Domäne der Kommunen, der Zusammenlegung jüdischer Mieter in sogenannten Judenhäusern, zu intervenieren. Seit März 1941 drängte zudem die Reichsleitung der NSDAP darauf, die »Frage der Räumung der Judenwohnungen einer reichseinheitlichen Regelung«[153] durch Beschlagnahme zuzuführen. Viele Städte, etwa Hamburg und Düsseldorf, hatten aber schon seit 1939 die Juden in immer weniger Wohnraum zusammengedrängt.[154] Die seit Beginn des Jahres 1941 wachsende Zahl zusätzlicher Exmittierungen zugunsten potentieller Bombenopfer führte zugleich zu Plänen, die obdachlosen oder gleich sämtliche Juden in Barackenlager einzuquartieren. Das RSHA intervenierte im März zuerst gegen Münchner wie auch gegen Aachener und Brandenburger, im Mai gegen Kölner Lagerpläne, um eine zu starke »Ghettoisierung« wegen des Problems der polizeilichen Kontrolle zu verhindern.[155]

Ab Juni/Juli begann das RSHA jedoch seine Vorbehalte aufzugeben und unterstützte lokale Aktionen zur »Umsiedlung« sämtlicher Juden einzelner Städte bzw. diverser Landkreise in Lager. Im Laufe der nächsten Monate wurden über 40 solcher von der Gestapo kontrollierten Lager auf abgelegenen Zechen, in geräumten Klostergebäuden oder in Reichsarbeitsdienstbaracken für Tausende jüdische Familien ein-

150 Aktennotiz Dr. Eppstein (RV) über Vorladung im RSHA vom 17.3.1941, BA, R 8150, Nr. 45, Bl. 26. Vgl. Adler, Der verwaltete Mensch (wie Anm. 2), S. 83; Gruner, Öffentliche Wohlfahrt (wie Anm. 28), S. 274.
151 Lozowick, Hitler's Buerocrats (wie Anm. 136), S. 94-95.
152 Gruner, Geschlossener Arbeitseinsatz (wie Anm. 5), S. 178-193.
153 NSDAP Gau Thüringen/Kreisrechtsamt Jena an OB/Wohnungsamt am 20. 3. 1941, BA, ZwA Dahlwitz-Hoppegarten, ZA I, Nr. 7928, A. 4, unfol.
154 Schreiben des Rechtsamts an NSDAP-Gaurechtsamt Hamburg vom 15. 4.1941, in: Die Geschichte der Juden in Hamburg 1590-1990, Bd. 1: Vierhundert Jahre Juden in Hamburg. Eine Ausstellung des Museums für Hamburgische Geschichte vom 8.11.1991 bis 29.3.1992, Hamburg 1991, S. 475, Dok. Nr. 312. OB/Wirtschaftsamt Düsseldorf an Gaurechtsamt am 22.4.1941, Stadtarchiv Düsseldorf, IV 12314, Bl. 60+RS.
155 Gruner, NS-Judenverfolgung (wie Anm. 11), S. 119; sowie Rundschreiben Gestapo Köln vom 12.5.1941, Nordrhein-Westfälisches Hauptstaatsarchiv Düsseldorf, RW 18, Nr. 18, Bl. 142.

gerichtet.[156] Befördert wurde diese Entwicklung noch einmal, als das RSHA am 26. Juli 1941 alle Gestapostellen im Reich mit einem Erlaß zur »Umsiedlung der Juden innerhalb einzelner Ortschaften« offiziell über die revidierte Berliner Ansicht zur Frage der Ghettoisierung verständigte.[157] Den Zeitpunkt für die Ausgabe des bisher unbekannten Erlasses, der in der Intention dem oben erwähnten Erlaß vom Februar 1940 entsprach, wählte das RSHA keineswegs zufällig. Er paßt genau in eine Reihe von Entscheidungsabläufen, die nach einer mehrmonatigen Pause wegen des Überfalls auf die Sowjetunion nun ihren Ausgangspunkt Ende Juli 1941 hatten.

10. Die Entscheidung über weitere Teildeportationen (Sommer 1941)

Gleich nach dem Überfall auf die Sowjetunion am 22. Juni 1941 begannen dort systematische Massenerschießungen von Juden. Als künftige Zielgebiete für Deportationen faßte die NS-Führung jetzt sowjetische Gebiete, insbesondere die Eismeerregion oder die Pripjetsümpfe, ins Auge.[158] Da der Sieg in wenigen Monaten erwartet wurde, trat die Vorbereitung der Deportationen aus Deutschland nun in ihr akutes Stadium. Um die antijüdischen Pläne im Reich wie in Europa mit anderen Instanzen koordinieren zu können, verschaffte sich Heydrich am 31. Juli 1941 die schriftliche Ermächtigung von Göring, »alle erforderlichen Vorbereitungen […] zu treffen für eine Gesamtlösung der Judenfrage«[159]. Die jüdische Bevölkerung wurde noch einmal gezählt: Ende Juli 1941 lebten im »Altreich« noch 167.245 Juden, davon mittlerweile fast die Hälfte in Berlin.[160] In der ersten Augustwoche informierte das RSHA die Reichsvereinigung, daß jüdischen Männern im Alter von 18 bis 45 Jahren im Reichsgebiet jegliche Ausreise verboten sei. Das galt auch für die illegalen, bisher von SD und Gestapo unterstützten Emigrationen nach Palästina. Etwas später traf das Verbot auch jüdische Frauen im gleichen Alter.[161] Da zu diesem Zeitpunkt alle arbeitsfähigen deutschen Juden längst zwangsbeschäftigt waren, zielte dieses Emigrationsverbot nicht auf den Arbeitsmarkt, sondern auf bevorstehende Transporte. Ebenfalls im Au-

---

156 Gruner, Geschlossener Arbeitseinsatz (wie Anm. 5), S. 249-269. Lagerliste in: ders., Zu den Arbeits- und Wohnlagern für deutsche Juden im Altreich (1941-1943/44), in: Gedenkstättenrundbrief 80 (1997), S. 27-37.
157 Runderlaß RSHA IV B 4 vom 26.7.1941, USHMM Washington, RG 11.01 M.04, Reel 72, OSOBI Moskau 503-1-324, unfol. (S. 2 des Erlasses fehlt in der Akte).
158 Aly, Endlösung (wie Anm. 65), S. 273 ff.
159 Prozeß (wie Anm. 52) Bd. XXVI, PS-710, S. 267. Vgl. Aly, Endlösung (wie Anm. 65), S. 306 f.; Longerich, Politik (wie Anm. 60), S. 422.
160 Robert Prochnik, Bericht über die organisatorischen und sonstigen Verhältnisse der jüdischen Bevölkerung in Berlin und unter Berücksichtigung des gesamten Altreichs, Stand 31.7.1941, [MS], Wien 1941, S. 3.
161 Vermerk IKG Wien ü. Gespräch mit RV am 5.8.1941, in: Widerstand und Verfolgung in Wien 1934-1945, Bd. 3: 1938-1945, 2. Aufl., Wien 1984, Nr. 145, S. 276. Gruner, Geschlossener Arbeitseinsatz (wie Anm. 5), S. 213. Als »illegal« wurden diese Einwanderungen bezeichnet, weil sie gegen den Willen der britischen Mandatsmacht erfolgten.

gust 1941 startete Generalbauinspektor Albert Speer in Berlin die sogenannte 3. Aktion zur Räumung von 5.000 »Judenwohnungen«. Anstelle der Jüdischen Gemeinde erhielt erstmals die Berliner Gestapo die Räumungslisten.[162]
Dies sind starke Indizien dafür, daß eine Entscheidung über neue umfangreiche Deportationen bereits gefallen war. Am 15. August 1941 gab Eichmann auf einer Berliner Sitzung zwei Dinge zum Stand der »Evakuierungen aus dem Altreich« bekannt. 1. Hitler habe einen ihm vorgelegten RSHA-Antrag zu Deportationen während des Krieges abgelehnt. 2. Heydrich lasse deshalb jetzt einen Stufenplan zur »Teilevakuierung der größeren Städte«[163] ausarbeiten. Peter Longerich vertritt die Meinung, daß Hitler sich damit generell gegen künftige Deportationen während des Krieges entschieden hätte.[164] Doch eher sieht es so aus, daß mit einer Gesamtdeportation aller Juden zwar bis Kriegsende gewartet, zugleich aber – wie schon zu Beginn des Jahres in Österreich – wieder mit Teilaktionen vorgegangen werden sollte, zu deren kurzfristiger Vorbereitung Heydrich ganz offensichtlich den Auftrag erhalten hatte. Nur drei Tage später sagte Hitler Goebbels zu, »die Berliner Juden so schnell wie möglich, sobald sich die erste Transportmöglichkeit bietet, von Berlin in den Osten abzuschieben.«[165] Ministerialbeamte erörterten im Geheimen Staatspolizeiamt am 21. August 1941 auf einer Sitzung zur »Endlösung der Judenfrage«, ob sogenannte Halbjuden einbezogen werden sollten. Man war sich zu diesem Zeitpunkt darüber klar, daß dies deren »Deportation mit allen Begleiterscheinungen, wie Zerreißung von Familien und Vermögensverlust«[166] zur Folge hätte. Auf einer Besprechung im Reichsinnenministerium wurde am 29. August 1941 in Eile entschieden, statt eines geplanten Gesetzes eine Polizeiverordnung zur Kennzeichnung der Juden herauszugeben.[167] Nur Tage später, am 1. September 1941, verabschiedete man diese Polizei-Verordnung, die mit dem Verbot gekoppelt war, den Wohnort ohne Genehmigung zu verlassen, einer Grundvoraussetzung für die kommenden Transporte.[168] Daraufhin füllte die Berliner Gestapo mehrere Tausend für Oktober vorgedruckte Vermögenseinziehungsver-

---

162 Susanne Willems, »Der entsiedelte Jude«. Albert Speers Wohnungsmarktpolitik für den Berliner Hauptstadtbau, Berlin 2002, S. 291-301; sowie BA Berlin, 15.09., Nr. 18, Land 02 Berlin, Stadtkreis Berlin 8, Karton Brücher-Bzik.
163 Vermerk Lösener vom 18.8.1941, Lösener, Reichsinnenministerium (wie Anm. 128), S. 303.
164 Longerich, Politik (wie Anm. 60), S. 427.
165 Die Tagebücher von Joseph Goebbels. Teil II: Diktate 1941-1945, hg. v. Elke Fröhlich im Auftrag, 15 Bde., München u.a. 1993-1996, Bd. 1, S. 266: Eintrag vom 19.8.1941. Einen Tag später schreibt Goebbels, von einem Abtransport gleich nach Ende des »Ostfeldzuges«, das bedeutete nach damaligem Verständnis auch nur eine Frist von ca. acht Wochen, vgl. ebd., S. 278: Eintrag vom 20.8.1941.
166 Entwurf Schreiben an RMVP, undat. (ca. 22.8.1941); Lösener, Reichsinnenministerium (wie Anm. 128), S. 306.
167 Vermerk Auswärtiges Amt (Rademacher) vom 6.9.1941, Akten der Parteikanzlei (wie Anm. 28), Teil I/2, Nr. 20700252.
168 Die VO galt auch für das Protektorat Böhmen/Mähren und trat am 19.9.1941 in Kraft; RGBl., 1941 I, S. 547.

fügungen mit Personen- und Wohnungsangaben aus und datierte sie per Hand auf den 3. des Monats vor.[169]

Alles schien vorbereitet. Doch als die Militäroperationen in der Sowjetunion stockten, gerieten auch die vorgesehenen Zielgebiete zumindest zeitweise außer Reichweite. Wenn die NS-Führung rasch deportieren wollte, mußte sie die Frage, wohin die vorbereiteten Teilaktionen gerichtet werden sollten, neu überdenken. Am 2. September 1941 sprach Himmler mittags mit Hitler. Am Abend erörterte er mit dem Höheren SS- und Polizeiführer (HSSPF) des Generalgouvernements, Krüger, die »Judenfrage – Aussiedlung aus dem Reich«[170]. Dessen Gebiet schied aber für Transporte zu diesem Zeitpunkt ebenfalls aus.[171] Daher orientierte man sich auf den Warthegau als Zwischenlösung. Himmler diskutierte am 4. September 1941 mit dem dortigen HSSPF Koppe. Und dieser sandte ihm sechs Tage später ein Schreiben, offenbar nach Gesprächen mit Lodzer Behörden, in dem von der Aufnahme von 60.000 Deportierten im dortigen Ghetto die Rede war.[172] Nachdem damit Ziel und Umfang der Teildeportation geklärt waren, informierte Himmler am 18. September die zentrale Verwaltung des Warthegaus über die aktuellen Pläne. Reichsstatthalter Arthur Greiser erfuhr auf diesem Wege von dem Befehl Hitlers, daß »möglichst bald« Deutschland »vom Westen nach dem Osten von Juden geleert« werden solle. Als »erste Stufe« müßten sie bis Jahresende in die annektierten Gebiete, dann »im nächsten Frühjahr noch weiter nach dem Osten.« transportiert werden. Der Warthegau solle Durchgangsstation für einen Teil der Juden der größeren Städte des Reiches und des Protektorates werden. Deutlich wurde gesagt, daß es sich hier um eine neue Teilaktion, diesmal nicht bezogen auf eine Region, sondern auf größere Städte handele und nicht um die Gesamtdeportation. Das Ghetto Lodz war das neue Ziel, weil es, so Himmler, »wie ich höre, an Raum aufnahmefähig ist.«[173]

Der vielzitierte Brief Himmlers vom 18. September 1941 stand am Ende einer mehrwöchigen Suche, die nur durch eine vorherige Entscheidung ausgelöst worden sein konnte.[174] Dessen ungeachtet diente das Schreiben seit langem als Beleg für die Annahme, daß die Entscheidung, deutsche Juden zu deportieren, erst jetzt, Mitte September 1941, gefallen sei.[175] Zu stützen schienen diese These diverse Initiativen

---

169 Da die Speerschen Listen nur Hauptmieter enthielten, ermittelte die Gestapo erst die Untermieter bei den Polizeirevieren, dann konnte sie die Formulare ausfüllen; Willems, »Der entsiedelte Jude« (wie Anm. 162), S. 291-301.
170 Eintrag vom 2. 9. 1941, in: Der Dienstkalender Heinrich Himmlers 1941/42. Im Auftrag der Forschungsstelle für Zeitgeschichte in Hamburg bearbeitet, komm. und eingel. von Peter Witte u. a., Hamburg 1999, S. 201 ff.
171 Nach Auskunft Eichmann gegenüber Rademacher am 13.9.1941; Safrian, Eichmann-Männer (wie Anm. 21), S. 113.
172 Eintrag vom 4. 9. 1941, in: Dienstkalender Himmlers (wie Anm. 170), S. 205 und Anm.19.
173 Himmler an Greiser am 18.9.1941, in: Longerich, Ermordung (wie Anm. 79), Nr. 54, S. 157.
174 Wolfgang Scheffler ging zuletzt zumindest davon aus, daß hier das Ende eines seit Ende August währenden Prozesses markiert wird; Scheffler, Schicksal (wie Anm. 101), S. 2.
175 Adler, Der verwaltete Mensch (wie Anm. 2), S. 86, Burrin, Hitler und die Juden (wie Anm. 36), S. 154; Witte, Peter: Two Decisions Concerning the »Final Solution to the Jewish

zentraler und lokaler Autoritäten, die unabhängig voneinander und mit unterschiedlichen Motiven zur gleichen Zeit zusammentrafen. So wurde als Anlaß die Initiative Alfred Rosenbergs, Hitler wegen der Deportation der Wolgadeutschen in der Sowjetunion die Deportation der zentraleuropäischen Juden nach Osten vorzuschlagen, ebenso angeführt, wie die Forderungen nach einem baldigen Abtransport französischer Juden.[176] Eine europäische Dimension der Deportationen wurde zu diesem Zeitpunkt mit neuer Intensität von der NS-Führung diskutiert, allerdings wohl eher parallel, und nicht als Auslöser der Teilaktionen in Deutschland.[177] Auch lokale Impulse wurden angeführt, so die Intervention des Gauleiters Karl Kaufmann bei Hitler, die Hamburger Juden zu deportieren.[178] Letztere erreichte Hitler im September wohl zu spät, um die Deportationen auszulösen. Das nicht nur in Hamburg vorgebrachte Argument, über die Wohnungen der zu Deportierenden für Opfer potentieller Bombenangriffe verfügen zu können,[179] diente manchem Zeitgenossen als willkommene Legitimation der Transporte, hatte aber mit den Realitäten nicht viel zu tun. Die Ghettoisierung stand in vielen Großstädten vor dem Abschluß und nicht am Anfang. Da in den Judenhäusern sich jeweils mehrere jüdische Familien eine Wohnung teilen mußten, konnte der »Gewinn« an Wohnraum trotz großer Deportationszahlen nur gering bleiben. Und 5.000 deutsche Juden vegetierten zu dieser Zeit bereits in den oben erwähnten Wohnlagern bzw. als Zwangsarbeiter in Arbeitslagern.[180] In Großstädten hatte man außerdem seit Beginn des Jahres Wohnungen

Question«: Deportations to Lodz and Mass Murder in Chelmno, in: Holocaust and Genocide Studies 9 (1995), S. 318-345, hier 330; Longerich, Politik (wie Anm. 60), S. 429-431.

176 Witte, Two Decisions (wie Anm. 175), S. 326-329. Browning, Entfesselung (wie Anm. 67), S. 466-475. Vgl. Safrian, Eichmann-Männer (wie Anm. 21), S. 108-111. Kritik an der ersten Lesart bei Longerich, Politik (wie Anm. 60), S. 431. Zur Rosenberg Initiative als Ausschlaggebende vgl. Christian Gerlach, Kalkulierte Morde. Die deutsche Wirtschafts- und Vernichtungspolitik in Weißrußland 1941-1944, Hamburg 1999, 749 f.

177 Christian Gerlach verweist zu Recht darauf, daß die verschiedenen Ebenen der Diskussion sorgfältig getrennt werden müssen, z. B. die Diskussion über die Deportationen von der derjenigen über Vernichtung; Christian Gerlach, Die Wannsee-Konferenz, das Schicksal der deutschen Juden und Hitlers politische Grundsatzentscheidung, alle Juden Europas zu ermorden, in: WerkstattGeschichte 18 (1997), S. 7-44, hier S. 10.

178 Frank Bajohr, Gauleiter in Hamburg. Zur Person und Tätigkeit Karl Kaufmanns, in: Vierteljahrshefte für Zeitgeschichte 43 (1995), S. 267-296, hier 291 f., sowie ders., » … dann bitte keine Gefühlsduseleien. Die Hamburger und die Deportationen, in: Die Deportationen der Hamburger Juden (wie Anm. 4), S. 13-29, hier S. 14. Witte meint, daß die Hamburger Initiative nicht der Grund für die Deportationen, aber ein zusätzliches Entscheidungsargument gewesen sei; Witte, Two Decisions (wie Anm. 175), S. 325.

179 Ebd., S. 323.

180 Gruner, NS-Judenverfolgung (wie Anm. 11), S. 118-119; Gruner, Geschlossener Arbeitseinsatz (wie Anm. 5), S. 263. Kritik an Witte bei Longerich, der von Instrumentalisierung mit dem Ziel zusätzlichen Druckes spricht, ohne jedoch den weit vorangetriebenen Ghettoisierungsprozeß in sein Argument einzubeziehen; vgl. Longerich, Politik (wie Anm. 60), S. 432 f.

jüdischer Mieter speziell für potentielle Bombenopfer geräumt.[181] Auch die angeführte Luftgefährdung von Großstädten für die Auswahl der Transporte außer Berlin, Wien und Prag hält näherer Überprüfung nicht stand.[182] Denn obwohl man mit einem Schlag die Mehrheit der 1.400 Juden Düsseldorfs hätte abtransportieren können, enthielt der erste Transport aus Düsseldorf am 27. Oktober nur 168 Menschen aus dieser Stadt, aber 181 aus Wuppertal und 114 aus Essen sowie kleinere Gruppen aus Krefeld, Oberhausen und weiteren Städten der Region. Es handelte sich um einen regionalen Transport aus dem nördlichen Rheinland, im äußersten Westen Deutschlands,[183] was im Einklang mit der Entscheidung Hitlers stand, das Reich vom Westen nach Osten in Teilaktionen zu räumen. Heinrich Himmler wies denn auch Einwände von General Thomas gegen die geplante Deportation offen damit zurück, es handele sich nicht um eine Deportation wegen der Luftangriffe, sondern um Transporte aus grundsätzlichen Erwägungen.[184] Am 23. September 1941 sprach Goebbels mit Hitler, der betonte, daß »die Juden *nach und nach* aus ganz Deutschland herausgebracht werden müssen. Die ersten Städte, die judenfrei gemacht werden sollen, sind Berlin, Wien und Prag.«[185]

Nachdem im August und September 1941 auf allen Ebenen die inhaltlichen und technischen Details diskutiert und geklärt worden waren, unterrichtete das RSHA die Jüdische Gemeinde Berlin am 1. Oktober von der bevorstehenden »Teilevakuierung«.[186] Da diese Deportationen im Gegensatz zum bisherigen Verfahren erstmals überregional durchgeführt werden sollten, informierte das RSHA am gleichen Tag die betroffenen Stapo(leit)stellen über den konkretisierten Plan.[187] Zwei Tage später ordnete das RSHA die »Sammeleinziehung« des gesamten Vermögens der Deportierten an, da die »Bestrebungen« der in das »Ghetto Litzmannstadt abzuschiebenden

---

181 Frankfurt am Main stellte nach ersten Luftangriffen der Obdachlosenpolizei ein Kontingent von 260 Wohnungen jüdischer Mieter zur Verfügung; erwähnt in: Gestapo-Beauftragter bei der Jüdischen Wohlfahrtspflege an Gestapo Frankfurt a. M. am 22.10.1941, Dokumente Frankfurter Juden (wie Anm. 38), XIII 3, S. 472 f. In Berlin forderte Hitler im Januar 1941, 1.000 Wohnungen von Juden für künftige Bombenopfer zu räumen. Bis Mai stellte Speer 940 »Judenwohnungen« bereit; Willems, »Der entsiedelte Jude« (wie Anm. 162), S. 158-327.
182 Witte spricht davon, daß Berlin, Prag und Wien mit größter »Judenkonzentration« und Frankfurt, Hamburg, Köln, Düsseldorf, Luxemburg alle in Reichweite der Bomber ausgewählt wurden; Witte, Two Decisions (wie Anm. 175), S. 323. Die Argumente Wohnungen und luftgefährdete Gebiete nimmt auch Aly als mitauslösend für die Entscheidung Mitte September an; Aly, Endlösung (wie Anm. 65), S. 352 f.
183 Zusammenstellung der nach Litzmannstadt zu evakuierenden Juden (o. Datum), YV Jerusalem, 08/51, Bl. 82.
184 Nach Witte, Two Decisions (wie Anm. 175), S. 339, Anm. 28. Witte deutet dies als zusätzliches Argument, aber nicht als ausschlaggebend.
185 (Hervorhebung d. A.) Goebbels, Tagebücher (wie Anm. 165), Teil II, Bd. 1, S. 484-485: Eintrag vom 24.9.1941.
186 Zit nach Bericht Hildegard Henschel, S. 3, YV Jerusalem, 01/51, unfol.
187 Oberbürgermeister Neuß-Rhein am 24. 10.1941 an die Stapo(leit)stelle Düsseldorf unter Bezug auf RSHA-Erlaß IV B 4 -2659/41 g vom 1.10.1941, YV Jerusalem, 08/51, Bl. 70. Vgl. auch Scheffler, Schicksal (wie Anm. 101), S. 7.

Juden volks- und staatsfeindlich« gewesen seien.[188] Am 4. Oktober verbreitete der Chef der Ordnungspolizei die Information, daß ab dem 15. Oktober Juden aus Berlin, Frankfurt, Hamburg, Köln, Düsseldorf, Wien und Prag, von der Ordnungspolizei bewacht in Reichsbahnzügen abtransportiert werden würden.[189]

11. Die erste Welle der Teilaktion: Zwischenziel Warthegau (Oktober/November 1941)

Wegen der Überfüllung des Lodzer Ghettos reduzierte man die Zahl der dorthin zu Deportierenden von den zunächst geplanten 60.000 gleich wieder auf 20.000. Die NS-Führung suchte nach zusätzlichen Zielgebieten und mußte die Teildeportation deshalb in zwei Aktionen spalten. Am 2. Oktober 1941 verkündete Hitler in seinem Hauptquartier, daß die Zielorte der nächsten Transportwelle nun Riga, Reval und Minsk hießen.[190] Die Städte hatte Hitler ausgewählt und den durch das RSHA vorgelegten Plan dieser Transporte genehmigt.[191] Inzwischen hatten die von der ersten Teilaktion nach Lodz betroffenen Jüdischen Gemeinden Auflagen bekommen. In Berlin erhielten Familien zwischen dem 5. und 12. Oktober Schreiben der Jüdischen Gemeinde, daß ihre Wohnung »zur Räumung vorgesehen sei«[192].

Der erste Transport, der die reichsweite Teilaktion einleitete, verließ die Stadt Wien am 15. Oktober,[193] einer aus Prag folgte einen Tag später.[194] Aus Berlin fuhr der erste Transport am 18. Oktober Richtung Warthegau.[195] Im Ghetto Lodz kamen bis zum 5. November 1941 insgesamt 19.837 Juden an, davon aus dem »Altreich« etwas weniger als die Hälfte, nämlich vier Berliner Transporte mit 4.187 Menschen, zwei aus Köln mit 2.007, und je ein Transport aus Frankfurt/Main, Hamburg und Düsseldorf

188 Erlaß erwähnt in RMdI-Schnellbrief Suhr (Pol S IV B 4 b, 2975/41g 846) an Regierungspräsidenten in Köln vom 8.10.194, NW-HStA Düsseldorf, Reg. Köln, Nr. 8959, unfol.
189 Safrian, Eichmann-Männer (wie Anm. 21), S. 119.
190 Kurt Pätzold/Erika Schwarz, »Auschwitz war für mich nur ein Bahnhof«. Franz Novak – Der Transportoffizier Adolf Eichmanns, Berlin 1994, S. 101; vgl. Safrian, Eichmann-Männer (wie Anm. 21), S. 124-125.
191 In einem Fernschreiben hieß es nach internen Informationen des RMdI: »die aktion ist vom führer genehmigt. die orte, wohin die juden abgeschoben werden, sind von ihm selbst bestimmt worden.«; FS Zeitler (DGT-Berlin) an Fiehler am 28.10.1941, Abdruck in: Gruner, NS-Judenverfolgung (wie Anm. 11), S. 75.
192 Abdruck von zwei anonymen und undatierten Berichten (ca. vom 18. und 20.10.1941), in: Dietrich Bonhoeffer, Gesammelte Schriften, Bd. 6 (Erg.Bd. 2): Tagebücher, Briefe, Dokumente 1923-1945, München 1974, S. 640. Vgl. zur ersten Transportphase Klaus Dettmer, Die Deportationen aus Berlin, in: Buch der Erinnerung (wie Anm. 8), S. 191-198.
193 Zu den Deportationen vgl. Gerhard Ungar/Diana Schulle, Die Deportationen aus Wien, in: Buch der Erinnerung (wie Anm. 8), S. 381-385; Rabinovici, Instanzen (wie Anm. 21), S. 223-242; Gruner, Zwangsarbeit (wie Anm. 5), S. 215-269.
194 Jaroslava Milotová, Der Okkupationsapparat und die Vorbereitung der Transporte nach Lodz, in: Theresienstädter Studien und Dokumente 1998, S. 40-69, hier S. 60-61.
195 Gedenkbuch Berlins (wie Anm. 7), S. 1419; Wolf Gruner, Judenverfolgung in Berlin 1933-1945, Berlin 1996, S. 98.

mit zusammen 3.000 Personen.¹⁹⁶ Ihr Vermögen war zugunsten des Reiches eingezogen worden. Unter den Deportierten befanden sich viele Zwangsarbeiter aus Rüstungsbetrieben. Gegen den unkoordinierten Abzug, wie in Berlin und in Frankfurt/Main, protestierte das Oberkommando der Wehrmacht, dessen Wirtschafts- und Rüstungsamt das Funktionieren der Kriegsindustrie überwachte.¹⁹⁷ Ende Oktober 1941 fixierte das RSHA das Ergebnis der Diskussionen in den Richtlinien zur »Durchführung der Evakuierung von Juden« mit der Zusage, daß Zwangsarbeiter nicht deportiert werden sollten, »wenn dadurch die fristgerechte Durchführung vordringlicher Rüstungsaufträge in frage gestellt«¹⁹⁸ sei. Das Schicksal der Zwangsarbeiter hing aber oft vom lokalen Kräfteverhältnis zwischen Gestapo, Arbeitsamt und Wehrmacht ab.¹⁹⁹

12. Die zweite Welle der Teilaktion: Ziel Sowjetunion (November 1941-Februar 1942)

Am 23. Oktober 1941 unterrichtete Eichmann die Chefs sämtlicher Gestapostellen in Deutschland über die zweite Welle der Teil-Deportation. Die Besprechung stand unter dem Titel »Führerbefehl« und war der »Evakuierung von 50.000 Juden« aus dem »Altreich« einschließlich Österreich und Protektorat Böhmen und Mähren gewidmet. Eichmann verkündete die Reihenfolge der nächsten Städte und verbot ausdrücklich, Ausländer, Familien von Rüstungsarbeitern, Menschen über 60 Jahre und »arische« Ehepartner von Juden zu deportieren, wie dies lokale Gestapo in einigen Fällen getan hatte.²⁰⁰ Einen Tag später verkündete Kurt Daluege, die Ordnungspolizei bewache auch die nächsten Züge, die in Berlin, Hamburg, Hannover, Dortmund, Münster, Düsseldorf, Köln, Frankfurt, Kassel, Stuttgart, Nürnberg, München und Breslau sowie Wien, Prag und Brünn zusammengestellt werden würden.²⁰¹ Nun sollte also auch aus Niedersachsen, Westfalen, Württemberg, Bayern und Schlesien deportiert werden.

Das RSHA bestimmte, wo, wie und wann deportiert wurde. Es teilte den Stapo(leit)stellen Transporttermine, Quoten und Herkunftsorte der abzutransportierenden Juden mit. Die Gestapo Würzburg erfuhr so über die Stapo(leit)stelle

---

196 Bericht der Schutzpolizei aus Litzmannstadt vom 13.11.1941, in: Kurt Pätzold/Erika Schwarz, Tagesordnung: Judenmord. Die Wannseekonferenz am 20. Januar 1942, Berlin 1992, S. 87-88. Vgl. zu den ersten Deportationswellen ausführlich Browning, Entfesselung (wie Anm. 67), S. 535-555.
197 Nach Rundschreiben des Wirtschaftsrüstungsamtes vom 23.10.1941; Hilberg, Vernichtung (wie Anm. 50), Bd. 2, S. 460.
198 Kriegstagebuch RüKo Frankfurt/M. am 2. 11. 1941, BA-MA Freiburg i. Br., RW 21-19, Nr. 9, Bl. 15.
199 Ausführlich zur Entwicklung 1941-1943: Gruner, Geschlossener Arbeitseinsatz (wie Anm. 5), S. 273-293.
200 Vermerk vom 24.10.1941 über Besprechung, zit. bei Scheffler, Schicksal (wie Anm. 102), S. 6; vgl. Lozowick, Hitler's Bureaucrats (wie Anm. 137), S. 87 u. 110.
201 Schnellbrief vom 24.10.1941, Prozeß (wie Anm. 52), Bd. XXXIII, Dok. PS-3921, S. 535-536.

Nürnberg am 3. November 1941, daß mit einem Transport von 200 Juden »nach dem Ostland« zu rechnen sei. Die »zu evakuierenden Juden könnten einstweilen ausgesucht werden.«[202] In der Regel taten dies die Gestapostellen oder auf ihren Befehl die örtlichen Jüdischen Gemeinden.[203] Die lokale Gestapo sorgte für die Auswahl und Zusammenfassung sowie für den Abtransport der Opfer, ersteres in enger Kooperation mit Arbeitsämtern, Rüstungsinspektionen, Parteistellen sowie Stadtverwaltungen, letzteres mit der Polizei und den regionalen Reichsbahndirektionen. Vor Ort wurde entschieden, wie die Betroffenen abgeholt, untergebracht und dann zu den Bahnhöfen transportiert wurden. Wenn sie nicht zu Fuß zu den Bahnhöfen marschieren konnten, stellten Kommunen Busse und Lastwagen. Dienten in Düsseldorf, Frankfurt und Stuttgart, von wo große Sammeltransporte abgingen, städtische Schlachthöfe, Messeanlagen oder Veranstaltungshallen als Sammellager, so nutzten manche Orte städtische Schulgebäude und Turnhallen. Anderswo belegte die Gestapo auch Privatgaststätten, die über große Räumlichkeiten verfügten. Bei der Vermögenseinziehung kooperierte die Gestapo mit Beamten vom städtischen Grundbuchamt, vom Finanzamt und mit Gerichtsvollziehern der Amtsgerichte.[204] Wie die einzelnen Transporte durchgeführt wurden, hing stark von den lokalen Verantwortlichen ab. Das gleiche gilt für die Auslegung der RSHA-Transportrichtlinien. In dieser Phase wurden zwar die Ausnahmebestimmungen für »Mischehen« und Ausländer weitgehend eingehalten, doch weiterhin nicht die für alte Leute und Zwangsarbeiter.[205] Die Stapo(leit)stelle Stuttgart verschickte Mitte November 1941 die Richtlinien einfach ohne die Schutzklausel für jüdische Rüstungsarbeiter.[206] Mit der zweiten Welle nach Minsk und Riga verschleppte die Gestapo statt der vorgesehenen 50.000 schließlich über 30.000 Menschen, die meisten davon ins Baltikum. Die Transporte erstreckten sich anstelle der geplanten vier Wochen über insgesamt vier Monate, vom 8. November 1941 bis zum 6. Februar 1942.[207]

202 Schultheis, Juden in Mainfranken (wie Anm. 3), S. 535-541. Vgl. Ekkehard Hübschmann, Die Deportation aus Nürnberg am 29. November 1941, in: Buch der Erinnerung (wie Anm. 8), S. 533-539, hier 537.
203 Vgl. den Beitrag von Beate Meyer in diesem Band.
204 Vgl. die diversen Beiträge, in: Buch der Erinnerung (wie Anm. 8), sowie Kingreen, Gewaltsam verschleppt (wie Anm. 4), S. 20-45.
205 Peter Schulze, Die Deportation in Hannover am 15. Dezember 1941, in: Buch der Erinnerung (wie Anm. 8), S. 765-769; Andrea Niewerth, Gelsenkirchener Juden im Nationalsozialismus. Eine kollektivbiographische Analyse über Verfolgung, Emigration und Deportation, Essen 2002, S. 164-165.
206 Erlaß Gestapo Stuttgart vom 18.11.1941, in: Sauer, Dokumente (wie Anm. 129), Teil II, Nr. 462, S. 272-273.
207 Longerich, Politik (wie Anm. 60), S. 449. Zu den Deportationen nach Riga vgl. Buch der Erinnerung (wie Anm. 8), zu denen nach Minsk Gerlach, Kalkulierte Morde (wie Anm. 176), S. 747-761. Gerlach spricht von 30.000 Deportierten, also mehr als geplant, ins Baltikum, und 7.000 nach Minsk, ebd. 752.

13. Von Teilaktionen zu Massendeportationen (Winter 1941/1942)

Es gibt Anzeichen dafür, daß die Verantwortlichen während der neuen Teilaktion aus dem Deutschen Reich an eine Ausweitung zu einer kontinuierlichen Gesamtdeportation dachten.[208] Gleich nach der Entscheidung über die Deportationen nach Riga und Minsk begann Hitler, die Ziele höher zu stecken. Heydrich und die Sicherheitspolizei diskutierten am 10. Oktober dessen Weisung, bis Ende 1941 »die Juden aus dem deutschen Raum«[209] herauszubringen. Im gesamten »Großdeutschen Reich« wurde deshalb die jüdische Bevölkerung noch einmal erfaßt und gezählt. Im »Altreich« lebten Ende Oktober 1941 noch 150.925 als Juden definierte Menschen, darunter wesentlich mehr Frauen als Männer und überproportional viel alte Menschen.[210] Über das Schicksal der »über 60 Jahre alten Juden«, die von den Transporten ja formal ausgenommen waren, sprach Himmler am 1. November mit Heydrich.[211] Sie begannen demnach, die Deportation *aller* deutschen Juden vorzubereiten. Eichmann ließ sich am 14. November noch einmal kurzfristig statistische Angaben zu Zahl, Alter und Vermögen der deutschen und österreichischen Juden von der Reichsvereinigung liefern.[212] Und gerade jetzt erschienen Anordnungen, die das den Opfern noch verbliebene Eigentum betrafen.[213] Mit der lange diskutierten 11. Verordnung zum Reichsbürgergesetz, in der Fassung, die auf Hitler zurückging, erkannte der NS-Staat am 25. November 1941 den deutschen Juden bei Verlassen des Reichsgebietes die Staatsangehörigkeit ab und raubte ihnen ihr ganzes Vermögen.[214]

Himmler hatte inzwischen auch befohlen, die »Auswanderung von Juden mit sofortiger Wirkung zu verhindern.« Den entsprechenden Erlaß vom 23. Oktober 1941 erhielten aber nicht nur Dienststellen in Deutschland und Österreich, sondern auch

---

208 Vgl. dazu auch Longerich, Politik (wie Anm. 60), S. 439-440.
209 Niederschrift über die Sipo-Besprechung in Prag am 10.10.1941, in: Deutsche Politik im »Protektorat Böhmen und Mähren« unter Reinhard Heydrich 1941-1942, Berlin 1997, S. 137-141, Nr. 29.
210 »Altreich« 1933: 566.602, in der »Ostmark« 47.578 (1933: 206.000) und im Protektorat 83.961 (1933: 118.310). RV-Statistik, Zahlen nach Alter und Geschlecht vom 1. 11.1941, BA Berlin, R 8150, Nr. 31, Bl. 58.
211 Eintrag 1.11.1941, in: Dienstkalender Himmlers (wie Anm. 170), S. 251.
212 Aktenvermerk (Löwenherz) über Telefongespräch mit Eppstein (RV) vom 14.11.1941, BA, R 8150, Nr. 31, Bl. 82-85; Tabelle Bevölkerungsentwicklung vom 14. 11. 1941, ebd., Bl. 29; Altersgliederung der Juden, vom 14.11.1941, LBI/A New York, Max Kreutzberger, Research Papers, AR 7183, Box 2, Folder 2, Bl. 32.
213 Das RSHA verbot am 27.11.1941 Verfügungen über das mobile Vermögen, erwähnt in: Verzeichnis Sipo-Erlasse 1936-1942, BA Berlin, R 58, Nr. 1074, Bl. 66; JNBl., 1941, Nr. 73 vom 5. 12. 1941, S. 1.
214 RGBl., 1941 I, S. 722. Vgl. Dean, Development (wie Anm. 6), S. 217-242; Essner, Nürnberger Gesetze, S. 292-305. Vgl. hingegen die Meinung über eine ad hoc Formulierung bei Lozowick, Hitler's Bureaucrats (wie Anm. 136), S. 88. Zur Anwendung vgl. den Beitrag von Christiane Kuller in diesem Band.

in den besetzten Gebieten, wie in Belgien und Frankreich.[215] Die NS-Führung hatte offensichtlich nicht nur entschieden, die neuen Teiltransporte zur Gesamtdeportation auszuweiten, sondern die Deportationen künftig im europäischen Maßstab durchzuführen. In einem Erlaß der Gestapo Stuttgart vom 18. November hieß es deshalb erstmals: »*Im Rahmen der gesamteuropäischen Entjudung* gehen zur Zeit laufend Transporte in das Reichskommissariat Ostland.«[216]

Um diese Großpläne zu koordinieren, lud Heydrich am 29. November 1941 für Anfang Dezember zur Berliner Konferenz am Großen Wannsee ein.[217] Ob die Verantwortlichen zu diesem Zeitpunkt unter europäischer Endlösung die Planung und Durchführung der Deportationen oder den Mord an den europäischen Juden verstanden, muß der Diskussion an einer anderen Stelle überlassen bleiben. Seit dem Sommer 1941 gab es jedenfalls diverse Vorschläge aus den besetzten Gebieten, die beim Völkermord in der Sowjetunion benutzten Exekutionen durch »schnellwirksame« Mittel zu ersetzen.[218] Und gerade jetzt begann die SS den Völkermord auszuweiten. Zwischen dem 25. und 30. November waren erstmals 6.000 Juden aus Berlin, München, Frankfurt am Main, Breslau und Wien in Kowno und Riga erschossen worden.[219] Ab dem 8. Dezember 1941 wurden polnische Juden mittels Gaswagen im Warthegau ermordet.[220] Auf der nach einer Verschiebung am 20. Januar 1942 stattfindenden »Wannseekonferenz« koordinierte Heydrich die europaweiten Deportationspläne und die ausgeweitete Vernichtungspolitik mit den anderen Zentralinstanzen.[221]

Am 31. Januar 1942 übermittelte Eichmann der Gestapo im Reich die kaum veränderten Richtlinien für die nächste Deportationsphase mit dem Zusatz, Rückstellungen von Zwangsarbeitern seien auf ein »Mindestmaß« zu reduzieren, und fügte an:

Die in der letzten Zeit in einzelnen Gebieten durchgeführte[n] Evakuierung[en] von Juden nach dem Osten stellen den Beginn der Endlösung der Judenfrage im »Altreich«, der Ostmark und im Protektorat Böhmen und Mähren dar. [...] Zur

---

215 Erlaß Müller (RSHA) vom 23.10.1941, in: Widerstand, Bd. 3, Nr. 147, S. 277; Erlaß der Stapoleitstelle Stuttgart vom 4.11.1941 mit RSHA-Erlaß vom 23.10.1941, in: Zeugnisse zur Geschichte der Juden in Ulm, Ulm 1991, Nr. 131, S. 259; Erlaß RSHA IV B 4 b vom 23.10.1941, in: Centre de Documentation Juif Contemporaine Paris, XXV b-7, unfol.

216 (Hervorhebung des Autors) Erlaß vom 18.11.1941, in: Sauer (wie Anm. 129), Dokumente, Teil II, Nr. 462, S. 272-273.

217 Pätzold/Schwarz, Tagesordnung: Judenmord (wie Anm. 196), Nr. 10-11, S. 88-90.

218 Vgl. detailliert zu den Vorschlägen und ihrer Erprobung, Browning, Entfesselung (wie Anm. 67), S. 507-535.

219 Aufstellung der bis 1. Dezember 1941 durchgeführten Aktionen, in: Einsatz »Reichskommissariat Ostland«. Dokumente zum Völkermord im Baltikum und in Weißrußland 1941-1944, hg. von Wolfgang Benz u.a., Berlin 1998, Nr. 170, S. 190 sowie CdS-Ereignismeldung UdSSR vom 5.1.1942, in: ebd., Nr. 63, S. 96. Vgl. Wolfgang Scheffler, Massenmord in Kowno, in: Buch der Erinnerung (wie Anm. 8), S. 83-87.

220 Nach Aly, Endlösung (wie Anm. 65), S. 358-361.

221 Zu den Zielen der Konferenz mit unterschiedlicher Interpretation: Pätzold/Schwarz, Tagesordnung: Judenmord (wie Anm. 196), S. 44-46; Longerich, Politik (wie Anm. 60), S. 466-472, Gerlach, Die Wannsee-Konferenz (wie Anm. 177), S. 7-44.

Zeit werden neue Aufnahmemöglichkeiten bearbeitet mit dem Ziel, weitere Kontingente von Juden [...] abzuschieben.«[222]

Doch gerade jetzt mußte das RSHA die Transporte für mehr als einen Monat einstellen, da nach der Niederlage vor Moskau alle Waggonkapazitäten für die Wehrmacht reserviert waren.[223]

14. Neue Transportziele: Generalgouvernement und Theresienstadt (Frühjahr/Sommer 1942)

Am 6. März 1942 instruierte Eichmann im RSHA Vertreter lokaler Gestapostellen über die Wiederaufnahme der Deportationen aus Deutschland, Österreich und dem Protektorat. In der nächsten Phase würden 55.000 Juden abtransportiert werden, davon aus dem »Altreich« 17.000 Menschen. Die Stärke der Transporte werde sich nach der Zahl der in den Gestapo-Bezirken noch lebenden Juden richten.[224] Die von Eichmann in seinem Januar-Erlaß avisierten »Aufnahmemöglichkeiten« fanden sich im Generalgouvernement, wo gerade die systematische Ermordung der polnischen Juden begann. In die »geräumten« Gebiete im Distrikt Lublin sollten reichsdeutsche Juden gebracht werden.[225] Die seit letzten Herbst im Ghetto Lodz vegetierenden deutschen Juden hätten jetzt weiter nach Osten verschleppt werden sollen, doch seit Mai 1942 tötete man auch deutsche Ghetto-Insassen zu Tausenden in Chelmno.[226]

Anfang April 1942 verkündete Heydrich den Gestapostellen im Reich, daß das Vermögen der Reichsvereinigung künftig »vor allen Dingen der Endlösung der europäischen Judenfrage« dienen solle. Es solle »nicht mehr schlechthin als jüdisches, sondern letztlich als ein bereits für Zwecke des Deutschen Reiches gebundes Vermögen« gelten.[227] Dann weitete die NS-Führung die Deportationen auf bisher verschonte deutsche Juden aus, wie die über 65 Jahre alten, außerdem solche mit Auszeichnungen des Ersten Weltkrieges, die man in das Ghetto Theresienstadt bringen wollte. Am 15. Mai erließ das RSHA Richtlinien für diese Transporte: Die Enteignung werde nicht nach der 11. Verordnung erfolgen, weil das Protektorat als Reichsgebiet galt, sondern diese Deportierten sollten als »Staatsfeinde« nach den Gesetzen von 1933 behandelt werden.[228]

---

222 RSHA-Richtlinien vom 31.1.1942, in: Longerich, Ermordung (wie Anm. 79), Nr. 60, S. 165-167.
223 Pätzold, Auschwitz (wie Anm. 190), S. 93.
224 Bericht Gestapo Düsseldorf über Sitzung am 6.3.1942 im Amt IV B 4, in: Eschwege, Kennzeichen J (wie Anm. 23), S. 193.
225 Longerich, Politik (wie Anm. 60), S. 485 ff.
226 Witte, Two Decisions (wie Anm. 175), S. 333-336; Gerlach, Wannsee-Konferenz (wie Anm. 177), S. 40 f.
227 Runderlaß RSHA (IV B 4 b) vom 2.4.1942; Wiener Library London, DC, Nr. 605, unfol. Für den Hinweis auf dieses Dokument danke ich Thomas Jersch, Berlin.
228 Zimmermann, Gestapo (wie Anm. 4), S. 358 f.; Lozowick, Hitler's Bureaucrats (wie Anm. 136), S. 101-102.

Zwischen März und Juni 1942 hatte die Gestapo Zehntausende Menschen aus Berlin, Breslau, aus Bayern, dem Rheinland, aus Schwaben, Hessen und Sachsen in das Generalgouvernement deportiert, nach Piaski, Izbica und Warschau.[229] Der Mitte Juni vom RSHA wegen der neuen militärischen Offensive gegen die Sowjetunion angekündigte Stopp der Deportation der »Juden aus Deutschland in das östliche Operationsgebiet« war Hauptgrund für die jetzt einsetzende Änderung der Transportprioritäten.[230] Während Juden aus Westeuropa nun nach Auschwitz gebracht wurden, sollte in den nächsten Wochen aus Deutschland vorzugsweise der Transfer in das Ghetto Theresienstadt organisiert werden.[231]

Anfang September 1942 lebten nur noch 75.816 Juden im »Altreich«, davon inzwischen fast zwei Drittel in Berlin. In diesem Monat deportierte die Gestapo weitere 12.346 Personen, davon allein 10.212 nach Theresienstadt. Dies war die größte Zahl aus Deutschland Verschleppter während eines Monats seit dem Herbst 1941. Die Mehrheit der Opfer kam aus den Städten Berlin (3.325) und Frankfurt/Main (2.186) sowie aus den Regionen Hessen (2.171), Bayern (1698) und Mitteldeutschland (1489).[232]

15. Letzte Deportationswellen: Herbst 1942 bis 1945

Nach den letzten Massentransporten gab es im »Altreich« außer in Berlin kaum noch nennenswerte Zahlen jüdischer Einwohner. Die überwiegende Mehrheit der fast 8.000 im Oktober und November 1942 Deportierten stammte daher aus der Hauptstadt.[233] Die Gestapo deportierte inzwischen zuerst diejenigen, die irgendeine Form der Sozialunterstützung jüdischer Einrichtungen erhielten. Den Transporten fielen damit viele Fürsorgeempfänger und besonders die in Heimen bzw. Anstalten Lebenden, also Waisenkinder, Alte und Kranke, zum Opfer. Zugleich traf das Schicksal nun viele bisher »geschützte« Angestellte jüdischer Einrichtungen, wie im Oktober, als mit 450 Menschen ein Drittel der Mitarbeiter der Berliner Jüdischen Gemeinde deportiert wurden.[234] Lenkte das RSHA die Berliner Transporte im Oktober noch

---

229 Longerich, Politik (wie Anm. 60), S. 485-487.
230 Vermerk Dannecker über Konferenz im RSHA am 11.6.1942, in: Longerich, Ermordung (wie Anm. 79), Nr. 93, S. 240.
231 Nach Theresienstadt wurden aus dem Altreich 47.471 Juden deportiert, ein Teil kam von dort nach Auschwitz; Bericht Inspekteur für Statistik beim Reichsführer SS, Stand 1.1.1943, S. 14, LBI/A New York, Microfilms, Wiener Library, 500 Series, Nr. 526; vgl. Longerich, Politik (wie Anm. 60), S. 490.
232 RV-Statistik September 1942, YV Jerusalem, 08/Nr. 14, unfol.; Wolf Gruner, Die Reichshauptstadt und die Verfolgung der Berliner Juden 1933-1945, in: Reinhard Rürup (Hg.), Jüdische Geschichte in Berlin. Essays und Studien, Berlin 1995, S. 229-266, hier S. 250.
233 3.272 wurden im Oktober nach Osten deportiert, im November 2.144, nach Theresienstadt 1.379 und 1.141, RV Statistik Oktober/November 1942, YV Jerusalem, 08/Nr. 14, unfol.
234 Gruner, Öffentliche Wohlfahrt (wie Anm. 28), S. 301 f.; Gruner, Reichshauptstadt (wie Anm. 232), S. 246-251; Beate Meyer, Gratwanderung zwischen Verantwortung und Verstrickung – Die Reichsvereinigung der Juden in Deutschland und die jüdische Gemeinde zu

einmal nach Riga, so lautete das Ziel ab November das Konzentrations- und Vernichtungslager Auschwitz.²³⁵ Die Transporte aus dem »Altreich« mußten allerdings ab Mitte Dezember 1942 wieder für einen Monat wegen Transportproblemen unterbrochen werden.²³⁶

Zu Beginn des Jahres 1943 lebten in Deutschland nur noch 51.327 Jüdinnen und Juden, unter ihnen ca. 20.000 Zwangsarbeiter. Mitte Februar fiel die Entscheidung, die Deportationen abzuschließen, und zwar mit einer Großrazzia. Am 20. Februar gab das Reichssicherheitshauptamt neue Richtlinien zur »Evakuierung von Juden nach dem Osten (KL Auschwitz)« heraus. Alle Juden, auch bisher verschonte Zwangsarbeiter, ausgenommen allein die in »Mischehe« Lebenden, sollten deportiert werden.²³⁷ Nur wenige Tage später befahl das RSHA, am 27. Februar 1943 in einer Großrazzia »sämtliche noch in Betrieben beschäftigten Juden« aus diesen zu entfernen. Diese »Fabrik-Aktion« stellte neben den Ausweisungen polnischer Juden Ende Oktober 1938 und den Verhaftungen während des Novemberpogroms 1938 die drittgrößte Razzia gegen Juden im Reichsgebiet dar. Binnen weniger Tage deportierte die Gestapo 10.948 Juden, zwei Drittel aus Berlin, ein Drittel aus dem übrigen Reichsgebiet. Die Mehrheit von ihnen wurde sofort in Auschwitz ermordet.²³⁸

Nach der »Fabrik-Aktion« lebten Ende März 1943 in Deutschland nur noch 31.800 Juden, die meisten von ihnen in »Mischehen«.²³⁹ Hinzu kam eine unbekannte Zahl an Untergetauchten, denn Dank vielfacher Warnungen waren während der Aktion allein in Berlin 4.000 Juden geflüchtet, die versuchten im Untergrund zu überleben. Noch bestehende Arbeitslager wurden nun aufgelöst, so deportierte die Gestapo am 19. April Jüdinnen und Juden aus zehn brandenburgischen Arbeitslagern.²⁴⁰ Himmler befahl, bis Ende Juni die Deportation abzuschließen.²⁴¹ In der zweiten Junihälfte

---

Berlin 1938-1945, in: dies./Hermann Simon (Hg.), Juden in Berlin 1938-1945, Berlin 2000, S. 291-337, hier: S. 309 ff.

235 Gedenkbuch Berlins (wie Anm. 7), S. 1420; Gruner, Judenverfolgung in Berlin (wie Anm. 195), S. 99.
236 Safrian, Eichmann-Männer (wie Anm. 21), S. 189-192.
237 BA Berlin, Zeitgeschichtliche Sammlung 138, unfol. Auszug bei Adler, Der verwaltete Mensch (wie Anm. 2), S.199-200.
238 Wolf Gruner, Die Fabrik-Aktion und die Ereignisse in der Berliner Rosenstraße. Fakten und Fiktionen um den 27. Februar 1943 – 60 Jahre danach, in: Jahrbuch für Antisemitismusforschung 11 (2002), S. 137-177.
239 RV-Statistik vom 6.4.1943, BA Berlin, R 8150, Nr. 69, Bl. 57. Vgl. zur Geschichte der »Mischehen« und »Mischlinge« im NS-Staat: Beate Meyer, »Jüdische Mischlinge«. Rassenpolitik und Verfolgungserfahrung 1933-1945, Hamburg 1999.
240 Listen des 37. Osttransportes, LA Berlin, Rep. 92 OFP, Acc. 3924, Nr. 631, unfol. Zu den Lagern: Wolf Gruner, Der Zwangseinsatz von Juden in der Region Berlin/Brandenburg 1938/39-1943, in: Winfried Meyer/Klaus Neitmann (Hg.), Zwangsarbeit während der NS-Zeit in Berlin und Brandenburg. Formen, Funktion und Rezeption, Potsdam 2001, S. 47-68.
241 RSHA FS vom 21.5.1943, in: Verzeichnis der Haftstätten unter dem Reichsführer SS 1933-1945. Konzentrationslager und deren Außenkommandos sowie andere Haftstätten unter dem Reichsführer SS in Deutschland und deutsch besetzten Gebieten, hg. v. Internat. Suchdienst des Roten Kreuzes, Arolsen 1979, S. LXII.

1943 wurden die letzten nicht in »Mischehe« lebenden Juden aus Deutschland deportiert, darunter viele Angestellte jüdischer Einrichtungen.[242]

In der Folgezeit deportierte man immer wieder gefangengenommene untergetauchte Juden nach Auschwitz. Zu Beginn des Jahres 1944 brachte die Gestapo auf Befehl Himmlers dann alle diejenigen Jüdinnen und Juden nach Theresienstadt, deren »Mischehen« wegen Scheidung oder Tod des Partners nicht mehr bestanden.[243] Ein weiteres Jahr später, am 15. Januar 1945, befahl das RSHA schließlich, die noch existierenden »Mischehen« zu zerreißen und die jüdischen Partner zu deportieren.[244] Die Betroffenen hatten sich in der Woche vom 12. bis 18. Februar in den Großstädten bei den Behörden zu stellen. Mancherorts konnten Opfer flüchten, wie in Dresden Victor Klemperer, andernorts wie in Berlin und Hannover fehlten Transportkapazitäten.[245] Aus anderen Städten und auch aus Arbeitslagern, wie in Unterweißbach in Thüringen, deportierte man Juden aus »Mischehen«.[246] Dem RSHA gelang es bis März 1945 noch einmal mehr als 2.600 Menschen, aus dem Reich und aus Wien in das KZ Theresienstadt zu deportieren, bevor die Verantwortlichen diese Transporte wegen der absehbaren Kriegsniederlage abbrachen.[247] Lebte 1933 ca. eine halbe Million Menschen jüdischen Glaubens in Deutschland, so waren es bei Kriegsende 1945 als Resultat von Emigration, Vertreibung und Deportation nur noch etwa 15.000.[248]

Resümee

Wenn von Deportationen deutscher Juden in der Forschungsliteratur die Rede war, dann handelte es sich in aller Regel um die Ereignisse seit Oktober 1941. Doch standen diese Massentransporte in der Kontinuität einer Jahre zuvor begonnenen Entwicklung: Als die seit 1933 praktizierte Politik der Vertreibung zu scheitern drohte, ordnete die NS-Führung im Jahr 1938 mehrere Kollektivausweisungen an. Die Sicherheitspolizei, die die Ausweisung zuerst der sowjetischen Juden aus dem deutschen Staatsterritorium, dann die Vertreibung der burgenländischen und sudetenländischen Juden, schließlich die gewaltsame Abschiebung der polnischen Juden durchführte, sammelte dabei erste Erfahrungen, Massentransporte von zunächst Hunderten, bald Zehntausenden Menschen zu organisieren. Zugleich zeigten sich dabei früh

---

242 Gedenkbuch Berlins (wie Anm. 7), S. 1422; Gruner, Judenverfolgung in Berlin, S. 101.
243 Müller-Erlaß vom 18. 12. 1943 erwähnt bei Lozowick, Hitler's Buerocrats (wie Anm. 136), S. 113. In Berlin kam es am 10.1.1944 zu einem Großtransport mit 354 Personen; Gedenkbuch Berlins (wie Anm. 7), S. 1422.
244 RSHA-Erlaß vom 15.1.1945, in: Sauer, Dokumente (wie Anm. 129), Teil II, Nr. 550 a), S. 383.
245 Zur Organisation der Transporte vgl. Gruner, Geschlossener Arbeitseinsatz (wie Anm. 5), S. 328 f.
246 So im Fall Heinrich T. aus Gelsenkirchen; Niewerth, Gelsenkirchener Juden (wie Anm. 205), S. 181.
247 Zu den ankommenden Transporten vgl. Theresienstädter Gedenkbuch (wie Anm. 8), S. 89.
248 Statistik des Deutschen Reiches, Bd. 451, Heft 3, S. 41-43; sowie Wolfgang Benz (Hg.), Dimension des Völkermords. Die Zahl der jüdischen Opfer des Nationalsozialismus, München 1991, S. 52.

Schwierigkeiten, einerseits bei der Koordination mit Bahn, Polizei und Kommunen, anderseits aufgrund des Widerstandes der Staaten, in die die Opfer durch staatliche Gewalt ausgewiesen oder über deren »grüne« Grenzen sie verbracht wurden.

Das teilweise Scheitern der Kollektivausweisungen des Jahres 1938 und die Aussicht, daß im Falle eines Krieges Hunderttausende Juden nicht mehr würden emigrieren können, führten im Jahr 1939 zu dem neuen Konzept der NS-Führung, die Juden in einem Reservat anzusiedeln. Nachgewiesen werden konnte hier, daß nicht erst 1941, sondern gleich nach dem Überfall auf Polen 1939 aufgrund einer Hitlerweisung die Planung einsetzte, fast alle, nämlich 300.000 deutsche und österreichische Juden, in das neu besetzte Gebiet zu deportieren. Die im Oktober 1939 vom neugegründeten RSHA zentral organisierte Deportation von 5.000 Juden aus Österreich, dem Protektorat und Ostoberschlesien bildete den Auftakt für diese Gesamtdeportation. Doch mußte Himmler Anfang November, kurz bevor die ersten Transporte aus dem Altreich abgehen sollten, die Aktion unterbrechen. Die ersten Deportationen deutscher Juden fanden so im Februar/März 1940 in der preußischen Provinz Pommern statt, als mehr als 1.000 Juden in überfüllten Dörfern bei Lublin »angesiedelt« wurden, von denen bald viele an Hunger und Kälte starben. Massendeportationen wurden parallel vorbereitet. Im Februar 1940 sollten die jüdischen Deutschen in jeweils drei bis fünf Städten in den Ländern bzw. preußischen Provinzen konzentriert werden. Doch die vor Ort eingeleiteten Vorbereitungen wurden bald vom RSHA zugunsten der Umsiedlungen aus den annektierten polnischen Gebieten gebremst. Erst im Oktober 1940, als Resultat neuer Pläne, alle Juden im von Deutschland beherrschten Europa nach Madagaskar zu deportieren, organisierte das RSHA eine neue Aktion. Die Deportation von weit über 6.000 Menschen aus Baden und der Pfalz sollte wieder den Auftakt zu einer Massenvertreibung bilden, doch auch diese wurde abgebrochen. Nach weiteren, von Hitler befohlenen Deportationen aus Österreich intensivierte das RSHA im Frühjahr 1941 die Vorbereitungen für den Abtransport der deutschen Juden mit Blick auf den geplanten Überfall auf die Sowjetunion. Als Hitler sich Ende Juli/Anfang August gegen eine Gesamtdeportation während des Krieges aussprach, fällte er zugleich aber eine Entscheidung über neue Teilaktionen, diesmal aus deutschen Großstädten. Weil die vorgesehenen Gebiete der Sowjetunion und auch das Generalgouvernement gesperrt waren, einigte man sich Anfang September auf den Kompromiß, 60.000 Juden befristet in den Warthegau zu bringen. Da diese Zahl die Kapazitäten im Ghetto Lodz bei weitem überstieg, reduzierte man sie auf zunächst 20.000, die im Oktober/November 1941 deportiert wurden. 50.000 zusätzliche Opfer sollten gleich danach in die besetzten Gebiete der Sowjetunion abtransportiert werden. Als die Transporte seit Oktober 1941 erstmals ohne größere Störungen abliefen, wollte Hitler die Deportation aller jüdischen Deutschen – auch vor dem Hintergrund gesamteuropäischer Planungen zur »Endlösung« – bald abgeschlossen wissen.

Die Deportation der deutschen Juden war ein staatliches organisiertes Verbrechen. Bedeutete sie 1939 für die ihres Besitzes beraubten Opfer die gewaltsame Abschiebung in ein besetztes und überfülltes Territorium, so meinte sie ab 1941/42 den Transport zu den Stätten des Völkermords. Seit dem Sommer 1941 überschnitt und verflocht sich die Diskussion in der NS-Führung über die Deportationen aus dem Altreich und aus Europa mit der über die Ausweitung des in der Sowjetunion begonnenen Völkermords auf die westeuropäischen Juden. Ende 1941 wurden einige Transporte, ab dem Frühjahr 1942 sämtliche Ost-Transporte aus dem Altreich in die Vernichtungsaktionen einbezogen.

Die politische Willensbildung im NS-Staat war ein offener Prozeß, das gilt für die Entscheidung zum Judenmord[249] ebenso wie für die Planung der Deportationen. In der NS-Judenverfolgung wurden Alternativen diskutiert, sie wurde von ideologischen und ökonomischen Interessen beeinflußt und wesentlich von den handelnden Personen geprägt. Wie Himmler[250] entwickelte Eichmann, der die Deportationen zentral für das RSHA organisierte, eine effiziente Form der Steuerung. Per Telefon und Funk, per Bahn und Flugzeug umgingen Eichmann und seine Mitarbeiter zur Organisation dieses Verbrechens traditionelle, zeitaufwendige Behördenwege durch persönliche Kontakte mit Reichstatthaltern, Gauleitern und Wehrmachtsbefehlshabern. Treffen vor Ort dienten nicht nur dazu, Kooperationen herbeizuführen, sondern auch lokale Initiativen in zentrale Pläne zu integrieren. Adolf Hitler war direkt an Konzeption und Umsetzung der Deportationen beteiligt. Schon 1938 kontrollierte er persönlich den »Erfolg« der Polenabschiebung, 1939 bestimmte er, daß die deutschen Juden nach Polen »umzusiedeln« seien. Hitler selbst legte Zeitpunkt, Umfang, Orte und Zielgebiete für diverse Massentransporte fest. Der Verlauf der Deportationen zeigt zugleich die Grenzen seiner Möglichkeiten. In der Hauptstadt des Deutschen Reiches, die nach dem erklärten Willen von Hitler und Goebbels als erste »gesäubert« werden sollte, lebte Ende 1942 die Mehrheit der jüdischen Bevölkerung des »Altreiches«, weil 15.000 Menschen in der Rüstungsindustrie Zwangsarbeit leisteten. Daß Kriegsziele vor den Verfolgungsinteressen rangierten, zeigen monatelange Transportstops 1942 und 1943.[251]

Die Deportation von Hunderttausenden Menschen kriegsverträglich zu realisieren, konnte nur durch zentrale Koordination erreicht werden. Zugleich fielen Kollektivausweisungen und Deportation unter das Gewaltmonopol des Staates. Entschieden wurde darüber in der NS-Führung, die Exekution oblag dem RSHA. Aus beiden Gründen spielten lokale Initiativen – im signifikanten Gegensatz zur sonstigen antijüdischen Politik – für Entwicklung und Verlauf der Deportationen kaum eine Rolle. Noch zu klären ist, welche Faktoren für die Auswahl der Regionen eine Rolle spielten: War die niedrige Zahl der jüdischen Einwohner ausschlaggebend wie in Pommern, Baden und der Pfalz oder eher die Grenznähe zum Ausland bzw. dem Gebiet einer Militärverwaltung wie im Falle Ostoberschlesien, Mährisch-Ostrau, Österreich, Friesland, Baden und der Saarpfalz?

---

249 Aly, Endlösung (wie Anm. 65), S. 389.
250 Vgl. hierzu den Dienstkalender Himmlers (wie Anm. 170).
251 Vgl. ausführlich dazu: Wolf Gruner, Forced Labor of Jews: Economic Needs and Nazi Racial Aims in Germany, Austria, the Protectorate and the Occupied Territories of Poland 1938-1943/44. A Comparative View, New York/ Oxford (im Druck).

In Vorbereitung der Transporte konferierte das RSHA direkt mit Ministerien und Reichsbahn. Vom RSHA erhielten die lokalen Gestapostellen sowohl Richtlinien, welche Opfer zu verschleppen waren, als auch nach Orten aufgeschlüsselte Opferzahlen und Termine für die Zugstellung übermittelt. Vor Ort zeichnete die Gestapo dann zuständig für Auswahl, Zusammenfassung, Behandlung und Abtransport der Opfer. Hierbei fanden die Gestapobeamten ihre Handlungsspielräume. Auf lokaler Ebene wurde die Gestaltung der Transporte vom Kräfteverhältnis zwischen Gestapo, Arbeitsamt und Rüstungskommando der Wehrmacht sowie von der Kooperation mit Kommune und NSDAP beeinflußt.

Was bedeutet schließlich diese geänderte Perspektive auf Entwicklung und Verlauf der Deportationen für die Geschichte der NS-Judenverfolgung? Die Annahme einer zentralen Steuerung durch das RSHA sowie die These von der bereits kurz nach dem Überfall auf Polen 1939 getroffenen Entscheidung, alle deutschen Juden zu deportieren, der dann auch konkrete Planungen und Aktionen folgten, entkoppeln die Deportationen aus dem Deutschen Reich auf den ersten Blick vom Diskussions- und Entscheidungsprozeß zum Völkermord an den Juden. Die »Säuberung« des Deutschen Reiches mit neuen Mitteln, durch gewaltsame »Umsiedlung« der jüdischen Bevölkerung und Raub ihres Eigentums, bildeten offenbar seit Kriegsbeginn 1939 den Kern einer Neukonzeption der antijüdischen Politik durch die NS-Führung. Da die Deportierten aus Deutschland während des Krieges in vom NS-Staat beherrschten und überfüllten Gebieten ohne Kapital und ohne Verdienstmöglichkeiten »angesiedelt« wurden, zeigt sich gleichwohl bereits 1939 und 1940 ein mörderisches, gegen die deutschen Juden gerichtetes Politikpotential.

BEATE MEYER

Handlungsspielräume regionaler jüdischer Repräsentanten (1941 – 1945)
Die Reichsvereinigung der Juden in Deutschland und die Deportationen

Im September 1941 genehmigte Hitler den Beginn der Judendeportationen aus dem »Altreich«, wozu ihn etliche Gauleiter bereits seit längerem gedrängt hatten. Einen Monat später rollten die ersten Transporte Richtung Lodz, Minsk, Kaunas und Riga.[1] Das Reichssicherheitshauptamt als Führungsinstanz bediente sich der jeweiligen Stapostellen zur Durchführung der Deportationen, die ihrerseits regionale Instanzen einbezogen. »Jede Stadt«, so formuliert Raul Hilberg, »hat ihre eigene Deportationsgeschichte, und jede dieser Geschichten offenbart eine Menge über die Mechanismen der Deportationen und das psychologische Klima, in dem sie stattfanden.«[2] Die Nahaufnahme des Deportationsgeschehens zeigt deutlich, daß die Stapostellen nicht nur als »Abteilungen« des Reichssicherheitshauptamtes, sondern vor Ort jeweils als Teil des regionalen bzw. lokalen Herrschaftsgeflechts agierten. Das polykratische Kräfteverhältnis im NS-Staat, die Konkurrenz von Partei, Reichssicherheitshauptamt/Gestapo, reichsweiten und regionalen Behörden, Organisationen und Institutionen bestimmte direkt und indirekt auch die Handlungsmöglichkeiten und Spielräume der Vertreter der Reichsvereinigung der Juden in Deutschland. Sollen deren Handlungs- und Entscheidungsmöglichkeiten ausgelotet werden, müssen diese innerhalb des regionalen Herrschaftsgeflechts betrachtet und verglichen werden. Ob die Stapostellen sich mit der Partei oder einzelnen Reichsbehörden verbündeten oder mit ihnen rivalisierten, ob sie diese einspannten oder sich einspannen ließen, hatte direkte Auswirkungen auf den Verfolgungs- und Deportationsprozeß – und damit auf die Aktionsmöglichkeiten der jüdischen Repräsentanten und deren Wahrnehmung dieses Prozesses. Neben den Rahmenbedingungen, die hier schwerpunktmäßig herausgearbeitet werden sollen, konnten sich auch persönliche Aspekte auf die Handlungsspiel-

---

1 Vgl. u.a. Christopher Brownings Kapitel Deportationen aus Deutschland, in: ders., Die Entfesselung der »Endlösung«. Nationalsozialistische Judenpolitik 1939-1942, München 2003, S. 537-603; Wolfgang Scheffler, Das Schicksal der in die baltischen Staaten deportierten deutschen, österreichischen und tschechoslowakischen Juden 1941-1945. Ein historischer Überblick, in: Buch der Erinnerung. Die ins Baltikum deportierten deutschen, österreichischen und tschechoslowakischen Juden, bearbeitet von Wolfgang Scheffler und Diana Schulle, hg. vom »Volksbund Deutsche Kriegsgräberfürsorge e.V.« u.a., München 2003, S. 1-43; Dieter Pohl, Die Deportation von Juden aus dem Deutschen Reich 1941-1943, in: Wege in die Vernichtung. Die Deportation der Juden aus Mainfranken 1941-1943, hg. von den Staatlichen Archiven Bayerns, München 2003, S. 57-72.
2 Raul Hilberg, Die Vernichtung der europäischen Juden. Die Gesamtgeschichte des Holocaust, Berlin 1961, S. 320.

räume auswirken, die allerdings im Vergleich zu den dominierenden Vorgaben, die aus der Herrschaftskonstellation erwuchsen, eher von untergeordneter Bedeutung blieben. Es ging dabei um die Schichtenzugehörigkeit, die organisatorischen Fähigkeiten, die Berufsausbildung, die Verankerung und Autorität in der jüdischen Gemeinschaft, um kommunikative Fähigkeiten oder darum, ob die individuelle Situation Freiräume schuf (beispielsweise, ob ein Repräsentant in einer Mischehe lebte oder wo sich seine Kinder aufhielten).

In diesem Beitrag sollen – nachdem kurz die Reichsvereinigung der Juden in Deutschland und die Verfolgungssituation in Berlin beschrieben worden sind – drei Konstellationen vorgestellt werden:

1. Multiplizierten sich die antisemitischen Aktionen der beteiligten Institutionen, verstärkte und verdichtete sich der Verfolgungsprozess; das soll hier am Beispiel Frankfurts gezeigt werden.
2. Traten aufgrund divergierender Interessen Konflikte zutage, positionierte sich die Gestapo bisweilen fast als »Schutzpatron« der Juden, weil die Übergriffe anderer Akteure ihr Monopol in der Judenverfolgung gefährdeten. Diese »Bollwerk«-Funktion (so ein jüdischer Funktionär) endete allerdings immer dann abrupt, wenn es um Aktionen der eigenen Organisation ging. Wo das antisemitische Klima weit über das »übliche Maß« hinaus brutalisiert war, fielen auch die Handlungen der übrigen Akteure um einiges radikaler aus als anderenorts. Das soll am Beispiel Nürnberg-Fürths belegt werden.
3. In einigen Fällen bauten Repräsentanten der Reichsvereinigung der Juden »verläßliche« Beziehungen, in gewisser Weise Vertrauensbeziehungen, zur Gestapo auf, die zur Folge hatten, daß der Verfolgungs- und Deportationsprozess ohne Ausschreitungen oder sichtbare Brutalität vor sich ging, ja, daß Erleichterungen bis hin zu Rettungen möglich waren. Eine solche Konstellation findet sich beispielsweise in Mainz.

Soweit die Quellen darüber Auskunft geben, soll das Verhältnis der Reichsvereinigungs-Bezirksstellen zu ihrer Zentrale geprüft werden. Für diesen Beitrag wurden neben zeitgenössischen ebenso Quellen herangezogen, die nach dem Krieg entstanden wie etwa die Aussagen von jüdischen Überlebenden in Gerichtsprozessen oder andere Erinnerungen. Im Gegensatz zu Schriftstücken aus der NS-Zeit, die der Überprüfung durch die Gestapo standhalten mußten und entsprechend abgefaßt waren, gewähren die Nachkriegsdokumente oft Einblicke in Konflikte und Prozesse – rechtfertigen aber auch das Handeln der jüdischen Funktionäre. Deshalb wird deren Sicht jeweils kurz mit den Erinnerungen anderer jüdischer Überlebender kontrastiert.

Das Reichssicherheitshauptamt gab für die Deportationen sowohl die Städte und Landkreise, aus denen die Juden »abwandern« sollten, als auch die Abfahrtsdaten und die Teilnehmerzahlen verbindlich vor. Diese Daten waren durch die regionalen Akteure nur unter Mühen und auch dann nur im Detail veränderbar. Sie konnten nur die Zahl der *zusätzlichen* jüdischen Opfer beeinflussen, indem sie Juden kriminalisierten, die noch nicht deportiert werden sollten. Die »Schutzhäftlinge« wurden dann in gesonderten Transporten – oder den Massendeportationen angeschlossen –

in die Vernichtungslager gebracht. Dies prägte die allgemeine Atmosphäre, in der die zu Deportierenden ihre letzten Tage oder Wochen am Heimatort erlebten.

1. Die Reichsvereinigung der Juden in Deutschland

Das Reichssicherheitshauptamt bzw. die Gestapostellen konnten die Berliner Zentrale und die Bezirksstellen der Reichsvereinigung der Juden in Deutschland oder die noch nicht aufgelösten jüdischen Gemeinden zur Erfüllung organisatorischer Aufgaben heranziehen. Die Reichsvereinigung war am 4. Juli 1939 durch die »10. Verordnung zum Reichsbürgergesetz« auf Betreiben des NS-Staates gegründet worden, doch lag es durchaus im Interesse der deutschen Juden, eine Nachfolgeorganisation für die 1938 aufgelöste Reichsvertretung zu bilden. Anders als die Vorgänger-Organisation unterstand die Reichsvereinigung formal dem Ministerium des Innern, ab September 1939 dem Reichssicherheitshauptamt bzw. der Gestapo als Aufsichtsbehörde. Es wurden überwiegend wieder die alten Funktionäre an die Spitze berufen. Mitglieder waren nicht mehr die Gemeinden und Vereine, sondern Einzelpersonen, die nach der »rassischen« Definition als Juden galten. Für sie war die Mitgliedschaft obligatorisch. NS-Staat und jüdische Repräsentanten verbanden mit der Gründung der Reichsvereinigung gezielte Interessen: Das Reichssicherheitshauptamt benötigte einen Adressaten, der die Umsetzung der antijüdischen Politik erleichterte, während die jüdischen Funktionäre hofften, weiterhin als Sprachrohr und Koordinationsstelle für die ihnen noch verbliebenen Aufgabenbereiche Erziehung, Ausbildung, Wohlfahrt und vor allem Emigration fungieren zu können. Wenn auch die Erfüllung der Pflichten immer schwieriger wurde, trafen sich bis zum Herbst 1941 die Interessen von NS-Staat und jüdischer Organisation im Bemühen um die Massenauswanderung. Während der NS-Staat die Juden finanziell ausplünderte, schikanierte und verhaftete, suchten die jüdischen Repräsentanten nach allen noch gangbaren legalen und – von den Einwanderungsbestimmungen her gesehen – illegalen Wegen, Juden aus Deutschland herauszuschleusen. Sie appellierten an ausländische Hilfsorganisationen, den verarmten Auswanderern Schiffspassagen zu bezahlen, und verwiesen im *Jüdischen Nachrichtenblatt* auf Zufluchtsmöglichkeiten wie Südamerika, die Karibik oder Shanghai, als die gefragteren Zielländer keine deutsch-jüdischen Flüchtlinge mehr aufnahmen. So hatten überwiegend Jüngere, Wohlsituierte, Sprachkundige, Personen mit gefragten Berufen und solche mit Beziehungen Deutschland verlassen. Neben denen, die aus politischen und emotionalen Gründen nicht emigrierten, blieben die Älteren, Kranken und Arbeitsunfähigen zurück. Ihre Betreuung absorbierte einen Großteil der Ressourcen der Reichsvereinigungs-Stellen.[3] Die noch bestehenden Kultusgemein-

---

3   Vgl. Deutsches Judentum unter dem Nationalsozialismus, Bd. 1, Dokumente zur Geschichte der Reichsvertretung der deutschen Juden 1933-1939, hg., eingeleitet und erläutert von Otto Dov Kulka, Tübingen 1997; ders., The Reichsvereinigung and the Fate of the German Jews, 1938/1939-1943. Continuity or Discontinuity in German-Jewish History in the Third Reich, in: Arnold Paucker (Hg.), Die Juden im nationalsozialistischen Deutschland, Tübingen 1986,

den erfüllten als »Zweigstellen« der Reichsvereinigung dieselben Pflichten und kümmerten sich darüber hinaus um religiöse Aufgaben. Schrumpfte eine Gemeinde auf weniger als 1.000 Mitglieder, wurde sie aufgelöst und einer Bezirksstelle der Reichsvereinigung eingegliedert. Ende 1941 existierten noch 14 Bezirksstellen sowie 17 Kultusgemeinden. Die Zahl sank stetig durch die Deportationen. Etliche Funktionäre wie beispielsweise Julius Seligsohn, der als Initiator eines reichsweiten Fastentages als Protest gegen die Deportation der badischen Juden galt, zahlten ihr Engagement mit dem Leben.[4]

Bis Herbst 1941 hatten die jüdischen Organisationen umfangreiche Mitgliederkarteien aufgebaut, die Sammlung der abgabepflichtigen Gegenstände durchgeführt, Kleiderkammern, Heime, Schulen und Suppenküchen eingerichtet und gezwungenermaßen die »Judensterne« an die Mitglieder verteilt. Nun übertrugen die meisten Stapostellen ihnen die Einberufung der zu Deportierenden und bestimmten dazu einen verantwortlichen Repräsentanten. Gefordert wurden auch Arbeitskommandos für Gepäcktransport, Ordnergruppen, die Einrichtung und Verpflegung von Sammellagern und die Ausrüstung der Transporte mit Werkzeug, landwirtschaftlichen Maschinen und ähnlichem, vorgeblich zur »Ansiedlung im Osten«.[5] Die Reichsvereinigung mußte »Spenden« von mindestens 25 Prozent des liquiden Vermögens der zu Deportierenden eintreiben, und als die Deportationen nach Theresienstadt begannen, sogenannte Heimeinkaufsverträge abschließen, in denen die zu Deportierenden ihr gesamtes Vermögen für Unterbringung und Versorgung abtraten. Sie hatte schließlich aus dem Kreis der Betroffenen eine Transportleitung zu benennen und die Zahl der »Abgewanderten« an die Zentralkartei zu melden.[6] Die jüdischen Funktionäre organisierten die Abläufe so gut sie konnten – und häufig besser, als die Gestapostellen es hätten durchführen können. Deshalb mahnte Adolf Eichmann im Frühjahr 1942 die Gestapostellen, im eigenen Interesse darauf zu achten, die für eine

---

S. 353-363; Esriel Hildesheimer, Jüdische Selbstverwaltung unter dem NS-Regime, Tübingen 1994; Wolf Gruner, Armut und Verfolgung. Die Reichsvereinigung, die jüdische Bevölkerung und die antijüdische Politik im NS-Staat 1939 bis 1945, in: Stefi Jersch-Wenzel (Hg.), Juden und Armut in Mittel- und Osteuropa, Köln/Weimar/Wien 2000, S. 405-433.

4 Vgl. Hildesheimer, Selbstverwaltung, S. 200 f. Seligsohn wurde im KZ Sachsenhausen zu Tode gequält und starb im Februar 1942. Er blieb nicht der einzige Repräsentant oder Mitarbeiter der Reichsvereinigung, der aufgrund seiner Tätigkeit zwischen 1940 und 1943 ermordet wurde, vgl. Beate Meyer, Gratwanderung zwischen Verantwortung und Verstrickung – Die Reichsvereinigung der Juden in Deutschland und die jüdische Gemeinde zu Berlin 1938-1945, in: dies./Hermann Simon (Hg.), Juden in Berlin 1938-1945, Berlin 2000, S. 291-337, hier: S. 297-320.

5 Vgl. Meyer, Gratwanderung (wie Anm. 4) und dies., Das unausweichliche Dilemma: Die Reichsvereinigung der Juden in Deutschland, die Deportationen und die untergetauchten Juden, in: Beate Kosmala/Claudia Schoppmann (Hg.), Solidarität und Hilfe für Juden während der NS-Zeit, Bd. 5, Überleben im Untergrund Hilfe für Juden in Deutschland 1941-1945, Berlin 2002, S. 273-296.

6 Vgl. Zentrale Stelle der Landesjustizverwaltungen Ludwigsburg, Judendeportationen aus dem Reichsgebiet, Bd. I (Zusammenstellung) und Bd. II (Einzeldokumente).

»glatte Abwicklung« notwendigen jüdischen Funktionäre »erst dem letzten Evakuierungstransport anzuschließen«[7].

Als die Berliner Reichsvereinigungszentrale und die dortige Kultusgemeinde die ihnen zugedachten Aufgaben übernahmen, gingen die Verantwortlichen noch davon aus, es handle sich um eine »Teilevakuierung«, die nach einigen größeren Transporten beendet sei. Sie hofften, durch ihre Mitarbeit Härten mildern und später ihrer eigentlichen Aufgabe, der Sorge für die bleibende Gemeinde, wieder nachgehen zu können.[8] Immerhin lebten im Sommer 1941 ca. 74.000 Personen in Berlin, die als Juden galten,[9] auch eine Rest-Gemeinde wäre vielleicht noch relativ groß gewesen. Doch die Einflußmöglichkeiten erwiesen sich als gering, und nur in Einzelfällen konnten Rückstellungen erreicht werden, etwa aus gesundheitlichen Gründen oder wenn die Gestapo die Richtlinien ihrer vorgesetzten Behörde mißachtet hatte oder weil Betroffene für die Arbeit bei der Reichsvereinigung unentbehrlich waren. Die Situation der Berliner Juden verschärfte sich immer mehr bis zur formellen Auflösung der Organisation am 10. Juni 1943[10] und deren Ersetzung durch »Vertrauensmänner« in Berlin und anderenorts, die bis zum Kriegsende für die »Rest-Reichsvereinigung« verantwortlich zeichneten. Den Funktionären der Reichsvereinigung, die zum Schweigen gegenüber den Mitgliedern verpflichtet waren, stellte das Reichssicherheitshauptamt in Aussicht, im Falle ihrer Deportation in das »bevorzugte« Lager Theresienstadt zu kommen. Manche örtlichen Gestapostellen sicherten sich ihre Mitarbeit mit Versprechungen wie beispielsweise der, ins Ausland reisen zu dürfen.[11]

Berlin nahm unter den deutschen Städten eine Sonderstellung ein: Hier logierten die Reichsbehörden, der dezidiert antisemitisch ausgerichtete, korrupte Wolf Graf Heinrich von Helldorf amtierte als Polizeipräsident und Joseph Goebbels als NSDAP-Gauleiter. Verschiedene Verfolgungsstränge überschnitten sich, während die Anwesenheit ausländischer Diplomaten und Pressevertreter tendenziell dämpfend wirkte. Die jüdische Gemeinde unterhielt einen großen organisatorischen Apparat, ihre Repräsentanten, die größtenteils auch dem Vorstand der Reichsvereinigung angehörten, verloren schon bald ihre Einflußmöglichkeiten.[12] Wie sah es in anderen deutschen Städten aus? Um die Handlungsmöglichkeiten und Spielräume der jüdischen Repräsentanten Frankfurt, Nürnberg und Mainz ausloten zu können, will ich

---

7 Fernschreiben vom 22.4.1942, Bl. 69 ff., ebd.
8 Vgl. zu dieser Entscheidung: Moritz Henschel, Die letzten Jahre der Jüdischen Gemeinde Berlin, Vortrag v. 13.9.1946, Transkript S. 3, Yad Vashem Archive, 01/51; Martha Mosse, Erinnerungen, Anlage: Die jüdische Gemeinde zu Berlin 1934-1943, Bericht v. 23/24.7.1958, Landesarchiv Berlin, B Rep 235-07.
9 Vgl. Wolf Gruner, Judenverfolgung in Berlin 1933-1945. Eine Chronologie der Behördenmaßnahmen in der Reichshauptstadt, Berlin 1996, S. 94.
10 Vgl. Meyer, Dilemma (wie Anm. 5), S. 283 f.
11 Der Hamburger Bezirksstellenleiter Max Plaut, m. W. der einzige Repräsentant, der nach Auflösung der Reichsvereinigung ausreisen durfte, gelangte mit einem Austauschtransport im Juli 1944 nach Palästina, vgl. Beate Meyer, Max Plaut, in: Hamburgische Biographie Bd. 1, Hamburg 2001, S. 238 f.
12 Vgl. Meyer, Gratwanderung (wie Anm. 4), S. 307 ff.

im folgenden die regionalen bzw. lokalen Herrschaftsstrukturen und die Einflußmöglichkeiten der jüdischen Repräsentanten auf den Verfolgungs- und Deportationsprozeß darstellen und vergleichen. Dabei stehen die unterschiedlichen ortsspezifischen Zusammenhänge im Mittelpunkt.

2. Frankfurt. Das System der »organisierten Willkür«

Im Gau Hessen-Nassau, zu dem Frankfurt gehörte, drängte der Gauleiter Jakob Sprenger[13] darauf, sein Gebiet schnellstens »judenfrei« zu machen. Um dieses Ziel zu erreichen, pflegte er intensiven Kontakt zu Oswald Poche, der die Stapostelle von 1941 bis 1943 leitete. Er zitierte diesen häufig zu sich und gab ihm detaillierte Anweisungen. Verärgert löste das Reichssicherheitshauptamt Poche schließlich ab mit der Begründung, so sein Nachfolger Reinhard Breder nach dem Krieg, der Vorgänger habe sich zu stark von der Partei beeinflussen lassen.[14] Die Gestapo machte sich allerdings auch weiterhin zum willigen Ausführungsorgan des Gauleiters, folgte dessen Marschrichtung und legte zudem die Anordnungen des Reichssicherheitshauptamts im Sinne des Gauleiters aus, insbesondere, als die Massendeportationen im Herbst 1942 abgeschlossen waren und nun die bisher geschützten Personenkreise verstärkt ins Visier genommen wurden: Beispielsweise waren in den Richtlinien Kriegsteilnehmer von der Deportation ausgenommen. Dennoch wurden sie in Frankfurt in die Transporte eingereiht.[15] Ähnlich handelte die Gestapo gegenüber jüdischen Rüstungsarbeitern, die ebenfalls zunächst von den Deportationen zurückgestellt waren.[16] Gezielte massenhafte Kriminalisierung von Juden ermöglichte es, diese festzunehmen und dann als »Schutzhäftlinge« zusätzlich nach Auschwitz zu transportieren. 1949 faßte der Staatsanwalt nach Zeugenvernehmungen und der Sichtung der erhaltenen Dokumente zusammen:

> Die Parole des Gauleiters, seinen Gau und damit auch die Gauhauptstadt Frankfurt möglichst bald ›judenfrei‹ zu machen, hatte sich auch Poche zu eigen gemacht, der [...] die Weisung erteilte, daß neben den von Berlin aus angeordneten allgemeinen Evakuierungen monatlich mindestens weitere 100 Juden [...] eingesperrt u. abgeschoben werden sollten. Um dieses Ziel beschleunigt zu erreichen, hatte Sprenger [...] um die Jahreswende 1942/43 von seinem Vorhaben nicht allein sämtliche hiesigen Leiter der Behörden, sondern auch die Betriebsführer derje-

---

13 Vgl. Stephanie Zibell, Jakob Sprenger (1884-1945). NS-Gauleiter und Reichsstatthalter in Hessen, Darmstadt 1999, S. 338 ff. Sprengers Aktionen, den Gau »judenfrei« zu machen, werden in der Biographie nicht beleuchtet.
14 Vernehmung Breder v. 13.3.19.50, Bl. 89 Rückseite, Verfahren gegen Reinhard Breder u.a Hessisches Hauptstaatsarchiv Wiesbaden, 461/30983.
15 Ebd., Vernehmung Grosse v. 13.3.1950, Bl. 85 ff.
16 Vgl. Monica Kingreen, Gewaltsam verschleppt aus Frankfurt. Die Deportationen der Juden in den Jahren 1941 – 1945, in: dies., »Nach der Kristallnacht«. Jüdisches Leben und antijüdische Politik in Frankfurt am Main 1938-1945, Frankfurt/New York 1999, S. 357-402, S. 360.

nigen Betriebe unterrichtet, bei denen Juden [...] zur Zwangsarbeit verpflichtet waren.[17]

So denunzierten auf diese Aufforderung hin die Dienststellenleiter der Behörden und die Betriebsführer der Unternehmen, die jüdische Zwangsarbeiter beschäftigten, alle Juden, die sich vermeintlich etwas zuschulden hatten kommen lassen. Die Begründungen lauteten, sie hätten den Zwangsnamen nicht angegeben, den Stern nicht getragen, ihn verdeckt oder auf der Straße geraucht. Manche besaßen Lebensmittelkarten, die nicht ordnungsgemäß ausgestellt waren oder hatten eine Kohlenzuteilung beantragt, was ihnen in Abänderung allgemeiner Vorschriften in Frankfurt nicht zugestanden wurde.[18]

Das Gestapo-Judenreferat pflegte Personen zur »Erörterung« vorzuladen, ein Vorwand zur Verhaftung fand sich dabei immer wie bei einer Jüdin, deren Kennkarte der Gestapobeamte als so sauber empfand, daß er vermutete, die Vorgeladene habe sie gar nicht immer bei sich geführt.[19] Die Vorladungen zu diesen »Erörterungen« mußte die Jüdische Gemeinde bzw. die Reichsvereinigung den Betroffenen zustellen.[20] Der »Jagdeifer«, so der spätere Vertrauensmann Cahn[21], richtete sich vor allem gegen Juden, die durch ihre Mischehen vorläufig geschützt waren.[22] Als eine der wenigen Stapostellen im »Altreich« – neben Wien und Berlin – arbeitete Frankfurt mit einem Netz von 15 bis 20 jüdischen Spitzeln, die der Gestapo »Verfehlungen« zutrugen.[23] Der Judenreferent der Gestapo, Heinrich Baab, bezichtigte nach dem Krieg sogar die

---

17　Anklageschrift gegen Baab v. 29.11.1949, Bl. 1289 ff., hier: S. 9, Bl. 1297, Verfahren gegen Heinrich Baab, Hessisches Hauptstaatsarchiv Wiesbaden, 461/37048/1.

18　Obwohl Juden bereits bei der Kohlenzuteilung benachteiligt wurden, befahl die Gauleitung, ihnen erst nach Belieferung aller »Deutschblütigen« das Heizmaterial zuzuteilen, so daß von den Juden »niemand eine Zuteilung bekam«. Alle Juden, die diese beantragten, wurden der Gestapo gemeldet (ebd., Vernehmung Böscher v. 20.3.1950, S. 17, Bl. 1640). Eine Lockerung trat erst im März 1943 ein, als die Deportationen weitgehend abgeschlossen waren und die Schikane nur noch die Mischehen betraf (ebd., Vernehmung Wenzel, S. 18). Auf diese Weise sollen bis dahin 1.400 Juden denunziert worden sein (ebd., Bl. 441a), eine Schätzung, die wahrscheinlich zu hoch angesetzt ist.

19　Ebd., Bl. 98.

20　Ebd., Vernehmung Goldschmidt v. 1.11.1948, Bl. S. 2 f., Bl. 465.

21　Ebd., 461/37048/7, Vernehmung Max L. Cahn v. 10.3.1950, S. 12, Verfahren gegen Baab.

22　Vgl. auch Monica Kingreen, Verfolgung und Rettung in Frankfurt am Main und der Rhein-Main-Region, in: Kosmala/Schoppmann (Hg.), Solidarität (wie Anm. 5), S. 167-190, hier: 176 ff.

23　Vernehmung Baab v. 8.3.1950, Bl. 49 f. und v. 17.2.65, Bl. 160, Verfahren gegen Breder u.a., Hessisches Hauptstaatsarchiv Wiesbaden, 461/30983, der in den Zeugenaussagen immer wieder als Spitzel genannte Wolff wurde auf Forderung der Frankfurter Gestapo bei der Reichsvereinigungs-Bezirksstelle Hessen-Nassau zusätzlich angestellt, was das Reichssicherheitshauptamt zwar grundsätzlich nicht wünschte, in diesem Fall aber akzeptierte (Archiv Centrum Judaicum, Berlin, 2 B 1/2 AN 141, S. 5). Siehe auch Volker Eichler, Das »Judenreferat« der Frankfurter Gestapo, in: Kingreen (Hg.), Kristallnacht (wie Anm. 16), S. 237-258, hier: S. 249 f.; vgl. auch Adolf Diamant, Die Gestapo Frankfurt a.M., Frankfurt 1988.

Repräsentanten der Reichsvereinigung, Spitzeldienste geleistet zu haben.[24] Ehrengerichtsverfahren der Jüdischen Gemeinde sollen dies widerlegt haben,[25] Ermittlungen für ein Spruchkammerverfahren hingegen bestätigten offenbar die Vermutungen.[26]

Die Stapostelle Frankfurt ging weit über die Weisungen der Vorgesetzten aus Berlin hinaus, indem sie sogenannte Verfehlungen nicht mit Verwarnungen oder Arbeitserziehungslager ahndete, die in eigener Verantwortung verhängt werden konnten, sondern – wie dann selbst der Leiter des Schutzhaftreferats in Reichssicherheitshauptamt monierte – aus Sicht der Frankfurter unterschiedslos bei »jedem kleinen Verstoß der Juden KZ in Betracht käme«[27].

Überdies kontrollierte in Frankfurt ein »Beauftragter der Geheimen Staatspolizei bei der jüdischen Wohlfahrtspflege«, Ernst Holland, die Juden, die dafür dessen Aufwandsentschädigung bezahlen mußten. Er belegte Büroräume im Gebäude der Jüdischen Wohlfahrtspflege und später im Hermesweg 5-7, wo sich ein »Judenhaus«, eines der Sammellager, außerdem eine Pflegestation und das Reichsvereinigungsbüro befanden.[28] Der fanatische Antisemit überwachte die jüdischen Funktionäre und die dort Internierten Tag und Nacht. Zeugen berichten von Telefonaten, die er mit dem Judenreferenten der Gestapo führte, in denen Sätze wie diese fielen: »Wenn wir in Berlin säßen und die Judenfrage zu lösen hätten, ginge es schneller.«[29] Oder: »der 399. jüdische Schutzhäftling«[30] sei gerade verstorben.

Leitende jüdische Repräsentanten der Kultusgemeinde, die am 6. November 1942 aufgelöst wurde und in die Reichsvereinigungsbezirksstelle Hessen-Nassau überging,

24 Vernehmung Baab v. 22.3.1950, S. 2, Bl. 1646, Verfahren gegen Baab, Hessisches Hauptstaatsarchiv Wiesbaden, 461/37048/1.
25 Die Jüdische Gemeinde Frankfurt reagierte auf Baabs Beschuldigungen mit einer am 7.4.1950 im Jüdischen Gemeindeblatt/Allgemeine Wochenzeitung veröffentlichten Erklärung, in der es hieß, man habe seit 1945 ähnliche Anschuldigungen mit größter Sorgfalt untersucht und die wenigen Schuldigen zur Rechenschaft gezogen, aber herausgefunden, daß die Vorwürfe überwiegend jeder Grundlage entbehrten.
26 Vernehmung des Ermittlers bei der Frankfurter Spruchkammer und Leiter des Sonderdezernats Friedrich Witzler v. 25.10.1948, Bl. 457, Verfahren gegen Baab, Hessisches Hauptstaatsarchiv Wiesbaden, 461/37048/1.
27 Ebd. 461/30983, Vernehmung Grosse v. 13.3.1950, Bl. 85 Rückseite, Verfahren gegen Breder u.a.
28 Zu Holland siehe Lutz Becht, »Die Wohlfahrtseinrichtungen sind aufgelöst worden…«. Vom »städtischen Beauftragten bei der Jüdischen Wohlfahrtspflege« zum »Beauftragten der Geheimen Staatspolizei…« 1938-1943, in: Kingreen (Hg.), Kristallnacht (wie Anm. 16), S. 211-236; Charlotte Opfermann, »Im Hermesweg«. Zur Tätigkeit in der Bezirksstelle der Reichsvereinigung in Frankfurt am Main von November 1942 bis Juni 1943 – ein Zeitzeugenbericht, in: ebd., S. 403-414.
29 Vernehmung Frieda Rudert v. 10.3.1950, S. 13, Bl. 1376, Verfahren gegen Baab, Hessisches Hauptstaatsarchiv Wiesbaden, 461/37048/7.
30 Ebd., Vernehmung Siegfried Katz v. 16.11.1948, S. 2, Bl. 529 f., Verfahren gegen Baab, angesichts des gezielten Vorgehens der Gestapo und der Gauleitung muten die von Eichler genannten Zahlen der »Schutzhäftlinge« viel zu niedrig an, vgl. Eichler, Judenreferat (wie Anm. 23), S. 250 f.

waren in den Monaten zuvor deportiert worden.[31] Der langjährige Büroleiter Louis Lerner, der nun bis Juni 1943 die Bezirksstelle führte, wurde gegen den erklärten Willen der Berliner Reichsvereinigungszentrale als Bezirksstellenleiter eingesetzt. Diese hatte ihn ein Jahr zuvor nach einer der regelmäßigen Revisionen wegen finanzieller Unstimmigkeiten als Bürodirektor suspendiert, mußte nun aber seine von der »vorgesetzten Behörde« angeordnete Benennung hinnehmen.[32] Lerner besaß offensichtlich weder die Autorität noch die Persönlichkeit, die organisierte und bei den örtlichen Amtsinhabern durchweg akzeptierte Willkür auf offiziellem oder inoffiziellem Weg zu unterbinden oder auch nur Erleichterungen für die Schutzhäftlinge herbeizuführen. Als sein späterer Nachfolger Karl Oppenheimer ihn fragte: »Warum tun Sie nichts dagegen, wenn Leute ohne Grund festgenommen werden?« antwortete Lerner ihm: »Ich bin vollkommen machtlos.«[33] Die in Frankfurt bestehende Konkurrenz zwischen Gauleiter Jakob Sprenger und Oberbürgermeister Friedrich Krebs, beide »alte Kämpfer«[34], konnte Lerner nicht nutzen.[35] Die Rivalitäten wirkten hier als »kumulative Radikalisierung« (Hans Mommsen).

Die Machtlosigkeit der Reichsvereinigungsfunktionäre offenbarte sich auch bei den Deportationstransporten aus Frankfurt. Die jüdischen Repräsentanten mußten im Gottesdienst Gerüchten über die erste Deportation entgegentreten.[36] Zwei Tage später fand die geleugnete Aktion statt.[37] Die Reichsvereinigung wurde nicht einbezogen. Die Gestapo erhielt Unterstützung durch Polizei und ca. 700 Parteiangehörige

---

31 Vgl. Dokumente zur Geschichte der Frankfurter Juden 1933-1945, hg. von der Kommission zur Erforschung der Geschichte der Frankfurter Juden, Frankfurt/Main 1963, S. 496. Vorsitzender der Kultusgemeinde war bis 1939 Dr. Julius Blau, Rechtsanwalt und Notar, der 1939 starb. Ihm folgte Dr. Ludwig Ascher, deportiert am 19.10.1941 nach »Litzmannstadt« (Todesdatum lt. Gedenkbuch: 24.5.1942); 1941/42 hatte Alfred Weil das Amt inne, der am 18.8.1942 nach Theresienstadt deportiert wurde (lt. Gedenkbuch: verschollen, Auschwitz). Sein Nachfolger Louis Lerner wurde am 16.6.1943 nach Theresienstadt deportiert (lt. Gedenkbuch: für tot erklärt, Auschwitz).

32 Schreiben der Reichsvereinigung an Vorstand der Jüdischen Kultusgemeinde Frankfurt v. 6.9.1941, Bericht der Reichsvereinigung v. 22.8.1941, Reichsvereinigung, Bundesarchiv Berlin, R 8150.

33 Vernehmung Karl Oppenheimer v. 10.3.1950, S.5, Bl. 1572, Verfahren gegen Baab, Hessisches Hauptstaatsarchiv Wiesbaden, 461/37048/7,.

34 Vgl. Wolf Gruner, Öffentliche Wohlfahrt und Judenverfolgung. Wechselwirkung lokaler und zentraler Politik im NS-Staat (1933-1942), München 2002, S. 32; siehe auch Horst Mazerath, Oberbürgermeister im Dritten Reich, in: Gerhard Hirschfeld/Lothar Kettenacker (Hg.), Der »Führerstaat«: Mythos und Realität. Studien zur Struktur und Politik des Dritten Reiches, Stuttgart 1981, S. 228-254, zu Krebs und Sprenger: S. 246 und S. 250.

35 Siehe auch Monica Kingreen, Raubzüge einer Stadtverwaltung. Frankfurt am Main und die Aneignung »jüdischen Besitzes«, in: Beiträge zur Geschichte des Nationalsozialismus Bd. 17 (2001), S. 17-50.

36 Im Gegensatz zu den Frankfurter Juden waren die Kölner fünf Tage vor dem Abtransport informiert, vgl. Kingreen, Gewaltsam verschleppt (wie Anm. 16), S. 358.

37 Vgl. Dokumente zur Geschichte der Frankfurter Juden (wie Anm. 31), Lina Katz, Deportationen 1941 und 1942, geschrieben 1961, S. 507 f.

(SA, SS und Politische Leiter), die die unvorbereiteten Betroffenen im Morgengrauen abholten.[38] Gepackt wurde unter Aufsicht der Parteigenossen, die die Koffer gleich versiegelten.[39] Die Unterbringung in der Großmarkthalle, dem Sammelplatz, war menschenunwürdig, es kam zu Mißhandlungen der Juden, sogar zu Todesfällen.[40] Das Verfahren wurde nach der ersten Aktion geändert, weil die Politischen Leiter sich auffällig und schamlos bereichert hatten.[41] An weiteren Transporten nahmen dann nur Gestapo- sowie 40 bis 50 Kripo- und Finanzbeamte sowie Angestellte des Ernährungsamtes teil.[42] Nun wurde der Reichsvereinigung aufgegeben, aus ihren Karteien alle Namen herauszuziehen, die den Kriterien des jeweils zu »evakuierenden« Personenkreises nach den Richtlinien entsprachen.[43] Die Kultusgemeinde bzw. die Bezirksstelle benachrichtigte die Betroffenen 24 Stunden, bevor sie sich am angegebenen Sammelplatz einfinden mußten. Die jüdischen Mitarbeiter waren strikt zum Schweigen verpflichtet worden, woran sie sich in der Regel hielten.[44] In ihren Aufgabenbereich fiel es auch, den Familien die Nachrichten vom Tod eines »Schutzhäftlings« zu überbringen.

Als die Bezirksstelle im Juni 1943 aufgelöst wurde, gingen Louis Lerner und andere Funktionäre davon aus, sie könnten – wie versprochen – in die Schweiz ausreisen.[45] Doch der Stapostellenleiter veranlaßte ihre Deportation nach Theresienstadt, denn »einem Juden gegenüber braucht man das Ehrenwort nicht zu halten«[46]. Der Gestapobeauftragte Holland, der Judenreferent und dessen Vorgesetzter ließen es sich nicht nehmen, diesen Transport persönlich zu begleiten.

In Frankfurt wurde nun der in Mischehe lebende »Konsulent« Max L. Cahn als Vertrauensmann eingesetzt. Er hielt bewußt Abstand von der Gestapo, verkehrte vorwiegend schriftlich und per Boten mit ihr. »Nichts tun, was wir nicht tun müssen«, lautete seine Devise. Als er den Auftrag erhielt, alle »Mischlinge« aufzulisten, versuchte er, diese zu warnen, »damit sie Frankfurt verlassen oder sich irgendwo rechtzeitig verborgen halten konnten. Die meisten wurden aber schließlich doch entdeckt u.

38 Vgl. Kingreen, Gewaltsam verschleppt (wie Anm. 16), S. 358 ff.
39 Merkblatt für eingesetzte Beamte, Bl. 73, Hessisches Hauptstaatsarchiv Wiesbaden, 461/30983/26.
40 Vgl. Kingreen, Gewaltsam verschleppt (wie Anm. 16), S. 358 ff.
41 Ebd.
42 Volker Eichler weist darauf hin, daß das Judenreferat der Frankfurter Gestapo an eher untergeordneter Stelle bei den zehn Deportationen mitgewirkt habe: Es sei zu klein und personell zu schwach besetzt gewesen, um die Federführung und den Hauptanteil der Arbeit zu übernehmen, vgl. Eichler, Judenreferat (wie Anm. 23), S. 246 f.
43 Vernehmung Karl Oppenheimer v. 10.3.1950, S. 12; Hessisches Hauptstaatsarchiv Wiesbaden, 461/30983/19; ebd. 461/30983/7, Einstellungsverfügung, S. 27, Bl. 137, vgl. Eichler, Judenreferat (wie Anm. 23), S. 244.
44 Als der Funktionär Albert Wolf in Verdacht geriet, Teilnehmer an »Evakuierungstransporten« gewarnt zu haben, mußte er sich der sofortigen Verhaftung durch schnelle Flucht entziehen, vgl. Vernehmung Maria Mann geb. Wolf v. 24.5.1965, Bl. 52, Hessisches Hauptstaatsarchiv Wiesbaden, 461/30983/9.
45 Ebd. 461/30983/7, Vernehmung Karl Oppenheimer v. 10.3.1950, S. 7, Bl. 1573.
46 Ebd., Schreiben Baab an Staatsanwaltschaft v. 11.5.1949, Bl. 49 f.

registriert.«[47] Wie Lerner hatte auch Cahn keinen Einfluß. Er erfuhr nicht einmal, daß die Gestapo ein Heim besetzt und die Insassen abtransportiert hatte.[48] Als gewiefter Rechtsanwalt nutzte er die Chance, sich von dem gefährlichen Amt zu befreien, als die Gestapo von ihm forderte, Gelder der Reichsvereinigung auf Frankfurter Konten (auf die sie Zugriff hatte) zu überweisen, was er der Berliner Reichsvereinigungs-Zentrale mitteilte. Dieser offenkundige Versuch der Frankfurter Gestapo, dem Reichssicherheitshauptamt Mittel zu entziehen, erlaubte es ihm, sich vom Amt entbinden zu lassen.[49] Sein Nachfolger Karl Oppenheimer – der etwa ein Jahr amtierte – versuchte der Gestapo gegenüber die entgegengesetzte Strategie der Vertrauensbildung, die – wie Cahn anerkannte – manchmal tatsächlich Erleichterungen für Einzelpersonen bewirkte, Oppenheimer aber auch Unterwerfungsgesten abforderte, die Cahn nicht zu leisten bereit war. So setzte Oppenheimer dem Deportationsbefehl im Februar 1945 – vermutlich auf Druck der Gestapo – hinzu: »Diese Aufforderung ist nicht als eine der früher üblichen Evakuierungen zu betrachten. Sie ist gut aufzubewahren und als Ausweis, dass Sie im Arbeitseinsatz stehen, ggfs. am Bestimmungsort vorzulegen.«[50] Viele Angeschriebene folgten diesem und dem im März versandten Befehl – wie Max L. Cahn – nicht mehr.

In Frankfurt hatten 1933 ca. 30.000 Juden gelebt, vor den Deportationen waren es noch 10.592, mehr als 10.600 wurden aus und über Frankfurt deportiert, weniger als 600 erlebten – meist dank ihrer Mischehe – die Befreiung.[51] Die führenden jüdischen Repräsentanten Frankfurts von 1941 bis 1943 wurden deportiert und ermordet, es überlebten nur die beiden in Mischehe lebenden Vertrauensmänner.

3. Nürnberg. »Antisemitische Treibjagden«

Die Juden litten in der »Stadt der Reichsparteitage« bereits vor 1933 extrem unter der Hetze des Gauleiters Julius Streicher und den Aktionen seiner aufgewiegelten »Pgs«. Unzählige in der Literatur beschriebene Vorfälle zeugen von der Brutalität, immer verbunden mit ungehemmter Bereicherungswut, mit der die NSDAP gegen die Juden vorging.[52] Dies schlug sich in der zeitlich früheren und im Vergleich zum übrigen

47 Darstellung ohne Titel (über die Jahre 1935 bis 1945), S. 3, Privatnachlaß Max L. Cahn.
48 Vernehmung Max L. Cahn v. 10.3.1950, S. 14, Hessisches Hauptstaatsarchiv Wiesbaden, 461/30983/7.
49 Max L. Cahn, Surviving in Frankfurt/M. v. 20.11.1955, S. 2 f., Wiener Library, P. III.e.No.456.
50 Aufforderung zum »Arbeitseinsatz«, Hessisches Hauptstaatsarchiv Wiesbaden, 461/30983/22, abgedruckt in: Dokumente zur Geschichte der Frankfurter Juden (wie Anm. 31), S. 531 f.
51 Bis heute liegen keine genauen Zahlen vor; zu den hier genannten siehe Enzyklopädie die Holocaust, S. 481; Kingreen, Gewaltsam verschleppt (wie Anm. 16), S. 390.
52 Vgl. beispielsweise Frank Bajohr, Parvenüs und Profiteure. Korruption in der NS-Zeit, Frankfurt 2001, S.71, 113 f., 180, 229; Peter Hüttenberger, Die Gauleiter. Studie zum Wandel des Machtgefüges in der NSDAP, Stuttgart 1969, S. 201 ff., Baruch Z. Ophir/Falk Wiesemann, Die jüdischen Gemeinden in Bayern 1918-1945. Geschichte und Zerstörung, München 1979, S. 212 f. (zu den Nürnberger Verhältnissen vgl. auch Christiane Kullers Beitrag in diesem Band).

Reichsgebiet stärkeren Auswanderung der Nürnberger Juden nieder.[53] Ähnlich wie Gauleiter Sprenger in Frankfurt wollte Julius Streicher seinen Gau möglichst schnell »judenfrei« machen, ging dabei jedoch so schnell und radikal vor, daß es zu Interventionen Görings und Himmlers kam, in deren Machtbereiche Streicher eindrang. Während des November-Pogroms eskalierte dieser Herrschaftskonflikt zwischen Streicher als Repräsentant der Partei und der SS, hier personifiziert im Polizeipräsidenten und Gestapochef Benno Martin. Die NSDAP hatte sich mit offener Gewalt in den Besitz jüdischer Häuser, Geschäfte und Grundstücke gebracht, ein reichsweit beachteter Korruptionsskandal, in den Göring eingriff und der mit der Kaltstellung Streichers endete, der allerdings Gauleiter blieb.[54] Benno Martin, »Himmlers Mann in Nürnberg«[55], hatte u.a. vom der Nürnberger Ortsgruppe des *Centralvereins deutscher Staatsbürger jüdischen Glaubens* (CV) Material in den Kreisen jüdischer Betroffener sammeln lassen und dieses im innerparteilichen Kampf gegen Streicher verwendet.[56] Der offene Herrschaftskonflikt zwischen Gauleiter und Polizeipräsident 1939/1940 nutzte den Nürnberger Juden, da sie mit Hilfe der Gestapo die Auswirkungen der schlimmsten Übergriffe der Partei abwehren konnten, wie der CV-Vorsitzende Walter Berlin nach dem Krieg zusammenfaßte:

> Aber während fast überall in den anderen Bezirken die Gestapo als der Träger der Willkürherrschaft und der Bedrückung der Juden erschien, und fast überall es für die Juden selbst unmöglich wurde, bei der Gestapo auch nur Gehör zu finden, zeigte sich in Nürnberg […] die Besonderheit, dass hier Juden beim Polizeipräsidenten und mit ihm praktisch identisch Gestapo Gehör und in gewissen Umfang Schutz fanden. Und dies auch noch in späteren Jahren, als nach und nach die meisten anderen Behörden versagten.[57]

Der CV-Vorsitzende bezeichnete die Gestapo sogar als »eines der wenigen Bollwerke, das zwischen ihnen (den Juden) und der nackten Gewalt stand«[58]. Walter Berlin emigrierte 1939 nach London, Streicher verlor seine Parteiämter 1940, doch das Verhält-

53 Bernhard Kolb, Die Juden in Nürnberg. Tausendjährige Geschichte einer Judengemeinde von ihren Anfängen bis zum Einmarsch der Amerikanischen Truppen am 20. April 1945, Nürnberg 1946, S. 58, Yad Vashem, 02/551.
54 Vgl. u.a. Bajohr, Parvenues (wie Anm. 52), S. 108 ff.; Hüttenberger, Gauleiter (wie Anm. 52), S. 218 f.
55 So der Titel einer Monographie von Utho Grieser, Himmlers Mann in Nürnberg. Der Fall Benno Martin. Eine Studie zur Struktur des Dritten Reiches in der »Stadt der Reichsparteitage«, Nürnberg 1974; siehe auch Edith Raim, Strafverfahren wegen der Deportation der Juden aus Unter- und Mittelfranken nach 1945, in: Wege in die Vernichtung (wie Anm. 1), S. 178-192, hier: S. 182 ff.
56 Abschrift einer eidesstattlichen Erklärung Walter Berlins v. 27.8.1947 (Leumundszeugnis), S. 4, Staatsarchiv Nürnberg, Staatsanwaltschaften bei der LG Nürnberg-Fürth, Nr. 3070/II. Zur Politik des Centralvereins siehe Avraham Barkai, »Wehr Dich!« Der Centralverein deutscher Staatsbürger jüdischen Glaubens 1893-1938, München 2002.
57 Abschrift einer eidesstattlichen Erklärung Walter Berlins v. 27.8.1947 (Leumundszeugnis), S. 4, Staatsarchiv Nürnberg, Staatsanwaltschaften bei der LG Nürnberg-Fürth, Nr. 3070/II.
58 Ebd., S. 5.

nis von Gestapo und jüdischen Funktionären änderte sich kaum bis 1945. Auch für den späteren Vorsitzenden der Kultusgemeinde, Bernhard Kolb[59], stellte der Leiter des Judenreferats der Nürnberger Gestapo, Christian Wösch, die Instanz dar, die Anweisungen und Übergriffe der Gauleitung abwenden konnte.[60] Wie sehr selbst noch Ende der dreißiger Jahre die Schichtenzugehörigkeit das Verhältnis von Verfolgern zu Verfolgten bestimmte, wird aus den Verhandlungsprotokollen des Prozesses gegen Martin deutlich: Während Wösch und Kolb, ein entlassener Angestellter des Versorgungsamtes, sich – zumindest im Nachhinein – als Verhandlungspartner darstellten, pflegte der Polizeipräsident mit dem CV-Vorsitzenden nach eigenem Bekunden »ein sehr enges Verhältnis« und akzeptierte ihn – beide waren Juristen, stammten aus der oberen Mittelschicht –, lehnte es aber ab, Kolb auch nur zu empfangen. Der Judenreferent faßte zusammen: »Berlin war eine repräsentative Erscheinung, während Kolb aus der unteren Schicht war.«[61]

Von der Berliner Zentrale der Reichsvereinigung fühlten sich die Nürnberger Juden tendenziell im Stich gelassen. Sie hatten vergeblich wegen der zugespitzten Situation um mehr Unterstützung für Auswanderer gebeten,[62] aber die Zentrale nahm die besonderen Verhältnisse erst zur Kenntnis, als ihr geschäftsführender Vorsitzender Otto Hirsch bei einem Besuch einen persönlichen Eindruck davon gewann.[63] Doch auch dann konnte sie kaum mehr tun als die Nürnberger selber: Konflikte zwischen den Verfolgern ausnutzen und das Reichssicherheitshauptamt als Schiedsstelle anrufen.

Einige Beispiele mögen einen Eindruck vom Agieren der Gauleitung und anderer Verfolgungsinstitutionen in Nürnberg geben: Im Sommer 1941 plante die Gauleitung, die Nürnberger Juden in auswärtigen Zwangsarbeiterlagern unterzubringen, ähnlich wie es in anderen deutschen Städten bereits geschehen war.[64] Die Nürnberger sahen dabei die Trennung von Familien und Geschlechtern vor. Die Gestapo verhinderte dies.[65]

59 Zu Kolb siehe H. G. Adler, Theresienstadt 1941-1945. Antlitz einer Zwangsgemeinschaft, Tübingen 1960, S. 763 f.
60 Abschrift einer eidesstattlichen Erklärung Bernhard Kolbs v. 18.6.1946, Staatsarchiv Nürnberg, Staatsanwaltschaften bei dem LG Nürnberg-Fürth, 3070/I.
61 Verfahren gegen Grafenberger u.a., Protokoll der Hauptverhandlung v. 9.3.1949, S. 74, Landesarchiv Berlin, B Rep 058, 1 Js/9/65, Box 77, Beistück 68II, KS 6/51 (Kls 230/48), Sta Nürnberg-Fürth.
62 Kolb, Die Juden in Nürnberg (wie Anm. 53), S.58. Kolb berichtet dort, die trotz der finanziellen Ausplünderungen im Vergleich zu anderen jüdischen Gemeinden immer noch relativ wohlhabende Nürnberger Kultusgemeinde habe die Kosten für ihre Auswanderer voll übernehmen wollen, die Zentrale der Reichsvereinigung sollte lediglich die Schiffsplätze bereitstellen, was abgelehnt wurde.
63 Else Dormitzer, Experiences in Nuremberg, Holland, Theresienstadt, S. 1, Yad Vashem 02/53. Zu Hirsch, der selbst am 19.6.1941 in Mauthausen ermordet wurde, siehe Paul Sauer, Für Recht und Menschenwürde. Lebensbild Otto Hirsch, Gerlingen 1985.
64 Vgl. Gruner, Öffentliche Wohlfahrt (wie Anm. 34), S. 275 f.
65 Abschrift einer eidesstattlichen Erklärung Bernhard Kolbs v. 18.6.1946, Staatsarchiv Nürnberg, Staatsanwaltschaften bei dem LG Nürnberg-Fürth, 3070/I; siehe auch Kolb, die Juden in Nürnberg (wie Anm. 53), S. 60.

Als die Kennzeichnungspflicht erging, rief die Partei jeden »Pg.« auf, die Nürnberger Juden zu kontrollieren und bei geringsten Verstößen zu melden. Die Gestapo jedoch – so Kolb – habe die Denunziationen ignoriert, wenn die Anlässe vom jüdischen Repräsentanten bestritten wurden.[66]

Der NSDAP-Kreisleiter versuchte, die Kultusgemeinde zu zwingen, ihr überbelegtes Altersheim an den Deutschen Siedlerbund zu verkaufen und innerhalb von 14 Tagen in ein dafür nicht geeignetes, baufälliges Gebäude im Wald zu ziehen. Das Reichssicherheitshauptamt verhinderte die Paraphierung des Vertrages.[67]

Aus diesen – und vielen nicht genannten Beispielen – wird deutlich, daß die Gestapo Übergriffe der Partei abwehrte, die eine geordnete »Judenaussiedelung« gefährdeten, doch Walter Berlins Begriff »Bollwerk« ist wohl kaum angemessen. Er wird vollends absurd, sobald das Handeln der Gestapo näher ins Blickfeld rückt. Am 18. Oktober 1941 teilte diese Gemeindesekretär Bernhard Kolb mit, 1.000 Mitglieder der Kultusgemeinde Nürnberg sollten deportiert werden.[68] Der Befehl betraf sämtliche arbeitsfähigen, unter 65jährigen Mitglieder der Gemeinde. Kolb konnte die Gestapo auf 500 (tatsächlich dann 512) Nürnberger herunterhandeln – um den Preis des Opfertauschs: Die anderen 500 wurden aus den umliegenden Städten in den Transport eingereiht.[69] Die Gestapo zog die Adressen aus der Einwohnerkartei,[70] Kolb sorgte dafür, daß Familien zusammenblieben und einige Gemeindeangestellte freigestellt wurden. Sein Fürther Amtskollege hingegen verweigerte sich dieser Arbeit – offensichtlich ohne Sanktionen. Allerdings bestimmte die Gestapo hier auch ohne Korrekturen, wer deportiert wurde.

Die Nürnberger Juden wurden auf dem Reichsparteitagsgelände in ein Sammellager gebracht, aus dem die Strohsäcke entfernt worden waren, so daß die zu Deportierenden auf dem blanken Boden schlafen mußten. Offensichtlich gab es weder eine jüdische Lagerleitung noch einen Sanitätsdienst oder jüdische Ordner im Sammellager. »Da ein Besuch im Lager polizeilich verboten ist, rufen wir den scheidenden Mitgliedern ein herzliches Lebewohl zu«,[71] schließt ein Merkblatt der Kultusgemeinde. Eine Sonderkommission von Gestapo, SS und Schutzpolizei sperrte das Gelände weiträumig ab. SS-Leute empfingen die von der Gestapo festgenommenen Juden, schikanierten, mißhandelten sie, raubten sie aus und ließen ihnen Goldplomben aus

---

66 Ebd., S. 59.
67 Korrespondenz zwischen Bezirksstelle Bayern und Reichsvereinigung Berlin, div. Schreiben betr. des Verkaufs, Bl. 179-194, Bundesarchiv Berlin, R 8150, Reichsvereinigung.
68 Kolb, Die Juden in Nürnberg (wie Anm. 53), S.60; Verhandlungsniederschrift v. 7. März 1949, S. 70, Staatarchiv Nürnberg, Staatsanwaltschaften bei dem LG Nürnberg-Fürth, 3070/V.
69 Kolb, Die Juden in Nürnberg (wie Anm. 53), S. 60 f. wg. Gottesdienst: Bernhard Kolb, Deportation from Nuremberg, Yad Vashem, 02/387; zu Theresienstadt ders., YV 033/90.
70 Vernehmung Lydia Finkler v. 5.8.1948, Staatsarchiv Nürnberg, Staatsanwaltschaften bei dem LG Nürnberg-Fürth, 3070/XV.
71 Mitteilungen Nr. 20/41 der Israelitischen Kultusgemeinde Nürnberg v. 23.11.1941, Zentralarchiv zur Erforschung der Geschichte der Juden in Deutschland, Heidelberg, B 1/19, Nr. 333.

den Zähnen reißen.⁷² Trotz der entlastenden Leumundszeugnisse, die die jüdischen Repräsentanten den Gestapobeamten nach dem Krieg ausstellten, standen die Gestapomänner den »Pgs.« und den SS-Kommandos kaum nach: Ein Gestapomann ließ die Lagerinsassen im Laufschritt Stühle um einen Tisch tragen, einer ordnete »Frühsport« an. Auf Anordnung des Reichssicherheitshauptamtes wurden die ersten beiden »Aktionen« gefilmt. Als ein stadtbekannter Bankier versuchte, der Kamera auszuweichen, wurden ihm die Zähne ausgeschlagen und er in ein Toiletten-Haus gesperrt, an das ein Beamter ein Schild »Bankhaus Kohn geschlossen« hängte. Der Film zeigte in Großaufnahme, wie er diesen Arrest lädiert verließ. Der stellvertretende Gestapochef verfaßte die Zwischentexte, die in den Film eingearbeitet wurden. Die 8.000 m Filmmaterial aus den Sammellagern Nürnberg-Langwasser und in Würzburg wurden zu einem zweistündigen – nicht erhaltenen – Film verarbeitet, den der Gauleiter zu propagandistischen Zwecken, das Reichssicherheitshauptamt jedoch für sein Archiv reklamierte.⁷³

Die Gestapo veranstaltete nach den Deportationen Saufgelage im Sammellager. Die Beamten, ihre Schreibkräfte und die Putzfrauen, die bei der körperlichen Durchsuchung mitgewirkt hatten, ließen sich die geraubten Lebensmittel und den vom örtlichen Gastwirt ausgeschenkten Alkohol schmecken; sie veranstalteten eine Tombola mit Preisen, die aus dem Gepäck der Juden stammten, tanzten Polonaise zu Akkordeonmusik und ließen sich am Abend »ihren« Film vorführen.⁷⁴

Bei einer späteren Deportation durfte Kolb den Juden mitteilen, sie könnten diesmal 200 Reichsmark mitnehmen – eine Finte, die den Gestapoleuten zu beträchtlichen Nebeneinnahmen verhalf, denn – wie üblich – sammelten sie das Geld sofort nach der Ankunft im Sammellager ein. Als bei einem Transport aus Bamberg nur 7 Pfennige gefunden wurden, ließen die Gestapomänner ihre Wut an Kolb aus: Sie entkleideten den Repräsentanten, fanden jedoch nur quittiertes Geld für die Transportkosten. So durchsuchten sie das Büro der Bezirksstelle, wo sie auf ein Schreiben des Vorsitzenden Albert Fechheimer an seinen in die Schweiz emigrierten Vorgänger Rosenzweig stießen. Darin war von einem »Wettlauf zwischen Macht und Zeit« die Rede. Fechheimer wurde sofort verhaftet. Kolb gelang es, ihn als »Senilen« in einen Theresienstadt-Transport einreihen zu lassen, was der 77jährige überlebte.⁷⁵ Ein

---

72 Ermittlungsbericht Staatsanwaltschaft o.D., S. 11, Bl. 11, Staatsarchiv Nürnberg, Staatsanwaltschaften bei dem LG Nürnberg-Fürth, 3070/II.
73 Der Filmer Nickel gab an, Film oder Rohmaterial seien nicht erhalten (vgl. Protokoll Hauptverhandlung Sta Nürnberg-Fürth v. 9.3.1949, S. 189 f., Landesarchiv Berlin, B Rep 058, 1 Js 9/65, Box 77, Beistück 68II), lt. Telefonbuch existiert das Film- und Fotogeschäft in Nürnberg heute noch.
74 Ebd., S. 37-40 u. 96.
75 Vernehmung Fichtner v. 9.8.1948, Staatsarchiv Nürnberg, Staatsanwaltschaften bei dem LG Nürnberg-Fürth, 3070/VII; ebd., Schreiben Kolb an Landgericht v. 26.4.1949, Bl. 677 ff.; Kolb, Die Juden in Nürnberg (wie Anm. 53), S. 68; Schreiben Kolb an Ophir v. 1.9.1960, S. 1-3, Yad Vashem, 02/387a. Siehe auch Theresienstädter Gedenkbuch, hg. von der Theresienstädter Initiative, Prag 2000, S. 320.

halbes Jahr später avancierte Kolb vom »Verbindungsmann zur Gestapo« zum Vorsitzenden der Kultusgemeinde.[76] Als Ende 1942 angeordnet wurde, daß die verbliebenen Nürnberger Juden nach Fürth umgesiedelt wurden, um die Stadt der Reichsparteitage endlich »judenfrei« melden zu können, durften nur die in Mischehen lebenden Juden und Kolb zurückbleiben.[77] Kolb übte sein Amt bis zur Auflösung der Reichsvereinigung im Juni 1943 aus. Als jüdischer Funktionär wurde er nach Theresienstadt deportiert und dort bald zum »Zimmerältesten« ernannt.[78] Zu den ungeklärten Begebenheiten gehört es, daß die Nürnberger, trotz eines allgemeinen Verbotes für Juden im September 1942, Gottesdienste abzuhalten, mit Einverständnis der Gestapo bis zur Auflösung der Reichsvereinigung Gottesdienste im Sammellager und »allwöchentlich Freitagabend und Sabbatmorgen regelmäßig und an den Festtagen vollen Gottesdienst«[79] abhalten durften.

Nach Kolbs »Abwanderung« bestimmte die Gestapo den ehemaligen Rechtsanwalt Julius Nürnberger als »Vertrauensmann«. Dieser amtierte bis zum Kriegsende.[80] Wieder verhielt sich die Gestapo »zuvorkommend«: Sie gestattete Nürnberger beispielsweise, die Kartei und Gemeindeakten zu übernehmen und zu Hause zu verwahren, wo sie bei einem Luftangriff verbrannten.[81]

Von den 1930 noch mehr als 10.000 Nürnberger Juden lebten dort im Oktober 1941 noch 1.835, von diesen wurden 1.656 deportiert, bei Kriegsende befanden sich noch ca. 50 Juden in Mischehe in Nürnberg, 65 Personen kehrten aus Konzentrationslagern zurück.[82] Die drei führenden Repräsentanten der Nürnberger Juden der Jahre von 1941 bis 1945 überlebten: Zwei in Theresienstadt, einer in seiner Heimatstadt. Nach dem Krieg wirkte das besondere Verhältnis zur Gestapo weiter: Kolb und Nürnberger entlasteten »ihren« jeweiligen Judenreferenten vor Gericht, der ehemalige CV-Vorsitzende Berlin wurde zum Fürsprecher des Polizeipräsidenten Benno Martin. Die Gefühle der Dankbarkeit, der Gauleitung und ihren antisemitischen Treibjagden auf die Nürnberger Juden nicht ganz schutzlos ausgesetzt gewesen zu sein, und der Entlastung, die schlimmsten Übergriffe gemeinsam mit der Gestapo abgewendet (oder doch wenigstens abgemildert) zu haben, hielten noch lange nach dem Krieg an. Die Aussagen derjenigen, die einem jüdischen Arbeitskommando angehört hatten, klingen anders, wenn sie das Verhalten der untergeordneten wie der

---

76 In der Interimszeit leitete Adolf Krämer die Gemeinde, vgl. Baruch Zwi Ophir/Falk Wiesemann, Die jüdischen Gemeinden in Bayern 1918-1945, München 1979, S. 215.
77 Ebd., S. 215 f.
78 Kolb, Deportation (wie Anm. 53), S. 5.
79 Ebd., S. 1.
80 Schreiben Julius Nürnberger an Ermittlungsrichter v. 6.8.1948, Bl. 303, Staatsarchiv Nürnberg, Staatsanwaltschaften bei dem LG Nürnberg-Fürth, 3070/I.
81 Ebd., S. 2.
82 Zu den Zahlen siehe Herbert Lehnert, Juden in Nürnberg, hg. von der Stadt Nürnberg 1993, S. 52; Arndt Müller, Geschichte der Juden in Nürnberg 1146-1945, Nürnberg 1968, S. 295; Ophir/Wiesemann, Die jüdischen Gemeinden (wie Anm. 76), S. 203 u. 215 f.

leitenden Gestapobeamten beschreiben.[83] Dennoch: Die Leumundszeugnisse der jüdischen Funktionäre halfen, den selbststilisierten »Widersacher Streichers« und seine Gestapobeamten freizusprechen.

4. Mainz. »Verläßliche« Beziehungen

Anders als Nürnberg und Frankfurt, die als Gauhauptstädte auch Sitz des Gauleiters und der Stapostellen waren, lag Mainz als »Provinzstadt« eher im »Windschatten«: Gauleiter Sprenger saß auf der anderen Rheinseite, die Mainzer hatten »nur« mit einem NSDAP-Kreisleiter zu tun.[84] Als »vorgesetzte Behörde« der jüdischen Gemeinde bzw. der Reichsvereinigungsbezirksstelle fungierte die Gestapo-Außenstelle Mainz, die wiederum der Gestapostelle Darmstadt unterstand. Während in Frankfurt und Darmstadt Hunderte von Juden willkürlich kriminalisiert wurden, gelang es dem ehemaligen Regierungsrat bei der Kreisverwaltung und langjährigen Verbindungsmann der Gemeinde bzw. späteren Bezirksstellenleiter, Rechtsanwalt Michel Oppenheim, ab seiner Ernennung im April 1941,[85] ein Vertrauensverhältnis zum Leiter des Judenreferats und dessen wenigen Sachbearbeitern herzustellen: Ein naher Verwandter des ersten Judenreferenten war ein Anwaltskollege gewesen. Dieser hatte Oppenheim ebenso wie der Vorgänger als Verbindungsmann, der ausgewanderte Rabbiner Levi, ein gutes Zeugnis ausgestellt.[86] Darauf basierte die Beziehung zunächst. Die später dort tätigen Sachbearbeiter setzten die intensive Zusammenarbeit fort, die beiden Seiten nützlich erschien.

Oppenheim lotete bis Oktober 1941 jede Möglichkeit zu emigrieren aus, doch vergebens.[87] Als Repräsentant fühlte Oppenheim sich freier als seine Kollegen anderenorts, weil er zum einen in privilegierter Mischehe lebte und damit vor der »Abwanderung« geschützt war, und zum anderen seine Tätigkeit ehrenamtlich ausübte. Er betrachtete sich nicht einmal Mitglied der Reichsvereinigung.[88] Im Konfliktfall mit der Gestapo hätten diese Fakten keine Bedeutung gehabt, dennoch gaben sie ihm offensichtlich das Gefühl, Handlungsspielraum gegenüber der Gestapo und der

---

83 So beispielsweise die Vernehmungen der Juden, die Arbeitskommandos angehörten, wie Paul Baruch, Ernst Dingfelder, Albert Ehrhardt, Leopold Friedländer in Staatsarchiv Nürnberg, Staatsanwaltschaften bei dem LG Nürnberg-Fürth, 3070/V.
84 Vgl. zu den Deportationen aus Mainz und kleineren Städten bzw. Ortschaften der Umgebung Michael Brodhaecker, Menschen zwischen Hoffnung und Verzweiflung. Der Alltag jüdischer Mitmenschen in Rheinhessen, Mainz und Worms während des »Dritten Reiches«, Mainz 1999, S. 389-408. Ich danke Monika Kingreen sehr für ihren Hinweis auf den Nachlaß Oppenheim.
85 Über meine Tätigkeit als Verbindungsmann zwischen der Reichsvereinigung der Juden in Deutschland, Bezirksstelle Hessen in Mainz und der Geheimen Staatspolizei, S. 1 f. u. 5, Stadtarchiv Mainz, Nachlaß Oppenheim, 51/19.
86 Ebd., S. 2.
87 Ebd., div. Schreiben betr. Emigration, 46. Oppenheims Sohn konnte in die USA emigrieren.
88 Ebd., 51/16, Schreiben Oppenheim an Jüdische Kultusvereinigung Mainz v. 29.7.1942.

Berliner Reichsvereinigungs-Zentrale zu haben, den er positiv für die Gemeindemitglieder, aber auch für Entscheidungen in eigener Sache nutzen konnte.

Die Staatspolizei-Außenstelle Mainz hatte seit 1940 die örtlichen Juden auf der Grundlage der Fragebögen der Ergänzungszählung zur Volkszählung erfaßt. Ebenso erstellte die Reichsvereinigung Listen, nach Oppenheims Erinnerung insgesamt mehr als 430. Gestapo- und Reichsvereinigungs-Unterlagen zusammen bildeten die Grundlage für die Deportationslisten.[89] Oppenheim ahnte, wozu seine Namensverzeichnisse dienten. Dennoch ging er davon aus, daß diese der Gestapo »kein neues Material [gaben]. Die Reichsvereinigung wurde nur aus Bequemlichkeit mit der Anfertigung [...] beauftragt. Sämtliche Listen dieser Art hätten gerade so gut bei der Gestapo angefertigt werden können.«[90] Heftig verwahrte er sich allerdings gegen die Vermutung eines Mitgliedes der Reichsvereinigung, er wirke an Verhaftungslisten mit.[91] Hier lag für ihn offensichtlich die Grenze der Kooperation. Zweimal verweigerte er sich Aufträgen der Gestapo: Zum einen, als er eine »Mischlingsliste« erstellen sollte, zum anderen, als es um eine Mischehenliste für die letzte Deportation im Februar 1945 ging. Mischlingslisten, so argumentierte er, gehörten nicht zu den Obliegenheiten der Reichsvereinigung, und bei den Mischehen wolle er nicht »das Todesurteil« über diejenigen fällen, die er auf die Liste setzte. Da die Wohnadressen etlicher Paare noch nicht oder nicht mehr bekannt waren, hätte er der Gestapo hier offensichtlich neue Angaben geliefert. Beide Weigerungen wurden akzeptiert und hatten keine Konsequenzen.[92]

Die Deportationen liefen in Mainz wie vom Reichssicherheitshauptamt vorgegeben ab. Bei der ersten großen Aktion wurde eine Nacht zuvor ein Ausgangsverbot für die Betroffenen verhängt. Morgens verfügte die Gestapo, sie hätten innerhalb von drei Stunden zu packen und ihre Wohnung zu verlassen, ein Pappschild mit Name und Kennnummer um den Hals gehängt.[93] Die Turnhalle einer Schule diente als Sammellager. Der Bericht eines jüdischen Helfers: »Am Eingang zur Turnhalle befand sich ein Podest, auf dem drohend ein Maschinengewehr stand, gerichtet auf die Menschen in der Turnhalle. Der Patronengurt war eingezogen, das MG schußbereit, dahinter stand ein Polizeiposten.«[94] Oppenheim erwähnt dies nicht, sondern beschreibt, daß die Gemeinde die zu Deportierenden mit Eintopf verköstigte, gekocht im Jüdischen Krankenhaus mit Lebensmittelsonderzuteilung der Stadtverwaltung, bewilligt von der Gestapo.[95] Die Kranken wurden ebenfalls deportiert. Von Mainz kamen die Juden in ein Sammellager nach Darmstadt, das hermetisch von der SS abgeriegelt war. Oppenheim mußte sich nach der Aktion vor Gestapobeamten für

---

89 Über meine Tätigkeit als Verbindungsmann (wie Anm. 85), S. 6 f., ebd. 51/19.
90 Ebd., S. 13 f.
91 Ebd., 52/27, Schreiben Oppenheim an nicht genannte Adressatin v. 11.5.1943.
92 Ebd., 51/19, Über meine Tätigkeit als Verbindungsmann (wie Anm. 85), S. 14 f.
93 Dokument abgedruckt bei Brodhaecker, Menschen (wie Anm. 84), S. 392.
94 Helmut Grünfeld, Erinnerungen eines Davongekommenen geschrieben 1.9.1988, S. 6, Leo Baeck Institut, Außenstelle Berlin, II 11.
95 Über meine Tätigkeit als Verbindungsmann (wie Anm. 85), S. 7, Stadtarchiv Mainz, Nachlaß Oppenheim, 51/19.

etliche Selbstmorde verantworten, die darauf hindeuteten, daß der Abtransport bekannt geworden war.[96] Tatsächlich war die Warnung wohl nicht von ihm ausgegangen. Bei späteren Transporten stellte die Gemeinde neben der Verpflegung auch jüdische Ordner für den Gepäcktransport.

Aus Mainz wurden mehr als 3.240 Juden deportiert, überwiegend im März und September 1942. Danach lebten dort nur noch 60 bislang Zurückgestellte, die nach Darmstadt übersiedeln mußten[97], wohin auch die Bezirksstelle verlegt wurde.[98] Im Februar 1943 wurde der Leiter der Kultusgemeinde Fritz Löwensberg deportiert und Oppenheim zu seinem Nachfolger ernannt.[99] Nun durfte die Bezirksstelle wieder nach Mainz zurück ziehen.

Oppenheim urteilte nach dem Krieg, die Gestapo in Mainz sei »milder«[100] vorgegangen als anderswo. Durch die ständige, direkte Kommunikation seien Informationen geflossen; es habe keine grundlosen Verhaftungen gegeben; Juden, die ärztliche Atteste vorlegen konnten, seien freigelassen worden. Der Postverkehr mit dem Lager Gurs in Südfrankreich sei nicht mit Festnahmen geahndet, bei den Umquartierungen innerhalb der Stadt ausreichend Zeit genehmigt worden. Juden seien in der Regel auch nicht geschlagen worden. Wurde ein Mainzer Jude denunziert, mußte Oppenheim ihm die Vorladung zur Gestapo zustellen, die keine Begründung enthielt. Oppenheim erreichte es im ersten Schritt, daß den Adressaten wenigstens ein Betreff mitgeteilt wurde, und im zweiten Schritt, daß *er selbst* die Betroffenen mit ihren »Verfehlungen« konfrontieren und verwarnen durfte. Das Problem, daß er nun die Prüfinstanz für »Verfehlungen« im Sinne der Gestapo wurde und zumindest partiell auch deren Wertungssystem übernahm, realisierte er offensichtlich nicht.[101] Den Anzeigen aus der Partei allerdings habe das Judenreferat nachgehen und die Betroffenen verhaften müssen, und wenn die Partei Anspruch auf Wohnungen erhob, hätten die jüdischen Bewohner diese innerhalb kurzer Fristen räumen müssen. Oppenheim sah denn auch – neben dem Sicherheitsdienst (SD) – vor allem in der Kreisleitung den gefährlichsten Gegner der Mainzer Juden.[102]

Als die Reichsvereinigungsbezirksstellen Hessen und Hessen-Nassau in Frankfurt zusammengelegt wurden, wehrte Oppenheim weitergehende Zentralisierungsbestrebungen ab. Er sei nicht nur der Gestapo Frankfurt, sondern immer wieder auch der

---

96 Ebd. 49/3, Aktennotiz Nr. 136 v. 27.3.1942, Punkt 6.
97 Ebd., 51/19, Über meine Tätigkeit als Verbindungsmann (wie Anm. 85), S. 7.
98 Ebd., 52/25, Bezirksstelle Hessen/Hessen-Nassau der Reichsvereinigung, Verwaltungsstelle Hessen v. 4. 12.1942.
99 Fritz Löwensberg wurde im Februar 1942 nach Theresienstadt deportiert (Todesdatum lt. Gedenkbuch: 25.2.1944). Zu Oppenheims Bestellung: Über meine Tätigkeit als Verbindungsmann (wie Anm. 85), S. 8 f., Stadtarchiv Mainz, Nachlaß Oppenheim, 51/19.
100 Ebd., S. 3 f.
101 So bezeugte er, die Mainzer Gestapo habe nicht geschlagen. Als aber ein Vorfall zur Sprache kam, bei dem ein Gestapobeamter einem Juden die Brille heruntergeschlagen hatte, rechtfertigte er dies damit, der Betreffende habe sowohl ihn als auch die Gestapo belogen, ebd., 51/19, Über meine Tätigkeit als Verbindungsmann (wie Anm. 85), S. 13.
102 Ebd., S. 12.

Gestapo Darmstadt und Mainz auskunftspflichtig, wolle eigenständige Korrespondenzen mit der Zentrale in Berlin führen und sein Personal nicht auf Null »abbauen« lassen.[103] Geschickt nutzte er die Rivalität zwischen dem Darmstädter und dem Frankfurter Gestapoleiter aus, dem verboten wurde, Oppenheim zu Personalentlassungen aufzufordern, und verwahrte sich energisch gegenüber Anweisungen und einen anmaßenden Ton aus der größeren Bezirksstelle Frankfurt wie auch aus der Berliner Zentrale der Reichsvereinigung:

> Ich war bisher nicht der Auffassung, in einem derartigen Subordinationsverhältnis gegenüber der Zentrale zu stehen, da wie Ihnen bekannt, ich mich ehrenamtlich zur Verfügung gestellt habe und bewiesen habe, dass ich meine ganze Kraft für die R.V. einsetze […] Es geht aber ganz und gar nicht an, dass man nun noch mit dem Empfinden sollte arbeiten müssen, von der Zentrale her nicht nur keine Stütze zu haben, sondern gar noch Schwierigkeiten und Fährdung erfahren.[104]

Er sähe die schwierige Lage der Berliner durchaus, doch in Sätzen wie » … und müssen uns weitere Maßnahmen vorbehalten«, läge eine Drohung. »Mit welchen Maßnahmen glaubt aber der Schreiber uns drohen zu können? Ich will nicht hoffen! Diesen Punkt möchte ich aufgeklärt haben.«[105]

Oppenheim maß das von ihm positiv beurteilte Verhältnis von Reichsvereinigung und Gestapo in Mainz an den Gegebenheiten in den großen Nachbarstädten.[106] Den Unterschied in der Behandlung hatte er anschaulich erfahren, als er mehrfach wegen jüdischer »Schutzhäftlinge« mit dem Darmstädter Gestapobeamten Dengler zu tun hatte.[107] Dennoch enthalten die von ihm niedergeschriebenen Aktennotizen Hinweise darauf, daß die Machtverhältnisse nie aus dem Blick gerieten wie bei folgender Passage: »Daran anschließend wurde der Unterzeichnete verwarnt, dem neu eingetretenen Beamten versuchsweise etwas zur Unterschrift vorzulegen, was bei genauer Kenntnis der Sache von dem Beamten nicht unterschrieben werden dürfte.«[108]

Tatsächlich konnte er auf gravierende Unterschiede verweisen, und sein Handlungsspielraum war wesentlich größer als der Kolbs in Nürnberg oder gar Lerners in Frankfurt. Dennoch erhalten die Mainzer Verhältnisse durch diese Vergleichsfolie

---

103 Ebd., 22, Betrifft Zusammenlegung der Bezirksstellen Hessen- u. Hessen-Nassau; ebd., 22, Schreiben Reichsvereinigung Bezirksstelle Hessen/Hessen-Nassau an Reichsvereinigung Berlin v. 19.2.1943.
104 Ebd., 52/29, Schreiben Oppenheim an Lerner v. 28.4.1943, vgl. auch ebd., Schreiben Oppenheim an Levy v. 3.5.1943; Ebd., 51/19, Über meine Tätigkeit als Verbindungsmann (wie Anm. 85), S. 9. Siehe zu Georg Albert Dengler und dessen Initiativen gegen Juden auch das Urteil gegen ihn, abgedruckt in: Justiz und NS-Verbrechen. Sammlung deutscher Strafurteile wegen nationalsozialistischer Tötungsverbrechen 1945-1966, Bd. XXII, hg. Von Irene Sage-Grande, Adelheid L. Rüther-Ehlermann, H.H. Fuchs, C.F. Rüter, Amsterdam 1981, S. 658-682.
105 Schreiben Oppenheim an Lerner v. 28.4.1943, S. 2, Stadtarchiv Mainz, Nachlaß Oppenheim.
106 Ebd., Schreiben Oppenheim an C.I.C. v. 20.6.1945, S. 2 f.
107 Ebd., S. 6.
108 Ebd., 49/3, Aktennotiz Nr. 136 v. 27.3.1942, Punkt 2.

einen verharmlosenden Anstrich, wie der kurz zitierte Bericht eines jüdischen Helfers über das Maschinengewehr im Sammellager gezeigt hat. In Mainz lebten im September 1940 noch 1.356 Juden, im Mai 1943 waren es noch 205 und bei Kriegsende ca. 60 Personen, alle mit nichtjüdischen Partnern verheiratet.[109]

Zur positiven Rückerinnerung Oppenheims mag vor allem beigetragen haben, daß die Zusammenarbeit der Rest-Reichsvereinigung mit den beiden Zuständigen im Judenreferat sich gerade in der Endkriegsphase intensivierte: Bereits im Dezember 1944 warnten sie ihn, die jüdischen Partner aus privilegierten Mischehen würden noch deportiert. Er müsse jedoch nicht alle Namen notieren, »je weniger um so lieber«[110]. Oppenheim, der – wie erwähnt – kein Todesurteil mit einem Listeneintrag aussprechen wollte, sprach nun mit den Sachbearbeitern ab, einen Teil der Betroffenen von der Liste zu streichen, für andere amtsärztliche Atteste einzuholen und den Rest persönlich zu warnen.[111] Um ihm dazu Gelegenheit zu geben, fing einer der Gestapobeamten den Deportationsbefehl ab und verzögerte die Zustellung um eine Nacht. Dadurch konnten die erreichbaren Mainzer dem Frankfurter Transport nicht mehr angeschlossen werden. Nun allerdings gab die Gestapo Darmstadt die Order, Hilfspersonal anzufordern, die Juden festzunehmen, in zerstörten Häusern zu erschießen und dort zu verscharren. Geistesgegenwärtig behielt sich Oppenheims verbündeter Gestapomann die Alleinverantwortung für diese Erschießungsaktion vor. Es war ein Wettlauf mit der Zeit. Zwei Wochen, bevor die Alliierten kamen, flog die verzögerte Befehlszustellung auf. Einer der beiden Gestapobeamten schützte eine Erkrankung vor und brachte sich vom Krankenhaus aus in Sicherheit. Der andere hielt in der Dienststelle aus, bis er sich kurz vor der Kapitulation unter einem dienstlichen Vorwand absetzen konnte. Begünstigt durch einen Luftangriff auf Mainz konnte er auch Unterlagen unauffällig vernichten. So kam es zu der kuriosen Situation, daß Oppenheim, der Reichsvereinigungsbezirksstellenleiter, ab 20. bzw. 22. März beide Sachbearbeiter des Mainzer Judenreferats bei sich versteckte![112]

109 Ebd., 49/9, 49/1, Zahlen in der genannten Reihenfolge: Schreiben Oppenheim an C.I:C. v. 20.6.1945, S. 5. Die genauen Deportationszahlen sind schwer ermittelbar, weil mit den Mainzer Juden auch die aus den umliegenden Städten deportiert und diese insgesamt dann wiederum größeren Transporten angeschlossen wurden.
110 Ebd., 51/19, Über meine Tätigkeit als Verbindungsmann (wie Anm. 85), S. 15; vgl. auch ebd., Schreiben Oppenheim an C.I.C. v. 20.6.1945 (wie Anm. 106), S. 5 ff.
111 Ebd., 50/II, Eidesstattliche Erklärung in Sachen Meta Schulz v. 28.9.1955, S. 5 ff.; ebd., Schreiben Oppenheim an Militärregierung Mainz o.D., S. 3; ebd., 46, Bericht über die Gründe, durch die verhindert wurde, dass die auch für den Bereich der Stapo-Außendienststelle Mainz im Februar 1945 angeordnete zwangsweise Evakuierung der letzten Juden zur Durchführung kam, S. 1.
112 Ebd., S. 1-4, Schreiben Oppenheim am C.I.C. v. 20.6.1945 (wie Anm. 106), S. 7.

5. Fazit

H.G. Adler resümiert, die Deportationen zeigten die »Verflechtung [...] der jüdischen Stellen mit der Gestapo«, die

> längst vor dem Beginn der allgemeinen Deportation eingespielt [war], so dass bei deren Anfang, besonders in der deutschen Provinz, gar nicht mehr der Gedanke eines tatkräftigen Widerspruchs auftreten konnte, weil die leitenden Beamten in ihrer Entschlußkraft bereits vollkommen gelähmt waren und im Grunde längst nicht mehr wußten, was sie taten.[113]

Diese Aussage entbindet Adler davon, sich mit dem jeweiligen regionalen Verfolgungsgefüge auseinander zu setzen: mit Zielübereinstimmung der beteiligten Verfolgungsinstitutionen in ideologischen Fragen, aber auch mit Differenzen und Konflikten um die politische Vorherrschaft oder um die materielle Beute oder mit dem Wirrwarr der Kompetenzen und Zuständigkeiten und deren Auswirkungen auf die Situation der Juden. Adlers Schlußfolgerung greift zu kurz, die jüdischen Funktionäre versuchten durchaus, im Rahmen der Möglichkeiten zu agieren, die ihnen das jeweilige Verfolgungsgefüge bot.

Sie hatten jedoch nach 1941 immer nur dann – minimale! – Handlungsspielräume, das Deportationsgeschehen zu beeinflussen, wenn sie entweder bei einer ohnehin bestehenden Institutionenrivalität bzw. in einem offenen Herrschaftskonflikt Ansprechpartner fanden oder ein »Vertrauensverhältnis« zu beteiligten Verfolgungsinstanzen herstellen konnten. Die »kumulative Radikalisierung« der Verfolgungsinstitutionen konnte sich verschärfend auf die Verfolgungssituation auswirken wie in Frankfurt (»organisierte Willkür«) oder aber teilweise retardierend wie in Nürnberg.

Es machte dabei durchaus einen Unterschied, ob »nur« ideologische Motive in der Verfolgungssituation zum Tragen kamen oder ob andere Momente während dieses Prozesses in den Vordergrund traten wie in Nürnberg die völlige Enthemmung der Täter, die ungehindert sadistische Gruppenrituale abhalten und in der Horde Triebe ausleben konnten, was offensichtlich von der NSDAP atmosphärisch auf alle Verfolgungsinstitutionen übergriff, so daß diese ebenfalls weit über das übliche Maß hinaus offen brutal agierten. Vor den damit einhergehenden Ritualen der Demütigung waren weder die Mitglieder noch die Repräsentanten der Reichsvereinigung geschützt. Die so entstandene Verfolgungssituation im Sammellager (»Frühsport«, Goldplombenentfernung u.a.) unterscheidet sich von dem Geschehen in ähnlichen Sammellagern anderenorts, denn die Nürnberger Situation hatte sich der Praxis in den Konzentrationslagern angenähert und kann als »Vorschein« (Ernst Bloch) derselben angesehen werden. Auch in anderen Regionen gehörten Korruption, Mißhandlungen, Drohungen und Einschüchterungen als Begleiterscheinungen zum Deportationsprozeß, wie beispielsweise bei der ersten Deportation aus Frankfurt, der »Fabrik-Aktion« in Berlin oder – bezogen auf Einzelpersonen – beim Verhalten bestimmter

---

113 H. G. Adler, Der verwaltete Mensch. Studien zur Deportation der Juden aus Deutschland, Tübingen 1974, S. 354 f.

Judenreferenten oder anderer Akteure auf der Verfolgerseite. Doch prägten diese Vorfälle bzw. dieses Verhalten dort das Geschehen nicht insgesamt.

Wenn die jüdischen Repräsentanten dank eines »Vertrauensverhältnisses« partielle Erleichterungen oder Rückstellungen erreichen konnten und dies nach dem Krieg berichteten, zeigen ihre Zeugnisse immer auch die trügerische Dimension, die man an den einheitlichen Ergebnissen der Deportationsmaßnahmen ablesen kann. Zwar konnten sie unter Umständen die Zahl der zusätzlichen Kriminalisierungen und damit die Zahl der abtransportierten »Schutzhäftlinge« minimieren, doch nirgendwo wurden die vorgegebenen Zahlen der Transporte unterschritten. »Vertrauensvoll« hieß eben auch: Die Verfolgungslogik und das Interesse der Verfolgungsinstitution zu akzeptieren und sich ein Stück weit zu eigen zu machen. Die zeitgenössischen Quellen, die aus der Arbeit der Reichsvereinigung entstanden sind, und die nach dem Kriege aufgenommenen Aussagen der jüdischen Vertreter sind immer *auch* als Rechtfertigungsschriften für das eigene Handeln lesen.

Die Repräsentanten der Reichsvereinigung wirkten auf unterschiedliche Weise an der Erstellung der Deportationslisten mit: Sie schrieben sie selber, sie fertigten Namenslisten der nach den Richtlinien des Reichssicherheitshauptamt in Frage kommenden Personen an, oder sie korrigierten Listen, die die Gestapo nach den Karteien der Reichsvereinigung oder nach denen des Einwohneramtes erstellt hatte. Verweigerten sie die Mitarbeit, zog dies in der Regel keine Sanktionen nach sich, allerdings mußten sie gewärtigen, daß Familien auseinandergerissen wurden oder die Arbeit ihrer Organisation durch die Deportation der Mitarbeiter gefährdet war.

Die bisher ausgewerteten Quellen weisen darauf hin, daß die meisten örtlichen Repräsentanten der Reichsvereinigung ihre Berliner Zentrale als zusätzliches Kontrollorgan neben der Gestapo ansahen. Je mehr die Deportationen die Reihen der Funktionäre lichteten, die sich vor 1941 in der Regel noch gekannt hatten, desto schwieriger wurde die Kommunikation mit der Zentrale. Persönliche oder auch nur telefonische Gespräche über Entscheidungen wurden zunehmend unmöglich. So erwarteten die Bezirksstellenleiter bald keine oder wenig Hilfestellung aus Berlin, sondern antizipierten bürokratische Verzögerungen, unerfüllbare Arbeitsanforderungen und Anweisungen zum Personalabbau, die regelmäßig den Deportationsbefehl für die entlassenen Mitarbeiter nach sich zogen. Zudem mußte die Zentrale alle Bezirksangelegenheiten, mit denen sie befaßt war, mit dem Reichssicherheitshauptamt absprechen. Besonders schwierig für die Bezirksstellen wurde dies immer dann, wenn sie mit der örtlichen Gestapo Abmachungen getroffen hatten oder wenn die Anforderungen der örtlichen Gestapo im Gegensatz zu den Weisungen des Reichssicherheitshauptamt standen. Dann gerieten die Bezirksstellen unweigerlich auch in Konflikt mit ihrer Zentrale. Bei allem, was sie versuchten, um die Situation vor Ort zu verbessern, unterlagen sie immer doppelter Kontrolle.

Monica Kingreen

»Wir werden darüber hinweg kommen«
Letzte Lebenszeichen deportierter hessischer Juden.
Eine dokumentarische Annäherung

Aus mehr als 250 hessischen Dörfern und Städten wurden 1941/42 in einem Zeitraum von nur elf Monaten mehr als 15.500 jüdische Menschen gewaltsam verschleppt.[1] Zurück blieben vorerst nur einige Hundert, die in »Mischehen« lebten. Die hessischen Gestapoleitstellen organisierten insgesamt 15 Massendeportationen über drei zentrale Sammellager in Frankfurt, Kassel und Darmstadt. In den Jahren 1943 bis 1945 gingen zudem kleinere Transporte ab, die aber hier unberücksichtigt bleiben. Auf die Frage: »Was geschah mit diesen Menschen?« erhielte man heute in Hessen sicherlich meist den stereotypen Hinweis, sie seien nach »Auschwitz« gekommen. Auschwitz als Chiffre für den Holocaust hat sich in den Köpfen festgesetzt. Tatsächlich jedoch gelangte kein Jude aus Hessen im Zuge der Massendeportationen 1942 direkt dorthin.

Die heutigen Bewohner hessischer Städte und Dörfer haben die jüdischen Deportierten aus dem Gedächtnis gestrichen. Viele Ortschaften hatten bereits im Zuge der »Kristallnacht« im November 1938 ihre jüdischen Bewohner ausgetrieben, die in der großstädtischen Anonymität Frankfurts, Wiesbadens, Darmstadts oder Kassels Zuflucht suchten.[2] So enden Darstellungen über kleinere jüdische Gemeinden in Hessen meist mit dem lakonischen Hinweis auf die »letzten Juden«, die 1937 oder 1938 verschwanden. Sind schon die Jahre nach diesem Ortswechsel in der lokalen Wahrnehmung ausgeblendet, so trifft dies erst recht auf die Deportationen zu. Überhaupt nicht in den Blick gerät das Leben der Verfolgten nach ihrer Deportation, obwohl die meisten von ihnen erst Monate oder Jahre nach der Verschleppung zu Tode kamen oder ermordet wurden. Im folgenden wird der Versuch unternommen, ein Bild aus

---

1 Mit der Bezeichnung »Hessen« oder »hessisch« sind die Gebiete des ehemaligen Volksstaates Hessen sowie der ehemaligen preußischen Provinz Hessen-Nassau gemeint. Zu den Deportationen aus Hessen siehe auch Monica Kingreen, Gewaltsam verschleppt aus Frankfurt. Die Deportationen der Juden in den Jahren 1941-1945, in: dies. (Hg.), »Nach der Kristallnacht«. Jüdisches Leben und antijüdische Politik in Frankfurt am Main 1938-1945. Schriftenreihe des Fritz Bauer Instituts Band 17, Frankfurt 1999, S. 357-402; dies., Gewaltsam verschleppt aus Oberhessen. Die Deportationen der Juden im September 1942 und in den Jahren 1943-1945, in: Mitteilungen des Oberhessischen Geschichtsvereins Gießen, Neue Folge 85, Bd. 2000, Gießen 2001, S. 5-95; dies., Die gewaltsame Verschleppung der Juden aus den Dörfern und Städten des Regierungsbezirks Kassel in den Jahren 1941 und 1942, in: Helmut Burmeister/ Michael Dorhs (Hg.), Das achte Licht. Beiträge zur Kultur- und Sozialgeschichte der Juden in Nordhessen, Hofgeismar 2002, S. 223-242.

2 Zur Zuwanderung nach Frankfurt siehe auch: Monica Kingreen, Zuflucht in Frankfurt. Zuzug hessischer Landjuden und städtische antijüdische Politik, in: dies., »Nach der Kristallnacht« (wie Anm. 1), S. 119-155.

der Perspektive der Betroffenen zu vermitteln, das ihre Lebensumstände an den Zielorten, ihre Nöte und seelische Verfassung, Gefühle der existentiellen Bedrohung und ihre Zukunftsvorstellungen skizziert. Auch von Ablenkungen und Versuchen, Gegengewichte im Alltag der Ghettos und Lager zu schaffen, soll berichtet werden. Auf der Grundlage von Tagebüchern, Briefen und Erinnerungen von Deportierten, von Überlebenden und Zurückgebliebenen soll diese fragmentarische Annäherung an den Alltag der Verfolgten sehr behutsam erfolgen, ohne den Anspruch zu erheben, deren Situation umfassend auszuleuchten. Nur etwa 500 der aus Hessen Verschleppten erlebten 1945 die Befreiung, 15.000 waren bis zum Ende des Krieges umgekommen, hatten Selbstmord begangen oder waren ermordet worden.

1. Die Deportation in das Ghetto Lodz

Ohne jegliche Vorwarnung fand am 19. Oktober 1941 in Frankfurt die erste Deportation aus Hessen statt, die mehr als 1.100 Menschen betraf.

> Um 6 Uhr früh klingelte es, zwei SA-Männer und ein Gestapomann standen vor der Türe. ›Packen Sie ein, was Sie in zwei kleinen Koffern tragen können. Bitte seien Sie in zwei Stunden abmarschbereit‹ [...] Mein Vater war in dem Augenblick, in dem wir verhaftet wurden, ein geschlagener Mann,[3]

erinnert sich Fritz Schafranek. Die Aufgelisteten wurden in die polnische Stadt Lodz gebracht, umbenannt in »Litzmannstadt«, wo ein heruntergekommener Stadtteil mit mehrstöckigen Mietshäusern als Ghetto für 160.000 Personen abgetrennt worden war. Zwanzigtausend reichsdeutsche Juden, darunter die Frankfurter, wurden dort nun im Herbst 1941 »eingesiedelt«. Auf dem Weg ins Ghetto sah Hilda Stern »unaufhörlich Bilder nie geschauten Elends«[4]. Sie beschreibt die Kinder als »in Lumpen gewickelte Skelette, barfüßig von Kot überkrustet«, berichtet von den polnisch-jüdischen Insassen des seit eineinhalb Jahren bestehenden Ghettos, die »neidisch auf uns noch sämtlich ausreichend, ja wohl gekleidete Ankömmlinge starrten – die uns gleichsam mit den Augen jeden Fetzen vom Leib heruntersogen«. Eine leergeräumte Schule diente den Frankfurtern für mehrere Monate als Unterkunft. »Die langen dumpfen Tage und die noch längeren und dumpferen Abende in den vollgepfropften Stuben herumzulungern, wirkte verheerend auf Nerven und Gemüt.« 300 Gramm trockenes Brot und eine dünne Suppe waren die zugewiesene Nahrung.[5] Als im Dezember 1941 die Postsperre aufgehoben wurde, kauften die Insassen an einem Tag 20.000 Postkarten. Hilferufe wie dieser erreichten allerdings ihre Empfänger wegen des zu kritischen Inhaltes nie: »Mein lieber Rudi! Du kannst Dich glücklich schätzen,

---

3 Gespräch der Autorin mit Friedrich (Fritz) Schafranek im Januar 1998.
4 Hilda Stern Cohen, Genagelt ist meine Zunge, hg. von Werner V. Cohen u.a., Frankfurt 2003, S. 20 ff. Hilda Stern schrieb diesen Text (S. 17-37) über ihre Zeit im Ghetto Lodz 1945/46 im DP-Camp. Ihr Name befindet sich nicht auf der in Frankfurt bekannten Deportationsliste für Oktober 1941.
5 Ebd., S. 26.

dass Du nicht bei mir bist. Habe bis zum heutigen Tage noch kein Bett gesehen. Kannst Dir gar keinen Begriff machen, in welcher Lage ich mich befinde.«[6] Eine Lehrerin schrieb an ihren Schulleiter in Frankfurt:

> Mit der Sendung vom Kollegium haben Sie uns sehr erfreut. Jede Liebesgabe, gleich welcher Art, ist stets willkommen. [...] Die Kollegen Bohrmann, Bentheim, Sonneberg, Strauß, Flörsheim spreche ich öfters. Sicherlich sind noch mehr Bekannte von Ihnen hier [...] Nun naht das Lichterfest. Ich denke noch mit Wehmut an unsere gemeinsame Feier.[7]

Doch schon am 5. Januar 1942 wurde die Postsperre wieder eingeführt, so daß die Kontakte zu den Zurückgebliebenen abrissen.[8]

Wer eine Arbeitsmöglichkeit fand, konnte auch seine Wohnbedingungen verbessern. So schreibt Hilda Stern:

> Der neue Rang meines Vaters [hatte] zur Folge, dass man uns kurz darauf einen Fensterplatz in einem Zimmer mit 22 Personen einräumte und uns erlaubte, unseren ›Lebensraum‹ so weit zu vergrößern, daß wir aus Decken, Rucksäcken und Koffern tagsüber eine Art Couch bauen konnten.[9]

Hunger und Krankheiten grassierten im Ghetto. Fritz Schafranek berichtet:

> Nachdem alle Familien aus den Sammellagern in Häuser untergebracht wurden, wohnten wir vier (Vater, Mutter, Herbert und ich) in einem Zimmer von ca. 12 qm und schliefen in zwei Betten. [...] Meinem Bruder ging es gesundheitlich nicht gut, bis man dann Unterernährung mit Folge Tuberkulose feststellte. Als er schon sehr krank war, Krankenhaus und Ärzte konnten nicht helfen (nur gute Ernährung wäre seine Rettung gewesen, aber die gab es nicht), haben es sich meine Mutter und ich so eingeteilt, daß meine Mutter am Tage und ich nachts zur Arbeit gingen, damit einer immer bei Herbert sein konnte. Als ich am 13.3.1942 morgens heimkam und mich zu ihm ins Bett legte, haben wir uns noch unterhalten. Ich wachte so gegen Mittag auf und Herbert lag tot neben mir. Er hat seinen 17. Geburtstag nicht mehr erlebt.[10]

---

6 Diese Postkarte vom 12.12.1941 stellte mir freundlicherweise Morris Rosen aus seiner Sammlung zur Verfügung.
7 Postkarte vom 10.12.1941 aus dem Bestand des Jüdischem Museums Frankfurt, abgedruckt in: »Unser einziger Weg ist die Arbeit«. Das Getto in Lodz 1940-1944, Redaktion Hanno Loewy und Gerhard Schoenberner, Wien 1990, S. 183.
8 Bekanntmachung Nr. 352, Der Älteste der Juden in Litzmannstadt vom 8.1.1942, abgedruckt in: Adolf Diamant, Getto Litzmannstadt. Bilanz eines nationalsozialistischen Verbrechens, Frankfurt am Main 1986, S. 96.
9 Stern Cohen, Genagelt (wie Anm. 4), S. 30.
10 Bericht von Fritz Schafranek, in: Benjamin Ortmeyer (Hg.), Berichte gegen das Vergessen und Verdrängen von 100 überlebenden jüdischen Schülerinnen und Schülern über die NS-Zeit in Frankfurt am Main, Witterschlick/Bonn 1994, S. 149-153, hier S. 152.

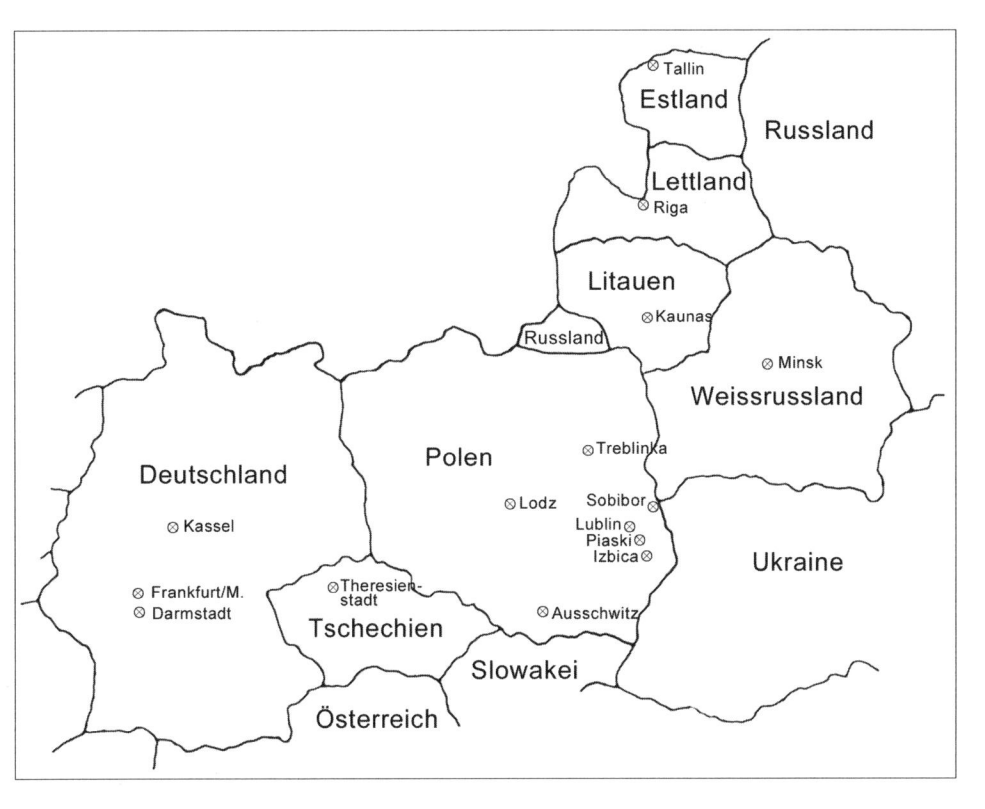

Zielorte für Deportationen aus Hessen
Karte erstellt von Wolf Pannitschka

Als das Amtsgericht Frankfurt sich an den Oberstaatsanwalt in Litzmannstadt wandte, um einen bereits Deportierten in eine deutsche Strafanstalt zurückzuverlegen, wandte dieser zynisch ein: »Nach den im hiesigen Getto herrschenden Verhältnissen, die dem Amtsgericht in Frankfurt a. M. wohl nicht bekannt sein können, würde die Überführung des Juden in den deutschen Strafvollzug – sei es Gefängnis oder Straflager – für ihn kaum eine Strafe bedeuten.«[11]

Ein Tagebucheintrag von Oskar Rosenfeld aus Prag beschreibt die psychische Situation der »Eingesiedelten« als Atomisierung in der Masse: Es

> machte sich eine fürchterliche Vereinsamung bei den Zugewanderten geltend, trotz der Zusammendrängung in den Lagern. Menschen schliefen, atmeten, vegetierten nebeneinander aus allen Kategorien, einer dem anderen fremd trotz gleichem Leid und gleichen Aussichten […] Jedes intime Leben war erstickt, das Zusammenleben ward zur Qual […] Familien zerrissen.[12]

Infolge des Hungers und der elenden Lebensbedingungen starb in den ersten sechs Monaten fast jeder fünfte des Frankfurter Transportes. »Massensterben im Krepierwinkel Europas!«[13] notierte Rosenfeld. Die Toten beerdigte man auf dem im Ghetto gelegenen großen alten jüdischen Friedhof Maraschin.[14] In der Ghetto-Chronik sind Hinweise auf die Frankfurter Wilhelm Blum und Johann Schulz zu finden, die sich mit dem Schlafmittel Veronal töteten.[15] Die 59jährige Irma Löwenthal wurde am 10. April 1942 wegen Fluchtversuchs auf der Straße erschossen.[16] Es fanden öffentliche Hinrichtungen statt, wie im Februar 1942 auf dem Ghetto-Marktplatz: »Die Leute laufen hin, ein Galgen! Beim Anblick des Galgens, Ahnung, was bevorsteht«, so Rosenfeld in seinen Tagebuchaufzeichnungen, »das Schauspiel dauert 15 Minuten. Aber die Menge muß dort bleiben von 10 bis 12 (Schabbat!) Vielen wurde übel, Knie zitterten. Die Szene wurde fotografiert und gefilmt. Das Ganze zur ›Abschreckung‹. Der Tote blieb bis 5 Uhr nachmittags hängen.«[17]

Als im Frühjahr 1942, um die Ernährungslage zu verbessern, Gartenanbau im Ghetto erlaubt wurde, nutzten dies auch die Frankfurter.[18] Doch bevor eine spürbare Veränderung eintrat, begann im Mai 1942 die sogenannte Aussiedlung von mehr als

---

11 Der Oberstaatsanwalt in Litzmannstadt vom 3.4.1942 an das Amtsgericht in Frankfurt, Abschrift in: Diamant, Litzmannstadt (wie Anm. 8), S. 100.
12 Oskar Rosenfeld, Wozu noch Welt? Aufzeichnungen aus dem Getto Lodz., hg. von Hanno Loewy, Frankfurt am Main 1994, S. 69 f.
13 Ebd., S. 79 und S. 57.
14 Ebd., S. 79 f.
15 Lucjan Dobroszycki, The Chronicle of the Lodz Ghetto 1941-1944, London 1984, S. 128 zu Wilhelm Blum und S. 134 zu Johann Schulz, dessen Name nicht auf der in Frankfurt bekannten Liste der Deportierten steht.
16 Ebd., S. 145.
17 Rosenfeld, Welt (wie Anm. 12), S. 61 f.
18 Ebd., S. 71, Eintrag vom 22.3.1942, in dem er die Frankfurter erwähnt.

10.000 deutschen Juden, die 55 Kilometer nordwestlich bei Chelmno in Gaswagen ermordet wurden.[19]

Aus Angst vor einer erneuten Verschleppung erhängte sich die 60jährige Frankfurterin Julia Baum am 3. Mai 1942.[20] Andere versuchten sich der »Aussiedlung« zu entziehen: Nicht deportiert werden sollten »Inhaber des Eisernen Kreuzes 1. und 2. Klasse und des Verwundetenabzeichens, wichtige ausgebildete Arbeiter«[21]. So schrieben die Betroffenen zahlreiche Gesuche in der Hoffnung, im Ghetto, mit dem man sich nach dem ersten Entsetzen arrangiert hatte, verbleiben zu können. »Was wird nicht alles ins Treffen geführt, um ein Schicksal abzuwenden, das in Wirklichkeit unbekannt ist«, notierte Oskar Singer, »eingesiedelt« aus Prag, in diesen Tagen in seinem Tagebuch, jeder »ist schwach, abgekämpft, hat hier doch ein Dach überm Kopf und eine Decke für den abgehärmten Leib und Menschen um sich«[22]. Hunderte von Menschen meldeten sich aber auch freiwillig. Sie meinten, an einem neuen Ort könne es nicht schlechter als im Ghetto sein, manche hofften sogar auf eine Verbesserung ihrer Lage und die Möglichkeit, bei Bauern Arbeit zu finden und so mehr Kartoffeln und Brot zu bekommen.[23] In den letzten Tagen der Aktion am 12./13. Mai trafen diese Entscheidung mehr als 500 Frankfurter.

Danach atmeten die im Ghetto Verbliebenen trotz der gedrückten Stimmung erst einmal auf: »In den Straßen begrüßen sich die Menschen wie die Überlebenden nach einem Erdbeben. Man freut sich, daß man noch lebt«, hielt Oskar Singer am 15. Mai fest und fragte sich, »warum klammern sich die Menschen so sehr an das verhaßte Getto? Kann es irgendwo in der Welt, die in Frage kommt, einen böseren Hunger geben, als man ihn im Getto gelitten hat und noch leidet?«[24]

Bezogen auf die gerade Verschleppten schrieb er:

Die Zurückgebliebenen, Geretteten […] werden sich wohl kaum von dem Schock erholen. […] Die ewige Frage, wohin diese Menschen gebracht wurden, wird nicht beantwortet werden. Niemand weiß es. Man hat auch keine Hoffnung, Verbindung mit ihnen zu bekommen. Nur Gerüchte schwirren wieder durch das Getto und in dem Gemurmel tauchen immer wieder Ortsnamen auf wie Kolo, wo sich angeblich ein Durchgangslager befinden soll. Dort sollen die Ausgesiedelten

---

19 Zum Vernichtungslager Chelmno siehe: Adalbert Rückerl (Hg.), Nationalsozialistische Vernichtungslager im Spiegel deutscher Strafprozesse, München 1977, S. 243-294; Adelheid Rüter-Ehlermann u.a., Justiz und NS-Strafverbrechen: Sammlung deutscher Strafurteile wegen nationalsozialistischer Tötungsverbrechen 1945-1966, Amsterdam 1979, Band XXI, Lfd. Nr. 594, besonders S. 229-234.
20 Dobroszycki, Chronicle (wie Anm. 15), S.161, Eintrag vom 4.5.1942.
21 Ebd., S. 162, Eintrag vom 6.5.1942.
22 Oskar Singer am 13.5.1942 in: Oskar Singer, »Im Eilschritt durch den Gettotag …« Reportagen und Essays aus dem Getto Lodz, hg. von Sascha Feuchert u.a., Berlin/Wien 2002, S. 43.
23 Vgl. Rosenfeld, Welt (wie Anm.12), S. 130-133.
24 Singer am 15. Mai 1942 zitiert nach Loewy, Weg, (wie Anm. 7) S. 204.

nach ihrer Arbeitsfähigkeit sortiert und weiter transportiert werden. Aber von keiner Seite ist eine verläßliche Nachricht darüber zu erhalten.[25]

Als später Kleidung der Ermordeten ins Ghetto zurückgebracht wurde, verbreiteten sich dort Gerüchte über ihr Schicksal.[26] Die 325 noch im Ghetto lebenden Frankfurter sorgten sich um die Zukunft:

> Wenn man ohne Geld und ohne Tauschwerte in eine neue Umgebung kommt, kann man nur dann durchkommen, wenn man absolut arbeitsfähig ist. Die alten Menschen sind daher die ängstlichsten. Ihr Zustand ist zumeist trostlos. Sie hoffen kaum noch, einen Status erreichen zu können, der für eine Arbeitsleistung erforderlich ist. Eine andere Erwägung ist die Unterkunft. Hier hatte man sich einigermaßen menschenwürdig untergebracht. Man hatte doch schon einige Gefäße zum Kochen, zum Wirtschaften. Das alles mußte doch zurückgelassen werden.[27]

Bis Ende August 1942 starben im Ghetto 92 weitere Frankfurter an Hunger und Krankheit. Im September 1942 drohte eine zweite große Deportationswelle. Ein 17jähriger polnischer Jugendlicher schrieb in sein Tagebuch:

> Am Abend verbreitet sich die besorgniserregende Nachricht, die Deutschen verlangten die Zustellung aller Kinder bis zu 10 Jahren, um sie auszusiedeln – vermutlich zu ermorden [...] Die Deutschen verlangen sämtliche Kinder bis zu 10 Jahren, die Alten über 65 sowie alle anderen Kranken, Hinfälligen, Krüppel, Arbeitsuntauglichen und Nichtarbeitenden. Die Panik in der Stadt ist ungeheuerlich [...] Nirgends wird gearbeitet [...] die Eltern versuchen, ihre unglücklichen Kinder mit allen Mitteln zu retten [...] Schon vom frühen Morgen an war es unruhig in der Stadt, weil sich wie ein Lauffeuer die Nachricht verbreitete, in der Nacht hätten sie Kinder und Alte abgeholt und in die leeren Spitäler gesperrt, von wo sie am Morgen abtransportiert werden sollen [...] Wehklagen, Wahnsinnsschreie, Heulen und Weinen sind etwas so Alltägliches, daß man es kaum beachtet [...] Die Leute, die ihre Kinder auf Dachböden, in Klosetts und anderen Löchern versteckt halten, sind außer sich vor Verzweiflung.[28]

Auch etwa 50 Frankfurter wurden in Chelmno in Gaswagen ermordet.

Das Ghetto in Lodz wurde im Sommer 1944 allmählich geräumt. Vorgeblich zu einem Arbeitseinsatz deportierte man die Bewohner nach Auschwitz, unter ihnen der 20jährige Fritz Schafranek. In Birkenau, so berichtete er,

> ging ich am nächsten Tag von meinem Block am Zaun entlang, der das Arbeitslager vom Quaranténelager abgrenzte. Ich hatte schon zwei Tage nichts mehr zu essen bekommen. Da hörte ich auf der anderen Seite, wie sich ein paar junge Bur-

---

25 Ebd.
26 Dobroszycki, Chronicle (wie Anm. 15), S.190.
27 Singer am 15. Mai 1942 zitiert nach Loewy, Weg (wie Anm. 7), S. 204 f.
28 Das Ghetto Tagebuch des David Sierakowiak. Aufzeichnungen eines Siebzehnjährigen 1941/42, Leipzig 1993, S. 169 ff.

schen in gutem Frankfurterisch unterhielten. Ich rief hinüber, ob sie von Frankfurt seien, und sie bestätigten es, und als ich sagte, wer ich bin (ich nannte meinen Spitznamen, ich war der große Scheffel, mein Bruder der kleine Scheffel), haben sie mir gleich ein Stück Brot über den Zaun geworfen.[29]

Einige Wochen später wurde Fritz Schafranek von Auschwitz nach Dachau transportiert, wo er seinen Frankfurter Freund Steffen Popper traf.[30] Hilda Stern und Fritz Schafranek gehörten zu den drei Überlebenden des Transportes von mehr als 1.100 Frankfurtern im Oktober 1941.

Die in Frankfurt zurückgebliebenen Juden erfuhren von den fast zeitgleichen Transporten aus Berlin, Köln, Hamburg und Düsseldorf. Der Frankfurter Rechtsanwalt Siegfried Popper schrieb einem Kollegen in Mannheim verklausuliert:

Ohne etwas Bestimmtes zu wissen, fürchte ich, daß die Sache, wegen der Sie mich fragen, fortgesetzt wird, und daß die Absicht besteht, allmählich alle wegzuschikken. Ich kann Ihnen natürlich nicht sagen, in welchen Zeiträumen das geschieht, rechne aber damit, daß nicht allzulange Zeit darüber hinweggehen wird … Wir haben […] wenig Hoffnung, ob wir noch die Möglichkeit haben [zur Auswanderung], dem Schicksal der anderen zu entgehen. Jedenfalls ist die Sache unsagbar traurig und kein Mensch kann helfen.[31]

Andere sorgten sich um die Deportierten und um die eigene Zukunft. So schrieb das Ehepaar Salli und Hilda Reichenberg an ihren Sohn in Amerika nach der »Abreise« von Verwandten:

Von Onkel Julius ist noch keine Nachricht eingetroffen, man hat auch sonst nicht Näheres gehört. Ob und wann wir die gleiche Reise antreten werden, ist zur Zeit noch nicht bekannt, doch rechnen wir mit dieser Möglichkeit. Es kann in jeder Woche schon so weit sein. Wo wir auch hinkommen und bleiben – wir werden überall nicht allein sein und uns einer mit dem anderen trösten. […] Jedenfalls werden wir nicht mehr lange hierbleiben. Macht Euch aber keine Sorgen um uns. Wir sind stark und werden hoffentlich darüber hinweg kommen.[32]

Tilly Cahn, mit einem jüdischen Mann in »Mischehe« verheiratet, schrieb am 4. November 1941 in ihr Tagebuch:

Außer Kartengrüßen aus Posen hat man nach 2½ Wochen nichts gehört. Man weiß, dass in Polen schon längst und ohnedies fürchterliche Zustände herrschen: Hungersnot, Seuche, Ungeziefer, Kälte – und da hinein sollen vorerst 20.000

---

29 Schafranek, in: Ortmeyer, Berichte (wie Anm. 10), S. 152.
30 Ebd.
31 Schreiben von Siegfried Popper an Joseph Gentil vom 22.10.1941, Abschrift in: Ernst Noam/ Wolf-Arno Kropat, Juden vor Gericht 1933-1945, Wiesbaden 1986, S. 248.
32 Brief von Salli und Hilda Reichenberg vom 16.11.1941, in: Monica Kingreen, Jüdisches Landleben in Windecken, Ostheim und Heldenbergen, Hanau 1994, S. 169, dort auch Auszüge aus ihren Briefen vom 19.10. und 26.10.1941.

deutsche Juden evakuiert werden, d. h. sie sind es. Doch wohl zu keinem andern Zweck als zum sicheren und entsetzlichen Untergang. Und ganz viele Volksgenossen leben stillvergnügt weiter ohne die leiseste Ahnung von dem himmelschreienden Unrecht, was da geschieht.[33]

2. Die Deportation in das Ghetto Minsk

Am 11. November 1941, also einen knappen Monat später, erhielten wiederum mehr als tausend Frankfurter Juden den Deportationsbefehl. Sie wurden in das Ghetto der weißrussischen Hauptstadt Minsk verschleppt. Zuvor waren dort schon Transporte aus Hamburg und Düsseldorf eingetroffen. Das Ghetto bestand aus kleinen Holzhäusern und zweistöckigen Steinhäusern. Dort wurde, nachdem in den Tagen nach dem 7. November 6.624 weißrussische Juden erschossen worden waren, vor der Ankunft der ersten deutschen Juden für diese ein sogenanntes Sonderghetto angelegt. In diesem Bereich, zwischen den Straßen Republikanskaja, Obuwnaja, Suchaj und Opanskaja, lebten auch die Frankfurter. Nach der Erschießung weiterer 5.000 weißrussischer Juden am 20. November richtete man für künftige Transporte aus Deutschland das Sonderghetto II ein.

Die weißrussischen Juden begegneten den deutschen wegen der Erschießungen feindselig, so ein Erinnerungsbericht, »bis es uns gelang, sie davon zu überzeugen, daß wir doch genau so von den Nationalsozialisten verfolgt würden wie sie und daß wir nicht freiwillig, sondern zwangsweise nach Minsk gekommen seien.«[34]

Die Frankfurter wurden in kleine Holzhütten eingewiesen, die sich bis zu vier Familien teilten, so daß jeweils zwölf bis 15 Personen in zwei bis drei Zimmern lebten. Bernie Lane erinnerte sich:

> Die erste Zeit verbrachten wir damit, erst die Toten wegzuschaffen, dann die Buden ›herzurichten‹, wir ›organisierten‹ uns die Sachen der Toten aus anderen Häusern. Wir hatten einen Raum, einen Ofen in der Mitte, zum Kochen, auf dem Boden schlafen, oder auf Bänken aus Holz, wo es kein Wasser gab, nur einen Brunnen.[35]

Für viele der Verschleppten begann nun die Zwangsarbeit in Arbeitskommandos außerhalb des Ghettos. »Uns wurde gesagt«, so Bernie Lane, »arbeitet, damit Euch das, was Ihr gesehen habt, nicht passiert, arbeitet! Sonst geht es zur Himmelfahrt. Die Deutschen ließen die deutschen Juden lieber für sich arbeiten, sie verstanden alle

---

33   Tagebucheintrag von Tilly Cahn (geb. Schulze 1892-1980) vom 4.11.1941, Auszüge des Tagebuchs stellte mir Prof. Peter Cahn freundlicherweise im Oktober 1998 zusammen. Sie sind inzwischen auch veröffentlicht: Tagebuchaufzeichnungen und Briefe von Max L. Cahn und Tilly Cahn aus den Jahren 1933-1943, in: Archiv für Frankfurts Geschichte und Kunst, Bd. 65, Frankfurt am Main 1999, S. 182-221.

34   Karl Löwenstein, Im Lager der deutschen Juden, in: Aus Politik und Zeitgeschichte. Beilage zur Wochenzeitung Das Parlament, B 45/1956, S. 17.

35   Interview der Autorin mit Bernie Lane (Werner Levi) im Juni 1998.

Anweisungen. Die Deutschen im Ghetto wurden besser behandelt, bekamen bessere Arbeit und das bedeutete besseres Essen.«[36]

Zwei Wochen nach der Ankunft im Ghetto wurde in einem Arbeitskommando etwas gestohlen. »Alle Männer mußten sich in [einer] Reihe aufstellen und bis drei zählen«, erinnerte sich später Ilse Stein, »jeder Dritte wurde erschossen, der Vater auch.«[37] Manche Arbeitskommandos kehrten abends nicht ins Ghetto zurück, sondern wurden getötet. So wartete der 17jährige Erich Flörsheimer vergebens auf seine Mutter.[38] Auch innerhalb des Ghettos fanden immer wieder Erschießungsaktionen statt. Als drei Berliner im Dezember 1941 flohen, drohte die SS zur Abschreckung die Erschießung von 300 Menschen an. Nachdem die Geflohenen gefaßt waren, mußten alle Insassen des Sonderghettos die Hinrichtung auf dem Platz vor dem Roten Haus ansehen. Zur Warnung blieben die Leichen dort zwei Tage liegen.[39]

Dennoch existierten im Ghetto kurzzeitig Bildungs- und Freizeiteinrichtungen, die vom Bemühen zeugen, der Verwahrlosung etwas entgegenzusetzen. So richteten die Deportierten eine Schule ein, wo Frankfurter Lehrer die mehr als siebzig sechs- bis zwölfjährigen hessischen Kinder unterrichteten. Kurzzeitig existierte auch ein Varieteprogramm.[40]

Es war verboten, Postverbindungen nach Frankfurt aufzunehmen. Die New Yorker Zeitung Aufbau informierte ihre Leser, vorwiegend deutsch-jüdische Emigranten, am 24. Juli 1942: »Weder die Jüdische Gemeinde noch irgendwelche Angehörigen erhielten Post.«[41] Doch existierten einige illegale Verbindungswege. Die nichtjüdische Frankfurterin Margarete Stock beschrieb dem ausgewanderten Sohn ihrer jüdischen Nachbarin Emma Hess, wie es ihr gelungen war, die Deportierte zu unterstützen:

> Am 11. November 1941 nahmen wir Abschied [...] Es war bisher das Schwerste, was mich treffen konnte, als deine lieben Eltern und viele liebe Bekannten von uns gingen. Das ganze Haus war leer, diese unheimliche Stille: alle Räume versiegelt [...] Wir hatten großes Glück. Ich war stets sehr leichtsinnig, es war mir auch gleich. Immer mit einem Fuß im Kazet. Mein Mann hatte mir späterhin verboten, laufend die schweren Pakete an die uns vollständig fremden Wachposten zu schik-

36 Ebd.
37 Johannes Winter, Das Überleben der Ilse Stein. Geiß-Nidda, Ghetto Minsk, Birobidschan, Rostow am Don, in: Johannes Winter, Herzanschläge. Ermittlungen über das Verschwinden von Juden, Zwangsarbeitern und Kriegsgefangenen aus dem Dorf, Frankfurt 1993, S. 93-108, hier S. 98. In einem Brief vom 19.5.1982 gibt Ilse Stein an, daß ihr Vater »nach zwei Wochen erschossen« wurde, Abdruck des Briefes in: Wolfgang Gilbert Stingel, Fragmente jüdischen Lebens in Nidda, Nidda 1995, S. 174-175, hier S. 175.
38 Aussage von Eric Flörsheimer (später Eric Floss) vom 22.4.1947, Generallandesarchiv Karlsruhe 465A/51/5/460 Akte Haft I Bl. 81 f.
39 Vgl. Heinz Rosenberg, Jahre des Schreckens, ... und ich blieb übrig, daß ich Dir's ansage, Göttingen 1992, S. 34.
40 Löwenstein, Lager (wie Anm. 34), S. 39.
41 Augenzeugenbericht aus Frankfurt a.M. Was Edwin Van D'Elden im ›New World Club‹ erzählte, in: Aufbau, 24.7.1942.

ken. Da tat ich es hinter seinem Rücken und hatte immer Glück. [...] Alles bekam die liebe Mutti, was ich hinschickte. Allerdings schickte ich auch jedesmal etwas für die Angehörigen [der Wachsoldaten] mit.[42]

In dem besonders harten Winter 1941/42 mit zeitweise minus 40 Grad Celsius verhungerten und erfroren etwa hundert Frankfurter. Ab 1942 wurden immer wieder Gaswagen eingesetzt. Dazu Bernie Lane:

> Eines Tages wollte ich meine Mutter, die im ›Krankenhaus‹ im Weißen Haus arbeitete, besuchen. Ich ging aber nicht hinein, da ich Angst hatte, mich mit Typhus anzustecken. Da kamen plötzlich Ukrainer oder Weißrussen in ihren schwarzen Uniformen, umzingelten das Krankenhaus, graue große Wagen fuhren vor, es waren Gaswagen, die wie Möbelwagen aussahen. Wir wußten alle, was das für Autos waren und was sie bedeuteten. Die Menschen wurden herausgeführt. Ich stand in einiger Entfernung und sah, wie meine Mutter herauskam. Meine Mutter sah mich und winkte mir zu. Das war das letzte Mal, daß ich sie sah. Mein Vater und mein Bruder und ich waren nun allein. Wir wußten nie, was der nächste Tag bringt. Viele meiner Freunde, mit denen ich zusammen das Philantropin [Jüdisches Gymnasium in Frankfurt] besucht hatte und Fußball gespielt hatte, sah ich, wie sie in den Gaswagen verladen wurden.[43]

Als im Sommer 1942 weitere 9.000 Ghettobewohner ermordet wurden, blieb das Sonderghetto I der Frankfurter verschont.

Im März 1943 organisierte Willi Schulz, ein Hauptmann der Wehrmacht, die Flucht aus dem Ghetto mit seiner jüdischen Freundin Ilse Stein aus Frankfurt, deren beiden Schwestern und weiteren 22 jungen Leuten zu den Partisanen in den Wäldern nahe Minsk.[44] Zur Vergeltung wurden im Ghetto mehrere Frauen erschossen. Ein Düsseldorfer, der bei dieser Aktion seine Frau verloren hatte, lernte nun eine 16jährige Frankfurterin kennen: Amanda Lamm, die mit ihren Eltern und dem jüngeren Bruder Werner deportiert worden war:[45]

> Manda – so nannten wir sie – war sehr einsam, ein schüchternes Mädchen. Wir haben Manda mit in unsere Gruppe Jugendlicher aufgenommen, wir trafen uns oft, ich mochte sie sehr gerne. Einmal habe ich sie besucht, sie lebte mit den Eltern

---

42 Dieser Brief wurde mir freundlicherweise von Menachem Hess zur Verfügung gestellt. Siehe allgemein dazu auch Monica Kingreen: Verfolgung und Rettung in Frankfurt und im Rhein-Main Gebiet, in: »Retten und Überleben in Deutschland 1933-1945«, in: Beate Kosmala/ Claudia Schoppmann (Hg.): Überleben im Untergrund. Hilfe für Juden in Deutschland 1941-1945. Reihe Solidarität und Hilfe für Juden während der NS-Zeit des Zentrums für Antisemitismusforschung, Berlin 2002, S. 167-191.
43 Interview der Autorin mit Bernie Lane (Werner Levi) im Juni 1998.
44 Vgl. Winter, Überleben (wie Anm. 37). Der Film »Die Jüdin und der Hauptmann« basiert auf den Recherchen von Johannes Winter.
45 Die Liste mit den Namen der Deportierten wie auch das Gedenkbuch des Bundesarchivs geben das Geburtsjahr von Amanda Lamm mit 1886 statt – richtig – mit 1926 an.

und dem Bruder in einer kleinen Baracke. [...] Manda hatte gerade ihre Haare gewaschen und kam raus, ich sagte ›geh doch rein, es ist zu kalt‹ – Minsk hatte ja ein rauhes Klima – sie wollte mir unbedingt ein kleines Stückchen Erde zeigen, wo sie Kartoffeln im Sommer anbauen konnten. Nicht lange danach wurde sie krank, hatte eine schwere Influenza. [...] Sie kam dann ins Krankenhaus, ich besuchte sie öfter dort. Einmal wurde das Krankenhaus umzingelt und begonnen, die Patienten zu erschießen, ich konnte mich verstecken, aber Manda wurde vor meinen Augen erschossen.[46]

Es ist anzunehmen, daß etwa 400 Frankfurter bei »Aktionen« innerhalb und außerhalb des Ghettos ermordet oder in Gaswagen umgebracht wurden, 200 Personen verhungerten oder erfroren. Etwa 270 Personen wurden bei der Auflösung des Ghettos getötet, weitere kamen bei der Verschleppung in andere Lager ums Leben. Lediglich neun Männer des Transportes aus Frankfurt erlebten die Befreiung.

3. Die Deportation nach Kaunas

Bereits am 21. November 1941 ging ein dritter Transport aus Frankfurt ab. Der Abschiedsbrief der 68jährigen Bertha Oppenheimer an ihre emigrierten Kinder ist überliefert:

Ich bin in größter Aufregung, da ich schon die Mitteilung bekam, daß ich übermorgen, Donnerstag, Frankfurt verlassen muß. [...] Wenn es erlaubt ist, werde ich meine Adresse mitteilen. Vielleicht könnt Ihr mir etwas dorthin senden. Leider ging mein Wunsch, Euch wiederzusehen, nicht mehr in Erfüllung. Auf jeden Fall will ich von Euch Abschied nehmen und wünsche Euch alles Gute, was eine Mutter ihren Kindern wünschen kann. [...] Ich bin so nervös, daß ich auch nicht mehr weiterschreiben kann. Haltet in Leid und Freud immer zusammen und betet für Eure Mutter.[47]

Der Transport ging nach Kaunas in Litauen,[48] wo bereits wenige Tage zuvor Transporte aus Berlin und München angekommen waren. Die Menschen verbrachten die Nacht in den Zellen des außerhalb der Stadt liegenden Fort IX. Eine litauische Ärztin hielt wenige Tage später in ihrem Tagebuch fest: »Man hatte ihnen gesagt, daß man sie zur Arbeit transportieren würde [...] Man erzählt sich, daß die jungen Leute, die nichts Schlimmes ahnten, am Abend sogar noch getanzt hätten.«[49] Am nächsten Morgen trieb man sie in die Richtung bereits ausgehobener großer Gruben. Litauer

---

46 Gespräch der Autorin mit Günther Katzenstein im Juni 1998.
47 Gerhard Schoenberner (Hg.), Zeugen sagen aus, Gütersloh o.J., S. 296.
48 Siehe dazu Wolfgang Scheffler, Massenmord in Kowno, in: Buch der Erinnerung. Die ins Baltikum deportierten deutschen, österreichischen und tschechoslowakischen Juden, bearbeitet von Wolfgang Scheffler und Diana Schulle, Band I, München 2003, S. 83–87.
49 Tagebucheintrag von Elena Kutorgiene-Buivydaite vom 4.12.1941, in: Wassilij Grossmann/Ilja Ehrenburg (Hg.) und Arno Lustiger (Hg. deutsche Ausgabe), Das Schwarzbuch. Der Genozid an den sowjetischen Juden, Reinbek 1994, S. 668.

und Deutsche erschossen sie mit versteckt aufgestellten Maschinengewehren. Die Deportierten waren bis zum letzten Moment getäuscht worden. Ihre Leichen wurden in den Gruben verscharrt, ein Jahr später grub man sie wieder aus und verbrannte sie. Einige Dokumente aus dem Besitz dieser Frankfurter wurden in Kleidungsstücken gefunden. Dies waren die letzten Hinweise auf ihre Ermordung in Kaunas, wenige Tage nach ihrer Verschleppung aus Frankfurt.[50]

In Frankfurt kursierten, nachdem es keine Lebenszeichen der November-Deportierten gegeben hatte, ahnungsvolle, wenngleich nicht ganz exakte Gerüchte über ihr Schicksal. So notierte Lili Hahn: »Langsam sickerte ein Gerücht durch, das unsere Herzen erstarren läßt. Die beiden letzten Transporte sollen angeblich in einem Tunnel bei Minsk vergast worden sein.«[51] Auch ein überlebender Deportierter ging von der Ermordung aller Abtransportierten aus:

> Hieß es nicht [...] Richtung Litzmannstadt. Aber kurz davor hielt der Zug, die bislang verschlossenen Türen wurden geöffnet, ein fürchterlicher Leichengeruch wehte entgegen – alle Insassen tot – erstickt. Der Rampe entlang standen Häftlinge mit dem Davidstern, die bereits einen Graben ausgehoben hatten und in diesen wurden die Teilnehmer des zweiten [richtig: des dritten] Frankfurter Transportes 1941, ihr[e] Kleider entfernt, von jüdischen Gefangenen hineingeworfen.[52]

Im New Yorker Aufbau konnten Emigranten im Sommer 1942 lesen: »In Frankfurt war das Gerücht der Erschießung eines ganzen Transportes bekannt geworden.«[53]

4. Die Kasseler Deportation nach Riga

Im Dezember 1941 wurden aus dem Regierungsbezirk Kassel mehr als tausend Menschen deportiert. Im Sammellager, einer Schule, erfuhren die dort über Tage zusammengetriebenen Menschen, daß die Stadt Riga in Lettland das Ziel ihrer Verschleppung sein sollte.[54] Zuvor hatten die Kasseler auf Geheiß der Gestapo Werkzeuge und handwerkliche Maschinen, aber auch Bettwäsche und Wäsche zur Mitnahme an den

---

50 Vgl. Dieter Pohl, Die Deportation von Juden aus dem Deutschen Reich 1941-1943, in: Wege in die Vernichtung. Die Deportation der Juden aus Mainfranken 1941-1943, hg. Staatliche Archive Bayerns, München 2003, S. 57-71, hier S. 62.
51 Lili Hahn, »... bis alles in Scherben fällt«. Tagebuchblätter 1933-1945, Köln 1979, S. 426.
52 Ferdinand Levi, Erinnerungen an eine nicht vergessene Zeit meines Lebens, 1955, A 246, Jüdisches Museum Frankfurt; der sprachlich überarbeitete Bericht ist veröffentlicht unter dem Titel Überleben in Theresienstadt, in: Kommission zur Erforschung der Geschichte der Frankfurter Juden, Frankfurter jüdische Erinnerungen, Sigmaringen 1997, S. 275-287.
53 Edwin Van D'Elden, Aufbau (wie Anm. 41). Edwin Van D'Elden lebte bis Ende Mai 1942 in Frankfurt.
54 Siehe allgemein zum Ghetto Riga: Scheffler, Das Schicksal der in die baltischen Staaten deportierten deutschen, österreichischen und tschechoslowakischen Juden 1941-1945. Ein historischer Überblick, in: ders., Buch der Erinnerung, S.1-37 (wie Anm. 48); Gertrude Schneider, Journey into Terror. Story of the Riga Ghetto. New and expanded edition Westport, Conneticut/London 2001.

Bahnhof gebracht. Es war ihnen gesagt worden, daß sie an dem neuen Ort ihre Handwerke ausüben könnten.[55] »Wir vermuteten, dass wir unter schlechten Bedingungen schwere Arbeit leisten sollten«, und hatten keinerlei »Anhaltspunkte, dass das Ziel unserer Reise die physische Vernichtung sein würde«[56], berichtete später ein Überlebender.

Das Ghetto Riga war für 30.000 lettische Juden wenige Monate zuvor in einem Teil des ärmlichen Arbeiterviertels »Moskauer Vorstadt« abgetrennt worden. Viele Gebäude waren verfallen und die sanitären Einrichtungen völlig unzureichend. Die Kasseler lebten in einstöckigen Holzhäusern zwischen der Straße Liksnas iela und der Moskauer Straße bis zum Blechplatz, dem Appellplatz des Ghettos.[57] Um Raum für die Juden aus dem Deutschen Reich zu schaffen, waren Ende November/Anfang Dezember 1941 mehr als 25.000 lettische Juden im Rumbula-Wald erschossen worden. Der Kasseler Transport war der zweite von insgesamt 16, mit denen 16.000 Menschen hier eintrafen.

Lilli Strauß berichtete kurz nach ihrer Befreiung:

> Als wir nun im Ghetto eintrafen, boten sich uns grauenhafte Bilder. In diesem Ghetto wohnten, bevor wir kamen, lettische jüdische Familien. Von den etwa 30.000[58] hat man vor unserer Ankunft bis auf ca. 4.000 alle umgebracht. Wir sahen noch die Blutlachen. Die Tische waren zum Teil noch gedeckt. [...] Ihr könnt Euch denken, mit welchem Entsetzen und Angstgefühlen wir dies alles in uns aufnahmen. – Täglich rechneten wir auch mit einer solchen Aktion [der Massentötung], denn jetzt erkannten wir, dass wir zu diesem Zwecke nach dem Osten geschafft wurden. Nur der damaligen Kriegslage können wir es verdanken, dass wir noch am Leben sind. Riga wurde die Zentrale der Frontlieferungen für den Osten, und so fanden viele von uns dort Beschäftigung. Allerdings, die nicht Arbeitsfähigen brachte man ums Leben.[59]

Die Schreiberin klammerte sich angesichts der Ermordung der angeblich Arbeitsunfähigen offensichtlich an die Hoffnung, selbst durch Arbeit ihre Existenzberechtigung

---

55 Diverse Aussagen von Überlebenden des Kasseler Rigatransportes aus den Jahren 1966/67 beim Landeskriminalamt Wiesbaden (LKA). Hessisches Hauptstaatsarchiv Wiesbaden (HHSTA), Zwischenarchiv des LKA 1191 unfol.
56 Aussage von Alfred Kaufmann 1966 beim LKA, HHSTA, LKA 1191 unfol.
57 Im Dezember 2001 zeigte Horst Golnik, Überlebender des Kasseler Transportes, der Autorin in Riga das Gebiet des ehemaligen Ghettos, insbesondere den Wohnbereich des Kasseler Transportes.
58 Im Original steht 40.000, diese Zahl wurde korrigiert.
59 Elisabeth Sternberg-Siebert ist die Kenntnis dieses wichtigen Dokumentes zu danken. Albert Strauß stellte ihr den Brief seiner Mutter zur Verfügung. Er ist auszugsweise abgedruckt in: Elisabeth Sternberg-Siebert, Jüdisches Leben im Hünfelder Land, Petersberg 2001, S. 253-255. Vollständig abgedruckt ist der Brief: Von Hünfeld über Kassel in das Ghetto Riga. Bericht von Lilli Strauß über ihre Verschleppung im Dezember 1941, kommentiert von Monica Kingreen, in: Kreisausschuss des Landkreises Kassel (Hg.), Landkreis Kassel, Jahrbuch 2004, Kassel 2003, S. 135-140.

nachzuweisen, während unter dem Codenamen »Aktionen Dünamünde« Anfang Februar und Mitte März 1942 jeweils zweitausend Menschen im »Hochwald«, dem Bikernieki Wald, erschossen wurden. Die Kasseler Gruppe hatte für die »Märzaktion« zwischen 60 und 120 Personen zu stellen.[60]

»Sehr viele Transporte gingen nach Riga«, berichtet Lilli Strauß weiter,

> kamen aber nie im Ghetto an. Man sprach im Geheimen davon, denn das Weitergeben solcher Gerüchte, selbst wenn sie wahr waren, unterlag auch der Todesstrafe. Die Beweise dafür hatten wir immer, wenn die Kleider dieser Menschen dann in die Kleiderkammer kamen, wo die Sachen sortiert wurden und von wo die guten Kleider usw. wieder nach Deutschland zurückgingen. [...] Die Zuteilungen waren so gering, dass viele Hungers starben. [...] Bedroht war man im Ghetto ja ständig, sogar des Nachts brachen die lettischen SS-Leute, die uns größtenteils bewachten, in die Häuser ein, vergewaltigten Mädels und Frauen, auch Jungens, und beraubten sie dann noch der Kleider u.s.w. Unser Kommandant war ein deutscher Obersturmführer, auch sein Adjutant war aus Deutschland. Diese konnten Menschen auch ohne Grund rücksichtslos erschießen, denn es waren richtige Bluthunde. Als wir so einige Wochen im Ghetto verbracht hatten, teilte man die Leute in Arbeitskommandos ein. Und nun gingen viele Gruppen zur Wehrmacht und teils zur SS arbeiten. Dort gab es oft Gelegenheit, etwas zu klauen, welches wir ›Organisieren‹ nannten. Auch konnte man Wäsche und Kleider, die man in den lettischen Häusern ›requiriert‹ hatte, gegen Lebensmittel bei den dort beschäftigten lettischen arischen Arbeitern tauschen und mitbringen. Beides war natürlich verboten.[61]

Dennoch organisierten die Deportierten im Gebäude am Blechplatz, wo die Kleidung sortiert wurde, sonntags auch Musik- und Theateraufführungen.[62] Dort unterrichteten die Lehrer Baruch Kleeblatt und Walter Bacher die Kasseler und Kölner Kinder,[63] letzterer hielt auch Gottesdienste ab.[64] Auf dem Platz davor spielte zuweilen die deutsche gegen die lettische jüdische Ghettopolizei Fußball.[65] Im Kasseler Viertel nahmen Ärzte auch Schwangerschaftsabbrüche in einem geheimen Operationsraum vor.[66]

In Riga begegneten sich mitunter Deportierte und nichtjüdische Hessen, die als Soldaten dort stationiert waren: So traf beispielsweise Ruth Lion einen Soldaten, der Briefe an ihre Eltern weiterleitete,[67] und der Kasseler Heinz Lorge entdeckte einen früheren Klassenkameraden, der ihm einen Laib Brot zusteckte.[68]

60 Schneider, Journey (wie Anm. 54), S. 34.
61 Strauß, Hünfeld (wie Anm. 59), S. 136.
62 Ebd., S. 57 ff.
63 Gespräch der Autorin mit Horst Golnik im Dezember 2001 in Riga. Vgl. auch Schneider, Journey (wie Anm. 54), S. 48.
64 Scheffler, Schicksal (wie Anm. 54), S. 35.
65 Schneider, Journey (wie Anm. 54), S. 68.
66 Ebd., S. 31 und 65.
67 Gespräch der Autorin mit Ruth Lion im Juli 1997.
68 Freundliche Mitteilung von Rolf Hocke an die Autorin.

Lilli Strauß beschreibt auch die Auflösung des Ghettos:

> So lief das Leben zwei Jahre lang [...] Dann kam von Berlin der Befehl, das Ghetto Riga zu liquidieren [...] Am 2. November 1943 [...] kam eine Menge lettische SS und trieb die Menschen aus den Häusern heraus auf einen großen Appellplatz. Dort standen viele Lastwagen und mit Maschinengewehren und Pistolen bewaffnete SS. [...] Jetzt wurden die Menschen wahllos genommen. [...] Kleine Kinder kamen restlos weg, nur einigen Eltern gelang es, sie gut zu verstecken. Es war grauenhaft, abends zurück in die Wohnungen zu gehen. Die SS hatte auch da wieder alles durchstöbert und geklaut, was nur möglich war. An Schlafen in den darauffolgenden Nächten war gar nicht zu denken.[69]

Insgesamt überlebten nur einhundert Personen des Kasseler Transportes, von denen viele familiär miteinander verbunden waren.

5. Endstationen: Majdanek, Sobibor, Treblinka und Estland

Im Frühjahr 1942 wurden mehr als 4.500 Menschen aus den Ortschaften der Provinzen Starkenburg und Rheinhessen und aus Darmstadt in die Ghettos und Vernichtungslager im Distrikt Lublin verschleppt. Im März 1942 gelangte ein Transport über die Bahnstation Trawniki in das Ghetto Piaski zwanzig Kilometer südöstlich von Lublin. Wenige Tage vor deren Ankunft waren etwa 3.600 Juden aus dem Ghetto Piaski getrieben und in dem nahegelegenen Vernichtungslager Belzec mit Gas ermordet worden. Kurz nach der Ankunft der Hessen folgten weitere Transporte aus Berlin, München und Theresienstadt.[70] Nach tagelanger Fahrt marschierten die Deportierten 15 km von der Bahnstation Trawniki ins Ghetto Piaski, dessen Straßen im knöcheltiefen Morast versanken. Sie nutzten die Wohnungen der ausgetriebenen polnischen Bewohner in den kleinen ein- oder zweistöckigen, ineinander geschachtelten Holzhäusern. Auf beiden Seiten der Straße Lublin-Cholm (= Chelm) befanden sich die mit hohen Bretterzäunen und Stacheldraht abgetrennten Teile des Ghettos der Kleinstadt Piaski. Bewachte Tore, die am Vormittag eine Stunde geöffnet waren, ermöglichten die Verbindung der Ghettoteile. Wasserleitungen und Kanalisation gab es in Piaski nicht.[71]

Postkarten an Mainzer Empfänger geben einen Eindruck von den schwierigen Lebensverhältnissen:

> Jetzt sind wir schon in der 4.Woche hier (haben) uns schon einigermaßen an die Verhältnisse gewöhnt, es war in den ersten Tagen furchtbar, aber mit der Zeit gewöhnt man sich an alles. Ein Glück für mich, dass ich Bercheshose [sic!] und Stiefel bei mir hatte, denn sonst wäre ich im Morast steckengeblieben. Auch hier

---

69 Strauß, Hünfeld (wie Anm. 59), S. 137 f.
70 Ich danke Peter Witte für diese Informationen. Vgl. auch den Beitrag von Robert Kuwalek in diesem Band.
71 Vgl. den Bericht eines der wenigen Überlebenden der nach Piaski Verschleppten: Arnold Hindels, Einer kehrte zurück, Stuttgart 1965, S. 12-29, hier S. 16 f.

hat die Wohnungskommission sehr viel Arbeit, denn man will doch die über 4.000 Menschen einigermaßen menschlich unterbringen. Mit Schloesser und Kugelmann bin ich im Judenrat und habe für die Verpflegung der 4.500 durch die Volksküche zu sorgen und zu organisieren. Nicht immer gerade leicht bei 50 Gramm Brot pro Tag, außer Kaffee und Suppe. Unsere Gruppe ist am beliebtesten, weil unsere Leute überall helfen und zupacken. 6 mal 150 Männer habe ich bis heute in Arbeit gebracht […] Hunger hat man den ganzen Tag und dabei kein Geld. […] Gesundheit ist hier alles, bis heute haben wir 1 Sterbefall von 67, seit wir hier sind.[72]

Der Nachkriegsbericht eines Überlebenden ergänzt, Unterbringung, Verpflegung und Hygiene im Ghetto seien katastrophal gewesen, das Wohngebiet von der Außenwelt so gut wie abgeschnitten und die Quartiere überbelegt. Nur wer Geld, das mitzunehmen den Juden bei Todesstrafe verboten war, Textilien oder Schuhwerk besaß, habe sich über Wasser halten können.[73] Da die Hessen bei der Ankunft ihr vollständiges Gepäck erhielten, dürfte es ihnen möglich gewesen sein, ihre Lebenssituation durch illegalen Tauschhandel am Ghettozaun mit polnischen Bauern etwas zu verbessern. Im südlichen Ghetto logierte der Judenrat, der unter der Kontrolle der SS das Ghetto zu verwalten hatte. Ihm gehörten auch Vertreter des hessischen Transportes an. In einer kleinen improvisierten Krankenstation praktizierten neben anderen Medizinern zwei Hessen unter primitivsten Bedingungen. Am Rande des südlichen Ghettos, wo die Synagoge von Piaski stand, lag in einem geräumigen Haus die SS-Kommandantur.

Von dem Balkon des Gebäudes konnte die SS beide Gettoteile sehr gut beobachten. Bei jedem Besuch dieser ›Herrenmenschen‹ gab es reichlich Ohrfeigen, Fußtritte und Peitschenhiebe, und ›nicht erlaubte‹ Lebensmittel, die ins Getto geschmuggelt worden waren, wurden beschlagnahmt.[74]

Zwangsarbeit war die Regel. »Trotz dieser katastrophalen Verpflegungsverhältnisse«, so der Bericht des slowakischen Überlebenden Hindels,

wurden alle arbeitsfähigen Männer und Frauen täglich gruppenweise zu Erd-, Garten-, und Straßenunterhaltungsarbeiten herangezogen ohne Entlohnung oder irgendeine Verpflegungsaufbesserung. Auch im Getto selbst gab es genug Arbeit, wie die Reinigung und Vertiefung der Abflußgräben und Rigolen [kleine Entwässerungsgräben], die Errichtung von Latrinen und immer wieder Latrinen, die nie ausreichen. Mit Gemüsesamen und jungen Anbaupflänzchen, die die draußen arbeitenden jungen Männer ins Getto schmuggelten, legten wir Gärten an in der Hoffnung, mit dem sorgsam gezüchteten Gemüse unsere Verpflegung wesentlich zu verbessern.[75]

---

72 Drei Postkarten vom 12., 16. und 20.4.1942, Stadtarchiv Mainz, Nachlass Oppenheim.
73 Vgl. Hindels, Einer kehrte zurück (wie Anm. 71), S. 14-23.
74 Ebd., S. 18.
75 Ebd., S. 21 f.

Doch mit der Überfüllung des Ghettos wuchsen Not, Elend und Hunger weiter, und, so berichtet der slowakische Überlebende, »immer mehr Menschen starben täglich an vollkommener Erschöpfung.«[76] Anfang Mai 1942 wurden zahlreiche Männer aus Piaski in das KZ Majdanek verschleppt, das seit November 1941 ausgebaut worden war. Todesmeldungen aus Majdanek liegen bisher für 16 Männer vor, darunter für die beiden 15jährigen Ernst Hirsch und Hans Steinberg aus Darmstadt.[77]

Soweit die aus Hessen Deportierten nach fast drei Monaten in Piaski nicht an Hunger gestorben waren, dürfte der größte Teil von ihnen bei der Räumung des Ghettos am 22. Juni 1942 ins Vernichtungslager Sobibor verschleppt worden sein.[78] Ca. 200 Deportierte, darunter einige Hessen, wurden hier für Zwangsarbeiten im Distrikt Lublin selektiert, die anderen in den Gaskammern ermordet. Von den tausend Hessen des Transportes im März 1942 überlebte keiner.

Im Mai/Juni 1942 wurden weitere 3.650 Juden aus den zentralen Sammellagern in Frankfurt und Kassel in den Distrikt Lublin deportiert. Lili Hahn, die in der Arztpraxis ihres Vaters arbeitete, beschrieb in ihrem Tagebuch die praktizierte Hilfe, um dieser Deportation zu entgehen:

> [So] erhielten wir die ersten Anrufe von angeblich Kranken, die um Hausbesuche baten. In Wirklichkeit handelte es sich um völlig gesunde Leute, die aber aufgrund irgendwelcher Beziehungen vor der offiziellen Mitteilung davon Kenntnis erhalten hatten, daß ihr Name auf der Transportliste stand. Wer jedoch, bevor die Post zugestellt wurde, im Krankenhaus lag, konnte einen Aufschub gewinnen.

Sie sprach mit einem Arzt des jüdischen Krankenhauses codierte Telefonate zur Aufnahme im Krankenhaus ab, wo er mit Fieberspritzen Krankheit simulierte.[79] Doch nur wenige »Patienten« wurden zurückgestellt. Tilly Cahn notierte am 2. Mai 1942:

> Desaster: 1.100 Juden bekommen die Nachricht, daß sie sich zum Abtransport am 7. Mai bereithalten sollen; bis 65 Jahre. Leid und Jammer lassen sich nicht schildern. Reiseziel unbekannt, nur wenig Gepäck gestattet, genaue Liste über alles, was sie zurücklassen; organisierter Raubmord.[80]

Ein Junge im Kinderheim des Jüdischen Waisenhauses verabschiedete sich brieflich:

> Nun hat endlich auch uns das Schicksal erreicht. Am Donnerstag geht es ab. Wir bekamen gestern [Schabbat] die Nachricht. Es ist ein Transport von fast nur jungen Leuten. Aus dem Jüdischen Waisenhaus sind 12 Angestellte dabei. [...] Es kommen auch sehr viele Kinder allein weg, die über 14 Jahre alt sind, wo ein El-

---

76 Ebd., S. 28.
77 Diese Informationen verdanke ich Peter Witte.
78 Vgl. Hindels, Einer kehrte zurück (wie Anm. 71), S. 29-33.
79 Tagebucheintrag vom 10.5.1942, in: Hahn, Scherben (wie Anm. 51), S. 441 f.
80 Cahn, Tagebucheintrag vom 2.5.1942 (wie Anm. 33).

ternteil krank ist [...]. Es kommen sehr viele Lehrer weg. Na, hoffentlich geht alles zum Guten aus. Viele Grüße und ein Lebewohl von Eurem Helmut.[81]

Für Personen, die Selbstmord verübten,[82] mußte völlig unvorbereitet und kurzfristig Ersatz gefunden werden.[83]

Beide Transporte aus Frankfurt gingen nach Lublin, wo auf dem Bahnhof arbeitsfähige männliche Jugendliche und Männer im Alter von 15 bis 55 Jahren für das KZ Majdanek herausgesucht wurden, wo die meisten nach wenigen Wochen infolge schwerster Arbeits- und Lebensbedingungen starben. Die anderen gelangten mit den Zügen nach Izbica, 80 Kilometer südöstlich von Lublin. Mehrere Transporte aus Deutschland befanden sich bereits in dem völlig überfüllten Städtchen, dessen jüdische Bevölkerung zuvor im Vernichtungslager Belzec ermordet worden waren. Izbica war ein sogenanntes offenes Ghetto, auf Flucht stand die Todesstrafe.

Dem 20jährige Ernst Krombach, der mehrere Wochen zuvor aus Essen nach dorthin verschleppt worden war, gelang es, im August 1942 einen Brief aus der Stadt zu schmuggeln – ein einzigartiges Dokument, dessen Veröffentlichung Mark Roseman zu verdanken ist:

> Izbica ist ein Dorf, das in einer Talmulde versteckt liegt [...] landschaftlich ist es herrlich gelegen [...] Die ›Häuser‹ sind größtenteils aus Holz oder Lehm und bestehen aus 1 oder 2 ›Zimmern‹. Alles verdreckt und verlaust. [...] Die Hausgemeinschaft [mit 12 Personen] ist leider [...] nicht rosig. Bedingt durch die Enge und das Kochen zu 3 Parteien an 1 kleinem Herd (mit Holzfeuerung). [...] Verboten ist hier alles [...] Verlassen des vorgeschriebenen Quartiers vor 7 oder nach 19 Uhr. Handeln und Einkauf oder Verkauf oder Sprechen mit polnischen Ariern. Backen von Brot [...] Absenden von Briefen oder sonstigen Nachrichten [...] Leider sind dieser Vergehen (oder auch nicht) wegen schon viele zum Opfer geworden. Bei der Ankunft werden zunächst einmal die letzten Habseligkeiten [...] einkassiert. Zum Exempel werden dann vorher welche erschossen. [...] In der Zwischenzeit sind nun schon viele Transporte hier abgegangen. Von ca. 14.000 hier angekommenen Juden sind heute nur noch ca. 2-3.000 da.[84]

Brief- und Paketverkehr mit der Heimat waren möglich. So schickte Charlotte Guthmann ihren deportierten Wiesbadener Freundinnen zahlreiche Päckchen, bis sie keine Bestätigungen mehr erhielt.[85] Da viele Unterstützer später selbst verschleppt wurden, sind nur wenige dieser Dokumente erhalten, wie etwa eine Postkarte, datiert vom 31. Juli 1942, die den vorgegebenen Text enthielt: »Wir sind gesund, uns geht es

---

81 Brief eines Jungen namens Helmut, möglicherweise Stern, vom 3.5.1942, Yad Vashem Archives 08/30, eine Kopie stellte mir Moshe Ayalon freundlicherweise zur Verfügung.
82 Van D'Elden, Aufbau (wie Anm. 41).
83 Cahn, Tagebucheintrag vom 8.5.1942 (wie Anm. 33).
84 Vgl. Mark Roseman, In einem unbewachten Augenblick. Eine Frau überlebt im Untergrund, Berlin 2002, hier insbesondere das 7. Kapitel »Bericht aus Izbica«, S. 223-268. Die Zitate aus dem Brief von Ernst Krombach finden sich ebd., S. 230-239.
85 Gespräch der Autorin mit Charlotte Opfermann im Januar 2003.

gut. Innigsten Dank für Eure Postsendungen.«[86] Nach der Räumung des Ghettos zwischen Oktober 1942 und April 1943 wurden die Bewohner in das Vernichtungslager Sobibor gebracht.

Aus Kassel startete ein Transport am 1. Juni 1942 mit 509 Personen. Diese hatten im Sammellager erfahren, »Riga« sei Ziel ihrer Verschleppung.[87] Zunächst stoppte der Zug in Lublin, wo die Männer zur Zwangsarbeit im KZ Majdanek bestimmt wurden. Wenige Wochen später konnte einer von ihnen, Robert Eisenstädt, nach schweren Mißhandlungen fliehen und nach Frankfurt entkommen. Er versteckte sich mehrere Monate auf dem Dachboden einer Familie und flüchtete danach in die Schweiz. Die anderen Deportierten wurden im Vernichtungslager Sobibor mit Gas ermordet. Nur wenige Tage zuvor hatte Heinrich Stern aus Hanau seinem in die Schweiz emigrierten 16jährigen Sohn diesen Abschiedsbrief geschrieben:

> Sei stark und behalte Dein G-ttvertrauen, wie auch wir es sein wollen. Am Samstag verreisen wir und werden Dir, sobald es uns möglich ist, schreiben. Bis dahin bete für uns und habe Geduld. Lerne fleißig weiter, daß wir später eine Stütze und einen Trost an Dir haben [...] Vergiß uns nicht, bete für uns und trachte ein brauchbarer, tüchtiger Mensch zu werden. Heute nur noch meinen Segen, mein lieber Bub: ›ER segne Dich, der Ewige, und behüte Dich! ER lasse leuchten, Der Ewige, Sein Antlitz Dir und sei Dir gnädig! ER erhebe, der Ewige, sein Antlitz Dir und gebe Dir Frieden, Amen.‹ Sei innig und tausendmal herzlich geküßt, bis zum letzten Atemzuge bin ich Dein Dich innigliebender Papa.[88]

Auch ein am 11. Juni abgehender Transport mit mehr als 1.200 Personen aus Wiesbaden und Ortschaften dieses Regierungsbezirks, der eigentlich nach Izbica sollte, wurde vermutlich wegen der Überfüllung des Ortes direkt in die Gaskammern des Vernichtungslagers Sobibor weitergeleitet. Bis auf den aus Majdanek geflohenen Robert Eisenstädt hat keiner der mehr als 3.650 in den Distrikt Lublin verschleppten Juden aus Hessen überlebt.

Am 30. September 1942 sollten 883 Darmstädter ebenfalls eigentlich nach Izbica transportiert werden, doch da zu dieser Zeit an der Eisenbahnstrecke gearbeitet wurde, fuhr der »unselektierte« Zug in den damaligen Distrikt Warschau, vermutlich

---

86 Postkarte des Ehepaares Salomon und Betty Sommer vom 31.7.1942 in die Niederlande, Martha Hirsch: ...daß wir nicht erwünscht waren, in: Gottfried Kößler/Angelika Rieber/Feli Gürsching (Hg.): ...daß wir nicht erwünscht waren. Novemberpogrom 1938 in Frankfurt am Main, Frankfurt am Main 1993, S. 123-129, hier S. 127.

87 Vgl. Bericht von Robert Eisenstädt über die gewaltsame Verschleppung im Mai 1942, kommentiert von Monica Kingreen, in: Helmut Burmeister/ Michael Dorhs (Hg.), Das achte Licht. Beiträge zur Kultur- und Sozialgeschichte der Juden in Nordhessen, Hofgeismar 2002, S. 243-247, hier S. 245. Postkarte von Johanna Stein, geschrieben am 30. Mai 1942 in Bebra, abgedruckt in: Georg-Büchner-Schule Erlensee, Spurensuche in Rückingen: Wer war Hannelore Stein (1924-1942), Erlensee 2003, S. 23.

88 Brief von Heinrich Stern vom 27.5.1942. Ich erhielt ihn von Paul Mordechai Stern, dem ich sehr dafür danke.

direkt in das Vernichtungslager Treblinka. »Von diesem Polentransport hat nicht ein einziger ein Wort nach Hessen berichtet«[89], so 1949 der frühere südhessische Repräsentant der Reichsvereinigung der Juden in Deutschland, Michel Oppenheim.

Während die Massendeportationen im Bereich der Gestapo Darmstadt und Kassel mit den Transporten nach Theresienstadt abgeschlossen waren, mußten Ende September 1942 in Frankfurt noch einmal 234 meist jüngere Personen mit ihren Kindern den Deportationszug besteigen. Sie waren zuvor als Angestellte der Jüdischen Gemeinde zurückgestellt worden, um die verlassenen Gebäude aufzuräumen. Einem Berliner Transport angeschlossen, gelangten sie wegen Überfüllung des Ghettos in Riga schließlich nach Estland. An der Bahnstation Raasiku, östlich von Tallin gelegen, wurden Frauen, Kinder, ältere und nicht gesund wirkende Menschen selektiert, in ein Dünengebiet an der Ostsee bei Kalevi-Liivi gebracht und dort von einem estnischen Kommando erschossen. Auf dem Bahnhof in Raasiku wußte niemand etwas über ihr Schicksal. Die anderen durchliefen in den folgenden Jahren verschiedene Lager in Estland und leisteten schwere Zwangsarbeit. Zehn Überlebende dieses Frankfurter Transportes sind bekannt.[90]

6. Die Transporte nach Theresienstadt

Fünf große Transporte mit mehr als 5.800 Personen aus Frankfurt, den Regierungsbezirken Wiesbaden und Kassel und dem Gebiet des ehemaligen Volksstaates Hessen verließen Frankfurt im August und September 1942. Die Alten und Versehrten, Kriegsteilnehmer und ihre Familien wurden in die nordwestlich von Prag gelegene ehemalige Garnisonsstadt gebracht, die als »Altersghetto« für deutsche Juden deklariert worden war, tatsächlich jedoch vor allem als Durchgangslager in die Vernichtungsstätten in Osteuropa fungierte.

Tilly Cahn hielt in ihrem Tagebuch fest, daß die Altersheime geräumt wurden:

Oma!, Cahen-Brachs, Herxheimers, Frau Kohlmann. Es wird jetzt tabula rasa gemacht. Bei einem weiteren zweiten und dritten Transport wird dann wohl noch der Rest erfaßt werden. [...] Erschütternd, wie gefaßt und optimistisch manche der Betroffenen sind. Der 81jährige Prof. Herxheimer sagte: ›Es wird Zeit, daß wir hier wegkommen‹ – offenbar hielt er Theresienstadt für eine Verbesserung gegenüber unserem bombengefährdeten Gebiet. Mit Oma ist es eine Tragödie für sich, sie tut einem so leid, aber man kann ihr ebensowenig helfen, wie all den anderen. Hoffentlich ist die große Gemeinschaft ein Trost [...] Das Schlimme ist eben, daß von dort keinerlei Nachricht durchkommt. Das ist sicher kein gutes Zeichen. Und

---

89 Aussage Michel Oppenheim vom 2.11.1949, Hessisches Staatsarchiv Darmstadt, H 13/1071 unfol.
90 Vgl. Kingreen, Frankfurt (wie Anm. 1), S. 380-383; Monica Kingreen/Wolfgang Scheffler: Die Deportationen nach Raasiku bei Reval, in: Buch der Erinnerung, Band II (wie Anm. 48), S. 865-868.

wenn kein Futter mehr da ist, – sie haben ja genug Routine mit Vergasen (bei den Geisteskranken) oder sonstigen Methoden.[91]

Das Ehepaar Kleinstraß aus Wiesbaden schrieb dem jugendlichen Sohn nach Schweden:

> Nun stehen wir alle auch davor [...] den genauen Termin wissen wir nicht [...] Wir halten unseren Haushalt bis zur letzten Minute in gewohnter Weise aufrecht und ich bin glücklich, mit Oma zusammenbleiben zu können und nicht der eine da hin und der andere da hin, und man hört ewig nichts voneinander. Wir haben lange gute Tage gehabt und alle Bequemlichkeiten (wenn ich nur an unsere schöne warme Dusche denke!) es wird auch mal anders gehen, Hauptsache, wir bleiben alle gesund. [...] Es tut mir nur leid, daß ich Euch früher immer schimpfte, wenn Ihr die Füße auf die guten Stühle gestellt habt – es war alles für die Katz' – na, aber auch recht. An dem Kram häng ich nicht mehr – nur mein gutes Bett [...] So lange es geht, werden wir Dich mit Post versorgen [...] Wir halten uns tapfer, wir sind ja noch nicht alt und [...] vollkommen gesund, auch Oma ist in einer sehr guten Verfassung, viel besser als früher.[92]

Die 78jährige Altersheimbewohnerin Rosa Natt-Fuchs:

> Soeben bekommen wir mitgeteilt, daß wir Samstagabend reisefertig sein müssen [...] Ich bin noch ganz schwindlig und durcheinander. Ein trauriges Schicksal und die Trennung von Euch und den Jungen fällt mir schlimmer wie alles [...]. So ein Lebensende ohne Verschulden. Ich habe meine Pflicht nur getan; ich wollte, der Schlag würde mich treffen. [...] Habt Dank für Alles Gute, was ihr mir getan habt und behaltet mir gutes Andenken. Eure unglückliche Mutter und Oma.[93]

Die Heimeinkaufsverträge, in denen die zu Deportierenden ihr gesamtes Vermögen angeblich für eine altersheimähnliche Unterbringung in Theresienstadt abtraten, weckten bei vielen Erwartungen auf lebenslange Versorgung, Verpflegung und Betreuung in einem Heim. Doch die tatsächlichen Verhältnisse im Ghetto überstiegen alle Befürchtungen selbst der Pessimisten. Theresienstadt, wo früher 7.000 Menschen gelebt hatten, war im Juli 1942 auf 21.000 Zwangsbewohner angewachsen. Mit dem Eintreffen der Transporte älterer deutscher Juden verdoppelte sich bis August die Zahl der Einwohner. Die Neuankömmlinge wurden auf bis dahin als unbewohnbar geltenden Dachböden notdürftig untergebracht, die gehunfähige kranke Menschen nicht verlassen konnten. Sanitäre Anlagen fehlten, die hygienischen Verhältnisse waren unzureichend, die Versorgung mit Essen bereitete große Probleme, Krankheiten

---

91 Cahn, Tagebuch Eintrag vom 13.8.1942 (wie Anm. 33).
92 Briefe des Ehepaares Albert und Johanna Kleinstraß vom 16.8. bis zum 29.8.1942, abgedruckt in: Lothar Bembenek/Horst Dickel, »Ich bin kein deutscher Patriot mehr, jetzt bin ich Jude«, Wiesbaden 1991, S. 124-126. Das folgende Zitat aus dem Brief vom 16.8.1942, ebd., S.124.
93 Brief von Rosa Natt-Fuchs vom 13.8.1942, eine Kopie dieses Briefes seiner Großmutter stellte Bernhard Natt freundlicherweise dem Fritz-Bauer-Institut zur Verfügung.

grassierten, und Läuse waren eine Plage.[94] Im September 1942 stieg mit der Belegungs- auch die Sterberate auf den Höchststand. »Der Sommer 1942 gehört tatsächlich zu den grausamsten Kapiteln der Theresienstädter Geschichte«[95], urteilte der ehemalige Häftling und Historiker, Miroslav Karny.

Unter dem Vorwand, in ein privilegiertes Lager verlegt zu werden, transportierte die SS-Kommandantur mehrere hundert Personen der beiden ersten Frankfurter Transporte und jeden Fünften des Kasseler Transportes Ende September erneut ab.[96] Die Züge fuhren in das seit zwei Monaten existierende Vernichtungslager Treblinka im Distrikt Warschau, wo die »Privilegierten« unmittelbar nach ihrer Ankunft mit Gas ermordet wurden.[97] In Hessen waren diese Ermordeten noch wenige Monate zuvor von den Transporten in den Osten ausgenommen worden.

Im Ghetto Theresienstadt selbst starben in den Wochen bis zum Jahresende 1942 mehr als 1.500 alte Menschen aus Hessen, d. h. mehr als ein Viertel der dorthin Deportierten.

Die im Alter von dreizehn Jahren mit ihrer Familie verschleppte Gisela Spier aus der Nähe Marburgs beschrieb später die Mentalität der deutschen Ghettobewohner so:

> Das Ghetto hatte sehr viele alte deutsche Juden, denen es wirklich sehr schwer ging. Diese alten Juden liebten Deutschland sehr. Ihre Kinder waren ausgewandert, sie konnten oder wollten nicht mit auswandern […] Deutsch war ihre Muttersprache, Goethe, Schiller und Heine waren ihre Dichter. ›Ich weiß nicht, was soll es bedeuten‹ war ihre Hymne. Sie hofften, wie mein Vater, dass die Nazis wie die Wolken vergehen würden. Nun waren sie im Ghetto von Theresienstadt gelandet. Man brauchte sie nicht in die Vernichtungslager wie Auschwitz weiter zu deportieren. Die meisten starben an Vernachlässigung, Hunger und Heimweh nach dem alten Deutschland, ihrer verlorenen Heimat.[98]

Die Not stieg während des extrem harten Winters 1942/43,[99] zudem fielen zahlreiche Menschen der Typhusepidemie zum Opfer, die im Januar und Februar 1943 ihren

---

94 Vgl. dazu Miroslav Karny, Theresienstadt 1941-1945, in: Institut Theresienstädter Initiative (Hg.), Theresienstädter Gedenkbuch. Die Opfer der Judentransporte aus Deutschland nach Theresienstadt 1942-1945, Prag 2000, S. 15-44; Otto Zuckers Theresienstädter Bericht, in: Theresienstädter Studien und Dokumente (TSD) 1995, S. 271-303. Nach Karny die beste Darstellung der Situation der aus Deutschland Deportierten: Heinrich F. Liebrecht, »Nicht mitzuhassen, mitzulieben bin ich da«. Mein Weg durch die Hölle des Dritten Reiches, Freiburg 1990.
95 Karny, Theresienstadt (wie Anm. 94), S. 20.
96 Miroslav Karny, Das Schicksal der Theresienstädter Osttransporte im Sommer und Herbst 1942, in: Judaica Bohemiae, XXIV 1988, S. 82-97, hier S. 95.
97 Siehe zu Treblinka allgemein: Rückerl, Vernichtungslager (wie Anm. 19), S. 197-242.
98 Gisela Spier-Cohen, Aus den Erinnerungen an Kindheit und Konzentrationslager, hg. von der Gesellschaft für christlich-jüdische Zusammenarbeit zu Marburg, Marburg 1994, S. 28.
99 Tagebucheintrag von Egon Redlich, zitiert nach Karny, Theresienstadt (wie Anm. 94), S. 25.

Höhepunkt erreichte.[100] Karl Frank aus Mainz war mit 84 Jahren nach Theresienstadt verschleppt worden. Eine Überlebende berichtete später seinem Sohn:

> Dein Vater ist verhungert. Er konnte sich ja nicht vom Fleck rühren. Er wußte gar nicht, wo er war. Er war in einem Loch auf dem Dachboden untergebracht. Als ich ihn aufsuchte, saß er, den Hut in die Stirn gedrückt, unbeweglich unter dem zugigen Dach. Man hatte ihm schon lange kein Essen gebracht, denn dort war es immer schwer, sich etwas zu essen zu besorgen.[101]

Die unter 60jährigen arbeiteten hauptsächlich innerhalb des Ghettos, Arbeitseinsätze außerhalb waren nur von geringer Bedeutung.[102] Erzieher versuchten, die Situation der Kinder zu verbessern.[103] Die Bemühungen um ein kulturelles Leben im Ghetto sind bekannt. Der Frankfurter Rabbiner Leopold Neuhaus hielt zahlreiche Vorträge zu religiösen Themen.[104] Er war zudem als Mitglied des Ältestenrats und Stellvertreter der Abteilung für Innere Verwaltung hoher Funktionär der Ghettoleitung.[105]

Seit September 1942 gestattete das Reichssicherheitshauptamt zensierten »erweiterten Postverkehr«, auch Pakete aus Deutschland durften geschickt werden,[106] doch hatten die meisten der hessischen Deportierten nur noch wenige Angehörige in ihrer Heimat. Es war erlaubt, einmal im Monat Postkarten zu schreiben, von denen einige, an die christlichen Nachbarn gerichtet, erhalten geblieben sind.[107]

Ab Januar 1943 wurden auch deutsche Juden von Theresienstadt nach Auschwitz transportiert, wo sie zumeist gleich nach ihrer Ankunft im Gas erstickt wurden. Die Angst, für einen der Transporte aufgerufen zu werden, muss ungeheuer groß gewesen sein. Mitglieder der unter SS-Kontrolle stehenden »Jüdischen Selbstverwaltung« wußten, daß in Auschwitz Gaskammer und Krematorium existierten, doch gaben sie diese Informationen nach reiflicher Überlegung, um Panik im Ghetto zu vermeiden, nicht weiter.[108] Andererseits kursierten aber auch Gerüchte, nach denen Transporte von Auschwitz ins Deutsche Reich zur Zwangsarbeit gingen. Ein tschechischer Insas-

---

100 Ebd.
101 Hans-Jürgen Bömelburg, Vom Antisemitismus zum Völkermord. Die Deportation und Ermordung der Mainzer Juden, in: Als die letzten Hoffnungen verbrannten. 9./10.November 1938. Mainzer Juden zwischen Integration und Vernichtung, hg. Anton Maria Keim und dem Verein für Sozialgeschichte Mainz, Mainz 1988, S. 101-114, hier S. 109 f. Karl Frank starb am 16.11.1942.
102 Karny, Theresienstadt (wie Anm. 94), S. 27.
103 Ebd., S. 25.
104 Eine Aufstellung »Vorträge Oberrabb. Dr. Neuhaus« mit 44 Titeln und einer Widmung vom 6.6.1944 befindet sich im Ghetto-Museum in Terezin, APT-Ghetto/4114/2.
105 Ruth Bondy, Prominent auf Widerruf, in: TSD 1995 (wie Anm. 94), S. 136-154, hier S. 151.
106 Otto Zuckers Theresienstädter Bericht (wie Anm. 94), S. 302.
107 Karl Heinrich Jung, Die Holzheimer Juden. Eine historische Betrachtung, in: Hessische Heimat Nr. 12 vom 4.6.1988, S. 45-48, hier S. 46.
108 Miroslav Karny, Ergebnisse und Aufgaben der Theresienstädter Historiographie, in: Miroslav Karny/Vojtech Blodig/Margita Karna, Theresienstadt in der »Endlösung der Judenfrage«, Prag 1992, S. 26-40, hier S. 34 f. Im August 1943 erfuhr Leo Baeck durch einen geflohenen Häftling von der Existenz von Gaskammern in Auschwitz, ebd. S. 34 f.

se formulierte die gespenstische Vorstellung: »Juden mit ihren letzten übriggebliebenen Habseligkeiten fahren wie Marionetten von Land zu Land, um die ihnen erteilten Befehle zu erfüllen und nach und nach dezimiert zu werden.«[109]

Eine statistische Zusammenstellung des Frankfurter Rabbiners Neuhaus über die drei Frankfurter Theresienstadt-Transporte hält fest, daß im Juli 1944 noch 484 Personen lebten, während fast zweitausend verstorben und gut tausend Personen von dort deportiert worden waren.[110]

Die Ghettoinsassen schöpften im September 1944 große Hoffnungen aus dem Kriegsverlauf.[111] Doch wurden ab Ende September, eindreiviertel Jahre nach der Verschleppung aus Hessen, innerhalb von vier Wochen 18.400 Personen nach Auschwitz verschleppt und in den Gaskammern ermordet. Berichte von Überlebenden wie der von Ludwig Stern aus Gießen,[112] beschreiben vor allem den Trennungsschmerz, wenn Verwandte und Freunde voneinander Abschied nehmen mußten. Die Transporte nach Auschwitz überlebten nur einzelne Personen, die bei der Ankunft der Transporte für Arbeitskommandos ausgesucht wurden. Die Befreiung in Theresienstadt durch die Rote Armee erlebten etwa dreihundert der 1942 aus Hessen Deportierten.

7. Fazit

Die Geschichte der hessischen Juden nach ihrer Deportation stellt ein letztes, bisher zu wenig beachtetes Kapitel der Judenverfolgung dar, das in diesem Beitrag anhand zumeist persönlicher Dokumente ansatzweise rekonstruiert wurde. Erhalten blieben Abschiedsbriefe, Postkarten und Mitteilungen aus Ghettos und Lagern, Berichte, die von nichtjüdischen Dritten weitergeleitet wurden, Tagebuchaufzeichnungen von Deportierten und Zurückgebliebenen, aber auch gerichtlichen Zeugenaussagen von Überlebenden. Obwohl die Zahl dieser Quellen, sind sie einmal aus Familienbesitz, privaten Nachlässen oder öffentlichen Archiven zusammengeführt, beachtlich ist, stellen sie doch nur die letzten Lebenszeichen einer Minderheit der Deportierten dar. Sie erlauben es nie, den Weg einer Deportiertengruppe kontinuierlich zu verfolgen, sondern entstanden in den kurzen Phasen erlaubten Postverkehrs bzw. unverhoffter Möglichkeiten, Nachrichten auf illegalem Weg weiterzuleiten. Während von den Deportationen bis Mitte 1942 die wenigsten Quellen vorliegen, können die Lebensbedingungen im Ghetto Theresienstadt am umfassendsten beschrieben werden. Dennoch kann diesen Dokumenten insgesamt – entgegen dem heute vorherrschenden

---

109 Tagebucheintrag Willy Mahler, zitiert nach Miroslav Kryl, Die Deportationen aus Theresienstadt nach dem Osten im Spiegel des Tagebuchs Willy Mahlers, in: TSD 1995 (wie Anm. 94), S. 69-91, hier S. 77.
110 Aufzeichnungen von Rabbiner Dr. Neuhaus mit dem Stand 1. Juli 1944, Zentralarchiv zur Erforschung der Geschichte der Juden in Deutschland, Bestand B 1/13.A.968, Bl. 1-26.
111 Tagebucheintrag von Eva Roubickova im September 1944, zitiert nach Miroslav Karny, Die Theresienstädter Herbsttransporte 1944, in: TSD 1995 (wie Anm. 94), S. 7-37, hier S. 7.
112 Bericht von Ludwig Stern, Manuskript, geschrieben 1949, Stadtarchiv Gießen, auszugsweise veröffentlicht in: Kingreen, Landleben (wie Anm. 32), S.396-397.

Erinnerungsmuster »deportiert und vergast« – entnommen werden, daß es zum einen eine Art Zwischenphase gab, die jedoch immer unterschiedlich lang war, und zum anderen unter welchen Lebensbedingungen, mit welchen Hoffnungen und Zukunftsvorstellungen die Deportierten in dieser Zeitspanne lebten.

Die Abschiedsbriefe, vor allem an emigrierte Kinder, weisen auf den Trennungsschmerz hin, viele sind erkennbar in der Absicht geschrieben, die Empfänger nicht zu stark zu beunruhigen, wenngleich die Angst vor der ungewissen Zukunft durchscheint. Vereinzelt setzen sich die Schreiber damit auseinander, wie unsinnig ihnen in diesen letzten Tagen das frühere Festhalten an Regeln bürgerlichen Anstands erschien. Das Motiv, Zurückgebliebenen keinen Anlaß zur Sorge zu geben, taucht immer wieder auch in den Berichten aus Lagern und Ghettos auf, wenngleich es nun – an Verwandte und Bekannte in Deutschland gerichtet – auch vordringlich um Hilfestellung vielfältigster Art geht, denn an den Bestimmungsorten fehlte es an allen lebensnotwendigen Gütern, an Unterbringungsmöglichkeiten, Kleidung und Lebensmitteln. Zahlreiche Deportierte, die mit der Zukunftsvorstellung, »im Osten« harte Zwangsarbeit leisten zu müssen, ihre Heimat verlassen hatten, hofften nach ihrer Ankunft weiter, durch Arbeit ihre Existenzberechtigung nachweisen, den erschwerten Lebensbedingungen trotzen und der allgegenwärtigen Gewalt entkommen zu können. Mit einer Ermordung rechnete offenbar kaum einer, das Leben der Deportierten war auf eine Zukunft ausgerichtet.

Wenig bekannt ist auch, daß nicht nur in Theresienstadt versucht wurde, ein kulturelles Leben als Selbstbehauptung und Bewahrung der Menschenwürde aus eigener Kraft zu entfalten, sondern daß es ähnliche Bestrebungen auch an den Zielorten »im Osten« gab. Lehrer versuchten, Unterricht abzuhalten, und Ärzte setzten – soweit es ohne Medikamente und Ausstattungen möglich war – ihr Können zugunsten der Deportierten ein. Das »Weiterleben« an den Zielorten war geprägt von den völlig unzureichenden Lebensbedingungen, der allgegenwärtigen Gewalt, der Abgeschlossenheit der Lager, Zwangsarbeit, drohenden Weitertransporten sowie von Problemen mit der einheimischen Bevölkerung. Fluchtversuche erschienen auch wegen der Isolation von der einheimischen Bevölkerung weitgehend aussichtslos. Um so überlebenswichtiger wurden, auch das kann den Quellen entnommen werden, familiäre und freundschaftliche Bindungen, die nach außen schützten und nach innen stabilisierten.

Aus den Zeugnissen der in Hessen Zurückgebliebenen spricht deutlicher als aus denen der Deportierten, die ums Überleben kämpften, die Einsicht in den Charakter der Deportationen als Transporte in den Tod – gepaart mit der Hilflosigkeit, dabei zusehen zu müssen und kaum eingreifen zu können. Wenngleich die Unterstützung höchst gefährlich für die Handelnden wie beispielsweise die Ärzte war, so erreichten sie doch bestenfalls befristete Rückstellungen. Mit dieser Ohnmacht und eventuell daraus resultierenden Schuldgefühlen blieben die Helfer allein.

Der rückwärts gerichtete Blick der Nachgeborenen sollte dieses letzte Kapitel der Judenverfolgung, die Zeit nach den Deportationen, in die Erinnerungsarbeit einschließen. Neben dieser zeitlichen Dimension gibt es aber auch eine räumliche: Die Bestimmungsorte der Transporte existieren real, auch heute noch. Eine aktive Gedenkarbeit könnte und sollte Verbindungslinien von Hessen – aber auch anderen Regionen – zu den Leidens- und Todesstätten sowie zu den Mordzentren ziehen.

Robert Kuwałek

Das kurze Leben »im Osten«
Jüdische Deutsche im Distrikt Lublin aus polnisch-jüdischer Sicht

Von März bis Juni 1942 wurden über 15.000 Juden aus Deutschland und Österreich in das Gebiet des Distrikts Lublin deportiert. Sie alle fielen der »Aktion Reinhard« zum Opfer, wie die Tarnbezeichnung für die Ermordung von fast 2 Millionen Juden im Generalgouvernement lautete. Die meisten kamen in den Vernichtungslagern Bełzec, Sobibór und im Konzentrationslager Majdanek um. Der größte Teil der später Ermordeten mußte nach dem Abtransport aus der Heimat und vor dem letzten Weg in die Todeslager mindestens einige Wochen oder Monate in sogenannten Durchgangsghettos verbringen, die Anfang 1942 in den Orten Izbica, Piaski, Zamość, Włodawa und Bełżyce im Distrikt Lublin eingerichtet wurden. Im folgenden soll ein Blick auf die Binnenwelt dieser Lager geworfen werden. Wie gestalteten sich die Lebensbedingungen in diesen Transitghettos, und wie sah das Zusammenleben der verschieden Gruppen von Deportierten aus? Auf der Quellengrundlage vor allem von Ego-Dokumenten aus der Kriegszeit und danach wird herauszuarbeiten versucht, in welchem Verhältnis die Ghettobewohner zueinander (und zur nichtjüdischen Bevölkerung der Region) standen und wie sie sich gegenseitig wahrnahmen. Offenbar, so die These, war in diesem Lagerkosmos mit seinen Verteilungskämpfen um die knapp gehaltenen Ressourcen wie Nahrung, Einkommen und Wohnraum die erzwungene Gemeinschaft von verschiedenen Nationalitäten, Kulturen, Klassen, Generationen und Religionen konfliktbeladen. Traditionelle Vorurteilsstrukturen über die »Anderen«, ob Juden, Polen, Deutsche oder »Ostjuden«, erfuhren in diesem Klima von Gewalt, Not und Angst eine Neubelebung.

Das Schicksal der deutschsprachigen Juden in der Region Lublin ist bisher selten Gegenstand der Forschung geworden. Die Veröffentlichungen konzentrieren sich auf die Zahl der Deportierten, ohne jedoch zu eindeutigen Ergebnissen zu kommen, sowie auf die Deportationsplanungen. Wenig bekannt ist dagegen über die Lebenssituation der deutschen jüdischen Deportierten in den Durchgangsghettos oder in den zahlreichen Arbeitslagern im Distrikt Lublin, ihr Verhältnis zu den polnischen Juden und der polnischen Bevölkerung. Da kaum jemand aus den deutschen Transporten überlebte, gibt es nur selten Zeugnisse dieser subjektiven Perspektive.[1] Zwar

---

[1] Vgl. zu den Deportationen deutscher Juden in den Distrikt Lublin im Jahre 1942 u.a. Herbert Schultheis, Juden in Mainfranken 1933-1945 unter besonderer Berücksichtigung der Deportationen Würzburger Juden, Bad Neustadt a.d. Saale 1980; Monica Kingreen, Gewaltsam verschleppt aus Frankfurt. Die Deportationen der Juden in den Jahren 1941-1945, in: dies. (Hg.), »Nach der Kristallnacht«. Jüdisches Leben und antijüdische Politik in Frankfurt am Main 1938-1945, Frankfurt a.M. 1999; Holger Berschel, Bürokratie und Terror. Das Judenreferat der

ließen sich Informationen zu den aus dem »Altreich« in den Distrikt Lublin deportierten Juden in den polnischen Archiven finden, doch sind diese mehrheitlich in polnischer Sprache abgefaßt und dadurch den deutschen oder englischsprachigen Forschern in der Regel nicht verständlich. So existieren bis heute weder Veröffentlichungen, die die Deportation der deutschen Juden in polnische Zwischenghettos allgemein oder begrenzt auf den Lubliner Distrikt oder deren alltägliche Lebenssituation im besonderen untersuchen.[2] Nur wenige Überlebendenberichte oder publizierte Briefe erlauben einen Einblick in diese letzten Wochen der Deportierten.[3]

Dabei mangelt es in der deutschen Historiographie nicht an Schilderungen zum Schicksal der deutschen Juden, die nach Riga, Kowno, Minsk, Łódź oder Theresienstadt deportiert wurden, während Hinweise auf den Distrikt Lublin bzw. das Generalgouvernement – einige Gruppen deutscher Juden gelangten auch ins Warschauer Ghetto, österreichische Juden wurden in Ghettos des Distrikts Radom »evakuiert« – hingegen spärlich sind und sich oft auf die Feststellung beschränken, daß die Deportierten »im Osten umkamen« oder ihre Spuren sich in den kleinen Städten des Lubliner Distrikts verlieren.[4]

Gestapo Düsseldorf 1935-1945, Essen 2001; Aleksander Kruglov, Die Deportation deutscher Bürger jüdischer Herkunft durch die Faschisten nach dem Osten 1940 bis 1945, in: Zeitschrift für Geschichtswissenschaft 32 (1984), S. 1086-1091. Während sich viele Arbeiten, hauptsächlich Regionalstudien, der Deportation der Juden aus den deutschen Städten widmeten, mangelt es weiterhin an Forschungen, die die letzten Wochen der Deportierten betreffen. Verwiesen sei hier auf publizierte Briefe oder Erinnerungen der wenigen Überlebenden, meist tschechische und slowakische Juden: Arnold Hindls, Einer kehrte zurück. Bericht eines Deportierten, Stuttgart 1965; Else Rosenfeld/Gertrud Luckner (Hg.), Lebenszeichen aus Piaski. Briefe Deportierter aus dem Distrikt Lublin 1940-1943, München 1968; Peter Witte, Die letzten Nachrichten aus Siedliszcze. Der Transport Ax aus Theresienstadt in den Distrikt Lublin, in: Theresienstädter Studien und Dokumente, Prag 1996, S. 108-118.

2 Archivmaterialien, die das Schicksal der aus dem »Altreich« in den Distrikt Lublin deportierten Juden betreffen, sind auch in Polen über das ganze Land verstreut. Die größten Sammlungen finden sich im Staatsarchiv in Lublin (Archiwum Państwowym w Lublinie, APwL) sowie im Archiv des Jüdischen Historischen Instituts in Warschau (Archiwum Żydowskiego Instytutu Historycznego w Warszawie, AJHI). Im APwL lagern neben Erinnerungen aus den Ortschaften, in die die deutschen Juden gelangten, auch Originaldokumente der Jüdischen Sozialen Selbsthilfe (JSS), insbesondere der Ortschaften des Distrikts Lublin. Diese Organisation mußte die Registrierung und die Fürsorge für die 1942 Deportierten übernehmen.

3 Vgl. z. B. die bereits erwähnten Publikationen von Hindls oder Rosenfeld/Luckner (Anm. 1) sowie Mark Roseman, In einem unbewachten Augenblick. Eine Frau überlebt im Untergrund, Berlin 2002, mit Briefen des von Essen nach Izbica deportierten Ernst Krombach, eine ergiebige Quelle zu den Lebensbedingungen im Durchgangsghetto und die Reaktionen der deutschen Juden auf ihre Deportation (vgl. auch den Beitrag von Monica Kingreen in diesem Band).

4 Vgl. Gedenkbuch – Opfer der Verfolgung unter der nationalsozialistischen Gewaltherrschaft in Deutschland 1933-1945, Koblenz 1986.

Ebenso wurden in den Arbeiten polnischer Historiker trotz des sprachlichen Vorteils die Deportierten aus dem Deutschen Reich bislang nur am Rande behandelt. Die Gründe hierfür liegen vermutlich im sehr disparaten und nur in mühevoller Archiv-Kleinarbeit zu erschließendem Quellenmaterial. Zudem kann ein solches Thema nur sinnvoll bearbeitet werden, wenn die Erinnerungen älterer Einwohner in der Lubliner Region, in die die nichtpolnischen Juden deportiert wurden, einbezogen werden.[5] Gerade mit den Methoden der *oral history* lassen sich Deutungsmuster der Betroffenen erschließen, etwa im Hinblick auf den gelebten Alltag in den Ghettos oder die Beziehungen zwischen nichtpolnischen und polnischen Juden sowie zwischen christlichen Polen und Juden. Interviews als Quellen können – bei aller notwendigen Quellenkritik und den stets offenbleibenden Fragen der Quantifizierbarkeit und Repräsentativität ihrer Inhalte – hier von großem Wert sein, zumal sich die Generation der Zeitzeugen ebenso wie die Generation der Geretteten mit jedem Jahr dramatisch reduziert.[6]

1. Die Deportationen der Stettiner und Wiener Juden 1940

Die erste Gruppe von Juden aus dem Reich wurde lange vor Beginn der »Aktion Reinhard« und der Wannseekonferenz 1942 in die Region Lublin deportiert. Schon Anfang 1940 traf im Distrikt Lublin ein Transport mit ca. 1.200 deutschen Juden aus Stettin ein. Die Nationalsozialisten siedelten diese Menschen in drei Ortschaften unweit von Lublin an: in Piaski, Bełżyce und Głusk. 1941 folgten drei weitere Transporte aus Wien. Ca. 3.000 österreichische Juden wurden in die Ghettos in Opole Lubelskie und Modliborzyce eingewiesen.[7] Das Schicksal dieser Menschen ist recht ausführlich dokumentiert. Erhalten blieben Briefe, die sie mit ihren Verwandten und Bekannten in Deutschland und Österreich wechselten, ebenso wie eine Dokumentation, die die Nationalsozialisten selbst abfaßten sowie Berichte der Jüdischen Sozialen Selbsthilfe. Auch geben einige Berichte von Personen, die in der Region Lublin oder in Lagern die Kriegszeit überlebten, Auskunft über die Geschehnisse.[8]

---

5 Außer deutschen und österreichischen Juden wurden 1942 in den Distrikt Lublin slowakische und tschechische Juden deportiert.
6 Erst in letzter Zeit entstehen Arbeiten zur Situation in den Durchgangsghettos in der Region Lublin: Janina Kiełboń, Migracje ludności w dystrykcie lubelskim w latach 1939-1944, Lublin 1995; Robert Kuwałek, Getta tranzytowe w dystrykcie lubelskim (między innymi Piaski, Izbica, Rejowiec, Trawniki), in: Bogdan Musial (Hg.) »Aktion Reinhardt«. Der Völkermord an den Juden im Generalgouvernement 1941-1944, im Druck; ders., Die letzte Station vor der Vernichtung. Das Durchgangsghetto in Izbica, in: Andrea Löw/Kerstin Robusch/Stefanie Walter (Hg.), Deutsche – Juden – Polen. Geschichte einer wechselvollen Beziehung im 20. Jahrhundert, Frankfurt/New York 2004, S. 157-179.
7 Janina Kiełboń, Deportacje Żydów do dystryktu lubelskiego (1939-1943), Zeszyty Majdanka XIV (1992), S. 73 (vgl. auch den Beitrag von Wolf Gruner in diesem Band).
8 Ein Teil der jungen Häftlinge des Ghettos in Opole Lubelskie überlebte dank der Zwangsarbeit im Arbeitslager der Luftwaffe im Luftstützpunkt Dęblin. Dieses Lager existierte bis kurz vor der Befreiung des Distriktes Lublin im Juli 1944. Die Häftlinge wurden dann in das

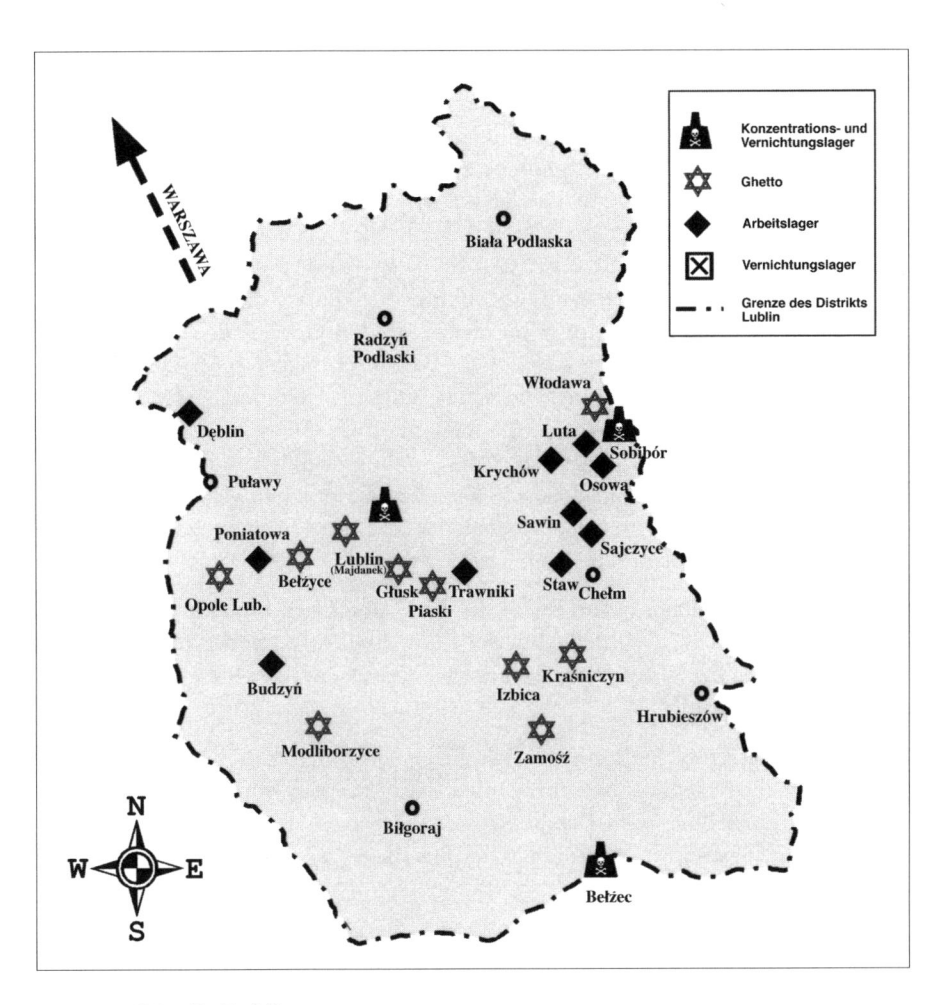

Lager im Distrikt Lublin
Karte erstellt von Patrycia Turek

Im Distrikt Lublin wurden die deutschen und österreichischen Juden mit allen Existenzproblemen des »Ostens« konfrontiert, die auf die 1942 Deportierten in noch verstärktem Maße zukommen sollten. Der »Kulturschock« scheint enorm gewesen zu sein. Aus den vergleichsweise wohlhabenden deutschen und österreichischen Städten gelangten sie mitten in die tiefste polnische Provinz, in der sich das jüdische Leben, wie im übrigen auch der nichtjüdische polnische Alltag, in den Bahnen althergebrachter Traditionen bewegte. Die Städtchen waren arm, es fehlte an fließendem Wasser, Toiletten und Elektrizität. Unterkünfte für die Deportierten waren nicht vorbereitet worden, ihre Ankunft verschärfte im Gegenteil den Wohnungsmangel, der bereits vor Kriegsausbruch bestand. So wohnten vielköpfige jüdische Familien oftmals in einer Einzimmerwohnung in alten, maroden Gebäuden. Diese Situation spitzte sich während des Krieges weiter zu, besonders in den ersten Monaten der deutschen Besatzung strömten viele polnische Juden als Flüchtlinge oder als aus den Gebieten Westpolens Vertriebene in die Region Lublin. De facto stand damit kein Platz mehr zur Verfügung, und die Neuankömmlinge mußten in den bereits überbelegten Unterkünften Zuflucht suchen. Vor allem die sanitären Verhältnisse wurden zum Problem, das die Deutschen eingedenk der bekannten Stereotype vom »schmutzigen Polen«[9] den Einheimischen anlasteten:

> Wir wohnen zu elft in einem Raum. In den Wohnungen herrscht große Armut. Am quälendsten ist die Erledigung der Klosettätigkeiten. In der frischen, freien Umgebung, in der Natur, denn die hiesigen Menschen lassen diese Orte in einem schlimmen Zustand.[10]

Als schwierigstes Problem entpuppte sich die Lebensmittelversorgung. Die Stettiner Juden waren ihres Gepäcks beraubt worden – die Waggons mit den Koffern waren irgendwo auf dem Weg nach Lublin von der Reichsbahn abgekuppelt worden. Bei ihrer Ankunft im strengen Winter 1940 besaßen diese Deportierten praktisch nichts.

Arbeitslager der Firma Hasag in Tschenstochau evakuiert, wo die sowjetische Armee sie im Januar 1945 befreite. Einige der geretteten Häftlinge traten nach dem Krieg als Zeugen in den Prozessen gegen ehemalige SS-Männer aus dem Stab der »Aktion Reinhardt« auf. Nur ein Häftling, Selma L., flüchtete aus Opole Lubelskie und überlebte den Krieg als »U-Boot« in Wien. Zentrale Stelle der Landesjustizverwaltungen Ludwigsburg (im folgenden ZStL), 208 AR-Z, 74/60 Untersuchung in der Sache Georg Michalsen, Aussagen: Rudolf E., Selma L., Sigmund D. und Robert Paul de M., Bd. 26, S. 4585-4595.

9 Vgl. Hendrik Feindt (Hg.), Studien zur Kulturgeschichte des deutschen Polenbildes 1848-1939, Wiesbaden 1995; Hubert Orlowski, »Polnische Wirtschaft«. Zum deutschen Polendiskurs der Neuzeit, Wiesbaden 1996; Franciszek Ryszka, Deutsche und Polen. Grundlage und Struktur ihrer Feindbilder am Vorabend und zu Beginn des Zweiten Weltkrieges, in: Karl D. Bracher u.a. (Hg.), Deutschland zwischen Krieg und Frieden. Beiträge zu Politik und Kultur im 20. Jahrhundert. Festschrift für Hans-Adolf Jacobsen, Düsseldorf 1991, S. 56-65.

10 Listy z Piask – znaki Życia, in: Piaski we wspomnieniach, bearb. v. Lucjan Świetlicki, Piaski 2000, S. 121. Das zitierte Fragment stammt aus einem Brief von A. Grünberg, der 1940 von Stettin nach Piaski deportiert wurde. Briefe von Stettiner Juden, die in den Distrikt Lublin deportiert wurden, sind bei Rosenfeld/Luckner, Lebenszeichen (Anm. 1) abgedruckt.

Sie lebten von der Gemeindefürsorge sowie von dem, was ihnen Verwandte und Bekannte aus Deutschland schickten.[11] Da es auch keinerlei Arbeitsmöglichkeiten gab, begannen die Ankömmlinge, ihren Lebensunterhalt durch den Verkauf ihres persönliches Besitzes oder der Paketinhalte zu bestreiten. Für alle »Dienstleistungen« mußten sie bezahlen, selbst für den Platz zum Briefeschreiben: »Wir bekamen wunderbare Schlehdornzweige und Dotterblumen. Ein Geschenk von den Leuten, deren Bank ich benutzte (als ich euch einen Brief schrieb) und denen ich dafür eine Tube Zahnpasta gab.«[12]

Die Lage der Wiener Juden, die nach Opole Lubelskie und Modliborzyce deportiert wurden, war noch schwieriger als die der Stettiner Juden. Bei einer Gruppengröße von 3.000 Personen stellten sich für sie alle auftretenden Probleme im verschärften Maße. In Opole Lubelskie befanden sich bei Ankunft der Wiener Juden schon etwa 6.000 polnische Juden, darunter ca. 1.500 Umgesiedelte und Flüchtlinge.[13] Die einheimischen Juden waren aus Puławy »ausgesiedelt« bzw. aus den im September 1939 von der Luftwaffe bombardierten Kleinstädten im Kreis Puławy geflüchtet. So war das Ghetto bereits überbelegt. Trotzdem wiesen die deutschen Behörden 1941 noch zusätzlich 2.000 Wiener Juden ein.[14] Für sie fand sich in den überfüllten Häusern der polnischen Juden kein Platz mehr. Zuerst quartierte man sie daher in der Synagoge in Opole ein, die kein Dach mehr hatte. Gleichzeitig begann der Barackenbau, der allerdings das Problem der Überfüllung nicht löste.[15] Als Folge brachen Typhusepidemien unter den Deportierten aus, denen vor allem ältere Menschen und Kinder zum Opfer fielen.

11 Bericht von Manfred Heimann o.D., wahrscheinlich aus den Jahren 1957/1958, aus der Sammlung des Autors. Manfred Heimann wurde als Zwölfjähriger mit seiner jüdischen Familie im Jahre 1940 aus Stettin deportiert. Sein Vater nahm im Ghetto in Bełżyce bei Lublin eine leitende Positionen in der Jüdischen Sozialen Selbsthilfe ein. Das Privileg schützte die Familie für eine gewisse Zeit vor der Deportation in die Vernichtungslager. Manfreds älterer Bruder war jüdischer Polizist im Ghetto. 1943, während der letzten Liquidierung des Ghettos in Bełżyce, wurde die Familie in ein Arbeitslager in Budzyń bei Kraśnik geschickt, von dort 1944 in das KZ Flossenbürg. Die meisten Familienmitglieder kamen 1945 in den Lagern im Reichsgebiet um. Die Familie Heimann ist eine der wenigen, die die Lager einen so langen Zeitraum zusammen überlebte. Nach dem Krieg emigrierte Manfred Heimann in die USA.
12 Listy (Anm. 10), S. 126.
13 Korrespondenz des Präsidiums der JSS in Krakau mit Dr. Mark Alten, Berater der JSS beim Distriktleiter in Lublin. Bericht über die Situation in speziellen jüdischen Zentren auf dem Gebiet des Distrikts Lublin, vom 31.05.1941, AJHI, JSS, Sign. 211/139, S. 3. Dr. Marek Alten war in der Vorkriegszeit jüdischer Rechtsanwalt in Lublin und Funktionär der Zionistischen Organisation gewesen, während der deutschen Okkupation war er auch Vizepräsident des Judenrats in Lublin.
14 Kiełboń, Deportacje (Anm. 7), S. 73.
15 Interview mit Jan Szmulewicz vom 05.05.1997, aus der Sammlung des Autors. Fotografien, auf denen die Lebensbedingungen der deportierten Juden aus Wien im Ghetto in Opole Lubelskie zu sehen sind, sind im Archiv Ghetto Fighters House in Israel aufbewahrt (siehe www.gfh.org.il).

Das größte Problem jedoch war der Hunger, der zur Dauererscheinung wurde. Wie gerettete weibliche Häftlinge erinnerten, erhielten sie 1941 außer den Mahlzeiten aus der Volksküche keinerlei zusätzliche Lebensmittel. Die Portionen waren völlig unzureichend, wahrscheinlich bestanden sie nur aus einem Teller wäßriger Suppe täglich. Zu dieser Zeit konnten die österreichischen Juden noch Lebensmittelpakete aus Wien entgegennehmen, die Verwandte oder Bekannte schickten. Allerdings erhielt nur eine Minderheit der Adressaten die Pakete tatsächlich. Andere kauften zu völlig überhöhten Preisen Lebensmittel, die aus der »arischen Zone« in das Ghetto geschmuggelt wurden. Irgendwann scheint es Lebensmittelkarten gegeben zu haben, deren Bedeutung allerdings als gering zu veranschlagen ist.[16]

Vor Ort fanden die Deportierten in der Regel keine bezahlte Beschäftigung, da Arbeitsplätze für Juden, auch für polnische, rar waren. Nur wenige, vor allem junge Leute, arbeiteten gelegentlich auf dem Feld oder im Straßenbau. Einige junge Frauen verdingten sich bei polnischen Bauern, wo sie als Entlohnung Naturalien erhielten.[17] Ihnen allen blieb letztlich nur der illegale Handel, um zu überleben. Wie die Stettiner verkauften auch die Wiener Juden, was ihnen als Besitz verblieben war. Da aber nicht alle nach Opole Lubelskie oder Modliborzyce Deportierten Hilfe aus der Heimat erhielten und die persönlichen Wertgegenstände bald veräußert waren, schwanden diese Weiterlebensmöglichkeiten rasch. Allein in den sieben Monaten zwischen ihrer Ankunft und September 1941 starben in Opole Lubelskie 140 Wiener Juden, die meisten verhungerten.[18] Jüngere und Verzweifeltere versuchten in diesen ersten Jahren, in denen noch nicht die Deportation in ein Vernichtungslager drohte, aus dem Ghetto zu flüchten und nach Wien zurückzukehren. Viele wurden noch auf dem Gebiet des Generalgouvernements von der deutschen Polizei gefaßt. Andere verhaftete die Gestapo in Wien und schickte sie nach Opole Lubelskie zurück.[19]

Schon in den Jahren 1940 bis 1941 deuteten sich in den Ortschaften, in denen sich die aus dem Reich »Ausgesiedelten« aufhielten, Konflikte zwischen den traditionellen polnischen Juden und den in viel größerem Maße assimilierten deutschen Juden an, Konflikte, die sich zuspitzen sollten, als im Frühjahr und Sommer 1942 größere Gruppen von deutschen und österreichischen Juden im Distrikt Lublin eintrafen. Interviewte polnische Juden erinnern sich, daß die Deutschen sie häufig mit Verachtung behandelt und in ihnen den Prototyp »des Ostjuden« gesehen hätten. Besonderen Ärger rief hervor, daß »die« Juden aus dem Reich wegen ihrer deutschen Sprache in Piaski, Bełżyce (in geringerem Maße in Opole Lubelskie) privilegierte Stellungen in den Ghetto-Institutionen einnahmen – sie saßen im Judenrat, in der Jüdischen Sozialen Selbsthilfe, waren Mitglieder des Jüdischen Ordnungsdienstes (der Ghetto-

---

16 Untersuchung gegen Georg Michalsen. Aussage Rudolf E. und Selma L., Bd. 26, S. 4585-4586, 4591, ZStL, 208 AR-Z 74/60.
17 Interview mit Jan S., Pustelnia bei Opole Lubelskie, aus der Sammlung des Autors.
18 Korrespondenz des Präsidiums der JSS in Krakau mit Dr. Mark Alten, Berater der JSS beim Distriktleiter in Lublin. Offener Brief »Die Wiener Evakuierten von Opole Lubelski«, vom 23.09.1941, AJHI, JS, Sign. 211/139, S. 87.
19 Ebd., S. 86-87.

polizei) und arbeiteten in den Volksküchen.[20] In den Augen der polnischen Juden, die im Ghetto dahinvegetierten, standen diese einzelnen »Privilegierten« stellvertretend für alle deutschen Juden. Sie hätten sich Zugang zu allen wertvollen Ressourcen verschafft und ihre offiziellen Stellungen für private Ziele genutzt. Außerdem schienen sie fast unermeßlich vermögend zu sein, da sie schicke Kleidung und viel Gepäck besaßen. Durch die kollektive Erinnerung von nichtjüdischen und jüdischen Polen, die aus Ortschaften stammten, in denen sich in den Jahren 1940-1942 Juden aus dem »Altreich« befanden, geistert bis heute der Mythos des ungeheuren Wohlstands dieser Deportierten. Trotz aller vorangegangenen Ausplünderungen und Repressalien vermittelten die deutschen Juden mit ihren in der Regel 10-15 kg Gepäck pro Person,[21] immer noch einen vergleichsweise »begüterten« Eindruck. Ihre polnischen Leidensgefährten hatten in der Regel ein sehr viel bescheideneres und ärmlicheres Leben geführt, so daß Sozialneid die unvermeidliche Folge dieses sichtbaren Wohlstandsgefälles wurde.[22]

Auf der anderen Seite nahmen die deportierten deutschen und österreichischen Juden den Polen nicht nur den vermeintlichen Mangel an Kultur, Umgangsformen und Hygiene übel, sondern glaubten auch eine generelle feindliche Haltung gegenüber den Neuankömmlingen feststellen zu können, ja, sie fühlten sich oft von ihnen betrogen. Die gleiche Mißbilligung traf auch die nichtjüdischen Polen. Zumindest in Izbica, das 1942 zum zentralen Durchgangsghetto während der Durchführung der »Aktion Reinhard« wurde, etablierte sich nach der Ankunft der nichtpolnischen Juden eine Art Schwarzmarkt, auf dem die einen in ihrer Bedrängnis alles verkauften, was sie noch besaßen, und die anderen von dieser Not profitierten:

---

20 Stefan Sendłak, Ostatni etap przed śmiercią, AJHI, Berichte, Aussagen geretteter Juden, Sign. 301/5953.
21 1942 durften beispielsweise die von Würzburg nach Izbica Deportierten offiziell einen Koffer mit Kleidung und persönlichen Hygieneartikeln, Schuhe und Bargeld bis maximal 80 RM mitnehmen. Nach Piaski deportierte Regensburger Juden durften zur gleichen Zeit einen Koffer, eine Decke und einen Rucksack mitnehmen sowie Bargeld bis maximal 60 RM. Das Gepäck durfte ein Gewicht von 15 kg pro Person nicht überschreiten. Vgl. Schultheis, Juden (Anm. 1), S. 580; Siegfried Wittmer, Regensburger Juden. Jüdisches Leben von 1519 bis 1990, Regensburg, S. 360-361.
22 In allen Interviews mit nichtjüdischen polnischen Einwohnern tauchte das Motiv des großen Reichtums der deutschen, österreichischen, tschechischen und slowakischen Juden auf. Die Gesprächspartner äußerten immer wieder, daß Juden Pelze, elegante Kleider, Anzüge und vor allem Schmuck besäßen, wofür sie in Piaski, Izbica, Kraśniczyn oder Włodawa Lebensmittel kauften. »Die Tschechen hatten Koffer – sehr schöne, wie sie in Piaski niemand vor dem Krieg gesehen hatte. Das waren sehr reiche Menschen.« Auf diese Weise beschreibt ein geretteter polnischer Jude aus Piaski, der selbst aus einer vor dem Krieg recht begüterten Familie stammt, den Reichtum der tschechischen Juden. Interview mit Jósef Honig, Lublin 10.08.1998; Interview mit Franciszek Borowski und Stanisław Malinowski, Kraśniczyn 23.08.2000; Interview mit Maria B., Włodawa 15.04.2003; alle Interviews aus der Sammlung des Autors.

Berge von wunderschönen Koffern trugen die Bauern, die für diesen Dienst Hunderte von Mark nahmen. Für diese Mark begannen, wie die Raben nach dem Futter, Warschauer Valutenschieber herunterzufahren. Sofort fing auch in Izbica der Handel mit den unwahrscheinlichsten Gegenständen an. Es gab alles. Strümpfe, Seidenkleider und Devisen, Musikinstrumente und Pelze, Bücher und Wäsche, Medikamente und Schmuck.[23]

Die Berichterstatterin zeigt deutliche Ressentiments gegen polnische Bauern und Städter. Skepsis ist aber nicht nur dem Duktus ihrer Ausführungen gegenüber angebracht, sondern auch der eingehenden Beschreibung der Besitztümer. Denn das Eigentum der deutschen Juden aus Würzburg, Nürnberg, Aachen und Frankfurt am Main,[24] das nun auf dem Schwarzmarkt in Izbica auftauchte, kann angesichts der auferlegten Restriktionen beim Gepäck nicht so umfangreich und so luxuriös gewesen sein. Man kann zwar davon ausgehen, daß manche Deportierten erfolgreich versuchten, Geld oder Wertgegenstände in den »Osten« zu schmuggeln, aber bei der kleinlichen Revision, die sie schon in den Sammellagern in den Heimatstädten hinter sich bringen mußten, gelang es nur wenigen, etwas Wertvolleres ins Generalgouvernement mitzuführen.[25]

Die nach dem April 1942 Deportierten verloren ihr gesamtes Gepäck gleich nach ihrer Ankunft im Distrikt Lublin. Die Transporte, die zu den Durchgangsghettos in Izbica, Piaski, Rejowiec, Zamość oder Włodawa und ab Mai 1942 dann unmittelbar in die Vernichtungslager in Bełżec und Sobibór führten, wurden in Lublin an der

---

23 Aussagen geretteter Juden, AJHI, Berichte, Sign. 301/6269, »Ahaswerus«, S. 2. Die Autorin des Berichts ist eine anonyme polnische Einwohnerin von Tarnogóra, das ca. einen Kilometer von Izbica entfernt liegt. Vermutlich handelt es sich um die Gräfin Smorczewska, Eigentümerin eines Gutes, das vor dem Krieg und während des Krieges ihrer Familie gehörte. Sie beschäftigte 1942 auf ihrem Gut deutsche, österreichische und tschechische Juden.
24 Direkt in Izbica wurden 1942 ca. 8.000 deutsche Juden konzentriert. Sie kamen aus Franken, Aachen, Koblenz, Frankfurt a.M., Düsseldorf, Essen, Duisburg, Wiesbaden, Baden-Württemberg und dem Rheinland, ein Transport könnte aus Breslau gekommen sein. Ca. 3.000 österreichische Juden waren aus Wien hierher deportiert worden. Außer den Juden aus dem Reich befanden sich hier 2.600 tschechische Juden aus Theresienstadt und ungefähr 2.000 slowakische Juden. 1942 wurden deutsche und österreichische Juden auch nach Piaski (über 3.500 Personen aus Darmstadt, Mainz, Bingen, München und Berlin), nach Gorzków (ca. 1.000 Personen – aus welcher Stadt, ist nicht bekannt), nach Kraśniczyn (über 500 Personen aus Würzburg, Bamberg und Nürnberg), nach Zamość (ca. 1.000 aus Dortmund), nach Bełżyce (ca. 1.000 aus Leipzig und Weimar) sowie nach Włodawa (ca. 1.000 aus Wien) deportiert. In den gleichen Ortschaften, außer in Gorzków, Bełżyce und Włodawa, befanden sich auch tschechische und slowakische Juden. Vgl. Kuwałek, Getta (Anm. 6), S. 8-10.
25 Eine »Fotoreportage« hielt die Durchsuchung der aus Franken nach Izbica und Kraśniczyn deportierten Juden für die Gestapoakten fest. Auf den Bildern ist deutlich zu sehen, wie akribisch die Kontrolle erfolgte. Sogar das Gebiß wurde registriert. Vgl. Wege in die Vernichtung. Die Deportation der Juden aus Mainfranken 1941-1943, hg. Staatliche Archive Bayerns, München 2003, S. 106-134.

Rampe des Arbeitslagers auf dem Alten Flugplatz gestoppt.²⁶ Dort wurden die Waggons mit dem Gepäck der Deportierten abgekuppelt, und SS-Männer wählten arbeitsfähige Männer aus, die sie in das Konzentrationslager Majdanek brachten. Es kam ebenfalls vor, daß hier den Juden das Bargeld abgenommen wurde, das sie bei sich führten.²⁷ Hält man sich diese Ausplünderung der deutschen und österreichischen Juden vor Augen, dann sind die Aussagen der polnischen Zeitzeugen über deren großen Reichtum weniger im Hinblick auf ihren Tatsachengehalt von Bedeutung, sondern eher als Ausdruck der zeitgenössisch-virulenten Klischees über »die reichen deutschen Juden« zu interpretieren. In dieser Fremdwahrnehmung spiegelte sich auch die eigene Erfahrung eines entbehrungsreichen Lebens, gegen das selbst ein verarmter deutscher Jude noch wohlhabend wirkte.

2. Zur Lage der 1942 aus dem Reich in den Distrikt Lublin Deportierten

Die Situation der in der ersten Hälfte des Jahres 1942 in den Distrikt Lublin deportierten Juden aus dem »Altreich« war noch dramatischer als die derjenigen, die in den Jahren 1940-1941 hierher verschleppt worden waren. Die aus verschiedenen deutschen Städten sowie aus Wien ankommenden Transporte trafen in einer Phase ein, in der die Massenvernichtung im Rahmen der »Aktion Reinhard« begonnen hatte. Im März und April 1942, als sich schon Tausende von deutschen und österreichischen Juden in Izbica, Piaski oder Włodawa befanden, wurden die Deportationen polnischer Juden in die Vernichtungslager nach Bełzec durchgeführt. Anfangs wurden keine nichtpolnischen Juden dabei faßt, so daß diese sich nicht recht darüber im klaren waren, was gerade geschah und wie sich diese neue Form der »Verschickung« von der ihnen bekannten unterschied.

Obwohl offizielle Ghettoinstitutionen wie der Judenrat oder die Jüdische Soziale Selbsthilfe (JSS) weiterhin existierten, erhielt zumindest letztere für die Juden aus

26 Das Arbeitslager für Juden auf dem Flugplatz befand sich in Lublin in den Gebäuden der ehemaligen Flugzeugfabrik Plage-Laśkiewicz in der Wroński-Straße. In den Jahren 1942-1943 war es Teil der Lager, die zur »Aktion Reinhard« zählten. Hier wurden die Habseligkeiten der in den Vernichtungslagern in Bełzec, Sobibór und Treblinka Ermordeten sortiert. Auch ein Teil der Magazine mit dem während der »Aktion Reinhard« geraubten jüdischen Eigentum befand sich hier. Daher läßt sich dieses Magazin durchaus mit dem Lager »Kanada« in Auschwitz-Birkenau vergleichen. Die Häftlinge des Lagers waren polnische und nichtpolnische Juden. Auf der Rampe auf dem Flugplatz wurde in den Jahren 1942-43 auch die Vorselektion der Juden durchgeführt, die dann in das KZ Lublin gebracht wurden, und 1943 auch in die Arbeitslager in Trawniki, Poniatowa und Budzyń. Das Lager wurde am 3. November 1943 liquidiert, die Häftlinge wurden während der Massenexekution im Rahmen der Operation »Erntefest« im Konzentrationslager Majdanek ermordet. Vgl. Józef Kasperek, Grabież mienia w obozie na Majdanku, in: Zeszyty Majdanka VI (1972), S. 46-97 sowie Czesław Rajca, Podobozy Majdanka, in: Zeszyty Majdanka IX (1977), S. 83-109.

27 Vgl. auch Browning, der sich auf ein Dokument über den Transport österreichischer Juden bezieht, die im Juni 1942 von Wien über Lublin und Trawniki in das Vernichtungslager Sobibór gebracht wurden: Christopher R. Browning, Ganz normale Männer. Das Reserve-Polizeibataillon 101 und die »Endlösung« in Polen, Reinbek 1993, S. S. 49-51.

dem Reich von März bis Mai 1942 keinerlei zusätzliche Mittel für den Kauf von Lebensmitteln. Zur Zeit der »Aktion« ruhte die Arbeit der Institutionen der Volksküche, des Spitals und der Ambulanz, die im übrigen vorrangig liquidiert wurden. Gemäß den SS-Befehlen mußte der Judenrat sich in dieser Zeit vor allem um die effektive Konzentrierung der Juden kümmern, die für Deportationen vorgesehen waren. Wiederholt kam es bei den ersten »Aktionen« auch zur »Aussiedlung« einiger Mitglieder des Judenrats und der JSS, obwohl sie von der Deportation ausgenommen werden sollten, was zur völligen Desorganisation der Arbeit dieser Institutionen führte.[28] Insofern waren die neu Deportierten fast völlig auf sich selbst gestellt. Entgegen der offiziellen NS-Propaganda, daß die aus dem Reich »evakuierten« Juden im Osten nicht nur neue Siedlungsgebiete, sondern auch Arbeit fänden, gab es in der Region Lublin nach wie vor keine Arbeitsmöglichkeiten. Wie in der früheren Phase vegetierte die Mehrheit der Deportierten in den Ghettos, nur wenigen gelang es, wie etwa in Izbica, Notwerkstätten einzurichten. Die restlichen Juden blieben ohne feste Arbeit. Mitunter erledigten sie kleine Aufträge oder Dienste für die polnische Bevölkerung, wie die Beaufsichtigung von Kindern, oder sie erteilten wie im Falle tschechischer Juden Mathematik- und Geographieunterricht. Manche verrichteten Feldarbeit, Ärzte und Zahnärzte behandelten Kranke im Austausch gegen Lebensmittel, andere arbeiteten, wie die schon erwähnte Gruppe deutscher und österreichischer Juden, auf dem Landgut in Tarnogóra, wo sie von der Familie Smorczewski beschäftigt wurden.[29] Einige vorwiegend junge Leute fanden eine Anstellung in einem Arbeitslager, so arbeitete eine Gruppe deutscher Juden beispielsweise im Arbeitslager in Augustówka unweit Izbica. Sie wurden von der Wasserwirtschaftinspektion bei der Flußregulierung beschäftigt. Hier leisteten 300 bis 400 reichsdeutsche zusammen mit einigen zehntausend nichtpolnischen und polnischen Juden, die sich in dieser Zeit in Izbica befanden, Schwerstarbeit gegen extrem karge Lebensmittelrationen.[30]

28 Zu diesem Thema bieten die Dokumente der JSS des Distrikts Lublin reichhaltiges Material. Am 30. März 1942 wurde nahezu die Hälfte der Mitglieder des Judenrats vom Lubliner Ghetto in das Vernichtungslager Bełzec deportiert, an der Spitze der Präses Ingenieur Henryk Bekker sowie Dr. Josef Siegfried, der die Position die JSS von Lublin leitete. Dr. Marek Alten, der neue Präses des Judenrats in Lublin, informierte darüber, daß seit der »Aussiedlung« von Dr. Siegfried die gesamte Koordination der sozialen Hilfe im gesamten Distrikt Lublin ruhte. Am 14. Mai 1942 wurde Michel Scholsohn, der Leiter des Kreiskomitees der JSS in Krasnystaw, in das Vernichtungslager Sobibór deportiert. Ihm hatte die Organisation der Hilfe für die reichsdeutschen und die aus dem Reich Deportierten in Izbica und Kraśniczyn unterstanden. Korrespondenz des Präsidiums der JSS in Krakau mit Dr. Marek Alten, Berater der JSS beim Leiter des Distrikts Lublin. Notizen eines Telefongesprächs mit Dr. Marek Alten am 25.04.1942, Archiwum Zydowskiego Instytutu Historycznego, JSS, Sign. 211/143, S. 46; Sign. 211/607, Kreiskomitee JSS in Krasnystaw, Telegramm vom 15.05.1942, S. 66.
29 Berichte, Aussagen geretteter Juden, AJHI, Sign. 301/6269, »Ahaswerus«, S. 3. Interview mit Helena Błaszczyk, Izbica 20.03.2003, mit Franciszek Borowski und Stanisław Malinowski am 23.08.2000, aus der Sammlung des Autors.
30 Kreisdelegation der JSS in Krasnystaw. Schreiben in der Sache Arbeitslager in Augustówka v. 15.06.1942, AJHI, JSS, S. 10-12. Außer bei den Meliorationsarbeiten waren die Häftlinge auch in kleinen Schuster- und Schneiderwerkstätten beschäftigt.

DAS KURZE LEBEN »IM OSTEN«

Die Wasserwirtschaftinspektion leitete im Distrikt Lublin das gesamte Netz der Meliorationslager, die in den Jahren 1940/41 errichtet worden waren. Diese Inspektion hatte in den Plänen der deutschen Verwaltung vor allem die Aufgabe, die Qualität der Landwirtschaft in der Region Lublin zu steigern, die gemäß den nationalsozialistischen Konzepten ein bedeutender Nahrungsmittellieferant des Dritten Reiches werden sollte. Die meisten Meliorationslager bestanden 1942 rund um das Vernichtungslager Sobibór. Die Insassen, auf der Rampe in Sobibór ausgesuchte polnische und nichtpolnische Juden, wußten nicht, daß sie sich in einem Vernichtungslager befanden und nur die Tatsache, daß sie als jung und stark eingeschätzt worden waren, ihre Lebenszeit um einige Monate verlängerte. Wer von ihnen in der Folgezeit in diesen Lagern in Krychów, Sawin, Sajczyce, Staw, Osowa und Luta als arbeitsunfähig selektiert wurde, kam erneut nach Sobibór, nun unmittelbar in die Gaskammern.[31]

Wieder erleichterten zu Beginn des Aufenthalts der deutschen und österreichischen Juden in Izbica oder anderen Ortschaften die aus Deutschland gesandten Pakete die Situation. Aus einigen erhaltenen Briefen, die die »Ausgesiedelten« nach Deutschland schickten, ist bekannt, daß die Betroffenen um alles baten: Geld, Essen, Kleidung und Hygieneartikel. Am 15. Mai 1942 verbot jedoch das Reichssicherheitshauptamt (RSHA) jeglichen Postverkehr mit den Deportierten im Generalgouvernement. Hintergrund dieser Anordnung war, daß in das Reichsgebiet keinerlei Informationen über das Schicksal der Deportierten durchsickern sollten, weder über ihre schlechten Lebensbedingungen noch über die brutalen Deportationen in die Vernichtungslager – eine unnötige Befürchtung, denn die deportierten Juden hatten wenig oder nur sehr verschleiert über ihre Verschleppung berichtet und in vielen Fällen waren sie sich auch nicht darüber im Klaren, was die erneuten Deportationen bedeuteten. Manche wie in Piaski, Izbica und Zamość glaubten, die Tötungen würden allein die polnischen Juden betreffen.[32]

Die Pakete aus Deutschland oder Österreich enthielten häufig Waren, die auf dem Schwarzmarkt gegen Grundnahrungsmittel getauscht werden konnten. Doch in vielen Fällen gelangten die Sendungen gar nicht erst in die Hände der Adressaten, was sie dann auch in ihren Briefen mitteilten.[33] Fielen diese drei Möglichkeiten: Erwerbs-

---

31 Dieser Aspekt der Parallelexistenz eines Vernichtungslagers und umliegende Arbeitslager wurde ebenfalls bis heute nicht bearbeitet. Zu den Arbeitslagern im Distrikt Lublin siehe: József Marszałek, Obozy pracy w Generalnym Gubernatorstwie w latach 1939-1945, Lublin 1998.
32 Karl Heinz Mistele, The End of the Community. The Destruction of the Jews of Bamberg. Germany 1938-1942, New Jersey 1995, S. 168. Den im April 1942 in das 15 Kilometer von Izbica entfernte Kraśniczyn Transportierten wurde von Anfang an der Briefverkehr nach außen abgeschnitten. Die Briefe der Deportierten wurden vom Leiter des Postamts in Kraśniczyn, einem ukrainischen Nationalisten, der mit den Nazis kollaborierte, vernichtet. Interview mit Franciszek Borowski, Kraśniczyn 23.08.2000, aus der Sammlung des Autors.
33 Vgl. K. H. Mistele, End (Anm. 32). In einem der zitierten, abgefangenen Briefe heißt es: »Wir bitten sehr darum, uns Lebensmittelpakete zu schicken. Wir können Pakete und Geld empfangen, aber wir armen Würzburger haben bis jetzt überhaupt nichts gesehen. Die Pakete können bis zu 4 kg wiegen. Wir bitten um Suppenkonzentrat und Suppenwürfel [...] in

arbeit, Tausch oder Zusendung von Nahrungsmitteln weg, dann blieb einzig und allein die Volksküche, die einmal täglich Hungerrationen ausgab. Diese schützten keinesfalls vor Entkräftung, sondern verlängerten allenfalls das Sterben. Eine in dieser Hinsicht besonders trostlose Lage herrschte in Piaski, wo das Ghetto geschlossen und von der Außenwelt durch einen Holzzaun abgetrennt war. Allein junge Männer hatten dort die Möglichkeit, außerhalb des Ghettos Arbeit zu finden. So kam diese Gruppe in Kontakt mit der polnischen Bevölkerung, von der sie Lebensmittel kaufte, die sie in das Ghetto schmuggelte. Für die meisten Älteren, Frauen und Kinder existierten solche Möglichkeiten nicht. Im Ghetto selbst gab es, wenigstens offiziell, zwar Anwerbungen zur Arbeit, jedoch erhielt niemand dafür Entlohnung, nicht einmal in Form kleiner Essensrationen. Binnen kurzem erreichte der Hunger so bedrohliche Ausmaße wie in den Ghettos von Warschau und Łódź:

> Von unserer ›Verpflegung‹ konnte man wirklich nicht sagen ›Zum Leben zu wenig, zum Sterben zu viel‹. Nur der erste Teil dieses Sprichworts traf hier zu, denn an vollkommener Erschöpfung, genauer gesagt, an Hunger, starben hier täglich zwanzig bis dreißig Menschen, die zu vollkommenen Skeletten abgemagert waren. Wir bekamen aus der Gemeinschaftsküche zum Frühstück ein bitteres, schwarzes Getränk mit widerlichem Geschmack, das nur der Farbe nach an Kaffee erinnerte, zum Mittagessen eine immer gleichbleibende, graue, gesalzene, sonst geschmacklose ›Suppe‹ mit einigen wenigen Graupen darin, die man zählen konnte, und einem oder zwei kleinen Stückchen Kartoffeln oder Rüben, die zumeist angefault waren – das Ganze war ohne eine Spur von Fett –, zum Abendessen dasselbe abscheuliche Getränk wie am Morgen, dazu, jeden zehnten Tag fünfzig Dekagramm Brot, also fünf Dekagramm pro Tag.[34]

Der Autor dieser Erinnerungen hebt hervor, daß ungeachtet der Isolation des Ghettos immer wieder legale und illegale Kontakte zur einheimischen Bevölkerung geknüpft wurden und einige Polen nachts Lebensmittel ins Ghetto schmuggelten. So etablierte sich im Ghetto trotz des strikten Verbots und der häufigen Kontrollen seitens der SS ein »Basar«, auf dem »entbehrliche Luxusgüter« wie Zahnbürsten, Seife, Rasierklingen oder Wäsche gegen Lebensmittel eingetauscht wurden. Die weniger Findigen konnten sich an einige polnische Juden wenden, die sich auf den Handel zwischen aus deutschen und tschechischen Deportierten und nichtjüdischen Polen spezialisiert hatten und dabei entsprechend verdienten.[35]

---

kleinen Paketen. Wir sind auch dankbar für Käse.« Ebd., S. 166. Zum Thema der von der Gestapo abgefangenen Korrespondenz siehe auch: Arndt Müller, Geschichte der Juden in Nürnberg 1146-1945, Nürnberg 1968, S. 287-288 sowie Kingreen, Frankfurt (Anm. 1), S. 371.
34 Hindls, Einer kehrte zurück (Anm. 1), S. 20.
35 Ebd., S. 149-150.

3. Konflikte, Barrieren, Kontakte

Das Thema Tauschhandel wirft die Frage nach Kontakten zwischen den einzelnen Gruppen der Deportierten zu den polnischen Juden und den nichtjüdischen Polen auf. Obwohl in Izbica und Piaski nach der ersten Deportationswelle polnischer Juden in das Vernichtungslager Bełzec nichtpolnische Deportierte sofort die leeren Wohnungen belegten, wohnten doch die meisten deutschsprachigen in gemeinsamen Wohnungen mit den polnischen oder tschechischen Juden. Das Zusammenleben von mindestens zwei europäischen Kulturkreisen blieb nicht spannungsfrei. Die polnischen Juden, die aus kleinen Städtchen der Region Lublin kamen, orthodox und konservativ waren, betrachteten die Juden aus dem Reich nicht als solche, denn sie schienen kein bißchen religiös zu sein. Auch empfanden sie das Auftreten der deutschen Juden ihnen gegenüber als diskriminierend, arrogant und anmaßend. Folglich behandelten sie diese nicht als Glaubensbrüder und -schwestern, sondern als Deutsche, denen mit Mißtrauen und Feindseligkeit zu begegnen war:

> ›Ein dreckiger, polnischer Jud‹ – das war noch das schwächste Schimpfwort, mit dem die deutschen Juden die polnischen bedachten. Die polnischen Juden antworten darauf: ›Diese Deutschen, das sind jüdische Gestapoleute. Das sind abscheuliche Menschen, die muß man nicht ins Haus lassen.‹[36]

Zu dieser ablehnenden Haltung trug auch der Verdacht bei, die deutschsprachigen Juden würden im Judenrat oder in der jüdischen Polizei bei den Deportationen in die Vernichtungslager vorrangig polnische Juden auf die Listen für die »Aussiedlung« setzen. Besonders in Izbica prägten sich Konflikte dieser Art aus. Zusätzlich zu den deutsch-polnischen Spannungen tat sich eine tiefe Kluft zwischen den deutschen und den tschechischen Juden auf. Für letztere waren die Juden aus dem Reich ein Symbol jedweden Deutschtums.[37]

Ein weiteres Moment kam noch hinzu: Unter den deportierten Juden aus dem Reich befand sich auch eine nicht unerhebliche Anzahl von Männern und Frauen, die zum Christentum übergetreten waren. Als »Rassejuden« unterlagen auch sie dem »Evakuierungsbefehl«. Für die polnischen Juden, selbst für die christlichen Polen, bedeutete die Gegenwart so vieler Konvertierter einen besonderen Schock. Für die polnischen Juden, besonders die in der Provinz, war eine Konversion zum Christentum eine große Seltenheit, fast eine Sensation. Und nun plötzlich lebten sie inmitten dieses Phänomens! Für die Orthodoxen waren Juden, die, wie die Österreicher zum Katholizismus oder die Deutschen zum Protestantismus, übergetreten waren, nicht nur Glaubensabtrünnige, sondern eben auch – im Gegensatz zur nationalsozialistischen Definition – keine »Juden« mehr. Aus nichtjüdischer polnischer Perspektive wiederum war es unerklärlich, warum diese christlichen Deutschen aus ihrer Heimat nach Polen verschleppt und hier in Ghettos eingewiesen worden waren. In Włodawa bei-

---

36 Berichte, Aussagen geretteter Juden, AJHI, Sign. 301/6269, »Ahaswerus«, S. 23.
37 Vgl. zu Izbica vgl. Roseman, Augenblick (Anm. 3), S. 223-268. Vgl. auch den Beitrag von Monica Kingreen in diesem Band.

spielsweise befand sich unter den ca. 1.000 Juden aus Wien ein ziemlich große Gruppe praktizierender Katholiken. Ihre Anwesenheit in der dortigen Pfarrkirche – durch den Davidstern auf der Brust für alle als Juden kenntlich – schockierte die örtlichen katholischen Polen. Sie beobachteten zudem, wie getaufte österreichische Juden noch im letzten Moment den SS-Männern beweisen wollten, daß sie Christen seien: Als die SS im Juni 1942 im Zuge der »Aktion Reinhard« im Ghetto in Włodawa vor allem Wiener Juden in das Vernichtungslager Sobibór brachte, knieten diese Österreicher auf dem Weg zur Bahnstation zur Verwunderung der christlichen Polen an dem am Wege stehenden Kreuz nieder und beteten. Davon unbeeindruckt, schossen die Wachen auf sie, denn sie verzögerten den Marsch zum Zug.[38]

Die Konvertierten besaßen eigentlich die besten Voraussetzungen, einigermaßen funktionierende Kontakte mit der nichtjüdischen polnischen Bevölkerung aufzubauen. Ein Problem stellten allerdings die Sprachbarrieren dar. Die deutschen und österreichischen Juden sprachen in der Regel kein Polnisch und verstanden auch das Jiddisch der polnischen Juden nicht (mehr), während die christlichen Polen zumeist kein Deutsch sprachen. Die Kontakte zwischen Juden und polnischer Bevölkerung liefen deshalb zumeist über die polnischen Juden, die aufgrund ihrer Jiddisch-Kenntnisse deutsch verstanden.[39] Ein lebhafter Austausch hingegen konnte zwischen Polen und tschechischen oder slowakischen Juden stattfinden, da die Sprachschranke hier niedriger war. Allerdings wäre es verfehlt, aus dieser sprachlichen Nähe auf eine größere soziale Hilfsbereitschaft zu schließen. Daß mehr tschechische oder slowakische Juden als deutsche oder österreichische die Transporte überlebten, lag vermutlich eher an der überproportional hohen Zahl Kranker, Älterer und Siecher unter den Letzteren. Ihre körperliche Leistungsfähigkeit war gering, häufig waren sie den Strapazen der Ghettos nicht gewachsen. Angesichts des mittlerweile beschlossenen systematischen Judenmords verringerten sich die Überlebenschancen der Ghettobewohner ohnehin fast auf Null. Hinzu kam die Hilflosigkeit, in einer fremden Umgebung ohne Sprachkenntnisse Kontakte aufzunehmen, um sich zu retten. Daran konnte auch die »Privilegierung« einzelner, die Positionen in der jüdischen Ghettoverwaltung oder bei der jüdischen Ghettopolizei einnahmen, nichts ändern. Zudem: Die meisten deutschen Deportierten waren über das ihnen zugedachte Schicksal ahnungslos.

38 Interview mit Maria B., Włodawa 15.04.2003, aus der Sammlung des Autors.
39 Interviews mit Helena Błaszczyk und Janina Kić, Izbica 20.03.2003, aus der Sammlung des Autors. In allen Interviews mit älteren Personen, die mit nichtpolnischen Juden in Berührung gekommen waren, wird deutlich, daß die Polen fast überhaupt keinen Kontakt zu deutschsprachigen Juden hatten. Die Interviewten konnten nicht einmal deutsche von österreichischen Juden unterscheiden. Manchmal hielten sie österreichische Juden für Franzosen, obwohl 1942 kein Transport aus Frankreich im Distrikt Lublin ankam. P. Helena Błaszczyk erinnerte sich, daß ihre Familie von einem Zahnarzt aus Wien, der nach Izbica deportiert worden war, behandelt wurde, aber verständigen konnte sie sich mit ihm nur mit Hilfe eines befreundeten polnischen Juden; sie konnte nur wenige Einzelheiten über diese Wiener Familie berichten, die im Nachbarhause wohnte, erinnerte nur, daß diese Mitte 1942 an Typhus verstorben sei.

Lediglich ein Bericht in der Sammlung des Autors gibt Auskunft über die Hilfeleistungen eines Polen: Die Schreiberin Käthe Leschnitzer wurde bei ihrer Flucht aus Izbica von dem polnischen Angestellten eines Fotogeschäfts in Krasnystaw unterstützt, wo sie eine Zeit lang als Hilfskraft arbeitete. Leider bleibt ihre Schilderung so allgemein, daß sich nicht daraus schlußfolgern läßt, wie es zum Einvernehmen zwischen ihr und dem Polen gekommen war und wie die Hilfe im einzelnen aussah.[40]

Die Konflikte zwischen den einzelnen Gruppen von Juden im Ghetto und in den Arbeitslagern im Distrikt wurden auch von den nationalsozialistischen Verantwortlichen vor Ort geschürt, um die Deportationen in die Vernichtungslager noch effektiver durchzuführen. Man kann hier erneut das Beispiel Izbica heranziehen. In diesem Ort nutzten die Deutschen die Spannungen zwischen polnischen und nichtpolnischen Juden zur Gründung zweier gesonderter Judenräte, zweier separater Institutionen der Jüdischen Sozialen Selbsthilfe sowie zweier Abteilungen der bereits erwähnten Ghettopolizei. In der Erinnerung der wenigen geretteten polnischen Juden aus Izbica blieben vor allem die Ereignisse im Gedächtnis haften, die mit der Tätigkeit der tschechischen Ghettopolizei verbunden war. In fast allen Berichten findet sich die Einschätzung, daß die nichtpolnischen jüdischen Polizisten sich besonders brutal gegenüber den polnischen Juden verhalten hätten. Diese Ungerechtigkeit habe dazu geführt, daß die Mitglieder der polnischen jüdischen Ordnungspolizei versucht hätten, bei den aufeinanderfolgenden Deportationen vor allem nichtpolnische Juden zu verhaften.[41]

Ein sehr negatives Zeugnis stellt das polnische Judenrats-Mitglied Leon-Lejb Feldhendler den deutschen Juden aus, die sich in dieser Zeit in Izbica aufhielten. Er wurde später in das Vernichtungslager Sobibór deportiert, wo er 1943 einer der Führer des Häftlingsaufstandes wurde:

> Die deutschen Juden wurden völlig anders behandelt. Im Vergleich zu den polnischen Juden wurden sie bevorzugt. Sie gründeten eine eigene Miliz und einen eigenen Judenrat. Neue Transporte trafen ein. Vor der Ankunft neuer Transporte wurden polnische Juden ausgesiedelt. Die polnischen Juden trugen eine weiße Binde mit einem Stern auf der Schulter, die deutschen einen gelben Stern auf der Brust. Während der Aussiedlung der polnischen Juden nahm die deutsche jüdische Miliz teil am Abfangen der polnischen Juden. Es gab Fälle, in denen deutsche Juden das Versteck ihrer polnischen Brüder verrieten. Ähnlich verhielten sich die tschechischen Juden. Dies ist charakteristisch für die deutsche Politik – divide et impera. [...] Zwei bis drei Wochen lang saßen die deutschen und tschechischen Juden ruhig da und sonderten sich ab von den polnischen Juden.[42]

---

40 Bericht Käthe Leschnitzer, AJHI, Berichte, Aussagen geretteter Juden, Sign. 301/1303, S. 3. Gelegentlich finden sich in der Korrespondenz der Deportierten Andeutungen über polnischen Antisemitismus. Siegfried Wittmer, Regensburger Juden. Jüdisches Leben von 1519 bis 1990, Regensburg 1996, S. 362.

41 Über solche Vorfälle schreibt auf jeden Fall der aus Izbica stammende Thomas Blatt in seinen Erinnerungen. Thomas-Toivi Blatt, Nur die Schatten bleiben. Der Aufstand im Vernichtungslager Sobibór, Berlin 2000, S. 52-53.

42 Bericht Leon Feldhendler, AJHI, Berichte, Aussagen geretteter Juden, Sign. 301/72, S. 4-5.

Diese Antagonismen unter den verfolgten Juden blieben auch den polnischen Außenstehenden nicht verborgen, die das Leben in den Ghettos beobachteten. Zwar waren sie sich über die kulturellen und Mentalitätsunterschiede zwischen den einzelnen Gruppen der Juden im klaren. Trotzdem verwunderte sie das Ausmaß dieses Konfliktes:

> Das war ein schreckliches Drama, auf der einen Seite die hohe Sterblichkeit unter den Kindern und Alten aufgrund des Hungers, der Entkräftung und des Mangels an ärztlicher Hilfe, der Massenselbstmord ganzer Familien sowie der Konflikt zwischen den örtlichen Juden und den aus dem Gebiet des Generalgouvernements wie auch aus den westlichen Staaten Herangetriebenen oder Herangefahrenen, und auf der anderen Seite wütete furchtbarer Terror, wüteten hier verschiedene Häscher in Gestalt der ›Schulzen‹ und daneben vereinzelt der Pöbel des polnischen Lumpenproletariats, der den ›Schulzen‹ behilflich war bei der Suche nach Juden in den verschiedenen Häusern, Verstecken und Schlupfwinkeln. Zur Zusammenarbeit mit den Häschern gesellten sich einige Juden aus den westlichen Staaten, die den Deutschen in scheußlicher Weise Dienste erwiesen und sich an den armen Juden mehr weideten als die Deutschen. Eine ähnliche Situation herrschte in Zamość, wo auch ein kleiner Teil der zugereisten Juden mit den Deutschen zusammenarbeitete.[43]

4. Die letzte Phase: die Liquidation der Ghettos und das KZ Lublin

Im Oktober und November 1942 begann die Liquidierung der Transitghettos, und die meisten Bewohner wurden in die Vernichtungslager gebracht. Kräftigeren oder noch vergleichsweise gesund aussehenden Männern und Frauen gelang es, in Arbeitslager zu kommen, die im Distrikt Lublin lagen, oder in das Konzentrationslager Majdanek. Unter ihnen befanden sich auch 3.000 deutsche und österreichische Juden aus den Transporten, die im ersten Halbjahr 1942 aus dem Reichsgebiet in das Gebiet des Distrikts Lublin gekommen waren.[44]

43 Stefan Sendłak, Ostatni etap przed śmiercią, AJHI, Berichte, Aussagen geretteter Juden, Sign. 301/5953, S. 11-12. Stefan Sendłak war vor dem Krieg ein bekannter Funktionär der Polnischen Sozialistischen Partei. Zur Zeit der nationalsozialistischen Besetzung tauchte er in Izbica unter, um der Verhaftung zu entgehen. Ende 1942 hielt er sich in Warschau auf, wo er das Komitee Zamojsko-Lubelski Niesienia Pomocy Żydom (Hilfskomitee für Juden in Zamość-Lublin) gründete. Heute ist er fast vollkommen in Vergessenheit geraten. Ten jest z ojczyzny mojej … Polacy z pomocą Żydom 1939-1945, bearb. v. Władysław Bartoszewski, Zofia Lewinówna, Krakau 1969, S. 171-174. Jan Szulc, vor dem Krieg Gehilfe eines jüdischen Uhrmachers in Izbica, ließ sich in der Besatzungszeit in die Volksliste eintragen und wurde in Izbica als Bürgermeister eingesetzt. In der Erinnerung der älteren Einwohner wird er als außergewöhnlich grausamer Mensch beschrieben, gegenüber Juden ebenso wie gegenüber Polen, die er der Konspiration verdächtigte. Interview mit Helen Błaszczyk und Janina Kić, Izbica 20.03.2003, aus der Sammlung des Autors.

44 Tomasz Kranz, Eksterminacja Żydów na Majdanku i rola obozu w »Akcji Reinhard«, Zeszyty Majdanka XXII (2003), S. 19.

Im KZ Majdanek nahmen die deutschsprachigen Juden keine privilegierten Positionen ein, da die wichtigsten Funktionen schon vor der Ankunft der Juden aus dem Reich an die slowakischen und tschechischen Juden vergeben waren, die in der Gruppe der Funktionshäftlinge den Ton angaben. Ihr internes Netzwerk blieb auch intakt, als Juden anderer Nationalitäten in das Lager gebracht wurden. Die Funktionsträger aus der Slowakei und aus Tschechien rekrutierten ihre Landsleute, was wiederum den Neid und die Mißgunst der Ausgeschlossenen hervorrief.[45] Bis Ende 1942 scheinen die meisten der deutschen Juden gestorben bzw. ermordet worden zu sein. Über diese Gruppe im Lager Majdanek ist wenig bekannt, lediglich kurze Notizen oder Informationen über einzelne Personen in den Totenlisten blieben erhalten.[46]

Als in Majdanek im Herbst 1942 ein Frauenlager eingerichtet wurde, befand sich unter den jüdischen Häftlingen auch eine Gruppe von Frauen aus den deutschen Transporten, die man aus den im Distrikt Lublin liquidierten Ghettos hierher gebracht hatte. Einige dieser Frauen erhielten im Lager Funktionen, wie z. B. Frieda Alexander aus Stettin, die schon 1940 nach Bełżyce deportiert worden war und aufgrund ihrer deutschen Sprachkenntnisse zur Lagerältesten des Frauenlagers in Majdanek ernannt wurde, eine Position, die sie auch innehatte, als die Jüdinnen in das Arbeitslager am Alten Flugplatz verlegt wurden. Obwohl die geretteten polnischen Juden sie als eine sehr rohe Person beschreiben, die die Häftlinge häufig schlug, erklärten sie auch, daß viele Jüdinnen im Lager ihr Leben ihr verdanken, da sie sie bei der Selektion rettete.[47]

45 Vgl. G. Plewik, Więźniowie funkcyjni, S. 36, 43, 47-48, 62.
46 Ebd., S. 9.
47 Frieda Alexander wurde zusammen mit ihrer Tochter Renate, die noch nicht 10 Jahre alt war, nach Bełżyce deportiert. Was mit ihrer Tochter geschah, ist nicht bekannt. Im Lager Majdanek befand Frieda Alexander sich, zusammen mit einer Gruppe arbeitsfähiger polnischer und deutscher Jüdinnen, im Oktober 1942. 1943, als sie die Lagerälteste im Arbeitslager am Flugplatz war, heiratete sie den Lagerältesten des Männerlagers, einen polnischen Juden. Ihre Trauung und Hochzeit war ein so markantes Ereignis, daß sie eine von der SS organisierte Untersuchung in Sachen Korruption unter SS-Männern, die mit der »Aktion Reinhard« verbunden waren, nach sich zog. Zu dieser Hochzeit wurden SS-Männer der Lagermannschaft geladen, die früher gute Beziehungen zu den Funktionshäftlingen pflegten und mit diesen sogar illegalen Handel trieben. Mitteilungen hierüber wurden von einem anonymen SS-Mann nach Berlin weitergegeben und hatten zur Folge, daß SS-Richter Konrad Morgen nach Lublin gesandt wurde. Mit seiner Anwesenheit begann die Untersuchung einer Korruptionsaffäre unter SS-Männern der »Aktion Reinhardt«, was unter anderem die Verhaftung des Kommandanten des KZ Lublin, Hermann Florstädt, nach sich zog. Frieda Alexander selbst wurde während der Massenexekution von Juden im KZ Majdanek am 3.11.1943 erschossen, als die Nationalsozialisten im Rahmen der Operation »Erntefest« etwa 18.000 jüdische Häftlinge aus Majdanek und den Arbeitslagern in Lublin ermordeten. Bericht von Gołda Teich, Estera Kerżner und Ida Mazower, Archiwum Państwowego Muzeum na Majdanku (Archiv des Staatlichen Museums Majdanek, im folgenden APMM), Erinnerungen und Berichte, Sign. VII-643, Jüdische Erinnerungen, S. 127-128, 150, 539-541; Danuta Brzosko-Mędryk, Niebo bez ptaków, Warszawa 1968, S. 288-290; Zeznania Konrada Morgena z dn. 7.08.1946 r., in: Trail of the Major War Criminals Before the International Military Tribunal. Nurem-

Aus Wien stammten Jüdinnen, die in der Lagerkanzlei des Frauenlagers Majdanek arbeiteten. Die Leiterin der Kanzlei war die Wienerin Auerbach. Sie scheint in ihrem Auftreten darauf bedacht gewesen zu sein, sich von den Häftlingen abzugrenzen und auf ihren Status zu pochen. Mit ihrer überlegten Aufmachung und ihrem bewußt machtvollen Habitus bot sie eine ausgezeichnete Projektionsfläche insbesondere für sexualisierte Klischees der »weiblichen Kollaboration«:

> Auerbach erfreute sich – obwohl selbst Häftling – der speziellen Gunst der Oberaufseherin – Ehrich. […] Auerbach war alles erlaubt. Sie profitierte von allen Privilegien und schaltete und waltete nach Belieben über alles. Warum das so war, ist mir nicht völlig klar. Tatsache ist, daß es so war. Uns mußte alles genügen, und mit Auerbach mußten wir rechnen wie mit der höchsten Macht. Auerbach war von kleinem Wuchs, recht kräftig, immer ziemlich elegant gekleidet, stark parfümiert und geschminkt. Die blutige Maniküre gereichte ihr zur Zierde, ein wenig zu kurze, aber gepflegte Finger. […] Loyal und voller Hingabe diente sie den deutschen Machthabern. […] Auerbach läßt sich von dem Anblick der gequälten Leichen mit ihrer wächsernen Haut, die sie doch von allen Seiten umgeben, überhaupt nicht aus der Fassung bringen.[48]

Trotz dieser ressentimenterfüllten Beschreibung betonen die Überlebenden, daß auch Auerbach ihre privilegierte Stellung nicht genutzt habe, um anderen weiblichen Häftlingen direkten Schaden zuzufügen.

In anderen Arbeitslagern im Distrikt Lublin, besonders in denen, in die geschlossene Gruppen oder Transporte deutscher und österreichischer Juden gebracht wurden wie in die Arbeitslager in Poniatowa und Trawniki oder auch in die kleinen Arbeitslager um Sobibór herum, hielt sich die bevorrechtigte Stellung deutschsprachiger jüdischer Männer. Im Lager Poniatowa z. B. wohnte eine Gruppe österreichischer Juden, die vorher im Ghetto von Opole Lubelskie gewesen waren. Zusammen mit den tschechischen Juden gehörten sie zu den »privilegierten« Häftlingen, hatten die maßgeblichen Funktionen im Lager inne und verhielten sich, so die Erinnerungen, feindlich gegenüber polnischen Juden.[49]

Im zweiten großen Arbeitslager für Juden, in Trawniki, trafen 1942 sehr viele deutsche Juden aus Berlin ein. Zusammen mit den tschechischen Juden bildeten sie auch hier die Lagerelite. Aus ihren Reihen rekrutierten sich viele Kapos und Vorarbeiter. Die deutschen Jüdinnen bekleideten ähnliche Stellungen im Frauenarbeitslager wie ihre Landsmänner. Nichtjüdische Polen zeigten sich schockiert über ihr gutes Aus-

---

berg 14 November – 1 October. Vol. XX, Proceedings 30 July 1946 – 10 August 1946, Nuremberg 1948, S. 492-493.

48 Erinnerungen und Berichte, APMM, Sign. VII-117, Eugenia Deskur-Dunin-Marcinkiewicz, Kandydat do wspólnego stołu wolnych demokratycznych narodów, S. 102; Grzegorz Plewik, Więźniowie funkcyjni w obozie koncentracyjnym na Majdanku, in: Zeszyty Majdanka XXI (2001), S. 63.

49 Ryszard Gicewicz, Obóz pracy w Poniatowej (1941-1943), in: Zeszyty Majdanka X (1980), S. 95.

sehen und ihre Eleganz – im Vergleich zu den ärmlich gekleideten und ausgehungerten polnischen Jüdinnen.⁵⁰ Leider ist aufgrund mangelnder Überlieferung von den Lagerhäftlingen in Trawniki wenig über die Beziehungen der aus verschiedenen Ländern stammenden Gruppen der Juden bekannt. In Poniatowa und Trawniki entschieden vor allem zwei Faktoren über die »privilegierte« Position der deutschen oder österreichischen Juden: Sie besetzten als die ersten Häftlinge in diesen Lagern die Funktionen frühzeitig, sie beherrschten die deutsche Sprache und waren in der deutschen Kultur zu Hause.

Über die Juden aus dem Reich, die sich in den Arbeitslagern rund um Sobibór aufhielten, also in Krychów, Sawin, Sajczyce, Nowosiółki, Staw, Luta, Ujazdów oder Osowa kann kaum etwas ausgesagt werden. Einzig und allein über das Lager in Osowa, in dem sich ca. 300 tschechische, deutsche und polnische Juden aufhielten, ist bekannt, daß der Lagerälteste ein deutscher Jude namens Preis war, der zusammen mit seiner Tochter hierher gekommen war und als einziger in einem normalen Wohnhaus wohnte.⁵¹ Der Name Preis blieb den Bewohnern von Osowa im Gedächtnis, weil ein dramatischer Vorfall für Aufsehen sorgte: Der Lagerkommandant in Osowa, der SS-Mann Bajka, verlangte von Preis, ihm seine Tochter als Geliebte zu geben. Preis und seine Tochter lehnten dieses Verlangen ab, und beide wurden von Bajka vor den Augen der übrigen Häftlinge und einiger Dorfbewohner erschossen.⁵²

Zu den nichtjüdischen Polen hatten die Häftlinge der kleinen Lager offenbar ziemlich viele Kontakte, vor allem tauschten sie persönliche Habseligkeiten gegen Lebensmittel. In einigen Ortschaften war die Lagerdisziplin nicht sehr groß, so daß nichtjüdische Polen sich auf dem Gebiet des Lagers aufhalten konnten, in Osowa arbeiteten sie sogar mit den Juden zusammen, wobei sie im Gegensatz zu diesen bezahlt wurden. In einigen anderen Lagern konnten die Juden in die jeweiligen Dörfer gehen.⁵³ Alle Berichte und Erinnerungen an diese kleinen Lager um Sobibór erwäh-

---

50 Interviews mit Błażej Jaczyński, Łęczna 15.06.1996 und Jan Krasowski, Trawniki, 20.09.2000, aus der Sammlung des Autors.

51 Die jüdischen Häftlinge in Osowa bewohnten Scheunen, Kuh- und Schweineställe auf verlassenen ukrainischen Höfen. Demgegenüber lebten die deutsche Wachmannschaft sowie Preis und seine Tochter in zwei zum Lager gehörenden Wohnhäusern. Interview mit Stefan Ostapiuk, Osowa 2.05.2003, aus der Sammlung des Autors.

52 Ebd. Einige Quellen geben Auskunft über Formen sexueller Gewalt gegenüber den deportierten Frauen. Beispielsweise suchten SS-Männer in Sobibór aus einem Wiener Transport drei junge Frauen heraus, die dann in den SS-Unterkünften als Zimmermädchen beschäftigt wurden. Sowohl die Lagerhäftlinge als auch die SS-Mannschaft wußten, daß einige SS-Männer die Wienerinnen des Nachts in ihre Zimmer holten. Die Angelegenheit wurde so bekannt, daß sie als »Rassenschande« geahndet zu werden drohte. Auch aus diesem Grunde führten zwei SS-Männer eines Tages die Frauen in das Lager III, wo sich die Gaskammern und Massengräber befanden. Hier wurden die Frauen erschossen. ZStL, Sign. 208 AR-Z 251/58, Untersuchung gegen Kurt Bolender und andere, Aussagen Eda Lichtman und Erich Bauer, S. 232-233, 785; Thomas Toivi Blatt, Sobibór. Zapomniane powstanie, Włodawa 2004, S. 83.

53 Aussage von Maria Pazyna, Archiwum Instytutu Pamięci Narodowej – Oddział w Lublinie (Archiv des Instituts Nationalen Gedenkens – Abteilung in Lublin), Akta Okręgowej Komisji

nen jedoch, daß es dennoch nur sehr selten Fluchtversuche gab. Die Juden, besonders diejenigen, die durch die Selektion an der Rampe in Sobibór gekommen waren, wußten schon, daß sich in der Nähe Vernichtungslager befanden, in denen sie nicht selten Familienmitglieder verloren hatten. Gerade nichtpolnische Juden, die nicht in Sobibór gewesen waren, ahnten allerdings oftmals nicht, daß sie dicht neben einem Vernichtungslager lebten. Ähnlich war es, wie geschildert, in den Durchgangsghettos, in denen viele nichtpolnische Juden, die Zeugen sehr blutiger Deportations-»Aktionen« oder Massenexekutionen an Ort und Stelle geworden waren, ebenfalls den Charakter der Lager als Vorhöfe zu den Gaskammern in Bełżec und Sobibór nicht kannten.[54] Zwar läßt sich aufgrund der geringen Anzahl der Geretteten und der noch geringeren Zahl ihrer Berichte heute nicht mehr feststellen, wie groß der Wissensunterschied zwischen den nichtpolnischen und polnischen Juden über die Vernichtungspraxis tatsächlich war – und vielleicht ging es hier auch weniger um begründetes Wissen, als um Ahnungen oder Verdrängungen, weil der Massenmord als »Zivilisationsbruch« alle Vorstellungskraft überstieg. Nicht zu fliehen scheint angesichts der

Badania Zbrodni Hitlerowskich w Lublinie, Sign. Ds. 272/67, Akte in Sachen Verbrechen, begangen im Vernichtungslager Sobibór, S. 1-4; Erinnerungen von Lucia Pollak-Langford, aufgenommen von Lukaš Přibyl in den USA im Jahre 2000 (der Autor dankt L. Přibyl für die Übergabe dieses Materials); Interview mit Stefan Ostapiuk, Osowa 02.05. 2003, aus der Sammlung des Autors; Gespräch mit einem anonymen Bewohner des Dorfes Staw bei Chełm, 02.05.2003, aus der Sammlung des Autors. Zeitzeugen berichten, daß sich in der Umgebung des Vernichtungslagers Sobibór die Häftlinge der kleinen Arbeitslager relativ frei bewegen und daher von Polen Lebensmittel erwerben konnten. Wenn die Häftlinge das Lager in Begleitung von einem oder zwei ukrainischen Wachmännern verließen, bestach man diese in der Regel mit Alkohol oder Wertgegenständen, damit sie die Kontakte der jüdischen Häftlinge zu den Bewohnern der umliegenden Dörfer ignorierten.

54 Erinnerungen von Lucia Pollak-Langford; Brief von Kurt Thomas v. 18.08.2002 an den Autor dieses Beitrags. Beide Interviewten stammten aus Tschechien. Lucia Pollak wurde aus Theresienstadt ins Vernichtungslager Sobibór deportiert und wurde für das Arbeitslager in Sawin bestimmt, während Kurt Thomas sich zuerst im Durchgangsghetto in Piaski befand und dann nach Sobibór deportiert wurde, wo er bis zur Zeit des Häftlingsaufstands am 14.10.1943 blieb. Bis zur Befreiung wurde er von einer polnischen Familie bei Piaski versteckt. Beide betonten, daß sie von den Vernichtungslagern nichts gewußt hatten – Lucia Pollak bis in die Nachkriegszeit (obwohl sie in Sobibór ihre Mutter verloren hatte), Kurt Thomas hingegen bis zur Zeit der Deportation nach Sobibór. Man muß dazu wissen, daß beide Kontakt zu jüdischen wie nichtjüdischen Polen hatten und die polnische Sprache verstanden, dennoch drangen Informationen über Gaskammern und Massenvernichtung offenbar nicht zu ihnen vor. Auch Helena Błaszczyk aus Izbica bestätigt dies mit ihrem Bericht, daß nur ausländische Juden der plakatierten Aufforderung gefolgt seien, sich an der Rampe einzufinden, während die polnischen vorsorglich in vorbereitete Verstecke geflüchtet seien. Die Zeitzeugin meinte, jüdische wie christliche Polen hätten die ausländischen Juden darüber informiert, daß die Deportationen den Tod bedeuteten – was diese jedoch nicht hätten glauben wollen. Im übrigen interpretierten die jüdischen und nichtjüdischen Polen das freiwillige Sich-Aufstellen zum Transport besonders der deutschen Juden als Beweis eines starken Charakters, der selbst unter extremen Bedingungen »deutsche Disziplin« wahrte. Interview mit Helena Błaszczyk, 17.01.2004, aus der Sammlung des Autors.

Umstände – dem Mangel an Sprachkenntnissen, der Unkenntnis des Terrains und dem fehlenden Kontakt zu Helfern, ganz abgesehen von den geringen Erfolgsaussichten angesichts der bewaffneten Wachen – keine so irrationale Entscheidung. Auch bewirkten das Bewußtsein, völlig verlassen zu sein, und die Ahnung eines unabwendbaren Todes psychisch eine Apathie, die durch die physischen Folgen der auszehrenden Erschöpfung, durch die primitiven Lebensbedingungen, die schwere Arbeit und den Hunger verstärkt wurde.

5. Resümee

Von den Transporten der aus Deutschland stammenden Juden in den Distrikt Lublin wurden weniger als 20 Personen gerettet. Die Zahl der überlebenden österreichischen Juden liegt nur geringfügig höher. Das Schicksal der Juden aus dem Reich im Distrikt Lublin unterschied sich nicht von dem der nach Riga, Kowno oder Minsk Deportierten. Am Ende stand immer ihre geplante Ermordung. Der Aufenthalt in den Durchgangsghettos oder Arbeitslagern in der Region Lublin schob diese nur einige Monate hinaus. Für die, die dort starben, waren die Zwischenlager die letzte Etappe.

Der Versuch der Rekonstruktion, wie deutschsprachige und polnische Juden sowie nichtjüdische Polen zusammenlebten, die in den Transitghettos im Distrikt Lublin zusammengepfercht wurden, ist ein hochschwieriges Unterfangen. Der aufgezwungene Kontakt und die elenden sozialen Verhältnisse führten sehr wahrscheinlich zu einer Ansammlung von Konfliktlagen. Deren Intensität und Reichweite auszuloten, ist aber angesichts der nicht nur quantitativ prekären Quellengrundlage diffizil. Die Spannungen im Zusammenleben werden in den Nachkriegsaussagen betont, sie überlagern offensichtlich andere Gegensätzlichkeiten wie etwa Klassen- oder Schichtenunterschiede, die in den Hintergrund rücken. Auch bleibt die Frage offen, ob die Verwerfungen in den Lagern immer allein den national-ethnischen Trennungslinien folgten, oder ob andere Gegensätze (Junge – Alte, Männer – Frauen, Kranke – Gesunde etc.) diese beeinflußt oder überlagert haben. So bleibt es selbst bei einer intensiven Auswertung subjektiver Quellen schwierig, zu einer Aussage darüber zu kommen, welche Konflikte sich in der Verfolgungssituation verschärften und welche abgeschwächt wurden bzw. ganz verschwanden. Eindeutig scheint hingegen, daß das gemeinsame Verfolgungsschicksal wenig zu einer Solidarisierung beitrug, sondern eher alte Vorurteilsstrukturen und Klischees bestärkte. Der Zwang, in der Fremde unter elenden Bedingungen miteinander zu leben, führte zu Mißtrauen und Neid – Gefühle und Reaktionen, die die jeweiligen Lagerleitungen mitunter ausnutzten. Die Tragödie war um so größer, weil die Deportierten in aller Regel nicht auf Hilfe rechnen konnten, weder von Seiten ihrer Leidensgefährten, den polnischen oder tschechischen oder slowakischen Juden, noch von Seiten der nichtjüdischen Polen.

Dieser Beitrag kann nicht alle Aspekte des Zusammenlebens der deutschen und österreichischen Juden in der Region Lublin zur Zeit der nationalsozialistischen Besetzung erschöpfend behandeln. Weitgehend außer Acht gelassen wurden beispielsweise Unterschiede zwischen frühen und späten Deportationen, zwischen der Situation in den Ghettos und bei den Familienunterbringungen sowie eine weitere

Binnendifferenzierung der beteiligten Akteursgruppen. Zusätzliche Untersuchungen und weitere Interviews mit älteren Bewohnern der Ortschaften, wo sich polnische und nichtpolnische Juden zwangsweise aufhielten, wären notwendig, um die hier vorgestellten ersten Thesen auf eine breitere Grundlage zu stellen und damit die Frage zu beantworten, wie repräsentativ diese Untersuchungen zum Distrikt Lublin sind. Angesichts des hohen Alters, das mögliche Interviewpartner beinahe 60 Jahre nach Kriegsendes erreicht haben müßten, stehen die Chancen nicht sehr gut, diesen Wettlauf mit der Zeit zu gewinnen.

Aus dem Polnischen von Dagmar Wienrich

BEATE KOSMALA

Zwischen Ahnen und Wissen
Flucht vor der Deportation (1941-1943)

Als im Oktober 1941 die Emigration aus Deutschland endgültig verboten wurde und die reichsweiten Deportationen begannen, wurde Deutschland für alle Juden, die nicht rechtzeitig flüchten konnten, zur tödlichen Falle. Zu diesem Zeitpunkt konnten jedoch die wenigsten von ihnen ahnen oder gar wissen, daß die Deportation mit einem Todesurteil gleichzusetzen war. Die 164.000 als Juden Verfolgten, die im Herbst 1941 noch in Deutschland lebten, waren isoliert, verarmt und überaltert.[1] Die meisten von ihnen lebten bereits zwangsweise in »Judenhäusern« bzw. Lagern, die Arbeitsfähigen standen im Zwangsarbeitseinsatz.[2] Mit euphemistischen Tarnbegriffen wie »Evakuierung«, »Abwanderung« oder »Aussiedlung« versuchte das Regime nun den reibungslosen Ablauf der Deportationen zu gewährleisten, die Siegmund Weltlinger, Angestellter der Jüdischen Gemeinde zu Berlin, nach dem Krieg als »die furchtbarste Maßnahme, die jemals ein Menschenhirn erdacht hat«[3], bezeichnete.

Dies fordert zu den Fragen heraus: Inwieweit ahnten oder wußten Juden in Deutschland, was »Evakuierung nach dem Osten« bedeutete? Erkannten sie darin eine tödliche Bedrohung und ab wann war dies der Fall? Auf welche Weise beeinflußte diese Erkenntnis die Entscheidung, sich der Deportation zu entziehen? Vor welchen Dilemmata standen die Betroffenen?

Eine systematische Forschung über das, was die jüdische Bevölkerung von der Bedeutung der Deportationen ahnte oder wußte, fehlt bislang. Marion Kaplan umreißt in ihrer bahnbrechenden Studie über jüdische Frauen und ihre Familien in Nazideutschland in einem knappen Abschnitt (»Was die Juden glaubten«) diesen Komplex. Sie führt zeitgenössische und Nachkriegsquellen an, ohne jedoch den zeitlichen Abstand der Berichte zu thematisieren.[4] Was Juden ahnten, was sie wissen konnten bzw. tatsächlich wußten, hängt eng mit der Frage zusammen, über welche Kenntnis die Mehrheitsgesellschaft zu den Massenverbrechen an Juden verfügte. Noch ist um-

---

1 Marion Kaplan, Der Mut zum Überleben. Jüdische Frauen und ihre Familien in Nazideutschland, Berlin 2003, S. 207.
2 Wolf Gruner, Der geschlossene Arbeitseinsatz deutscher Juden. Zur Zwangsarbeit als Element der Verfolgung 1938 bis 1943, Berlin 1997.
3 Siegmund Weltlinger, Hast Du es schon vergessen? Erlebnisbericht aus der Zeit der Verfolgung. (Vortrag am 28. Januar 1954 im Amerikahaus, Berlin), hg. vom Deutschen Koordinierungsrat der Gesellschaften für Christlich-Jüdische Zusammenarbeit e. V. in Frankfurt/Main o.J. Weltlinger (1886-1974) war seit März 1939 bis Februar 1942 verantwortlich für die Auswanderungs-, Abwanderungs- und Theresienstadt-Abgabe. 1949 wurde er Gründungsmitglied der Gesellschaft für Christlich-Jüdische Zusammenarbeit in Berlin.
4 Kaplan, Mut (wie Anm. 1), S. 280-284.

stritten, wieviel die »Volksgenossen« wann wissen konnten und wußten;[5] eine umfassende Untersuchung zum Thema steht noch aus.[6] David Bankier, der zu dem Schluß kommt, »daß weite Kreise der deutschen Bevölkerung, darunter Juden wie Nichtjuden, entweder gewußt oder geahnt haben, was in Polen oder Rußland geschah«[7], äußert die Vermutung, daß Informationen und Gerüchte über die Massenverbrechen einen »komplexen psychologischen Verleugnungs- und Unterdrückungsprozeß« auslösten. Das, »was als der Holocaust bekannt wurde«, sei oft selbst für NS-Gegner, die sich bewußt und gezielt informierten, »eine unfaßbare und daher nicht zu glaubende Wirklichkeit gewesen«[8]. Der Soziologe Karl-Heinz Reuband kommt auf Grund einer systematischen Auswertung von Umfrageergebnissen auf bundesweiter Ebene zu der Auffassung, daß insgesamt eine Minderheit der Deutschen vor Ende des Krieges Kenntnisse vom Massenmord an den Juden gehabt habe, wobei die Zahl des Personenkreises »mit gewisser Kenntnis« immerhin in die Millionen gehe.[9] Allerdings bleibt fraglich, ob dieses Umfrageergebnis nicht eher die spätere Einschätzung der Befragten wiedergibt als die tatsächlichen Kenntnisse 1941 bis 1945. Reuband folgert, auch die Juden hätten – aufgrund ihrer weitgehenden Isolierung – »zwischen Nicht-Wissen, Wissen und Nicht-glauben-Wollen«[10] geschwankt. Letzteres traf sicher weitgehend zu, war aber eher die Folge der Ausweglosigkeit, in der das »Wissen« vollends unerträglich war.

In diesem Beitrag wird dargestellt, wie das ahnungsvolle Wissen um die tödliche Bedrohung durch die Deportationen allmählich immer konkreter wurde, und danach gefragt, unter welchen Bedingungen die risikoreiche Entscheidung unterzutauchen gefällt wurde. Daß »Deportation« letztlich auf die Ermordung hinauslaufen würde, konnten sich die Betroffenen im Herbst 1941 kaum vorstellen und schon gar

---

5 Walter Laqueur, Was niemand wissen wollte. Die Unterdrückung der Nachrichten über Hitlers »Endlösung«, Frankfurt/Main-Berlin-Wien 1981; Hans Mommsen/Dieter Obst, Die Reaktion der deutschen Bevölkerung auf die Verfolgung der Juden 1933-1943, in: Hans Mommsen/Susanne Willems (Hg.), Herrschaftsalltag im Dritten Reich, Düsseldorf 1988, S. 374-426; David Bankier, Die öffentliche Meinung im Hitlerstaat. Die »Endlösung und die Deutschen. Eine Berichtigung, Berlin 1995; Eric Johnson, Nazi Terror: the Gestapo, Jews and Ordinary Germans, New York 1999; Robert Gellately, Hingeschaut und weggesehen. Hitler und sein Volk, Stuttgart/München 2002. Vgl. auch den Beitrag von Frank Bajohr in diesem Band.
6 An einer Studie, die diese Lücke schließen soll, arbeitet Bernward Dörner am Zentrum für Antisemitismusforschung. Arbeitstitel: Der Mord an den europäischen Juden und die deutsche Gesellschaft: Wissen und Haltung der Bevölkerung 1941 bis 1945.
7 David Bankier, Was wußten die Deutschen vom Holocaust?, in: Beate Kosmala/Claudia Schoppmann (Hg.), Überleben im Untergrund. Hilfe für Juden in Deutschland, Solidarität und Hilfe für Juden in der NS-Zeit, Bd. 5, Berlin 2002, S. 63-87, hier S. 67.
8 Ebd., S. 87.
9 Karl-Heinz Reuband, Zwischen Ignoranz, Wissen und Nicht-glauben-Wollen. Gerüchte über den Holocaust und ihre Diffusionsbedingungen in der deutschen Bevölkerung, in: Kosmala/Schoppmann, Überleben (wie Anm. 7), S. 33-59; ders., Gerüchte und Kenntnisse vom Holocaust in der deutschen Gesellschaft. Eine Bestandsaufnahme auf der Basis von Bevölkerungsumfragen, in: Jahrbuch für Antisemitismusforschung 9 (2000), S. 196-233.
10 Reuband, Ignoranz (wie Anm. 9) S. 47.

nicht »wissen«, wenngleich schon in dieser frühen Phase nach jahrelanger Verfolgung und immer drastischeren Maßnahmen des Regimes angstvolle Ahnungen eine Rolle spielten. Auch waren die ersten reichsweiten Deportationen deutscher und österreichischer Juden seit Oktober 1941 nach Minsk, Riga und »Litzmannstadt« (Łódź) von den nationalsozialistischen Machthabern noch nicht mit dem definierten Ziel der Vernichtung in Gang gesetzt worden. Die brutale Vertreibung sollte die Städte »judenfrei« machen und die Juden »in den Osten abschieben«, wie es Gauleiter Joseph Goebbels Mitte August 1941 formulierte. »Dort werden sie dann unter einem härteren Klima in die Mache genommen.«[11] Die immer umfassenderen Massenmordaktionen an sowjetischen Juden im Sommer 1941 gingen sukzessive in die Politik der Ermordung aller Juden Europas über. Diese »Endlösung der Judenfrage« trat seit Beginn des Jahres 1942 immer deutlicher als Gesamtprojekt hervor.[12] Diese Entwicklung blieb der jüdischen Bevölkerung trotz ihrer Isolation nicht völlig verborgen. Juden waren – zumindest in Berlin – keineswegs so abgeschottet von Kontakten zur nichtjüdischen Bevölkerung und damit von Informationen, wie vom Regime gewollt. Es ist zu fragen, wie Verfolgte auf die immer deutlichere Bedrohung durch die Deportation reagierten, wie sie dies sowohl während der Deportations- als auch in der Nachkriegszeit reflektierten und welcher Zusammenhang zwischen der wachsenden Gewißheit, daß die Verschleppung einem Todesurteil gleichkam, und dem Entschluß, sich durch Untertauchen dem Abtransport zu entziehen, besteht.

Quellengrundlage für diesen Beitrag sind Zeugnisse von Jüdinnen und Juden, die durch Flucht in den Untergrund der Deportation entkamen. Es handelt sich überwiegend um Zeitzeugenberichte aus der Wiener Library (nach den Yad-Vashem-Signaturen), um Texte der Sammlung von Dr. Ball-Kaduri (Yad Vashem) sowie Berichte aus der Sammlung des Archivs des Leo Baeck Instituts (New York), daneben auch Quellen aus privatem Besitz, die in jüngster Zeit in der Fachliteratur veröffentlicht wurden. Diese Quellen (zusammenfassende Berichte aufgrund von Interviews, von den Betroffenen selbst verfaßte Erlebnisberichte oder Briefe) weichen im Umfang, in der sprachlichen Ausdruckskraft, in der Wahl ihrer Schwerpunkte und in ihrer Authentizität stark voneinander ab. Bei den Zeitzeugenberichten, die im Auftrag der Wiener Library erhoben wurden, treten die Interviewer und ihre Fragen nicht in Erscheinung. Die überlieferte Textversion ist zwar autorisiert, aber entspricht in einigen Fällen nicht dem Wortlaut der Zeitzeugenberichte. Einige Texte enthalten einen Rückgriff auf die Familien- und Verfolgungsgeschichte seit 1933, andere begin-

---

11 Vgl. Elke Fröhlich (Hg.), Die Tagebücher von Joseph Goebbels, Teil II, Diktate 1941-1945, München 1987, Eintragung vom 18.8.1941, S. 266.
12 Christian Gerlach, Die Wannsee-Konferenz, das Schicksal der deutschen Juden und Hitlers politische Grundsatzentscheidung, alle Juden Europas zu ermorden, in: WerkstattGeschichte 18 (1997), S. 7-44. Gerlach führt diesen Umschlag auf eine Rede Hitlers am 12.12.1941 in Berlin vor der NSDAP-Führung zurück, der damit auf den Kriegseintritt der USA reagiert habe. In dieser Rede habe er seine bekannte »Ankündigung« vom Januar 1939 bestätigt, daß ein Weltkrieg, ausgelöst durch das Betreiben des Judentums, die Vernichtung der jüdischen Rasse zur Folge haben werde.

nen mit der Flucht in den Untergrund. Die einen gehen explizit auf die Deportationen ein, andere konzentrieren sich stärker auf die Zeit in der Illegalität.

Neben der Heterogenität der Texte liegt ein weiteres Problem dieser Quellen darin, daß sie nur im Ausnahmefall unmittelbar nach dem Krieg entstanden. Die Mehrzahl wurde aus der Retrospektive von mindestens 15 Jahren, viele erst Jahrzehnte nach den Ereignissen verfaßt. Zu diesem Zeitpunkt beeinflußten individuelle Bewältigungsstrategien, notwendige Verdrängungen der traumatischen Vergangenheit bzw. einzelner Sequenzen die Erinnerung stark. Deshalb sind zeitliche Zuordnungen oft mit Vorsicht zu behandeln. Es ist nicht eindeutig, was zeitgenössischem Wissen entspricht bzw. welche Ahnungen später als damaliges Wissen wahrgenommen werden. Die in diesen Texten wiedergegebenen Erinnerungen spiegeln einerseits tatsächlich frühere Wahrnehmungen und Erfahrungsmuster wider, aber verbunden mit deren nachträglicher Bewertung, was bei der Bearbeitung nicht ausgeblendet werden darf. Dennoch sind diese Texte trotz aller Einschränkungen von großem Wert, zumal zeitgenössische Quellen wie Tagebücher und Briefe von Untergetauchten, die gezwungen waren, alle Hinweise auf ihre Identität und Existenz zu vermeiden, nur selten zur Verfügung stehen. Sie gewähren Einblicke in den Verfolgungsalltag sowie in die Überlegungen und Reaktionen der Opfer und zuweilen in die Verarbeitung ihrer Erfahrungen.

1. Die Flucht vor der Deportation in den Untergrund und in den Selbstmord

Zur Dimension des Untertauchens gibt es bislang nur vage Schätzungen, die teilweise stark voneinander abweichen.[13] Die verschiedenen Gedenkbücher enthalten die Namen der aus Deutschland (bzw. einzelnen Städten) Deportierten sowie von Flüchtlingen, die aus anderen europäischen Ländern verschleppt wurden.[14] Sie liefern jedoch in der Regel keine Informationen über illegal Lebende. Eine Ausnahme stellt die Datenbank des Berliner Gedenkbuches der ermordeten Juden dar. Bei den Recherchen dazu wurden auch Hinweise auf 3.500 (zeitweilig) Untergetauchte erfaßt, deren Namen jedoch nicht veröffentlicht wurden.[15] Schätzungsweise 10-15.000 jüdische Verfolgte tauchten im Deutschen Reich (in den Grenzen von 1937) unter,[16] davon 5-

---

13 Auch das am Zentrum für Antisemitismusforschung der TU angesiedelte Forschungsprojekt »Rettung von Juden im nationalsozialistischen Deutschland 1933-1945«, das Daten und Geschichten von 3.000 nichtjüdischen Helfern und 2.600 untergetauchten Juden sammelte und in einer Datenbank speichert, kann dazu keine systematische Auskunft geben. Ein Nachfolgeprojekt, das die Historikerin Claudia Schoppmann bearbeiten wird, soll diese Forschungslücke schließen. Claudia Schoppmann danke ich für viele Hinweise.
14 Ino Arndt/Heinz Boberach, Deutsches Reich, in: Wolfgang Benz (Hg.), Dimension des Völkermords. Die Zahl der jüdischen Opfer des Nationalsozialismus, München 1991, S. 23-65.
15 Gedenkbuch Berlins der jüdischen Opfer des Nationalsozialismus, hg. von der Freien Universität Berlin, Berlin 1995, S. 1407.
16 Vgl. Kaplan, Mut, S. 218 (wie Anm. 1): 10-12.000; bei Wolfgang Benz, Überleben im Untergrund 1943-1945, in: ders. (Hg.), Die Juden in Deutschland 1933-1945. Leben unter nationalsozialistischer Herrschaft, 2. Aufl., München 1988, S. 660-700, hier S. 660: annähernd

7.000[17] in Berlin und dem Umland. Wie viele von ihnen tatsächlich überleben konnten, ist allenfalls für Berlin – wenngleich nur annähernd – feststellbar. Grundlage ist eine Liste der Alliierten über in Berlin registrierte Juden vom August 1945, die die Namen von 1.314 Personen enthält, die angaben, im Untergrund überlebt zu haben.[18] Da hier aber nur diejenigen, die der jüdischen Religion angehörten, nicht aber die gleichermaßen verfolgten »Rassejuden« registriert wurden, dürfte die Zahl der illegal Überlebenden höher gewesen sein. Hinzu kommt, daß zahlreiche in Berlin Untergetauchte zwischenzeitlich in anderen Gegenden Deutschlands Quartiere fanden und sich nach der Befreiung nicht unbedingt in Berlin meldeten.[19] Die Zahl der illegal Überlebenden dürfte in Berlin 1.500 oder mehr betragen haben.

Im Oktober 1941, vor Beginn der Deportationen, lebten 72.972 Jüdinnen und Juden in der Reichshauptstadt. Geht man von einem Mittelwert von 6.000 Untergetauchten aus, suchten insgesamt ca. 8 Prozent der Berliner Juden ihre Rettung in der Illegalität. Von den Untergetauchten konnten knapp 30 Prozent überleben. Die anderen wurden meist nach Denunziationen oder bei Razzien gefaßt und deportiert oder starben bei Bombenangriffen.[20]

Der Entschluß zum Untertauchen war in jeder Hinsicht eine dramatische und angstbesetzte Entscheidung, da der letzte Rest einer geregelten Existenz, wie armselig und bedrückend sie auch sein mochte, aufgegeben werden mußte und die Überlebenschancen gering schienen. Erschwerend kam hinzu, daß sich die Verfolgten mit dieser Entscheidung nicht nur dem Regime, sondern auch der Reichsvereinigung der Juden in Deutschland widersetzen mußten, derer sich die Verfolgungsbehörden bei der Organisation der Deportationen bedienten.[21] Die Forschung über die »Rettung

---

    10.000; bei Konrad Kwiet/Helmut Eschwege, Selbstbehauptung und Widerstand. Deutsche Juden im Kampf um die Existenz und Menschenwürde 1933-1945, Hamburg 1984, S. 150: 10-12.000 (inkl. besetzte Gebiete).
17 Gerald Reitlinger, Die Endlösung. Hitlers Versuch der Ausrottung der Juden Europas 1939-1945, 4. Aufl., Berlin 1961, S. 180 nennt für Berlin (Mitte 1943) etwa 9.000 Untergetauchte. Kurt Lindenberg, ein junger Jude aus Berlin, der am 27. Februar 1943 untertauchte und Ende 1943 aus Berlin über Dänemark nach Schweden entkommen konnte, sagt in seinem im April 1945 abgefaßten Bericht, daß im Februar 1943 nach »amtlichen Erhebungen« rund 7.000 Juden illegal in Berlin gelebt haben sollen. Vgl. Kurt Lindenberg, Illegalität in Berlin, Flucht nach Dänemark und Schweden, April 1945, (Wiener Library), Yad Vashem Archives (YVA) Jerusalem, 02/33, 34 S., hier S. 7.
18 Verzeichnis der nach der Befreiung durch die Alliierten in Berlin registrierte Juden, August 1945, in: Jüdische Gemeinde zu Berlin (Bibliothek). Das Mitgliederverzeichnis der Jüdischen Gemeinde zu Berlin vom Juli 1947 bestätigt diese Größenordnung in etwa mit der Zahl 1.379, in: Ebd.
19 Für die Berliner Datenbank »Rettung von Juden« wurden zahlreiche Fälle dieser Art recherchiert.
20 Kwiet/Eschwege, Selbstbehauptung (wie Anm. 16), S. 151.
21 Beate Meyer, Das unausweichliche Dilemma: Die Reichsvertretung der Juden in Deutschland, die Deportationen und die untergetauchten Juden, in: Kosmala/Schoppmann (Hg.), Überleben (wie Anm. 7), S. 273-297.

von Juden im nationalsozialistischen Deutschland« ergab: Die meisten Überlebenden erkannten seit dem Sommer 1942 allmählich, daß die Deportation einem Todesurteil gleichkam. Mit der wachsenden Erkenntnis nahm die Bereitschaft zu, sich der Deportation zu entziehen und den Sprung in die Illegalität zu wagen. Von 2.600 in unserem Forschungsprojekt erfaßten Personen (überwiegend aus Berlin), die illegal gelebt haben, konnte in 1.000 Fällen der genaue Zeitpunkt (Monat und Jahr) des Untertauchens festgestellt werden. Von ihnen gingen nur etwa 3 Prozent schon 1941 in die Illegalität, knapp 34 Prozent jedoch im Lauf des Jahres 1942, davon die meisten zwischen Oktober und Dezember 1942. In diesen Monaten übernahm eine Gruppe erfahrener österreichischer Deportationsexperten unter der Führung des SS-Hauptsturmführers Alois Brunner in Berlin das Kommando, um die »Wiener Methoden« (Absperrung von Straßenzügen und Häuserblocks und schlagartige Festnahmen) auch in der Reichshauptstadt einzuführen.[22] Angesichts der offenen Rücksichtslosigkeit und ungewöhnlichen Brutalität der Wiener SS-Männer stieg im Herbst 1942 die Zahl der Untergetauchten. Doch 52 Prozent flüchteten erst 1943 in den Untergrund, überwiegend in den ersten drei Monaten des Jahres 1943, davon die meisten im Zusammenhang mit der »Fabrik-Aktion« am 27. Februar 1943. Diese Entwicklung hängt, wie zu zeigen sein wird, deutlich mit dem allmählichen Übergang vom Ahnen zum Wissen über die Folgen der Deportation zusammen. Nicht zuletzt war auch die nichtjüdische Bevölkerung offenbar erst gegen Ende des Krieges stärker bereit, das Risiko einzugehen, die tödlich bedrohten Juden in ihrem Überlebenskampf zu unterstützen.[23]

Den allmählichen Übergang vom Verdacht zur Gewißheit zu vollziehen und dann die Entscheidung für den Untergrund zu treffen, war fast nur Berliner Juden möglich, da in vielen anderen Städten die Deportationen bereits im Herbst 1942 nahezu abgeschlossen waren. Beate Meyer weist in einem Aufsatz über die Situation in Hamburg nach, daß nur etwas mehr als 50 Verfolgte, die überwiegend nach den Luftangriffen im Sommer 1943 geflüchtet waren, unter falscher Identität überlebten.[24] Besonders frappierend ist der Befund zu Frankfurt am Main, der Stadt mit der zweitgrößten jüdischen Gemeinde in Deutschland, wo bisher nicht mehr als ein Dutzend von den Nazis als »Volljuden« klassifizierte Personen ermittelt werden konnten, die in

---

22 Vgl. Christian Dirks, »Traurige Erlebnisse aus der Naziholle Deutschland«. Zum Schicksal der Familie Scheurenberg, in: Beate Meyer/Hermann Simon (Hg.), Juden in Berlin 1938-1945, Berlin 2000, S. 204–213, hier S. 206.

23 Beate Kosmala, The Rescue of Jews, 1941-1945 – Resistance by Quite Ordinary Germans, in: David Bankier/Israel Gutman (Hg.), Nazi Europe and the Final Solution, Jerusalem 2003, S. 93-107, hier S. 106; Beate Kosmala/Claudia Schoppmann, Überleben im Untergrund. Zwischenbilanz eines Forschungsprojekts, in: Kosmala/Schoppmann, Überleben (wie Anm. 7), S. 17-31, hier S. 22 f.; Wolfgang Benz, Juden im Untergrund und ihre Helfer, in: ders. (Hg.), Überleben im Dritten Reich. Juden im Untergrund und ihre Helfer, München 2003, S. 11-48, hier S. 48.

24 Beate Meyer, »A conto Zukunft«. Hilfe und Rettung für untergetauchte Hamburger Juden, in: Zeitschrift des Vereins für Hamburgische Geschichte 88 (2002), S. 205-233.

den Untergrund gegangen waren.²⁵ Allerdings war in Frankfurt die Deportation der »Volljuden« im September 1942 nahezu abgeschlossen, d. h. bevor in Berlin die erste größere Welle des Untertauchens einsetzte.

Die extremste Art, sich der Deportation zu entziehen, war der Selbstmord. Schon die Pogrome der »Reichskristallnacht« und der immer stärker werdende Verfolgungsdruck hatten die Zahl der Selbsttötungen deutscher Juden stark ansteigen lassen. Mit Beginn der Deportationen erreichte die Zahl der Suizide neue Höhepunkte.²⁶ Der amtliche Bescheid, ihre Wohnung zu räumen und sich zur »Evakuierung« bereit zu halten, löste bei vielen, die sich nun jeglichen Rückhalts beraubt sahen, den Entschluß zur Selbsttötung aus. Daraus ist jedoch nicht zwingend abzuleiten, daß die Verschleppung als Todesurteil aufgefaßt wurde. Schon im Zuge der plötzlichen Deportationen aus Baden und der Rheinpfalz nach Südfrankreich im Oktober 1940 hatten sich Juden umgebracht.²⁷

Auch in Berlin war es unmittelbar vor der ersten Deportation nach Lodz am 18. Oktober 1941 zu Selbsttötungen gekommen. Hildegard Henschel, die Frau des letzten Vorsitzenden der Jüdischen Gemeinde zu Berlin, antwortete im Jerusalemer Eichmannprozeß auf die Frage, ob es eine Möglichkeit gegeben habe, sich der Deportation zu entziehen: »Nur den Selbstmord [...]. Die Selbstmorde begannen unmittelbar vor dem ersten Transport nach Litzmannstadt und steigerten sich in einem sehr schnellen Tempo. Die Leute nahmen Veronal, zum Teil auch Zyankali.«²⁸ Als »runde Zahl von Selbstmorden« zwischen dem Oktober 1941 und Anfang 1942 gab Hildegard Henschel in diesem Zusammenhang allein für Berlin 1.200 an. Der Berliner Anwalt Walter Schindler schreibt über den Jahresbeginn 1942:

> In der Pension Bernhard lebten etwa 40 Personen, davon nahmen sich im Laufe von 6 Wochen etwa 15 das Leben. Sie verabschiedeten sich nach dem Abendessen wie zu einer Reise, gingen auf ihr Zimmer, und am frühen Morgen hörte man dann den Krankenwagen vorfahren und die Bewußtlosen für immer abholen.²⁹

Jede weitere Deportationswelle löste eine neue Selbstmordwelle aus. »Um der Deportation zu entgehen, nahm sich meine Mutter 1942 das Leben«³⁰, heißt es knapp in

25 Monica Kingreen, Verfolgung und Rettung in Frankfurt am Main und der Rhein-Main-Region, in: Kosmala/Schoppmann, Überleben (wie Anm. 7), S. 167-190.
26 Kwiet/Eschwege, Selbstbehauptung (wie Anm. 16), darin der Abschnitt »Selbstmord«, S. 194-215, hier S. 202.
27 Am 30. Oktober 1940 berichtete die Gestapo in Karlsruhe: »Eine Anzahl von Frauen und Männern nutzte diese Frist, um sich der Verschickung durch Freitod zu entziehen.« Zitiert nach: Kwiet/Eschwege, Selbstbehauptung (wie Anm. 16), S. 202 f.
28 Zitiert nach ebd., S. 203.
29 Dr. W. Schindler: Letters (1938, 1941-1946), (Wiener Library), YVA Jerusalem, 02/30, 17 S., hier S. 1. (Rechtsanwalt Dr. Walter Schindler lebte mit seiner Mutter illegal in Berlin.) Vgl. auch: Simone Ladwig-Winters, Anwalt ohne Recht: Das Schicksal jüdischer Rechtsanwälte in Berlin nach 1933, Berlin-Brandenburg 1998, S. 202.
30 Bericht über meine Illegalität während der Nazizeit in Deutschland von Lola Aleksander, Berlin Lichtenberg, 1957, (Wiener Library), YVA Jerusalem, 02/430, 5 S., hier S. 1.

Lola Alexanders Bericht über ihr Schicksal im Berliner Untergrund. So stieg parallel zu den vermehrten Fluchtversuchen in den Untergrund ab November 1942 auch die Selbstmordrate unter den Juden in der Reichshauptstadt drastisch an. Hildegard Henschel weist darauf hin, ohne eine Zahl zu nennen. Nach ihrer Aussage löste die »Razzia« der Gestapo vom 27. Februar 1943 einen weiteren Schub aus.[31] Kwiet und Eschwege betonen, das Ausmaß der Selbstmorde entziehe sich einer gesicherten Quantifizierung, sie gehen aber davon aus, daß sich in Berlin insgesamt etwa vier Prozent, zeitweilig aber auch bis zu zehn Prozent der zur Deportation vorgesehenen Juden durch den Freitod entzogen, und beziffern die Zahl der Berliner Juden, die sich allein während der Deportationszeit das Leben genommen haben, zwischen 2.000 und 3.000, während andere von ca. 7.000 ausgehen.[32] Auch wenn von der steigenden Tendenz nicht abzuleiten ist, daß alle Jüdinnen und Juden, die in ihrer Ausweglosigkeit in den Selbstmord flüchteten, dies in der Gewißheit taten, damit ihrer geplanten Ermordung zuvorzukommen – gerade alte Menschen schreckten vor der Vorstellung zurück, an unbekannte Orte »im Osten« verschleppt zu werden – deuten diese Entwicklungen doch darauf hin, daß bei vielen Verfolgten ihre Ahnung von den wahren Absichten des Regimes immer mehr zur Gewißheit wurde.

2. Wahrnehmungen und Reaktionen im Herbst 1941 und Winter 1941/42

Diejenigen, die im Oktober 1941 und in den folgenden Monaten zur »Evakuierung« bestimmt wurden, konnten die tödlichen Folgen der Deportation nicht absehen und sie sich noch weniger vorstellen. Die Tatsache, daß die Repräsentanten der Reichsvereinigung und ihre Angestellten und Helfer durch das Reichssicherheitshauptamt zur Mitwirkung bei den Deportationen gezwungen wurden, machte es für die jüdische Bevölkerung noch schwerer, sich zu widersetzen, zumal die Verantwortlichen auch dann noch ihr Schweigen wahrten, als sich die Hoffnung, daß es sich nur um eine Teilevakuierung handeln würde, spätestens im Oktober 1942 als Illusion herausstellte.[33] Die Repräsentanten der Reichsvereinigung mögen, wie die meisten anderen Juden, anfänglich gedacht haben, die Deportation bedeute ein hartes Schicksal, das sie durch eine verantwortungsvolle Organisation, u.a. durch Rück- und Freistellungen in besonderen Härtefällen, mildern könnten.[34] Stillschweigen und Täuschung wurden aber bis zur Auflösung der Reichsvereinigung aufrecht erhalten. So schreibt Herbert A. Strauss, der von Oktober 1942 bis zu seiner Flucht in die Schweiz im Juni 1943 illegal in Berlin gelebt hatte, rückblickend in seinen autobiographischen Aufzeichnungen:

---

31 Hildegard Henschel, Aus der Arbeit der Jüdischen Gemeinde Berlin während der Jahre 1941-1943, in: Zeitschrift für die Geschichte des Judentums 9 (1972), S. 44 ff. Zitiert nach: Kwiet/Eschwege, Selbstbehauptung (wie Anm. 16), S. 204.
32 Kwiet/Eschwege, Selbstbehauptung (wie Anm. 16), S. 205, und Dagmar Hartung-von Doetinchem/Rolf Winau (Hg.), Zerstörte Fortschritte. Das Jüdische Krankenhaus in Berlin 1756.1861.1914.1989, Berlin 1989, S. 179; siehe auch Kaplan, Mut (wie Anm. 1), S. 255-262.
33 Meyer, Dilemma (wie Anm. 21), S. 294.
34 Ebd.

Der Routine-Charakter dieses Verfahrens, die Anwesenheit von jüdischen Helfern, der Rückgriff auf alltäglich erscheinende Formalitäten – all dies führte [...] dazu, daß der Impuls, zu fliehen oder Widerstand zu leisten, kaum aufkam; sich in den ruhigen bürokratischen Ablauf des Verfahrens einzufügen, das Recht und Ordnung suggerierte, schien allemal weniger riskant. Widerstand wäre ohnehin schwer vorstellbar gewesen [...] die Berliner Juden [...] wußten aber in den seltensten Fällen, was sie erwartete.[35]

In zahlreichen Quellen kommt zum Ausdruck, daß in den ersten Monaten sowohl die zur Deportation Bestimmten als auch ihre (noch) zurückbleibenden Angehörigen meinten, im Osten drohe zwar harte Zwangsarbeit, doch wenn sie diese bewältigten, könnten sie den Krieg dort überleben. Im Jahr 1957 faßte Anna Drach, die als Krankenpflegerin im Jüdischen Krankenhaus in Berlin zu den Vorbereitungen herangezogen wurde, die Auffassung über die ersten Deportationen 1941 zusammen: »Damals glaubten noch alle an die ›Umsiedlung‹.«[36]

Der junge Berliner Kurt Lindenberg, dem Ende 1943 die Flucht über Dänemark nach Schweden gelang, zeichnete seine Erlebnisse im April 1945 in Stockholm auf. Darin legte er minutiös Rechenschaft ab, wie er allmählich zu seinem Entschluß kam, sich der Deportation zu entziehen. Schon seine Wahrnehmung der ersten Deportationsphase spielte eine wichtige Rolle:

> Im Anfang konnte man mit diesen, nach Lodz Deportierten, im Briefverkehr stehen. Zuerst lauteten die Briefe oder Karten gut. Etwas später wurden sie allmählich zu furchtbaren Notklagen: kein Essen, kein Geld und furchtbare hygienische Verhältnisse. [...] Eine kurze Zeit später erhielten viele Briefschreiber in Berlin ihre Briefe nach Lodz zurück mit dem Stempel: ›Straße gesperrt wegen Seuchengefahr‹ oder ›Adressat verzogen nach unbekannt‹. Und schließlich kam überhaupt keine Antwort mehr.[37]

Für Kurt Lindenberg kristallisierte sich damit die tödliche Bedrohung immer klarer heraus.

Die Schneiderin Lotte Themal, die mit ihrem Mann und ihrem kleinen Sohn 1943 in Berlin untertauchte, berichtete 1957 über das Schicksal ihrer Angehörigen. Ihre jüngere Schwester hatte sich am 27. Oktober 1941 dem dritten Transport aus Berlin freiwillig angeschlossen, um mit dem Verlobten zusammenbleiben zu können. Was dies bedeutete, habe man nicht gewußt: »Man nahm an, eine Umsiedlung aller Juden, aber dann ein freies Leben. Sie kam nach Litzmannstadt.«[38] Lotte Themal sandte

---

35 Herbert A. Strauss, Über dem Abgrund. Eine jüdische Jugend in Deutschland 1918-1943, Frankfurt/New York 1997, S. 221.
36 Interview mit Frau Anna Drach-London: Deportationen von Berlin, Mai 1957, (Wiener Library), YVA Jerusalem, 02/417, 9 S., hier S. 1.
37 Lindenberg, YVA Jerusalem, 02/33, S. 3.
38 Ilselotte Themal, Meine Erlebnisse während der Zeit der Judenverfolgungen in Deutschland 1933-45, Berlin (Ost) März 1957, (Wiener Library), YVA Jerusalem, 02/346, 15. S., hier S. 2.

danach wöchentlich Geld, was in den ersten Wochen auf einer eingeschriebenen Karte mit der Unterschrift der Schwester quittiert wurde. Dann heißt es im Bericht: »Ab April 1942 war es vorbei. Ich hörte nie wieder etwas von ihr. Sie war 24 Jahre alt.«[39] Im Text gibt es keinen Hinweis, ob und wie sie sich zu diesem Zeitpunkt das Ausbleiben der Karten erklärte; ihre Angst bleibt unausgesprochen. »Ich hörte nie wieder etwas von ihr«, faßt späteres Wissen zusammen. Auch ihre Mutter war im Januar 1942 verschleppt worden. Langsam ahnte Lotte Themal das damit verbundene Todesurteil.

Auch Susanne Veit, die im Januar 1943 in den Untergrund ging, berichtet in ihrer »Rettungsgeschichte« aus den fünfziger Jahren über die frühen Verschleppungen ihrer Angehörigen in Schlesien:

> Meine Schwester, die mit meinen Eltern lebte, war noch in Breslau ohne vorherige Ankündigung abgeholt worden. […] Sie kam wahrscheinlich ins Baltikum, wir haben nie mehr etwas von ihr gehört. Das war im November 1941 […]. Meine Eltern kamen in das Lager von Riebnig. […]. Aus den Briefen aus diesen Lagern begann man bald zu merken, dass auch dort neues Einpacken, Umgruppieren und düsteres Abschiednehmen begann.[40]

Was sie sich damals unter diesem »düsteren Abschiednehmen« vorstellte, führte die Verfasserin nicht näher aus. Es klingt wie die Bestätigung ihrer dunklen Vorahnungen.

In anderen Fällen spielten Zufälle eine Rolle wie beispielsweise bei dem Berliner Anwalt Alfred Cassierer. In seinem sehr knapp gehaltenen Bericht von 1957 hieß es: »Ende des Jahres 1941 wurde uns, meiner Frau und mir, von der Jüdischen Gemeinde und der Gestapo unsere Deportation nach Polen angekündigt. Wir dachten, es wird in Polen nicht so gemütlich sein, aber man wird leben können.«[41] Sie sollten im November 1941 »abwandern«. »Christliche Freunde«, die beim Packen halfen, hätten ihnen jedoch von der Deportation abgeraten und ein Versteck angeboten. Das schon ältere Ehepaar ließ sich »gern überreden«. Cassierer nannte weder die Namen der nichtjüdischen Helfer, noch die Argumente, mit denen sie vom Transport abrieten. Mit gefälschten Papieren konnte das Ehepaar Ende 1942 gegen Bezahlung unerkannt in die Schweiz flüchten.[42]

Daß die drohende Deportation aber schon in der ersten Phase zu verzweifelten Anstrengungen führen konnte sich zu entziehen, ohne das Risiko des Untertauchens einzugehen, zeigen nicht zuletzt die zahlreichen Versuche in Berlin, die Zurückstel-

---

39 Ebd.
40 Veit, Suse (Erinnerungen), Aufgezeichnet in Locarno-Monti (undatiert, vermutlich in den fünfziger Jahren), Archiv des Leo Baeck Instituts New York (LBI), Collection Veit, Suse, 12 S., hier S. 2 f.
41 Palästinaamt in Berlin, illegales Leben in Berlin und Flucht über die Schweizer Grenze (1939-1942). Zeugenbericht von Dr. Alfred Cassierer, Beth Jizchak, aufgenommen am 26.12.1957 von Dr. Ball-Kaduri, YVA Jerusalem, 01/198, 3 S., hier S. 1.
42 Nach einjährigem Verstecken in Berlin-Friedenau konnte das Ehepaar Cassierer mit Unterstützung des (nichtjüdischen) Berliner Fluchthelfers Franz Heckendorf gegen Bezahlung in die Schweiz entkommen. Ebd., S. 2.

lung von der »Evakuierung« durch Bezahlung von »Mittlern« zu erreichen.[43] Werner Trzeciak etwa, früherer Mitarbeiter eines bezirklichen Wohnungsamtes für Juden, gegen den die Berliner Gestapo seit dem 20. Dezember 1941 ermittelte, sollte gegen Geldzahlung die Rückstellung von etwa 80 Berliner Juden wenigstens über den Winter erreichen.[44] Für die meisten, die damals so die Deportation vermeiden konnten, bedeutete dies in der Regel nur einen Aufschub, in einigen Fällen gewannen die Betroffenen aber auch Zeit für das vielleicht rettende Untertauchen. Lotte Bamberg, ab Februar 1943 im Untergrund, berichtet später:

> Im Oktober 1941 erschien bei mir ein vertrauenswürdiger Bekannter, der mich fragte, ob ich genügend Geld hätte, um von der Liste gestrichen zu werden, die für den Abtransport nach Polen aufgestellt sei. Ich bejahte, und der Freund nannte mir den Namen eines Angehörigen des Ministeriums Speer, der Geld brauchte und über genügend Einfluss verfügte. Ich zahlte und wurde vom Abtransport, Januar 1942, verschont – meine Zimmernachbarin kam damals nach Riga.[45]

Den quälenden Prozeß der allmählichen Erkenntnis zwischen dem Herbst 1941 und dem Frühjahr 1942 schilderte der bereits erwähnte Berliner Anwalt Walter Schindler, der mit seiner 70jährigen Mutter in der Illegalität überlebte. Im September 1945 schrieb er an eine Verwandte im Ausland:

> Ich beginne mit den ersten Oktobertagen 1941, als man die ersten Verschickungen nach Lodz durchführte. Am Anfang übersah man nicht die Tragweite dessen, was geplant war, tröstete sich damit, dass, wer arbeiten könne, dableiben werde. [...] Es folgten die entsetzlichen Monate im Winter 1941/42, da man jeden Tag von neuen Abholungen erfuhr, von Transporten in offenen Güterwagen bei strengster Kälte, von Selbstmorden am laufenden Band.[46]

Herbert A. Strauss studierte zu dieser Zeit an der Berliner Hochschule für die Wissenschaft des Judentums, die bis Juni 1942 existieren konnte. Ihre »Normalität« – so Strauss – habe lange dazu beigetragen, die Angst unter Kontrolle zu halten. Seine Gedanken und Ahnungen zur Zeit der ersten Deportationen im Oktober 1941 reflektierend weist er aber auf ein denkwürdiges Problem des Erinnerns hin: »Daran, daß es auch Momente äußerster Panik gab, hätte ich mich nicht mehr erinnert, wenn unter

---

43 Susanne Willems, Der entsiedelte Jude. Albert Speers Wohnungsmarktpolitik für den Berliner Hauptstadtbau, Berlin 2002. Im Kapitel »Wohnungskündigungen und Deportation« führt die Autorin im Abschnitt »Rettungsversuche von Juden im Zugriff des Berliner Kriminalsystems seit Dezember 1941« (S. 327-355) mehrere Verfahren an u.a. gegen »Mittler« (Personen wie Immobilienmakler, Steuerberaterin, früherer Mitarbeiter eines Wohnungsamtes, Kaufmann), die Kontakte zur Berliner Gestapo hatten und seit Dezember 1941 gegen Bezahlung versuchten, für Juden Rückstellungen von der Deportation zu erreichen.
44 Ebd., S. 333.
45 Untergetaucht – an der Oberfläche – 1941/1945. (Ohne Namensangabe). Es handelt sich um die Berlinerin Dr. Charlotte Bamberg. O. J., vermutlich 1957/58 (Wiener Library), YVA Jerusalem, 02/34, 7 S., hier S. 1.
46 Schindler, Letters (wie Anm. 29), YVA Jerusalem, 02/35, S. 1.

meinen Papieren aus jener Zeit nicht zwei Dokumente [...] den Krieg durch Zufall überdauert hätten.« Eines der beiden Schriftstücke, ein Brief an eine Freundin, stellt der Verfasser nach Jahrzehnten mit Erstaunen fest, zeuge davon, daß ihn die Woche vom 10. bis 18. Oktober 1941 »in tiefe, geradezu panische Angst« und Todesahnungen stürzte.

> Der [...] Brief war getrieben von meinen bösen Ahnungen [...] getrieben auch von dem Wunsch, der Empfängerin, Dörte, meine emotionale Verfassung zu schildern und sie an meinen Gedanken im Angesicht des Todes – des Todes der anderen und meines eigenen – teilhaben zu lassen.[47]

An anderer Stelle reflektiert Strauss in der Retrospektive die Situation des Oktobers 1941: »Heute weiß ich, und es ist mir erst nach dem Krieg bewußt geworden, daß wir uns über den Plan des Massenmords an uns Juden schon damals hätten im klaren sein können und müssen.«[48]

3. Traumatische Erfahrungen und ihre Deutung 1942

Der dramatische Anstieg der Suizide schreckte viele auf, die noch nicht für die Deportation vorgesehen waren. Die Berlinerin Ilse Stillmann, KPD-Mitglied, tauchte 1943 in Berlin und Umgebung unter.[49] In ihren 1988/89 aufgezeichneten Erinnerungen beschreibt sie u.a. die Schrecken der Verfolgung. Anfang des Jahres 1942 wurde Ilse Stillmann erstmals mit der Deportation von Angehörigen konfrontiert:

> Unsere liebste Verwandte, Tante Hedwig aus Schöneberg, erkrankte schwer an Angina pectoris. Aber sie mußte das Krankenhaus verlassen, denn Anfang 1942 bekam sie die Listen zur Deportation. [...] Es hieß: Wer die Listen kriegt, ist dran! Und diese todkranke Frau sollte nun deportiert werden. Meine Mutter und ich fuhren sofort zu ihr, doch da hatte mein Cousin ihr und sich bereits zwanzig Veronal-Schlaftabletten gegeben und anschließend erst ihre und dann seine Pulsadern geöffnet. Ich sah diese blutüberströmte Frau im Bett! Jahrelang konnte ich keine rotgefärbten Fingernägel mehr sehen.[50]

Ilse Stillmann äußert sich in ihrer Darstellung nirgendwo explizit, welches Schicksal sie sich damals unter dem Begriff der »Deportation« vorstellte, aber sie vermittelte, daß die rigide Durchsetzung des Abtransports ihr keinen Zweifel an den beabsichtigten Folgen ließ.

---

47 Strauss, Abgrund (wie Anm. 35), S. 160 f.
48 Ebd., S. 162.
49 Juden, die im politischen Widerstand aktiv waren, fällten die Entscheidung, sich der Verschleppung zu entziehen, oft schneller als andere, gerade auch in der ersten Deportationsphase. Barbara Schieb-Samizadeh, Die Gemeinschaft für Frieden und Aufbau, in: Wilfried Löhken/Werner Vathke (Hg.), Juden im Widerstand. Drei Gruppen zwischen Überlebenskampf und politischer Aktion, Berlin 1993, S. 37-82.
50 Wolfgang Herzberg, Überleben heißt Erinnern. Lebensgeschichten deutscher Juden, Berlin/Weimar 1990. Darin das Kapitel »Ilse Stillmann«, S. 142-205, hier S. 176.

Oft bewirkte die besonders drastische Verfolgungserfahrung bereits vor dem Krieg eine intuitive Deutung der Deportation als Abschied für immer und löste den Gedanken aus, sich durch Untertauchen zu entziehen. Marga Spiegel, die mit ihrem Mann und der dreijährigen Tochter in Westfalen überlebte, verfaßte 1964 die Geschichte ihrer Rettung. Darin versuchte sie nachträglich zu bestimmen, wann sie und ihr Mann den Plan zum Untertauchen faßten.[51] In ihrer Erinnerung stand diese Entscheidung im Zusammenhang mit der frühen Deportation ihrer Schwester am 27. Oktober 1941, einem Ereignis, das sich mit einer anderen traumatischen Situation verband. Die 29jährige Marga Spiegel lag damals mit beginnender Vergiftung durch eine Frühgeburt schwer krank in einem katholischen Krankenhaus. Ihre Schwester, die »evakuiert« werden sollte, kam, um Abschied zu nehmen. Als Marga Spiegel ihre Schwester in einem aus Decken gefertigten warmen Kleid und dem aufgenähten Stern vor sich sah, habe sie Gesprächsfetzen über »nach Osten« und »Transport« intuitiv zu deuten gewußt: »Trotz meiner Krankheit – oder gerade deshalb – wußte ich schon damals, daß ich sie nie wiedersehen würde.«[52] Und sie rekonstruierte: »Schon in jenen Tagen muß Gott meinem Mann den Gedanken eingegeben haben, sich nicht verschicken zu lassen, sondern zu handeln.«[53] Sie war nicht mehr bereit, den Weg der Verfolgung weiter zu gehen.

Für andere war die Beobachtung, wie menschenverachtend die »Evakuierung« schon im Vorfeld durchgeführt wurde, ausschlaggebend für den Entschluß, sich zu entziehen. Dies konnte allerdings wohl nur dann geschehen, wenn eine gewisse Aussicht auf ein Unterkommen bestand. Rudolf Demant aus Mönchengladbach, der im September 1941 als Lehrer und Kantor nach Bielefeld versetzt wurde, berichtete 1960 über seine Beobachtungen der ersten Deportationen Ende 1941 aus dieser Stadt:

> [A]ls Helfer mit erlaubtem Zutritt von der Gestapo sah ich das Leid bei der Sammlung des Transportes, das die Juden erdulden mußten beim Übernachten auf bloßem Boden eines großen Saales in einem Restaurant in Bielefeld, ich war zugegen, als man den Juden die Wäsche, die Uhren, alles irgendwie Wertvolle abnahm [...] [I]ch sah, wie man sie verfrachtete auf leider Nimmerwiedersehen. [...] [I]ch wußte, daß auch der Tag der ›Ausreise‹ für uns kam. Schließlich kamen wir heimlich zu dem Entschluß, uns nicht wie die Hammel zur Schlachtbank führen zu lassen, ich ahnte, was uns bevorstand, und ich hatte recht.[54]

---

51   Es geschah bei uns im Münsterland. Ein Tatsachenbericht in 17 Folgen, vom 7.1.-2.5.1965. Dieser Bericht erschien in der Folgezeit in mehreren Auflagen als Buch. Die letzte: Marga Spiegel, Retter in der Nacht: Wie eine jüdische Familie im Münsterland überlebte. Durch einen Rückblick auf die Zeit vor 1938 und jüngere Gedanken zum eigenen Schicksal ergänzte 4. Auflage, hg., eingeleitet und erläutert von Diethard Aschoff/Marga Spiegel, Münster 1999.
52   Ebd., S. 87.
53   Ebd., S. 90.
54   Als Lehrer in Mönchen-Gladbach und in Bielefeld im Zweiten Weltkrieg sowie über illegales Leben in Süddeutschland, Brief von Rudolf Demant (New York) vom 12.1.1960 an Yad Vashem, YVA Jerusalem, (Sammlung Dr. Ball-Kaduri), 01/269, 4 S., hier S. 2 f.

Die Begründung, man habe sich nicht »wie die Hammel zur Schlachtbank führen lassen« wollen, drückt wohl eher seine Nachkriegsbewertung aus. Am 5. Juli 1942 erhielten Demants die Aufforderung zum Abtransport für den 7. Juli, eine Nacht zuvor flüchteten sie mit der Bahn von Bielefeld nach Köln und von dort weiter in das badische Bruchsal zu »christlichen Freunden und Bekannten«.

In einem ausführlichen Bericht über Verfolgung und Überleben ihrer Familie beschreibt Ruth Abraham (New York) die Deportation ihrer Eltern Ende Juli 1942 aus Berlin. Ihre Mutter hätte noch einen Aufschub bekommen können, aber die Eltern seien »des Kampfes müde« gewesen. Ruth Abraham, die damals schwanger war, erinnerte sich an die Worte, mit denen diese ihr Mut zusprechen wollten: »Sie wußten, daß es ihr Ende war, sie trösteten mich und prophezeiten, das Kind, das ich unter meinem Herzen trage, wird mich vor dem Untergang retten.«[55] Sie schwieg im Bericht darüber, ob sie versuchte, der Todesgewißheit ihrer Eltern etwas entgegenzusetzen. Die folgenden Sätze lauten: »Nach all dem, was ich gesehen hatte und von illegalen Radiosendungen aus dem Ausland gehört hatte, bedeutete eine Deportierung den sicheren Tod. So faßten mein Mann und ich den Entschluß, uns nicht deportieren zu lassen und in Berlin unterzutauchen.«[56] Um welche »illegalen Radiosendungen« es sich handelte, wo und wie Ruth und Walter Abraham diese hören konnten und ob dies tatsächlich schon im Sommer 1942 der Fall war, ist ungewiß. Die alliierte Informationspolitik verlief widersprüchlich und setzte »befremdlich spät«[57] ein. Im Dezember 1942 und im Januar 1943 hatte es eine Informationskampagne der BBC London über die nationalsozialistische Vernichtungspolitik gegeben, und auch danach wurden immer wieder Berichte über den Massenmord an den europäischen Juden ausgestrahlt.

Ruth Abraham datiert rückblickend ihre Kenntnis davon, was die Deportation bedeutete, und den Entschluß zum Untertauchen auf den Sommer 1942. Bis zur Umsetzung dieses Vorhabens vergingen jedoch – wie bei vielen anderen – noch

---

55 Ruth Abraham, Meine Erlebnisse während der nationalsozialistischen Zeit (ohne Datum, vermutlich Ende der fünfziger Jahren aufgezeichnet), LBI New York, Collection Abraham, Ruth, M.E. 564, 17 S., hier S. 6. Die Verfasserin starb am 25. August 2003 im Alter von 90 Jahren in New York. Einen Monat später erschien die von Ruth Abrahams Tochter Reha Sokolow (geb. 1943 in Berlin) besorgte Publikation der Geschichte ihrer Eltern: Defying the Tide. An Account of Authentic Compassion During the Holocaust, by Reha and Al Sokolow, New York 2003.
56 Ebd.
57 Michael P. Hensle, Rundfunkverbrechen. Das Hören von »Feindsendern« im Nationalsozialismus, Berlin 2003, S. 327. Obwohl die jüdische Bevölkerung in Deutschland aufgrund einer Polizei-Anordnung am 23. September 1939 ihre Rundfunkapparate abliefern mußte, tauchen in Berichten von Personen, die illegal lebten, immer wieder Hinweise auf, daß sie über Informationen aus »ausländischen Sendern« verfügten, die dann über den »Mundfunk« verbreitet wurden. Vgl. auch Kaplan, Mut (wie Anm. 1), S. 277. Dort heißt es: »Jene die verbotene Radiosendungen abhörten, erfuhren im Juni durch BBC-Berichte von Massenmorden. Mitte 1942 zirkulierten Gerüchte über Massenmorde durch den jüdischen ›Mundfunk‹.« Diese Datierungen erscheinen problematisch und müßten mit genaueren Untersuchungen über BBC-Berichte abgeglichen werden.

mehrere Monate. Selbst Angehörige wollten oder konnten Ruths Deutung nicht glauben:

> Vergebens hatte ich versucht, meine Schwester und meinen Schwager zu überreden, mit uns zusammen unterzutauchen; ich versicherte ihnen, dass ich meinen Bissen Brot mit ihnen teilen werde. Aber mein Schwager wollte hiervon nichts wissen und hatte die Illusion, dass er im KZ weiter arbeiten werde, wie er das bisher getan hatte und es so überleben werde, und meine Schwester und die Kinder mussten sich ihm fügen.[58]

Auch in diesem Fall mag für ihre illusionslose Einschätzung und Entschlußkraft neben der persönlichen Courage eine Rolle gespielt haben, daß Ruth Abrahams Schwiegereltern, zu denen sie ein enges Verhältnis hatte, im Zuge der Deportation der badischen Juden bereits 1940 aus Mannheim nach Gurs verschleppt worden waren. Von ihnen war kein Lebenszeichen mehr gekommen.[59] Im Dezember 1942, einen Monat, ehe das Ehepaar Abraham »verschwand«, habe ein etwa 70jähriger jüdischer Zwangsarbeiter, ein Kollege ihres Mannes, ihm mit folgenden Worten Mut zugesprochen: »Wenn Millionen Juden durch das Gas gehen und Deine Frau ein neues jüdisches Leben zur Welt bringt, wird es Massel [Glück] für Euch alle mitbringen, so sagte er.«[60] Zwar zirkulierten Ende 1942 in Deutschland, auch im jüdischen »Mundfunk«, Gerüchte über Tötungen durch Gas, aber die These scheint gewagt, daß dies das Wissen um die Vernichtung von Millionen belege.[61] Gleichwohl betonte auch Anna Drach: »Wir hörten zwar später auch von Gaskammern und Vernichtungslagern in Auschwitz, besonders wer das Radio aus dem Ausland hörte, aber man glaubte doch nicht daran. Es muß eine Art unbewußter Abwehr gewesen sein, bis zum Zusammenbruch glaubte man das nicht.«[62] Es gibt keinen Hinweis der Verfasserin, welchen Zeitpunkt sie mit »später« meint.

Gerüchte über Tötungen durch Gas waren so verbreitet, daß offenbar auch Kinder davon erfuhren. Dies zeigt ein erschütternder Bericht von Edith Rosenthal über ihre Zeit von 1939 bis 1945, der um die Jahreswende 1946/47 entstanden sein muß.[63] Dort erwähnt sie die letzte Begegnung mit ihrer siebenjährigen Nichte Ditti Pollack, die elternlos in einem jüdischen Kinderheim in Berlin lebte. Edith Rosenthal, deren Töchter in Palästina bzw. England in Sicherheit waren, kümmerte sich um Ditti wie um ein eigenes Kind. Im November 1942 habe das Mädchen sie gefragt: »Mutti, was will Hitler von mir, was habe ich ihm getan, Kinder unter sechs Jahren werden aufgehangen, Kinder über sechs Jahren vergast.« Edith Rosenthal habe dies dem Kind ausgeredet. Zwei Tage später wurde Ditti Pollack mit allen Kindern des Heims abgeholt

---

58 Abraham, Erlebnisse (wie Anm. 55), LBI New York, S. 8.
59 Ebd., S. 7.
60 Ebd., S. 8.
61 Kaplan, Mut, S. 277.
62 Drach, YVA Jerusalem, 02/417, S. 2.
63 Ich danke Christine Zahn, die mir diesen Text zugänglich machte. Zum Schicksal von Edith Rosenthal vgl. Christine Zahn, Von einem Quartier zum nächsten. Eine Odyssee im Berliner Untergrund, in: Benz, Überleben (wie Anm. 23), S. 229-238.

und deportiert. Edith Rosenthal verfiel darauf in tiefe Depression. Ihr Mann konnte sie nur mit Mühe von ihren Selbstmordabsichten abbringen. Der Töchter wegen faßte sie dann um die Jahreswende 1942/43 den Entschluß, ihrem Mann in die Illegalität zu folgen. Als sie mit ihren Vorbereitungen fast fertig waren, wurde Bernhard Rosenthal im Zuge der »Fabrik-Aktion« am 27. Februar 1943 verhaftet und deportiert. Edith tauchte nun allein unter und lebte – trotz aller Ahnungen und Erfahrungen – in der Hoffnung auf ein »Wiedersehen mit meinem unvergesslichen Mann«. Bernhard Rosenthal kehrte nicht zurück. Er wurde in Auschwitz ermordet.

4. Interaktionen mit Nichtjuden: Soldaten und Zivilisten

Zwar wurde der Judenmord vom Regime als »Geheime Reichssache« behandelt, und Wachmannschaften in Vernichtungslagern und Angehörige von Einsatzkommandos unterlagen strengster Schweigepflicht. Dennoch kursierten im Lauf des Jahres 1942 immer mehr Gerüchte über die Massenverbrechen an den Juden in Osteuropa. Neben dem verbotenen, aber verbreiteten Abhören »feindlicher Sender« waren Berichte von Soldaten, die von der »Ostfront« zurückkehrten, Briefe nach Hause schrieben oder während ihres Heimaturlaubs über ihre Erlebnisse sprachen, die wohl wichtigste Quelle für das Wissen nichtjüdischer Deutscher, die diese Informationen an jüdische Freunde und Bekannte weitergaben, wie Marion Kaplan den Informationsfluß beschreibt.[64] In manchen Fällen gelangten Informationen von Soldaten aber auch unwissentlich an die Verfolgten. Junge Jüdinnen und Juden, die wagemutig genug waren, mischten sich in Berliner Bezirken, wo sie niemand kannte, unter die Bevölkerung, wie dies auch Kurt Lindenberg häufig tat:

> Bei dem verbotenen Besuch von Bars, Theatern usw. geschah es nun manchmal, daß man mit Soldaten oder Zivilpersonen zusammentraf, die ohne zu wissen, wen sie vor sich hatten, berichteten, dass sie bei Reisen durch besetzte Gebiete im Osten gesehen hatten, wie deportierte Juden auf teils grausame, teils raffinierte Weise ermordet worden waren. Diese Berichte häuften sich mehr und mehr, und für mich stand die Tatsache eisern fest, daß man die Juden nur deportierte, um sie erst wie wahnsinnig arbeiten zu lassen, und, wenn sie nicht mehr weiter konnten, sie schließlich zu ermorden. [...] Sobald es mir so zur Gewißheit geworden war, was dort in den Ghettos, im besetzten Ostgebiet, vor sich ging, nahm ich mir fest vor, mit allen mir zu Gebote stehenden Mitteln zu versuchen, der Deportation zu entkommen. Ich sagte mir, daß es besser ist, im Berliner Tiergarten zu erfrieren, als in Polen an Cholera oder Flecktyphus zu krepieren oder dort abgeschlachtet zu werden.[65]

Auffällig ist, daß er in seinem Bericht von 1945 zwar über Ghettos als Todesfallen spricht, wo Menschen elend umkommen oder »abgeschlachtet« werden, aber nicht von Gas und Vernichtungslagern.

---

64 Kaplan, Mut (wie Anm. 1), S. 277.
65 Lindenberg, YVA Jerusalem, 02/33, S. 5.

Hin und wieder wird auch berichtet, daß sich Soldaten gezielt an Juden gewandt hätten, um sie zu warnen. Erna Segal, die mit ihrem Mann und zwei erwachsenen Kindern im Berliner Untergrund überlebte, weist in einem Schreiben an Yad Vashem von 1986 auf eine Begegnung mit einem ihr unbekannten Soldaten hin.[66] Als sie Anfang Februar 1942 als Mitarbeiterin des jüdischen Wohlfahrtsamtes noch einmal eine Hilfsbedürftige besuchte, habe sie folgendes erlebt: »Als ich ausstieg, sprang ein deutscher Soldat vom Bus und mir nach. [...] Der Soldat bat mich inständig, meinen Stern zu verdecken, er hätte mir etwas Wichtiges zu sagen.« Er habe sie dann gefragt, ob sie wisse, was mit den Deportierten geschehe. Erna Segal, die »wie alle« geglaubt habe, daß die Verschleppten arbeiten müßten, habe folgendes erfahren: »Dieser Soldat erzählte mir, was tatsächlich mit diesen unglücklichen Menschen geschieht.«[67] Den genauen Inhalt dessen, was er ihr über das Schicksal der Deportierten sagte, gibt sie nicht wieder. Der Soldat habe ihr geraten, sich an »arische« Freunde zu wenden und »in die Illegalität zu gehen«. Er und andere Soldaten hätten es sich zur Pflicht gemacht, Juden und ausländische Botschafter über die wirkliche Situation zu unterrichten. Frau Segal gelang es, für ihren Mann und ihre zwei erwachsenen Kinder Unterkünfte zu finden. Wie problematisch es sein kann, zeitliche Zuordnungen aus Angaben Überlebender zu übernehmen, wird deutlich, wenn von einer Person mehrere Quellen aus unterschiedlichen Jahren vorliegen: Während Erna Segal im Brief von 1986 schreibt, daß der Deportationsbefehl für ihre Familie schon vorlag, als sie im Februar 1943 den Soldaten traf, der zum Untertauchen riet, gibt sie in ihrem länger zurückliegenden Bericht für das Archiv des Leo Baeck Institut New York an,[68] daß sie mit ihrer Familie im November 1942 untertauchte, als ihr Sohn Manfred nur durch einen Zufall der Abholung von der Zwangsarbeit entkommen war, was auch durch andere Quellen bestätigt wird. Dies stellt jedoch nicht die Begegnung mit dem Soldaten in Frage, die der Anlaß war, Möglichkeiten zum Untertauchen vorzubereiten, sondern die Bestimmung des Zeitpunkts.

Trotz aller Abschottungsmaßnahmen des Regimes waren Kontakte zwischen Juden und Nichtjuden ausgeprägter als angenommen. Im November 1942, kurz bevor die ersten großen Transporte aus Berlin nach Auschwitz gingen, richtete die Berliner Wäschereiinhaberin Emma Gumz die inständige Bitte an Ella Deutschkron, für die sie verbotenerweise noch arbeitete, sich nicht deportieren zu lassen. Der Appell von Emma Gumz löste die Entscheidung zum Untertauchen aus. Als Begründung gab die beherzte Frau an, der Nachbarsohn, als Soldat »aus dem Osten« zurückgekommen, habe trotz des Verbots berichtet, was er dort gesehen hatte. Inge Deutschkron mutmaßt in ihrem Buch über die Gedanken ihrer Mutter: »Sie dachte an die vagen Meldungen über Vergasungen, Hinrichtungen, Erschießungen von Juden, an die keiner

---

66 Dieser Brief aus Denver (Colorado) vom 12.2.1986 befindet sich in der Akte zu Dr. Fritz und Hedwig Aub, die Familie Segal in der Zeit der Illegalität entscheidende Hilfe zuteil werden ließen. Auf Antrag von Erna Segal wurde das Ehepaar von Yad Vashem als »Gerechte unter den Völkern« ausgezeichnet. YVA Jerusalem, Department of the Righteous, ger 3783.
67 Ebd.
68 Collection Erna Segal, L.B.I. Archives New York, ME 594, 319 S., hier S. 152.

von uns so recht geglaubt hatte, oder vielleicht besser gesagt, nicht hatte glauben wollen. Es erschien so unfaßbar.«[69] Möglicherweise klammerten sich deutsche Juden auch, wenn Gerüchte oder Informationen über Massenerschießungen russischer Juden oder die Deportation und Ermordung polnischer Juden sie erreichten, an den Glauben, daß dieses Schicksal nur die Juden im besetzten Osteuropa treffen würde.

Für Rosel und Siegfried Bibo aus Berlin kam das entscheidende Signal für ihren Entschluß, ein Leben als »Illegale« zu wagen, ebenfalls von einem ihnen bekannten Soldaten. Rosel Bibo, damals 29 Jahre alt, war nach einem Schwangerschaftsabbruch völlig geschwächt und mußte das Bett hüten. Heimlich besuchte sie der Sohn einer Nachbarin, der nach einem Nervenzusammenbruch – so erinnert sie sich – einen Sonderurlaub in Berlin verbrachte. Er erzählte ihr, was er als Beifahrer eines Gaswagens erlebt hatte, und beschwor sie, nicht zur Deportation zu gehen. Dies sei für sie die »Bestätigung für alle düsteren Ahnungen« gewesen. »Da rissen wir uns mit aller Kraft heraus aus unserer Lethargie und beschlossen zu handeln«, erinnerte sich Rosel Bibo. Am 10. Dezember 1942 verließ das Ehepaar ohne Stern seine »Judenwohnung« und fuhr zu Freunden in einen anderen Bezirk.[70]

Eine Mischung aus Gerüchten und Informationen über die Gaswagen erreichte Ende 1942 auch Susanne Veit in Berlin und führte letztlich dazu, daß auch sie in den Untergrund ging:

> Inzwischen versuchte man, mich zum Untertauchen zu überreden. Als erstes Alois Florath, früher Vorwärts-Redakteur [...]. Er hatte einen Stammtisch, an dem auch ein alter Polizeikommissar vom Alex saß [...]. Er wurde zur Begleitung von Berliner Judentransporten beordert [...]. Im Herbst 42 nun hatte er von den Vergasungs-Autobussen gehört, mit denen man damals [...] Versuche machte, und das am Stammtisch Florath anvertraut. Dieser versuchte nun, mir klar zu machen, dass es völlig sinnlos sei, auf den Transport mitzugehen, weil es der sichere Weg in den Tod war.[71]

Auch in der Studie von Mark Roseman über das Leben und Überleben der Essener Jüdin Marianne Strauß wird geschildert, wie ein Wehrmachtangehöriger entscheidende Informationen über das Schicksal nach Polen deportierter Juden vermittelte.[72] Dieser überbrachte später unzensierte Nachrichten ihres deportierten Verlobten aus dem Generalgouvernement.[73]

---

69 Inge Deutschkron, Ich trug den gelben Stern, 18. Aufl. München 2001, S. 193 f.
70 Beate Kosmala, Gespräch mit Rosel Bibo im Juli 2000, Berlin.
71 Veit, LBI Archives New York, S. 4.
72 Mark Roseman, In einem unbewachten Augenblick. Eine Frau überlebt im Untergrund, Berlin 2002.
73 Bei Roseman sind diese Berichte in gekürzter Fassung abgedruckt. S. 227-240. Vgl. dazu auch die Beiträge von Monica Kingreen und Robert Kuwalek in diesem Band.

5. Die Deportation der Eltern

Viele jüngere Jüdinnen und Juden stellte die Deportation ihrer Eltern vor ein quälendes Dilemma. Oft mußten sie ihre Ahnungen und Kenntnisse verdrängen oder gegen die eigene Überzeugung sprechen und handeln. Ilse Stillmann, die erlebt hatte, wie sich Verwandte durch Selbstmord der Deportation entzogen, konnte zunächst die Verschleppung ihrer Mutter Grethe Lewin hinauszögern. Als jedoch zu einem späteren Zeitpunkt die Aufforderung zum Transport nach Theresienstadt kam, habe ein befreundeter jüdischer Arzt gesagt: »Nach Theresienstadt kannst du sie ruhig fahren lassen«. Ilse Stillmann ließ sich von diesen Sätzen beruhigen – vielleicht wider besseres Wissen. Aus der Erinnerung von 1988 beschreibt sie den sprachlosen Abschied knapp mit einem bezeichnenden Detail: »Als meine Mutter abgeholt wurde – wie es üblich war, von einem Gestapomann und einem jüdischen Helfer –, hab ich andauernd hinter ihrem Rücken gestanden und den Mantel gebürstet, als wenn da immer noch Fusseln wären.«[74] Ilse Stillmann erging es besser als den meisten anderen zurückbleibenden Kindern, da sie während ihrer Zeit im Untergrund in der Lage war, ihrer Mutter unter falschem Namen Päckchen nach Theresienstadt zu schicken. Grethe Lewin kehrte nach dem Krieg zurück.

Die Frage, ob man Eltern oder Geschwister und Angehörige, die den Deportationsbefehl bekamen, allein lassen dürfe, quälte viele Überlebende, wie aus ihren Berichten hervorgeht. Der Entschluß zum Untertauchen wurde so zur tragischen Entscheidung. Nach dem Überleben kehrte die Frage nach eigener Schuld als schmerzhafte Last zurück und war nur schwer zu bewältigen. Lotte Themal hielt in ihrem Bericht von 1957 die Situation fest, wie sie am 9. Januar 1942 völlig unvorbereitet davon erfuhr, daß ihre Mutter sich bereits in einer Sammelstelle zur Deportation befand. In ihrer Fassungslosigkeit habe sie bei der jüdischen Gemeinde angefragt, ob sie mitkommen könne. Der mit ihr befreundete Angestellte habe geantwortet:

> Lotte, mache es mir bitte nicht schwer, ich kann es nicht verantworten, ich muß dir die Wahrheit sagen. Du würdest umsonst dein Opfer bringen. Man nimmt dir in den ersten 10 Minuten dein Kind weg, und in weiteren 10 Minuten trennt man dich von deiner Mutter. Wem hilfst du? Ich habe dich nicht gesprochen, hörst du?[75]

Der Bericht enthält keine Bemerkungen, was die Tochter über das weitere Schicksal ihrer Mutter dachte. Allmählich fand sie durch die Sorge um ihr Kind aus der Verzweiflung heraus. Im Juli 1942 heiratete sie ihren Freund Rolf Themal. Über die folgende Zeit hält sie fest: »Täglich wurden Menschen deportiert, täglich gingen neue Greueltaten als ›Jüdischer Mundfunk‹ von Mann zu Mann. Es war entsetzlich.«[76] Ende 1942 beschloß das Ehepaar, mit dem Kind unterzutauchen.

---

74 Herzberg, Überleben (wie Anm. 50), S. 177.
75 Themal, YVA Jerusalem, 02/346, S. 2.
76 Ebd., S. 4.

Selly Dyck, die 1958 in Stockholm ihre Erinnerungen aufzeichnete, berichtete über die Deportation ihrer Eltern knapp:

> Am 8. Januar 1943 morgens erschienen ohne vorherige Anmeldung Gestapoleute in unserer Wohnung, um meine Eltern endgültig abzuholen [...] Ich machte alles für die Abreise fertig, packte ihre Sachen und Reiseproviant zusammen und kochte noch Mittagessen. Während sich die Gestapoleute und ihre jüdischen Begleiter zum Essen setzten, verschwand ich aus der Wohnung. Diesen Schritt hatte ich mit meiner Mutter verabredet, da wir uns doch gleich hätten trennen müssen. Wie uns allen dabei ums Herz war, kann man sich schwer vorstellen.[77]

Der Gedanke, daß Familien sowie Männer und Frauen ohnehin getrennt würden, half vielen bei der Entscheidung, das Schicksal der Eltern nicht zu teilen und sich der Deportation zu entziehen sowie bei der späteren Bewältigung.

Auch Kurt Lindenberg belastete es schwer, daß er keine Möglichkeit sah, seinen Eltern zu helfen, für die er in ihrem fortgeschrittenen Alter und ohne Geldmittel keine Chance sah, in der Illegalität zu überleben. Er hatte sich mit der Frage auseinandergesetzt, ob er sich seinen Eltern anschließen sollte, und versucht seine Entscheidung rational zu begründen: »Aus diesem Grund nach Polen mitzufolgen, um evtl. meinen Eltern dort beistehen zu können, wäre dagegen absolut sinnlos gewesen, da dort die Jüngeren von den Älteren abgeschieden wurden: ebenso wie die Frauen von den Männern.« Dies wirkte sich in der Folgezeit auf die Kommunikation mit den Eltern aus: »Aus Rücksichtnahme vermied ich nun, von den Zuständen in Polen zu sprechen, solange ich mit meinen Eltern zusammen war.«[78] Kurt Lindenberg betont, daß die Eltern seine Absicht unterzutauchen kannten und billigten. Obwohl sein Entschluß längst feststand, wartete er bis zum letzten Moment am 27. Februar 1943, da er auf jeden Pfennig Verdienst angewiesen war. Entkommen konnte er der Razzia jedoch nur, weil er bereits Vorkehrungen getroffen hatte: »Es war der Tag, an dem ich die mein Leben bestimmende Initiative restlos in die eigene Hand nahm, und der Tag, der bedeutete, daß ich meine Eltern nun unwiderruflich verloren hatte.«[79]

Lotte Strauss schreibt in ihren autobiographischen Aufzeichnungen über das Trauma der Verschleppung ihrer Eltern und vergegenwärtigte sich den Oktober 1942: »Ich versuchte viele Stunden, meine Eltern zu überreden, den Befehl zu mißachten und sich statt dessen im Berliner Untergrund zu verstecken.«[80] Sie konnte die Eltern nicht überzeugen. In der Nacht nach ihrer Abholung entkam sie selbst nur knapp der Gestapo und tauchte mit ihrem späteren Mann Herbert Strauß unter. Was die Deporta-

---

77 Erlebnisse der Frau Selly Dyck aus Stockholm in Danzig und Deutschland während der Herrschaft der Nationalsozialisten. Überarbeitet von W. Berent. [Im Text wird der Vorname mit »Sally« angegeben], (Wiener Library), YVA Jerusalem, 02/754, 8 S., hier S. 5.
78 Lindenberg, YVA Jerusalem, 02/33, S. 5.
79 Ebd., S. 7.
80 Lotte Strauss, Über den grünen Hügel. Erinnerungen an Deutschland, Berlin 1997. S. das Kapitel: Die Deportation der Eltern, Flucht vor der Gestapo. Berlin, 24. Oktober 1942, S. 63-80.

tion bedeutete, mußte Lotte, die so heftig versucht hatte, ihre Eltern davon abzuhalten, zumindest geahnt haben. Zunächst erschien ihr deren Verbleib als »undurchdringliches Geheimnis«[81]. Dies änderte sich Anfang Januar 1943, als der schwedische Journalist Friedrich Strindberg Lotte und Herbert Strauss mitteilte, »daß die Nazis in den eroberten Gebieten im Osten Vernichtungslager errichtet hätten, wo sie, unter strenger Geheimhaltung, systematisch Juden vergasten. Er versicherte, daß seine Quelle zuverlässig sei, und bat uns, seinen Bericht vertraulich zu behandeln.« Jahrzehnte später beschrieb Lotte die Wirkung jener Worte: »Seine Informationen schlugen mit der Wucht der Wahrheit auf mich nieder und nahmen mir den Atem. Ich versuchte, sie so weit wie möglich von mir fern zu halten, um nicht den Verstand zu verlieren.« Herbert A. Strauss beschreibt ebenfalls die Wirkung dieser Situation:

Anders als Lotte, die Strindbergs Ausführungen sofort glaubte, war ich nicht imstande, ›anzunehmen‹, was ich gehört hatte [...]. Ich hatte gelernt, all dies nicht an mich heranzulassen, es nicht zu ›hören‹. [...] Ich weiß nicht mehr, wann die Zweideutigkeiten des ›Wissens‹ nach und nach der Panik und dem niederschmetternden Eingeständnis wichen, daß ich ›akzeptieren‹ mußte, was für alle Zeiten inakzeptabel war: den endgültigen Verlust der Menschen, zu denen auch unsere Toten gehörten, und daß es galt, eine Form des Trauerns zu finden, die ihres ungelebten Lebens würdig war.[82]

Verdrängung war überlebensnotwendig. Im späten Rückblick ordnet Lotte Strauß diese Begebenheit wie folgt ein: »So hörten wir in diesem Januar 1943 – dem dritten Monat, in dem wir uns versteckt hielten – zum ersten Mal, was mit den deportierten Juden in den eroberten Ostgebieten passierte. Den Namen der größten ›Todesfabrik‹, Auschwitz, hatten wir noch nie gehört.«[83]

Marga Spiegel formulierte in den sechziger Jahren, welche Gedanken ihr am Morgen des 27. Februar 1943, dem Tag ihres Untertauchens, durch den Kopf gegangen seien:

Wie schwer ich es meinem Mann doch bis jetzt gemacht hatte, den von ihm gefaßten Plan auszuführen! Ich hatte mich fest entschlossen gezeigt, den Weg mit allen den Unseren zu Ende zu gehen. Ich wollte keine Ausnahme sein. Und welche Mühe hatte mein Mann, mich davon zu überzeugen, daß Gott auch einige dazu ausersehen haben könnte, das Furchtbare zu überleben![84]

Sie konnte das Schuldgefühl, nicht das Los der Deportierten geteilt zu haben, nie völlig überwinden, wie sie in einem Gespräch 1992 zum Ausdruck brachte: »Was mich heute noch bedrückt, ist die Frage, warum ich am Leben geblieben bin, gerade ich.« Das psychologische Phänomen der Gefühls der »Überlebensschuld« tritt nicht nur bei Überlebenden von Ghettos und Lagern auf, sondern zeigt sich auch bei Ver-

---

81 Ebd., S. 128 f.
82 Strauss, Abgrund (wie Anm. 35), S. 250.
83 Strauss, Hügel (wie Anm. 85), S. 130.
84 Spiegel, Retter (wie Anm. 51), S. 93.

folgten, die sich der Deportation entziehen und im Untergrund überleben konnten. Das Bewußtsein, selbst überlebt zu haben, während nächste Angehörige und viele andere ermordet worden sind, und das durch die Trennung von der Familie ausgelöste Schuldgefühl blieben für viele eine schwere, kaum überwindbare psychische Bürde.[85]

6. Gewißheit: »Die Fabrik-Aktion« 1943

Im Dezember 1942 begann die letzte Phase des Abtransports der noch verbliebenen jüdischen Zwangsarbeiter und ihrer Angehörigen. Zu diesem Zeitpunkt lebten im »Altreich« nur noch 51.371 Juden (von 164.000 im Oktober 1941), die überwiegend in Berlin und Breslau sowie in Dutzenden Arbeitslagern in anderen Städten konzentriert waren. Kurz nach dem 20. Februar gab das Reichssicherheitshauptamt (RSHA) Befehle an die Gestapo heraus, daß die geplante Groß-Razzia »schlagartig am 27.2.1943 bei Beginn der Arbeitszeit« durchzuführen sei.[86] Da Ende 1942 in den meisten Großstädten und mehreren Regionen des Reiches die Deportationen weitgehend abgeschlossen waren, gingen aus Düsseldorf, Dortmund, Frankfurt am Main, Stuttgart, Trier, Bielefeld und anderen Städten kleinere Transporte nach Auschwitz ab. Aus Breslau wurden noch mehrere Hundert Menschen deportiert.[87] Lediglich in der Reichshauptstadt lebten zu diesem Zeitpunkt noch weit mehr als 10.000 Zwangsarbeiter und deren Familien.[88] Anfang Dezember 1942 unterrichtete das RSHA die Berliner Betriebe, daß die jüdischen Arbeiter spätestens bis 31. März 1943 »abgezogen« sein sollten.[89] Obwohl die Gestapo in der Reichshauptstadt mit Hilfe der Waffen-SS die Razzia überfallartig und mit aller Brutalität durchführte, konnten Tausende flüchten. Einigen gelang dies, weil sie zufällig nicht am Arbeitsplatz waren, andere waren vorher gewarnt worden, denn die Anordnungen des RSHA zirkulierten tagelang in Polizei und Verwaltung und waren außer SS und Schutzpolizei, Arbeitsverwaltung und Wehrmacht-Rüstungsinspektion auch Firmen und Werkschutz bekannt.[90] In zahlreichen Berichten gibt es Hinweise, daß seit dem Jahresende 1942 Anzeichen auf die bevorstehende Aktion beobachtet wurden und eine fieberhafte Suche nach Untertauchmöglichkeiten auslösten. Fritz Pagel, der mit seinem 17jährigen Sohn bei der Firma Siemens & Halske zwangsverpflichtet war, beobachtete:

---

85 Zur dieser Problematik s. Revital Ludewig-Kedmi, Opfer und Täter zugleich? Moraldilemmata jüdischer Funktionshäftlinge in der Shoah, Gießen 2001, darin besonders das Kapitel: Die erste Generation: Zwischen Überleben und Überlebensschuld, S. 80-88.
86 Wolf Gruner, Die Fabrik-Aktion und die Ereignisse in der Berliner Rosenstraße. Fakten und Fiktionen um den 27. Februar 1943, in: Jahrbuch für Antisemitismusforschung 11 (2003), S. 83-177, hier S. 146. Vgl. auch seinen Beitrag in diesem Band.
87 Ebd., S. 152 f.
88 Ebd., S. 149.
89 Gruner, Arbeitseinsatz (wie Anm. 2), S. 299-307.
90 Gruner, Fabrik-Aktion (wie Anm. 86), S. 150. Der Autor führt hier eine Reihe von Beispielen an, die belegen, wie jüdische Zwangsarbeiter durch rechtzeitige Warnungen entkommen konnten.

FLUCHT VOR DER DEPORTATION

Im Herbst 1942 steckte man polnische Zivilarbeiter in unsere jüdische Abteilung, die wir anlernen mußten. Einmal unterhielt ich mich in der Mittagspause mit Kameraden und sagte: ›Ich habe das Gefühl, dass ein Tag kommt, an dem alle jüdischen Abteilungen geschlossen und alle Juden abgeholt werden. Das will ich nicht mitmachen.‹[91]

Pagel äußerte sich nicht dazu, was »abgeholt werden« für ihn bedeutete. Er blieb aber in Kontakt mit seinem früheren Nachbarn, dem Herrenschneider Gustke, der »ausländischen Rundfunk« hörte und ihn mit Neuigkeiten versorgte. Dieser habe ihm auch signalisiert, daß Pagel auf ihn zählen könne, wenn er sich vor der Deportation in Sicherheit bringen müsse. Im Januar 1943 tauchte die vierköpfige Familie Pagel mit Hilfe des Ehepaares Gustke unter. Fritz Pagel überlebte als einziger.

Auch Lola Alexander gelang es, noch vor der Fabrik-Aktion zu entkommen:

Meine Schwester und ich waren in Rüstungsfabriken tätig. Mein Abteilungsmeister bei der Deutschen Hydraulik- und Präzisionswerke Alfred Teves GmbH in Berlin-Wittenau, der die jüdische Abteilung unter sich hatte, war ein fabelhafter Mensch. [...] Ende Januar 1943 kam er zu mir und fragte mich, ob ich evtl. untertauchen möchte. Er machte mir klar, dass es nicht mehr allzu lange dauern könne, bis alle Juden evakuiert werden würden. Er könne es nicht mit ansehen, wie täglich Juden abgeholt werden. [...] [D]a ich ja nichts zu verlieren hatte, sagte ich natürlich zu, mit der Bitte, wenn möglich auch für meine Schwester etwas zu tun, was er sofort bejahte. [...] Am 7. Februar ging ich in die Illegalität.[92]

Vieles spricht dafür, daß Anfang des Jahres 1943 die Auffassung weit verbreitet war, Deportation führe in den Tod.

Lotte Themal, die sich längst zum Untertauchen entschlossen hatte, entkam mit Mann und Kind nur knapp der Groß-Razzia. Bevor sie am 27. Februar aus der Wohnung verschwand, beobachtete sie aus dem Fenster auf einem benachbarten Fabrikgelände, wie Frauen und Mädchen mit Gewehrkolben auf einen Lastwagen getrieben wurden. In der Erinnerung interpretiert sie die Schreie der Opfer folgendermaßen: »Sie schrieen nicht der Schläge wegen, sondern weil sie wußten, nun werden sie nie

---

91 Fritz Pagel: Eines der vielen Tausende von Schicksalen. Aufgenommen von H.G. Adler im Herbst 1955, (Wiener Library), YVA Jerusalem, 02/1028. Lange Passagen beziehen sich auf die Erlebnisse von Fritz Pagel als Häftling in Auschwitz. Familie Pagel konnte sich 1943 mehrere Monate außerhalb Berlins im Wochenendhaus von Gustke verborgen halten. Nach einer Denunziation mußten sie dieses Quartier verlassen. Sie wurden später in Berlin auf der Straße verhaftet und nach Auschwitz deportiert. Frau Pagel und die kleine Tochter wurden sogleich ermordet, der Sohn starb 1944 an einer Lungenerkrankung.

92 Alexander, YVA Jerusalem, 02/430. Der Berliner Werkmeister war Wilhelm Daene, der acht Zwangsarbeiterinnen vor der Razzia gewarnt und während der Illegalität unterstützt hat. Er wurde sowohl als »Unbesungener Held« in Berlin als auch als »Gerechter unter den Völkern« in Jerusalem ausgezeichnet. Vgl. Hans-Rainer Sandvoß, Widerstand in Pankow und Reinickendorf, hg. Gedenkstätte Deutscher Widerstand, Berlin 1992, S. 249 f.

wieder die Ihren sehen. Es war grausig.«[93] Familie Spiegel aus Dortmund, die sich schon seit April 1942 mit dem Gedanken trug, entzog sich ebenfalls erst in letzter Minute der Deportation. Siegmund Spiegel, Zwangsarbeiter in einer jüdischen Kolonne bei Entrostungsarbeiten auf einer Zeche, war von seinem Arbeitgeber immer wieder als unentbehrlich reklamiert worden. Als die Fabrik-Aktion nahte, erhielten die Zwangsarbeiter den Tarnbefehl, sich zur Prüfung ihrer Arbeitspapiere mit ihren Familien zu melden. Siegmund Spiegel deutete dies als letztes Signal zum Untertauchen.[94] Wäre die Aktion in Dortmund wie in Berlin überfallartig durchgeführt worden, hätte die Familie wohl keine Chance gehabt zu entkommen.

7. Schlußfolgerungen

Zwischen dem Beginn der reichsweiten Deportationen am 18. Oktober 1941 und dem Frühjahr 1943 (»Fabrik-Aktion« am 27. Februar) faßten etwa 8 Prozent der noch in der Reichshauptstadt lebenden Juden den Entschluß, sich durch die Flucht in den Untergrund der Deportation zu entziehen. (Im übrigen »Altreich« war die Zahl geringer.) Zwischen den zunehmenden Gerüchten über die Ermordung von Juden »im Osten« und der steigenden Zahl derer, die in den Untergrund oder den Tod flüchteten, besteht ein deutlicher Zusammenhang. Neben der geringeren Zahl der Juden, die schon in der ersten Phase der Deportationen untergetaucht waren, begann die eigentliche Fluchtbewegung in den Untergrund im Oktober 1942, verstärkte sich im November und nahm im Dezember 1942 und Januar 1943 weiter zu. Mit mehr als 50 Prozent erreichte die Fluchtwelle um den 27. Februar 1943 den Höhepunkt. Dies legt den Schluß nahe, daß im Laufe des Jahres 1942 die dunklen Ahnungen über die Bedeutung der Deportationen immer mehr zur Gewißheit wurden. Der Entschluß, in die Illegalität abzutauchen, war aber nicht in erster Linie eine Frage des Kenntnisstandes über die Verbrechen im Osten. Ebenso wichtig waren Voraussetzungen und Gelegenheiten: finanzielle Mittel, der Gesundheitszustand sowie die Verbindung zu Nichtjuden, deren Unterstützung für ein Leben im Untergrund in der Regel unabdingbar war.[95]

Allerdings galt diese Entwicklung so nur für die Reichshauptstadt. Verglichen mit Frankfurt am Main, dem Sitz der zweitgrößten jüdischen Gemeinde des »Altreichs«, ist festzustellen, daß dort die Deportationen in besonders rasantem Tempo durchgeführt wurden und im September 1942 nahezu abgeschlossen waren. Deshalb konnten sich nur wenige Personen auf ein Leben im Versteck einstellen, als die Nachrichten von der Ermordung der Deportierten durchsickerten.

Im Herbst/Winter 1941 fielen zwar viele Deportierte den katastrophalen Lebensbedingungen in den Zielgebieten oder auch Erschießungsaktionen zum Opfer, ihre systematische Ermordung hingegen war noch nicht beschlossen. Damit einherge-

---

93 Themal, YVA Jerusalem, 02/346.
94 Spiegel, Retter (wie Anm. 51), S. 92 f.
95 Vgl. Wolfgang Benz, Juden im Untergrund und ihre Helfer, in: ders., Überleben (wie Anm. 23), S. 11-48.

hend vermuteten die meisten Berliner Juden, daß es sich bei den Deportationen um eine »Evakuierung« in Arbeitslager handle. An dieser Vorstellung hielten viele bis zum Sommer 1942, oft auch länger, fest. Eine andere Einschätzung wurde auch dadurch erschwert, daß sich die Verfolgungsbehörden zur Umsetzung der »Endlösung« perfiderweise der Reichsvereinigung der Juden in Deutschland bedienten, deren Repräsentanten Stillschweigen bewahrten.

Dennoch war trotz aller Abschottungsmaßnahmen des Regimes die Isolation der Verfolgten weniger hermetisch, als oft angenommen. In fast der Hälfte der geglückten Rettungsfälle kam der Anstoß zum Untertauchen von nichtjüdischen Freunden und Bekannten, zuweilen auch von Fremden, von Vorgesetzten in den Zwangsarbeitsbetrieben und selbst von Wehrmachtangehörigen. Die Kommunikationswege waren oft sehr direkt. Der Informationsfluß aus dem Lager Izbica bei Lublin nach Essen, der das elende Ende des Transports von mehreren hundert Essener Juden im September und Dezember 1942 bekannt machte, dürfte kein Einzelfall gewesen sein. Für die meisten Betroffenen jedoch kamen diese Informationen zu spät.

In vielen Fällen glückte das Untertauchen, weil die Verfolgten die Initiative ergriffen und direkt um Hilfe baten. Der Übergang von der Ahnung zur Gewißheit über die Deportation als Todesurteil war fließend; das konkrete Wissen bleibt in den Quellen schemenhaft. Oft wird betont, man habe gewußt, daß man die verschleppten Angehörigen nie wiedersehen werde. Das Haupthindernis, rechtzeitig die Entscheidung für den Untergrund zu treffen, war für die überwiegend ausgeplünderte und überalterte Gruppe der Juden, daß sie nicht mehr über ausreichende finanzielle Mittel verfügte, was ein Leben in der Illegalität kaum vorstellbar erscheinen ließ. Hinzu kam die begründete Angst vor Denunziationen. Aber auch familiäre Bindungen, die etwa die Trennung von den Eltern als unerträglichen Verrat erscheinen ließen, machten diesen Entschluß oft unmöglich. Sowohl jene, die sich nicht der Deportation entzogen, als auch diejenigen, die untertauchten, mußten wenigstens zeitweilig ihre Vermutungen oder ihr Wissen über die massenhafte Ermordung von Juden aus psychischen Gründen verleugnen. Das Verdrängen der unfaßbaren Wirklichkeit war lebens- und überlebensnotwendig.

Die Beispiele aus dem Jahr 1943 zeigen, daß mittlerweile die Angst vor der Deportation als Todesurteil weit verbreitet war. Viele waren schon Monate, zumindest aber Wochen vorher zur Überzeugung gelangt, daß außer der Selbsttötung nur noch der Schritt in den Untergrund sie vor der Deportation bewahren könne. Dennoch wurden auch sie mit Tausenden anderen von der überfallartigen Großrazzia erfaßt, weil sie den Zeitpunkt des Untertauchens zu weit hinausgezögert hatten. Andererseits konnten nur deshalb mehrere Tausend noch vor oder während der »Fabrik-Aktion« am 27. Februar 1943 entrinnen, weil sie von Nichtjuden gewarnt worden oder auf diese Situation innerlich vorbereitet waren. Allerdings hat nur etwa ein Viertel der in Berlin Untergetauchten die Befreiung erlebt. Viele von ihnen fielen Denunziationen und Razzien zum Opfer, andere kamen durch Bombardierungen ums Leben.

CHRISTIANE KULLER

»Erster Grundsatz: Horten für die Reichsfinanzverwaltung«*
Die Verwertung des Eigentums der deportierten Nürnberger Juden

»Ich habe in Erfahrung gebracht,« schrieb im Januar 1944 eine Nürnberger Wurstwarenhändlerin an die Finanzverwaltung,

»daß durch den Herrn Oberfinanzpräsident Einrichtungsgegenstände aus jüdischen Haushaltungen zum Verkauf gelangen. Da ich durch den Fliegerangriff vom 10. August 1943 total fliegergeschädigt wurde, bitte ich ergebenst mir, wenn irgend möglich, etwas käuflich abzulassen. Ich benötige: Bettstatt mit Matratze, Bett, Nachttisch, Waschtisch, Schrank, 2 Sessel, Chaiselongue, Vorhänge und Spiegel.«[1]

Wonach sich die Nürnberger Geschäftsfrau hier erkundigte, waren Möbel aus der Hinterlassenschaft deportierter Juden, die beim Abtransport bis auf einen Koffer ihre gesamte Habe zurücklassen mußten. Obwohl die deutschen Juden bis dahin meist schon einen Großteil ihres Eigentums verloren hatten, stand mit Beginn der Deportationen insgesamt noch ein mindestens dreistelliges Millionenvermögen zur Disposition. Für die »Verwaltung und Verwertung« dieses Vermögens waren die staatlichen Finanzbehörden zuständig, die durch die »Aktion 3«, wie die Verwertung in der Tarnsprache der NS-Behörden hieß, in den unmittelbaren Kontext des Judenmords gerieten.

Mit bürokratischer Präzision sorgten sie für die geräuschlose Neuverteilung der materiellen Hinterlassenschaft der deutschen Juden in ihrer Heimat. Im arbeitsteiligen Prozeß der Vernichtung übernahmen die Finanzbeamten die Aufgabe, im Deutschen Reich alle Reste der bürgerlichen Existenz der Deportierten auszulöschen. Die Abwicklung der wirtschaftlichen Enteignung war ein unverzichtbares Element, ohne das an zahllosen Punkten unübersehbare Spuren der Transporte in den Tod zurückgeblieben wären:[2] Die verlassenen Zimmer und Wohnungen wurden gereinigt und neu vermietet, Möbel, Bücher und Wäsche, aber auch Kunstgegenstände, Schmuck, Juwelen und Teppiche aus jüdischem Besitz verkauft oder versteigert. Grundstücke und Häuser wurden an neue Eigentümer vermittelt, Bargeld, Sparkonten und Wertpapiere durch den Staat eingezogen und verwaltet.

---

* Zitat aus dem Protokoll über eine Besprechung mit Regierungsrat Dr. Schwarzat vom Reichsfinanzministerium in Anwesenheit der Vertreter von Stuttgart und Nürnberg ohne Datum (6.11.1941), Oberfinanzdirektion (OFD) Nürnberg, NS 6.
1 Schreiben einer Wurstwarengeschäftsinhaberin an den Nürnberger Oberfinanzpräsidenten v. 20.1.1944, OFD Nürnberg, VV 6299, 5400, 42.
2 H. G. Adler bezeichnet die Ausplünderung der Juden als »Finanztod«, dem der »bürgerliche Tod« durch die Vertreibung aus der Heimat und schließlich die physische Ermordung folgten. Vgl. H. G. Adler, Der verwaltete Mensch. Studien zur Deportation der Juden aus Deutschland, Tübingen 1974, S. 166.

Innerhalb des NS-Regimes entspann sich zwischen Reichssicherheitshauptamt und Reichsfinanzverwaltung ein Machtkampf über die Kontrolle des jüdischen Eigentums und den wirtschaftlichen Profit aus den Deportationen. Dieser spiegelte sich zum einen in den Auseinandersetzungen um die rechtlichen Regelungen für die Ausplünderung der deutschen Juden wider. Er prägte aber zum anderen auch die Praxis der Verwertung vor Ort. Der Konflikt wurde dadurch verschärft, daß die Maßnahmen der Gestapo mit den normenstaatlichen Grundsätzen der Finanzbehörden kollidierten. Die Radikalisierungstendenzen im Verwaltungshandeln, die Frank Bajohr schon für die gewerbliche »Arisierung« beschrieb, wurden dadurch weiter befördert. Diese »partielle Selbstzerstörung« (Bajohr) des Normenstaats setzte sich bei der »Aktion 3« fort, während derer sich den Finanzbeamten wiederum ein ungewöhnlich großer Handlungs- und Ermessensspielraum öffnete.[3]

Das oben zitierte Schreiben verweist auch auf den Zusammenhang zwischen Deportation und Bombenkrieg, denn vorrangig Fliegergeschädigte sollten aus dem eingezogenen jüdischen Vermögen versorgt werden. Die Propagandalüge, die Juden als »Drahtzieher« des Bombenkriegs anzuprangern und den unter den Luftangriffen leidenden Großstadtbewohnern die freigewordenen Wohnungen der Deportierten samt Einrichtung zukommen zu lassen, ermöglichte es dem NS-Regime, antijüdische Agitation mit einer »pragmatischen« Problemlösung zusammenzuführen.[4] In der Praxis waren die wirtschaftlichen Aspekte von großer Bedeutung für die Kooperationsbereitschaft der Beteiligten bei der Vermögensverwertung – nicht nur im Sinne des eigenen Profits, sondern auch, weil die Entschädigung der Luftkriegsopfer den Schein einer sozialen Zielsetzung erweckte.[5] Die Abwicklung der Vermögen der Deportierten kann damit als Gradmesser dafür dienen, inwieweit ideologische Prinzipien im »Dritten Reich« mittlerweile die einst als unpolitisch, sachlich-rational angesehenen Verfahren der Finanzverwaltung durchdrangen.

De facto spielten die Luftkriegsgeschädigten in der Kette der Profiteure zunächst nur eine nachrangige Rolle, und dies wirft die Frage auf, welche Personen und Institutionen besonders von der »Aktion 3« profitierten. Der eingangs zitierte Brief war kein Einzelfall. Das Vermögen der Deportierten weckte viele Begehrlichkeiten. Eine große Zahl von Anfragen findet sich in den Unterlagen der Finanzbehörden. Die Interessenten meldeten ihre Wünsche in der Regel selbstbewußt und konkret an. Die Finanzbehörden bildeten eine einflußreiche Vermittlungsinstanz zwischen Bewerbern aus der Bevölkerung, staatlichen Institutionen, Parteieinrichtungen und dem fiskalischen Anspruch, den größtmöglichen Gewinn für den NS-Staat zu erzielen.

---

3 Frank Bajohr, »Arisierung« in Hamburg. Die Verdrängung der jüdischen Unternehmer 1933-1945, Hamburg 1997, S. 342 f.

4 Peter Longerich, Politik der Vernichtung. Eine Gesamtdarstellung der nationalsozialistischen Judenverfolgung, München/Zürich 1998, S. 432 f.

5 Walter Rummel wertet dies als »Korrektiv zur Verringerung eines Gewissenkonfliktes«, Walter Rummel/Jochen Rath (Bearb.), »Dem Reich verfallen« – »den Berechtigten zurückzuerstatten«. Enteignung und Rückerstattung jüdischen Vermögens im Gebiet des heutigen Rheinland-Pfalz 1938-1953, Koblenz 2001, S. 149 und 220 f.

Bei der Abwicklung bedienten sich die Finanzbeamten zahlreicher Helfer – Spediteure, Lagerfirmen, Transportunternehmen, Handwerker, Sachverständige, aber auch Banken, Treuhändler und Makler –, die auf dem neu entstandenen Markt für jüdisches Eigentum teilweise beträchtliche Gewinne erwirtschaften. Die Finanzbeamten stützten sich bei der Vermögensverwertung auf ein lokales Netzwerk aus Kooperationspartnern und Erwerbern, das unterschiedlich ausgeprägt sein konnte. Persönlichkeit und Machtkonstellation bestimmten die Rolle der Beteiligten. Je mehr »Arisierung« und Beraubung im Vorfeld stattgefunden hatte, umso weniger Vermögen war vorhanden, als die Oberfinanzpräsidenten das jüdische Eigentum ab 1941 systematisch konfiszierten. Abhängig von lokalen Rahmenbedingungen lief der Prozeß der Vermögensverwertung deshalb recht unterschiedlich ab.

In der Forschung findet die Verfolgung der Juden durch die Finanzbehörden im »Dritten Reich« seit kurzem größere Aufmerksamkeit.[6] Dies ist vor allem auf die verbesserten Aktenzugangsbedingungen zurückzuführen – für Unterlagen der Finanzbehörden, die die Judenverfolgung betreffen, wurde erst vor kurzem die Sperrauflage (Steuergeheimnis) aufgehoben, um diese Quellen für die Forschung zugänglich zu machen.[7] Während die rechtlichen Regelungen zur Ausplünderung der Deportierten schon länger Gegenstand von Untersuchungen waren, kann nun auch die Praxis der fiskalischen Verfolgung und insbesondere die Durchführung der »Aktion 3« auf breiterer Quellenbasis in den Blick genommen werden.[8]

6 Dieser Beitrag stellt erste Ergebnisse des Forschungsprojektes »Die Finanzverwaltung und die Verfolgung der Juden in Bayern« vor. Zum Projekt unter der Leitung von Prof. Dr. H. G. Hockerts an der Ludwig-Maximilians-Universität München im Auftrag des Bayerischen Staatsministeriums der Finanzen und in Kooperation mit der Generaldirektion der Staatlichen Archive Bayerns vgl. http://www.forschung.historicum.net/projekte/finanzverwaltung.html. Für Hannover vgl. Claus Füllberg-Stolberg, Emigration und Judenverfolgung. Die Rolle der Oberfinanzdirektion Hannover bei der Vertreibung der Juden, und Hans-Dieter Schmid, »wie Judensachen zu behandeln«: Die Ausplünderung der Sinti und Roma durch die Finanzverwaltung, beide in: zeitenblicke 3 (2004), Nr. 2 [erscheint voraussichtlich Juli 2004], URL: http://www.zeitenblicke.historicum.net/2004/02. Eine erste Aufsehen erregende dokumentarische Ausstellung von Fallakten stellte Wolfgang Dreßen für Köln vor: »›Aktion 3‹. Deutsche verwerten jüdische Nachbarn«, Köln 1998; vgl. auch Alfons Kenkmann/Bernd-A. Rusinek (Hg.), Verfolgung und Verwaltung. Die wirtschaftliche Ausplünderung der Juden und die westfälischen Finanzbehörden, Münster 1999; Rummel/Rath, Reich (Anm. 5); Susanne Meinl/Bettina Hindemith, Legalisierter Raub. Der Fiskus und die Ausplünderung der Juden in Hessen 1933-1945, erschienen in der Reihe »selecta« der Sparkassen-Kulturstiftung Hessen-Thüringen, Heft 8 (2002). Auch international findet das Thema in jüngster Zeit verstärkte Aufmerksamkeit, vgl. beispielsweise Martin Dean, The Development and Implementation of Nazi Denaturalization and Confiscation Policy up to the Eleventh Decree to the Reich Citizenship Law, in: Holocaust and Genocide Studies 16 (2002), S. 217-242.
7 Vgl. Michael Stephan, Steuer-, Devisen- und Einziehungsakten als neue Quellen der Zeitgeschichtsforschung, in: zeitenblicke 3 (2004), Nr. 2 [erscheint voraussichtlich Juli 2004], URL: http://www.zeitenblicke.historicum.net/2004/02/stephan.html.
8 Eine quellenreiche, allerdings etwas unübersichtliche Darstellung der Vermögensverwertung am Beispiel Würzburgs findet sich schon bei Adler, Mensch (Anm. 2). Eine erste konzise Dar-

In diesem Beitrag soll es um die Praxis der Vermögensverwertung am Beispiel Nürnbergs gehen, das in mehrfacher Hinsicht einen Sonderfall darstellt.[9] Nach einem Aufsehen erregenden regionalen »Arisierungsskandal« im Jahr 1938, der letztlich zur Absetzung des fränkischen Gauleiters Julius Streicher führte, hatte der Nürnberger Polizeipräsident Benno Martin einen »Sonderauftrag« von Hermann Göring für die weitere Abwicklung der »Arisierung« jüdischen Eigentums erhalten. Seine Führungsrolle, und damit die der Gestapo, war dadurch schon lange vor dem Herbst 1941 fest etabliert, als die Enteignungen der Deportationsopfer einsetzten. Ein verhältnismäßig großer Anteil des Eigentums von Juden – insbesondere Grundstücke – war auch aufgrund des »Sonderauftrags« bereits seit 1938 erfaßt, der Verfügungsgewalt der jüdischen Eigentümer völlig entzogen und in die Verwaltung der Polizeibehörde übergegangen.[10]

Diese besondere Ausgangslage führte dazu, daß die »Aktion 3« in Nürnberg unter außergewöhnlichen Rahmenbedingungen begann und sich hier ein relativ intensiver Schriftwechsel über deren Organisation entwickelte, der weitgehend überliefert ist. Er befindet sich in den Aktenkellern der Oberfinanzdirektion Nürnberg und bildet die zentrale Quellengrundlage für diesen Beitrag. Da die sonstige Überlieferung aus der NS-Zeit – insbesondere die Einziehungsakten – für Nürnberg nur zu einem sehr geringen Teil erhalten ist, stützt sich der Beitrag darüber hinaus auf Rückerstattungs- und Nachkriegsprozeßakten, in denen sich Zeugenaussagen zur »Aktion 3« befinden.

1. Rechtliche Grundlagen für die Enteignung

Zum Zeitpunkt der Deportation war die jüdische Bevölkerung im Deutschen Reich schon stark verarmt. Sie lebte bereits seit Jahren »von der Substanz«, denn die Erwerbsmöglichkeiten für Juden waren immer weiter eingeschränkt und schließlich 1938 nahezu vollständig abgeschafft worden. Die meisten verfügten daher nicht mehr über eigene Einkünfte und waren gezwungen, für die tägliche Versorgung, Miete, Arztkosten und ähnliches auf ihre Ersparnisse zurückzugreifen. Die Ausgaben der jüdischen Gemeinde für ihre zunehmend aus dem Sozialsystem ausgeschlossenen Mitglieder zur Versorgung Kranker und Bedürftiger stiegen. Die gewerbliche »Arisierung«, die seit der Pogromnacht 1938 zwangsweise durchgeführt wurde, hatte ebenfalls zur Verarmung beigetragen, denn die Gewerbebetriebe mußten in der Regel weit unter Wert veräußert werden. Die jüdische Bevölkerung lebte 1941 zumeist nicht mehr in ihren Wohnungen, sondern in »Judenhäusern«. Bei den erzwungenen Um-

---

stellung am Beispiel der Region Rheinland-Pfalz bieten Rummel/Rath, Reich, S. 116-224 (Anm. 5).
9 Vgl. dazu auch den Beitrag von Beate Meyer in diesem Band.
10 Zum allgemeinen Vorgehen bei der »Grundstücksarisierung« vgl. Wolf Gruner, Die Grundstücke der »Reichsfeinde«. Zur »Arisierung« von Immobilien durch Städte und Gemeinden 1938-1945, in: »Arisierung« im Nationalsozialismus. Volksgemeinschaft, Raub und Gedächtnis, hg. im Auftrag des Fritz Bauer Instituts von Irmtrud Wojak und Peter Hayes, Frankfurt/New York 2000, S. 125-156.

zügen hatten die Betroffenen einen großen Teil ihrer Möbel und Einrichtungsgegenstände aufgeben müssen, die Auswanderungsvorbereitungen waren ebenfalls mit hohen Kosten verbunden. Nach dem Novemberpogrom 1938 hatte das NS-Regime von den Juden eine »Sühneleistung« in Höhe von einer Milliarde Reichsmark eingetrieben und dazu noch mehrere Millionen an Versicherungsleistungen konfisziert, die den Juden aufgrund der erlittenen Schäden zugestanden hätten. Juden konnten bestimmte Steuervergünstigungen – beispielsweise für Familien – nicht in Anspruch nehmen und mußten Sondersteuern zahlen. Sie hatten die Verfügungsmacht über ihre Ersparnisse weitgehend verloren, denn die Finanzbehörden hatten ihre Konten mit Sicherungsvermerken belegt, und die Eigentümer konnten nur über einen geringen Anteil bestimmen, der ihnen monatlich freigegeben wurde. Einzelne Gegenstände – wie Autos, Radioapparate, Schmuck, Edelsteine und -metalle sowie Kunstgegenstände – waren schon vor 1941 durch Raubaktionen beschlagnahmt worden. Das Nürnberger Finanzamt ging nach Kriegsende davon aus, daß das Vermögen der jüdischen Stadtbevölkerung bereits 1938 auf die Hälfte zusammengeschmolzen war.[11]

Obwohl jüdischer Besitz in Deutschland in erheblichem Maß Plünderungsaktionen zum Opfer gefallen war, ließen die Deportationsopfer ein enormes Vermögen in ihrer Heimat zurück, vor allem Bankguthaben, Wertpapiere und Bargeld. Hinzu kamen zahlreiche Grundstücke und Immobilien. Von besonderem Interesse für die Weiterverwertung waren darüber hinaus Möbel, Haushaltswaren und Wäsche, also Gegenstände des täglichen Bedarfs, die aufgrund der Kriegssituation im Deutschen Reich zu Mangelware geworden waren.

Bis zum November 1941 hatte das NS-Regime durch zwei Gesetze Zugriff auf das Vermögen mißliebiger Staatsangehöriger: Das »Gesetz über den Widerruf von Einbürgerungen und die Aberkennung der deutschen Staatsangehörigkeit« und das »Gesetz über die Einziehung volks- und staatsfeindlichen Vermögens«.[12] Die beiden Gesetze zielten vor allem auf die Enteignung von Emigranten und bildeten schon seit ihrer Einführung ein zentrales Instrument der antijüdischen Verfolgung durch den Reichsfiskus. Nach einer Enteignung war es die Aufgabe der Finanzbehörden, die entzogenen Vermögen zu »verwalten« und zu »verwerten«. Mit der Verwertung war zunächst zentral für das Deutsche Reichsgebiet das Berliner Finanzamt Moabit-West und später der Oberfinanzpräsident Berlin beauftragt, wo insgesamt für rund 140.000 Entziehungsfälle Akten angelegt wurden.[13] Als im Oktober 1941 die systema-

---

11 Schreiben des Finanzamts Nürnberg-Augustinerstraße an das Oberfinanzpräsidium Nürnberg v. 8.10.1946, OFD Nürnberg, VV 6000 A, 136. Daten zum Stichjahr 1941 liegen nicht vor.
12 Gesetz über die Einziehung volks- und staatsfeindlichen Vermögens v. 14.7.1933, in: RGBl. I (1933), S. 479 f.; Gesetz über den Widerruf von Einbürgerungen und die Aberkennung der deutschen Staatsangehörigkeit v. 14.7.1933, in: RGBl. I (1933), S. 480 f.
13 Allerdings betrafen diese Einziehungsakten nicht nur jüdisches Vermögen, sondern auch das Eigentum von emigrierten politischen Gegnern. Zur Verfolgung jüdischer Emigranten durch die Finanzbehörden vgl. Susanne Heim, Vertreibung, Raub und Umverteilung. Die jüdischen Flüchtlinge aus Deutschland und die Vermehrung des »Volksvermögens«, in: Beiträge

tischen Deportationen aus dem Reich begannen, wandten die Finanzbehörden auch für die Enteignungen der »abgeschobenen Juden« zunächst die beiden oben genannten Gesetze an.[14] Diese Verfahren waren jedoch sehr aufwendig, da für jeden Deportierten eine individuelle Aberkennung der Staatsangehörigkeit durchgeführt werden mußte. Die Finanzbehörden hatten auf die offiziellen Einziehungsverfügungen zu warten, die vom Regierungspräsidenten oder Reichsstatthalter ausgestellt wurden.

Bei der ersten Abschiebung badischer und pfälzischer Juden nach Südfrankreich im Oktober 1940 hatten sich erhebliche verwaltungstechnische Probleme ergeben, weil die Abgeschobenen deutsche Staatsangehörige blieben.[15] Daher arbeitete das Reichsinnenministerium an Plänen für eine administrativ einfachere Lösung, die Vermögenseinziehung und Verlust der Staatsangehörigkeit verband. Am 25. November 1941 wurde mit der 11. Verordnung zum Reichsbürgergesetz eine neue Regelung geschaffen, die das Enteignungsverfahren wesentlich beschleunigte.[16] Der Vermögensverfall trat nun automatisch ein, wenn ein Jude die Reichsgrenze überschritt und dauerhaften Aufenthalt im Ausland nahm. Die 11. Verordnung ging ursprünglich auf Pläne zur effizienteren Enteignung der jüdischen Emigranten zurück und wurde auch nach ihrer Einführung zur Konfiskation von Emigranteneigentum verwendet.

Für die Anwendung auf die Deportationen warf das Prinzip der 11. Verordnung allerdings Probleme auf, die die Grenzen der formalrechtlichen Regelbarkeit der Deportationen aufzeigten. Grundlage für die Enteignungen waren nun die Deportationslisten der Gestapo. Auf den Listen wurde aber der Zielort der Transporte nicht genannt – so blieben die Finanzbehörden im Unklaren, ob und wann die Deportierten die Reichsgrenze überschritten. Die Einwilligung in dieses Verfahren kann als weiterer Beleg für die Mitwirkung der Finanzbehörden im Deportationsprozeß gelten.[17]

Nun lagen jedoch nicht alle Zielorte im Ausland bzw. der Status der annektierten Gebiete galt als klärungsbedürftig. Das Reichssicherheitshauptamt bestätigte aber sehr schnell, daß das Reichskommissariat »Ostland«, das Reichskommissariat Ukraine und das Generalgouvernement als Ausland im Sinne der 11. Verordnung einzustufen seien.[18] Für die Deportationen nach Theresienstadt, das im Reichsprotektorat Böhmen

---

zur Geschichte des Nationalsozialismus 15 (1999), S. 107-138; Martin Friedenberger, Das Berliner Finanzamt Moabit-West und die Enteignung der Emigranten des Dritten Reiches 1933-1942, in: Zeitschrift für Geschichtswissenschaft 49 (2001), S. 677-694.

14 Schnellbrief des Reichsfinanzministeriums an die Oberfinanzpräsidenten v. 4.11.1941, OFD Nürnberg, NS 6.
15 Vgl. dazu ausführlich Rummel/Rath, Reich (Anm. 5), S. 81-85. Den verschleppten Juden mußten beispielsweise Reisepässe nachgesendet werden und die Finanzbehörden bestanden auf der Einziehung der Reichsfluchtsteuer.
16 Elfte Verordnung zum Reichsbürgergesetz v. 25.11.1941, in: RGBl. I (1941), S. 722-724.
17 Cornelia Essner, Die »Nürnberger Gesetze« oder Die Verwaltung des Rassenwahns 1933-1945, Paderborn u.a. 2002, S. 312. Ein Beispiel für Widerstand gegen diese verwaltungsrechtliche Unschärfe bei Rummel/Rath, Reich (Anm. 5), S. 96.
18 Begleitschreiben des Reichssicherheitshauptamtes zur 11. Verordnung an das Reichsfinanzministerium v. 27.11.1941, wurde in einer vertraulichen Anordnung des Reichsinnenministe-

und Mähren lag, mußten die Enteignungen hingegen weiter nach den traditionellen Verfahren abgewickelt werden, da sich das Lager im Reichsgebiet befand.[19] Ein weiteres Problem stellten jene Deportierten dar, die keine deutsche Staatsangehörigkeit besessen hatten und so diese nicht verlieren konnten. Ihr Vermögen konnte nicht auf der Basis der 11. Verordnung dem Staat verfallen. In der bürokratischen Fachterminologie wurde streng zwischen »Vermögenseinziehung« aufgrund der Gesetze aus dem Jahr 1933 und »Vermögensverfall« gemäß der 11. Verordnung unterschieden. Gleichzeitig konnte die Anweisung der Gestapo auf »Einziehung« (Theresienstadt) oder »Verfall« (»nach dem Osten«) von den Finanzbeamten auch als Hinweis gelesen werden, wohin die Transporte gingen.

Die Einführung der 11. Verordnung zum Reichsbürgergesetz bedeutete einen Rückschlag für die Absichten des Reichssicherheitshauptamts, das schon seit längerem versucht hatte, die Kontrolle über den gesamten jüdischen Besitz im Deutschen Reich zu bekommen.[20] Als zentrale Verwaltungs- und Verwertungsinstanz für das Eigentum der Deportierten hatte sich die Reichsfinanzverwaltung durchsetzen können, die auf langjährige Erfahrungen bei der Enteignung von Emigranten zurückblickte. Um sich dennoch den ersten Zugriff auf das jüdische Vermögen zu verschaffen, blieb dem Reichssicherheitshauptamt allerdings noch eine andere Möglichkeit: Es konnte sich der Reichsvereinigung der Juden in Deutschland bedienen, die seit der Einführung der 10. Verordnung zum Reichsbürgergesetz 1939 eine Zwangsvereinigung aller deutschen Juden unter Kontrolle des Reichsinnenministeriums war. Der Besitz der Reichsvereinigung war auf Intervention des Reichssicherheitshauptamts dem unmittelbaren Zugriff des Fiskus zunächst entzogen worden.[21] Möglichst viel Vermögen von Juden sollte daher an die Reichsvereinigung transferiert werden. Ab Dezember 1941 mußten beispielsweise mindestens 25 Prozent des Vermögens als »Spende« an die Reichsvereinigung übertragen werden, die das Geld auf ein »Sonderkonto W« des Reichssicherheitshauptamtes überwies. Für die Abschiebungen nach Theresienstadt hatten die Juden meist ihr gesamtes Vermögen für einen »Heimeinkaufsvertrag« an die Reichsvereinigung abzutreten. Diese Beträge wurden auf dem

---

riums v. 3.12.1941 bestätigt. Vgl. dazu Rummel/Rath, Reich, (Anm. 5), S. 90 f.; Adler, Mensch, S. 500 (Anm. 2).

19 Vgl. dazu das Anschreiben der Gestapoleitstelle Nürnberg-Fürth zur Übersendung von 823 Einziehungsverfügungen von Juden, die am 10.9.1942 nach Theresienstadt abgeschoben worden waren, v. 5.10.1942 (Abschrift), OFD Nürnberg, WGM 77.

20 Avraham Barkai, Vom Boykott zur »Entjudung«. Der wirtschaftliche Existenzkampf der Juden im Dritten Reich 1933-1941, Frankfurt am Main 1987, S. 189-203; Hans-Dieter Schmid, »Finanztod«. Die Zusammenarbeit von Gestapo und Finanzverwaltung bei der Ausplünderung der Juden in Deutschland, in: Gerhard Paul/Klaus-Michael Mallmann (Hg.), Die Gestapo im Zweiten Weltkrieg. »Heimatfront« und besetztes Europa, Darmstadt 2000, S. 141-154, S. 152 f.; Dean, Development, S. 228 (Anm. 6).

21 Diese Regelung führte bald zu Konflikten zwischen Reichsvereinigung, Finanzverwaltung und Kommunen, die vor allem großes Interesse an Grundstücken hatten. Vgl. dazu Gruner, Grundstücke, S. 141-144 (Anm. 10).

»Sonderkonto H« zusammengezogen.²² Auch mußte die Reichsvereinigung ihren Zwangsmitgliedern wertvolle Gegenstände wie beispielsweise Fahrräder, Schreibmaschinen und optische Geräte abfordern.

Der Konkurrenzkampf um den wirtschaftlichen Profit aus den Deportationen zeigt sich vor allem im Wettlauf zwischen Raubkampagnen des Reichssicherheitshauptamtes und den staatlichen Konfiskationswellen, die den Deportationen folgten. In welchem Maße die Gestapo bereits jüdisches Vermögen geraubt hatte, kam ans Licht, als die Finanzbehörden mit der systematischen Erfassung begannen. Im September 1942 beispielsweise sollten im Oberfinanzbezirk Nürnberg Fahrräder und Schreibmaschinen aus jüdischem Besitz sichergestellt und verwertet werden. Insgesamt fanden die Finanzbeamten noch 38 Schreibmaschinen und 73 Fahrräder, größtenteils in verwahrlostem Zustand in Gestapodepots. Dies waren die Reste, die die Gestapo übrig gelassen hatte. Die Reichsvereinigung der Juden in Deutschland hatte nämlich bereits knapp ein Jahr zuvor, im November 1941, eine zentrale Erfassung dieser Gegenstände durchführen müssen.²³ Auf diese Weise sollten die Gegenstände, die in der Kriegszeit Mangelware darstellten, von der Einziehung durch die staatlichen Finanzbehörden ausgenommen werden.²⁴

Der Vermögensentzug während der Deportationen im Deutschen Reich ab Oktober 1941 folgte einem festgelegten Grundschema:²⁵ Die Juden erhielten wenige Tage vor ihrem Abtransport eine »Eröffnung« von Gestapo, Stapoleitstelle oder jüdischer Gemeinde zugesandt, in der ihnen bekannt gegeben wurde, daß ihr Vermögen rückwirkend beschlagnahmt sei und sie eine Vermögenserklärung ausfüllen müßten. Darin sollte sämtlicher Besitz aufgelistet werden. Die Vermögenserklärungen waren bei der Gestapo abzuliefern. Die Gestapo stellte die Vermögen sicher, versiegelte die Wohnungen und führte Durchsuchungen und Leibesvisitationen durch. Hierbei konfiszierte sie noch einmal erhebliche Mengen an Geld und Gegenständen und schickte das Raubgut zusammen mit einer Namensliste der Deportierten und den Einziehungsverfügungen an die Oberfinanzpräsidenten, die für die weitere Verwaltung und Verwertung zuständig waren. Nun traten die Finanzbehörden auf den Plan. Am 4. November 1941 informierte das Reichsfinanzministerium seine regionalen Behörden, die Oberfinanzpräsidenten, über die bevorstehenden »Judenabschiebungen«. Gesetzliche Grundlage für die Konfiskationen waren bis zum Erlaß der 11. Verordnung am 25. November 1941 die »Bestimmungen über den Einzug staats- und volksfeindlichen Vermögens«.²⁶ Wegen der Bewirtschaftung der verlassenen Woh-

---

22 Essner, Gesetze, S. 307 f. (Anm. 17).
23 Rundschreiben der Reichsvereinigung der Juden in Deutschland, Bezirksstelle Bayern, Geschäftsstelle Nürnberg, v. 13.11.1941 (Abschrift), OFD Nürnberg, WGM 77.
24 Vgl. Berichte der Finanzämter betr. Erfassung von Schreibmaschinen und Fahrrädern usw. aus jüdischem Besitz v. September 1942 sowie die Bilanz des Oberfinanzpräsidiums Nürnberg v. 30.9.1942, OFD Nürnberg, VV 6299, 5400, 1-30.
25 Schmid, Finanztod, S. 147-149 (Anm. 20).
26 Das Reichsfinanzministerium informierte seine Behörden am 9.12.1941 über die Änderungen, die sich durch die Einführung der 11. Verordnung zum Reichsbürgergesetz ergaben. Wichtigste Veränderung war, daß keine individuellen Einziehungsverfügungen mehr notwendig waren.

nungen sollte mit den Städten Kontakt aufgenommen werden. Die Möbel wurden in Lagerräume geschafft. Aus den beweglichen Gegenständen durfte die Finanzverwaltung zunächst ihren eigenen Bedarf sichern, dann den Rest verkaufen. Kunstgegenstände seien dem Landesleiter der Reichskammer der bildenden Künste zu melden, hieß es in der Verordnung, Edelmetalle, Briefmarken und Wertpapiere bei Sammelstellen in Berlin abzuliefern und Immobilien bis auf weiteres in die Verwaltung zu übernehmen.

2. Der Beginn der »Aktion 3« in Nürnberg

So reibungslos wie auf dem Papier entworfen, lief die Verwertung allerdings in der Praxis nicht ab. Innerhalb weniger Tage mußten in den Oberfinanzpräsidien organisatorische Strukturen geschaffen werden, um die neue Arbeitsaufgabe zu bewältigen. Auch im Oberfinanzpräsidium Nürnberg begannen sofort fieberhafte Vorbereitungen für die Durchführung der »Aktion 3«. Bereits am 5. November 1941, einen Tag nach der Versendung des zentralen Rundschreibens, wurden drei Hauptsachbearbeiter sowie fünf weitere Beamte für die »Aktion 3« abgestellt und mehrere Büroräume organisiert. Die neu eingerichtete Arbeitsgruppe nahm mit dem Oberfinanzpräsidium in Kassel Kontakt auf, wo die »Aktion 3« schon länger lief, um sich nach den dortigen Erfahrungen zu erkundigen.[27]

Kaum waren die Beamten über ihr neues Arbeitsfeld verständigt, fand eine Besprechung statt, an der neben Mitarbeitern des Oberfinanzpräsidiums Nürnberg auch Vertreter des Oberfinanzpräsidiums Stuttgart und des Reichsfinanzministeriums teilnahmen.[28] Ein eigens aus Berlin angereister Finanzbeamter wies seine Kollegen vor Ort auf praktische Schwierigkeiten hin: »Die Verzeichnisse sind erfahrungsgemäß von den Juden schlecht ausgefüllt«, hieß es in dem Protokoll über die Besprechung, und »ein genaues Inventarverzeichnis wird sich wohl nicht aufstellen lassen.« Daher sei es im Interesse der Reichsfinanzverwaltung »am liebsten und einfachsten«, wenn Pauschalbeträge bezahlt würden. Dabei mußte die Verwertung aber nach haushaltsrechtlichen Grundsätzen erfolgen und im Nachhinein transparent und überprüfbar sein. »Bei allem ist zu bedenken, daß ja die haushaltsrechtliche Kontrolle darüber erfolgt, was vorhanden war«, wurden die Finanzbeamten ermahnt. Insgesamt kam auf die Beamten ein enormer Erfassungs- und Kontrollaufwand zu.

Die Finanzbehörden schwankten zwischen der Sorge um die Überforderung des eigenen Personals und dem Mißtrauen gegenüber ihren Kooperationspartnern. Um die Abwicklung der verlassenen Wohnungen samt Einrichtung möglichst schnell bewältigen zu können, hatte man sich beispielsweise in Kassel dafür entschieden, 40 bis

---

27 Im Oberfinanzbezirk Kassel begannen die Deportationen bereits Mitte Oktober 1941. Vermerke Oberfinanzpräsidium Nürnberg zur »Aktion 3« v. 5.11.1941 und v. 7.11.1941, OFD Nürnberg, NS 6.
28 Aufzeichnungen über die Besprechung mit Regierungsrat Dr. Schwarzat vom Reichsfinanzministerium in Anwesenheit der Vertreter von Stuttgart und Nürnberg ohne Datum (6.11.1941), OFD Nürnberg, NS 6. Folgende Zitate ebd.

50 vom Kreiswirtschaftsberater der NSDAP ausgewählte, geprüfte und zugelassene Haus- und Vermögensverwalter als »Pfleger« für die Hinterlassenschaft der Deportierten einzusetzen. Diese sollten von den Finanzbehörden nur »stichprobenweise« kontrolliert werden.[29] Die Nürnberger, Stuttgarter und Münchner Oberfinanzbehörden einigten sich hingegen darauf, jedem Arbeitstrupp der städtischen Entwesungsanstalten, die die Wohnungen reinigten, zumindest einen Finanzbeamten zur Kontrolle mitzugeben, um Diebstähle zu verhindern. Auch die Kommission der Sachverständigen, die anschließend in den Wohnungen das Inventar schätzten, sollte von einem Betriebsprüfer der Reichsfinanzverwaltung begleitet werden.[30]

Mehrfach finden sich in dem Protokoll über das Einführungsgespräch auch Hinweise auf Ermessensspielräume der Beamten.[31] So sei der »volle Wert« von Möbeln und Gebrauchsgegenständen »in vielen Fällen Ermessenssache«. Für die Bewertung der eingezogenen Gegenstände sollten zwar Sachverständige herangezogen werden, vor allem bei Auktionatoren sei aber »eine gewisse Vorsicht geboten«, und deshalb seien die »Erfahrungen eigener Beamter [...] auszunützen.« Auch weise beispielsweise das Entschädigungsgesetz für Schuldenhaftung Lücken auf. »Man kommt um Ermessensentscheidungen nicht herum«, resümierte der Verfasser des Protokolls. In der Frage der Rentenzahlungen für langjährige Hausangestellte müsse man die Entscheidung ebenfalls »auf den einzelnen Fall abstellen«.

Die Beamten wurden offen zu regelüberschreitendem Verhalten aufgefordert. So sei es durchaus möglich, in Ausnahmefällen Dinge an die NSV günstig abzugeben, dies solle aber »nicht an die große Glocke« gehängt, sondern »diskret erledigt« werden. Ähnlich war die versteckte Anweisung beim Verkauf von eingezogenen Wohnungen an Beamte. »In dringendsten Fällen« sei ein Verkauf an Beamte »nicht ausgeschlossen«. »Der Beamte soll jedoch möglichst nicht in Erscheinung treten.« Einige Bereiche, in denen Regelungen erst in nächster Zeit ergehen sollten, benannte das Protokoll ebenfalls: Für Literatur und Kunstwerke sollte der Einsatzstab des Reichsleiters Rosenberg »interessiert werden«. Die Vorgabe lautete daher: »Zunächst liegen lassen«. Auch das alte Verfahren für die Abgabe von Juwelen sollte bald geändert werden.[32]

Das Protokoll, das die Ergebnisse der Nürnberger Einführungsbesprechung zur »Aktion 3« festhielt, ist eines der wenigen erhaltenen schriftlichen Zeugnisse dafür, daß die praktische Umsetzung der »Aktion 3« die Finanzbeamten vor Ort vor zahlreiche offene Fragen stellte und ihnen teilweise erhebliche Ermessensspielräume öffnete.

29 Bericht des Oberfinanzpräsidenten Kassel an den Oberfinanzpräsidenten Nürnberg v. 5.11.1941 (Abschrift), OFD Nürnberg, NS 3.
30 Notizen über die Sonderbesprechung mit den Vertretern der Oberfinanzpräsidien Stuttgart und München v. 7.11.1941, OFD Nürnberg, NS 6.
31 Aufzeichnungen über die Besprechung mit Regierungsrat Dr. Schwarzat vom Reichsfinanzministerium in Anwesenheit der Vertreter von Stuttgart und Nürnberg ohne Datum (6.11.1941), OFD Nürnberg, NS 6. Folgende Zitate ebd.
32 Vgl. Wolf Gruner, Der Deutsche Gemeindetag und die Koordinierung antijüdischer Kommunalpolitik. Zum Marktverbot für jüdische Händler und zur »Verwertung« jüdischen Eigentums, in: Archiv für Kommunalwissenschaften 37 (1998), S. 261-291, hier: S. 277-287.

Daß dieses Protokoll in seiner ausführlichen siebenseitigen Fassung erhalten ist, geht wohl auf den akribischen Organisationssinn des leitenden Beamten für die »Aktion 3« in Nürnberg zurück. Er bemühte sich in diesen Tagen und Wochen offenbar darum, dort, wo Vorgaben fehlten, einheitliche Regelungen zu vereinbaren und diese auch schriftlich festzuhalten. Allgemein galt hingegen der Grundsatz, nur mündlich über Fragen der »Aktion 3« zu kommunizieren.[33]

Das Protokoll offenbart, daß zu Beginn der Deportationen große Bereiche der Vermögensabwicklung nicht oder nicht eindeutig geregelt waren. Viele der Widersprüche und Ermessensfragen beruhten darauf, daß die antijüdische Diskriminierung schwer als allgemeine Verfahrensregelung zu formulieren war. So gipfelten die Ratschläge, die der Berliner Finanzbeamte seinen Nürnberger Kollegen mitteilte, in schwammig formulierten »Grundsätzen« wie »Der Arier soll nicht leiden, wenn der Jude geprügelt wird«, oder »Leute, die viel mit Juden wirtschaftlichen Verkehr hatten, sind bezüglich ihrer Forderungen nicht so schutzbedürftig«. Mehr als ungenau waren schließlich die Angaben für ein Verhalten im Konfliktfall: »Sollte eine Stelle dazwischenfunken und eigenmächtig Sachen an sich ziehen, dann mit der Faust auf den Tisch schlagen und Regreßpflicht androhen.« Solche Richtlinien und Kriterien boten kaum Anhaltspunkte für einheitliche Verfahren.

Auch grundlegende Rechtsvorstellungen zerflossen angesichts der ideologischen Vorgaben. Wie sollte beispielsweise der Unterschied zwischen »Judenvermögen« und »Reichsvermögen« handhabbar gemacht werden? »Die Leute betrachten das angefallene Gut als Judenvermögen. Es handelt sich aber um Reichsvermögen«, hieß es in dem Protokoll. Dies bezog sich unter anderem auf die Eintreibung von Schulden. Die Finanzbehörden sahen sich mit Schuldnern konfrontiert, die die Erfüllung ihrer Pflichten mit ideologischer Begründung verweigerten und den Ämtern vorwarfen, »jüdische« Interessen zu vollstrecken. Die Finanzbeamten taten sich auch schwer mit der Erklärung, warum Schulden dem jüdischen Eigentümer gegenüber als »Wucher« galten, nach der staatlichen Konfiszierung des jüdischen Vermögens aber bezahlt werden mußten.[34]

3. Praxis der Verwaltung und Verwertung am Beispiel von Möbeln

Entgegen der öffentlich propagierten Behauptung, vor allem Opfer von Luftangriffen sollten aus dem Vermögen der »abgeschobenen Juden« entschädigt werden,[35] lau-

---

33 Reisebemerkungen des Nürnberger Regierungsrats Dr. O. über seine Dienstreise nach Schwandorf (Bay.) am 22.4.1942. In seiner Notiz hielt der Mitarbeiter der Nürnberger Vermögensverwertungsstelle abschließend fest: »Als vornehmliche Aufgabe wurde den Beteiligten bezeichnet: [...] Abstandnahme von allem überflüssigem Schriftwerk, möglichst mündliche Erledigung aller durchzuführenden Aufklärungen«, OFD Nürnberg, NS 6.
34 Beispiele dazu bei Rummel/Rath, Reich (Anm. 5), S. 174-179.
35 Vgl. auch die einleitende Rechtfertigung im Besprechungsprotokoll: »Der Anstoß zur Judenevakuierung war gegeben u.a. durch den großen Wohnungsbedarf. (Fliegerschäden)«. Aufzeichnungen über die Besprechung mit Regierungsrat Dr. Schwarzat vom Reichsfinanzmi-

tete die interne Behördenanweisung, »Erster Grundsatz: Horten für die Reichsfinanzverwaltung. Die Dienststellen reichlich ausstatten.«[36] Vordringlich sollte der »Wunsch des Ministeriums« nach Büroeinrichtungen berücksichtigt werden. Dies bezog sich vor allem auf Bücherschränke, Sitzmöbel und Schreibmaschinen. »Großzügigkeit«, so hieß es weiter, sei auch am Platze, »wenn Beamte zu einem Haus, zu einer Familienwohnung kommen wollen.« Anfragen von Finanzbeamten für einzelne Möbel, Zimmereinrichtungen oder ganze Wohnungen sind in den Unterlagen der Finanzbehörden erhalten.

Aber auch Dienststellen wurden versorgt. Das Finanzamt Bamberg überließ beispielsweise dem Oberfinanzpräsidium Nürnberg unentgeltlich Gegenstände im Wert von fast 11.000 RM, darunter zahlreiche Teppiche.[37] Der Zollgrenzschutz meldete »Bedarf an Mitteln für die Freizeitgestaltung, Einrichtungsgegenständen und Wäsche.«[38] Konkret listete die Zollbehörde ihre Wünsche auf: »Bücher (Unterhaltungslektüre – sorgfältig sichten!), Unterhaltungsspiele, Musikinstrumente (Lauten, Guitarren, Harmonikas u.s.w.), Bettwäsche, Handtücher, Tischwäsche, Küchenwäsche, Gardinen.« Das Finanzamt Bamberg-Land bot postwendend für die Kollegen unter anderem drei komplette Speisezimmereinrichtungen und drei Herrenzimmer an, außerdem Plattenspieler, Schlafsofa, Sessel, »Bilder ohne Kunstwert«, Spiele und »Fenstervorhänge mit Aufhängevorrichtung, jüdischer Geschmack, haltbar, aber in Farbe ausgezogen und für Bürozwecke nicht geeignet«, Bestecke, Geschirr, Teppiche, Handtücher, Bettwäsche, Tischdecken und Küchenwäsche. Solche Gegenstände wurden üblicherweise der Stadt übergeben, aufgrund der Aufforderung hielt das Finanzamt sie aber zunächst für den Zollgrenzschutz zurück.[39]

Im Januar 1942 hatten die Nürnberger Finanzbeamten so viele »Sachen, die bei der Durchführung der Aktion 3 für das Reich zurückbehalten werden«, angehäuft, daß zehn Räume in der Finanzverwaltung dafür zur Verfügung gestellt werden mußten.[40] Im August 1942 erging die Richtlinie, die Abgabe für private Zwecke an Beamte und Angestellte der Verwaltung solle künftig unterbleiben. Allerdings war es weiterhin möglich, Zimmereinrichtungen oder einzelne Stücke (Vorhänge, Handtücher u.ä.) für den Dienstgebrauch zurückzubehalten.[41]

---

nisterium in Anwesenheit der Vertreter von Stuttgart und Nürnberg, ohne Datum (6.11.1941), OFD Nürnberg, NS 6.
36 Diese und die folgenden Zitate ebd.
37 Verzeichnisse der Gegenstände aus jüdischem Vermögen, die vom Finanzamt Bamberg an den Oberfinanzpräsidenten Nürnberg sowie dessen Abteilung Zoll unentgeltlich überlassen worden sind, Zusammenstellung v. Dezember 1946, OFD Nürnberg, VV 6299, 5400, 150-195.
38 Schreiben des Reichsfinanzministeriums an die Oberfinanzpräsidenten v. 13.11.1941 betr. Versorgung des Zollgrenzschutzes, Aktion 3, OFD Nürnberg, NS 6.
39 Schreiben des Finanzamts Bamberg-Land an den Oberfinanzpräsidenten Nürnberg v. 31.1.1942, OFD Nürnberg, NS 6.
40 Vermerk über die Unterbringung der Betriebsprüfungsstelle und die Durchführung der Aktion 3 v. 12.1.1942 (Abschrift), OFD Nürnberg, NS 6.
41 Schreiben des Oberfinanzpräsidenten Nürnberg an die Finanzämter vom 29.8.1942 (Entwurf), Staatsarchiv Würzburg (StAW), Finanzamt Bad Brückenau, frühere Abgaben, 27.

Unklar war anfangs, ob die Reichsfinanzverwaltung für die Gegenstände, die sie selbst zur Ausstattung von Dienststellen, Erholungsheimen und Schulungseinrichtungen einbehielt, etwas zahlen mußte.[42] Der erste allgemeine Runderlaß des Reichsfinanzministeriums vom 4. November 1941 hatte diese Frage offen gelassen. Schließlich einigte man sich auf den Kompromiß, daß Behördendienststellen die Übernahme nur vergüteten, wenn damit Schulden gedeckt werden mußten. Dieser Grundsatz hatte sich schon im Finanzamt Berlin Moabit-West bei der Verwertung des Vermögens Ausgebürgerter bewährt.

An zweiter Stelle hinter den Finanzbehörden waren »andere Behörden« als Empfänger für jüdische Einrichtungsgegenstände vorgesehen. Danach sollten auch Heime und Schulen bedacht werden, beispielsweise mit Klavieren, Wäsche oder Wohn- und Schlafzimmereinrichtungen. Hatten sich Finanzbehörden und andere öffentliche Einrichtungen bedient, so konnte der verbliebene Rest an weitere Interessierte abgegeben werden. »Die Erfahrungen aus der letzten Aktion lehren, daß sich unglaublich viele Stellen herandrängen. Sie können alle das haben, was nicht von uns gebraucht wird, aber es muß alles bezahlt werden«, hieß es dazu in dem Protokoll.[43]

Erst an dritter Stelle stand die Verwertung zugunsten von Bombenkriegsopfern. Diese Zweckbindung war letztlich ein entscheidendes Argument dafür, die weitere Verwertung in die Hände der Kommunalverwaltungen zu übergeben, denn diese waren für die Versorgung von Luftkriegsgeschädigten zuständig.[44] Schon vor Beginn der »Aktion 3« in Nürnberg war beschlossen worden, die Versteigerungen der Einrichtungsgegenstände nicht in den Wohnungen durchzuführen. »Keine Verwertung in den Wohnungen«, notierte ein Nürnberger Finanzbeamter. »Hat sich nicht bewährt! Es stürzt sich alles auf das Wohnungsinventar. Ein Ausspruch Göbbels [sic!]: Die Volksgenossen stürzen sich wie die Aasgeier auf die warmen Judensemmeln.«[45]

So suchten die Beamten im Nürnberger Oberfinanzpräsidium nach anderen Möglichkeiten der raschen Verwertung und fanden in den Stadtverwaltungen bereitwillige Kooperationspartner. Die Nürnberger Stadtverwaltung erklärte sich bereit, täglich sechs bis acht Wohnungen samt Mobiliar zu reinigen.[46] Auch bezüglich

---

42 Abschrift eines Schreibens des Oberfinanzpräsidiums Köln an das Reichsfinanzministerium v. 19.12.1941, OFD Nürnberg, NS 6. Folgendes Zitat ebd.

43 Aufzeichnungen über eine Besprechung mit Regierungsrat Dr. Schwarzat vom Reichsfinanzministerium in Anwesenheit der Vertreter von Stuttgart und Nürnberg, ohne Datum (6.11.1941), OFD Nürnberg, NS 6.

44 Schnellbrief des Reichsfinanzministeriums an die Oberfinanzpräsidenten v. 4.11.1941, S. 5, OFD Nürnberg, NS 6.

45 Aufzeichnungen über die Besprechung mit Regierungsrat Dr. Schwarzat vom Reichsfinanzministerium in Anwesenheit der Vertreter von Stuttgart und Nürnberg, ohne Datum (6.11.1941), OFD Nürnberg, NS 6. Trotz dieser generellen Regelung fanden offenbar auch in Nürnberg einzelne Versteigerungen in den ehemaligen jüdischen Wohnungen statt. Zeugenaussage Betty B. im Nürnberger Deportationsprozeß, Staatsarchiv Nürnberg (StAN), Staatsanwaltschaft Nürnberg-Fürth, 3070/15.

46 Vermerk zur »Aktion 3« Oberfinanzpräsidium Nürnberg v. 14.11.1941, OFD Nürnberg, NS 6.

der Lagerräume sagte die Stadt Nürnberg »vollste Unterstützung«[47] zu und vermittelte gleich zwei »Unterstellmöglichkeiten« – selbstverständlich gegen Mietzahlung.[48] Sachverständige, die den Wert der Einrichtungsgegenstände unter Aufsicht der Finanzbeamten schätzen, und Spediteure, die die Möbel anschließend in Lagerräume bringen sollten, wurden verpflichtet. Die bürokratische Akribie, mit der die Finanzbeamten für jeden »abgeschobenen Juden« eine eigene Karteikarte anlegten und darin teilweise noch Jahre nach deren Ermordung die Verwaltung und Verwertung des geraubten Vermögens dokumentierten, erlaubt heute einen relativ genauen Einblick in die Vorgänge.[49] Wie die Unterlagen zeigen, griff man in Nürnberg fast ausschließlich auf einen einzigen Sachverständigen als Schätzer zurück, für den die »Aktion 3« ein recht einträgliches Geschäft darstellte.

Die Oberfinanzdirektion wurde schließlich mit der Stadt Nürnberg einig, daß die Einrichtungsgegenstände direkt von der Stadt übernommen und in Lagern für die Verteilung an Bombengeschädigte bereit gehalten werden sollten.[50] Verkaufserlöse sollten an die Oberfinanzkasse überwiesen werden. Einer der Lagerorte war die KdF-Stadt auf dem Reichsparteitagsgelände. Viele der hier deponierten Möbel wurden durch Bombenangriffe zerstört.[51] Auch in Fürth verfuhr man nach demselben Prinzip. Hier sind die Verwertungsunterlagen soweit erhalten geblieben, daß nach Kriegsende ein Überblick über die Raubaktion möglich war. Die Verwertung des Eigentums von 299 deportierten Juden erbrachte einen Erlös von 66.109,25 RM, den die Stadtkämmerei an das Finanzamt Fürth überwies.[52]

Während die neu geschaffene Dienststelle beim Oberfinanzpräsidium Nürnberg noch mit den Abwicklungen der ersten Deportationstransporte beschäftigt war, änderte sich die Verwaltungsorganisation für die Abwicklung der »Aktion 3«. Ab Juni 1942 waren die regionalen Oberfinanzpräsidenten allein für die Gesamtabwicklung des verfallenen und eingezogenen Vermögens in ihrem Verwaltungsbezirk zuständig. Die zuvor nicht ganz eindeutige Arbeitsaufteilung zwischen dem Berliner Oberfinanzpräsidium und seinen regionalen Parallelbehörden in anderen Finanzbezirken

---

47 Ebd.
48 Stadt Nürnberg an das Oberfinanzpräsidium Nürnberg v. 21.11.1941, OFD Nürnberg, NS 6.
49 Zwar sind die Fallakten für die Stadt Nürnberg, wie für die meisten Finanzämter aus dem Oberfinanzbezirk Nürnberg, zerstört. Erhalten sind aber die zusammenfassenden Karteikarten, StAN, Zentralfinanzamt Nürnberg, 5154-5167.
50 Niederschrift über die Vorladung von Steueramtmann Julius F. vom 18.4.1951 auf Grund einer schriftlichen Anfrage der Jewish Restitution Successor Organization (IRSO), OFD Nürnberg, WGM 14. Die Einzelbelege wurden bei einem Fliegerangriff zerstört.
51 Auskunft des Nürnberger Oberfinanzpräsidenten Rolf Grabower an Bernhard Kolb v. 1.4.1946, StAN, Zentralfinanzamt Nürnberg, 5142.
52 Berechnet nach der Aufstellung über Beträge, die von der Stadtkämmerei Fürth (Bay.) an das Finanzamt Fürth (Bay.) für Erlöse aus verkauften Gegenständen von Bürgern jüdischen Glaubens überwiesen wurden (Abschrift vom 28.1.1952), OFD Nürnberg, NS 4.

wurde damit neu geregelt.⁵³ Nach der Dezentralisierung der Zuständigkeit konzentrierte sich der Oberfinanzpräsident Nürnberg auf die Verwertung von Möbeln und anderen beweglichen Gegenständen sowie die Einziehung von Geld- und Wertpapiervermögen. Die Verwaltung und Verwertung der Grundstücke delegierte er hingegen an die Finanzämter.⁵⁴

Eine solche Übertragung wurde nicht in allen Oberfinanzbezirken des Deutschen Reiches praktiziert. In München beispielsweise blieb die zentrale Verwertungsstelle im Oberfinanzpräsidium weiterhin auch für die Verwertung von jüdischen Grundstücken zuständig.⁵⁵ Nach dem Krieg argumentierten die Finanzbeamten, dies sei eine bewußte, koordinierte Verwertungsstrategie zu Gunsten der Verfolgten gewesen. Ihr Ziel sei es gewesen, das Vermögen »möglichst nicht aus der Hand zu lassen, insbesondere soweit es sich um wertvolle Vermögensobjekte handelte, sondern es für die rechtmäßigen Eigentümer zu erhalten«.⁵⁶ In Nürnberg wäre eine solche gezielte Verwertungspolitik im Hinblick auf den jüdischen Grundbesitz allerdings auch bei Fortsetzung der zentralen fiskalischen Verwaltung nicht möglich gewesen, da die Finanzbehörden nur für einen sehr geringen Teil des jüdischen Immobilienbesitzes zuständig waren.

4. Konflikte zwischen Gestapo und Finanzbehörden um die Verwertung der jüdischen Grundstücke

Das Geschäft mit den jüdischen Grundstücken stand in Nürnberg und Fürth aufgrund einer besonderen Vorgeschichte nahezu vollständig unter der Kontrolle der Gestapo. Hier hatte sich – wie bereits erwähnt – 1938 einer der wenigen großen »Arisierungsskandale« des »Dritten Reiches« ereignet.⁵⁷ Gauleiter Julius Streicher und

---

53 Schreiben des Reichsfinanzministeriums an die Oberfinanzpräsidenten v. 25.4.1942, betr. Verwaltung und Verwertung des dem Reich verfallenen oder zu Gunsten des Reichs eingezogenen Vermögens, Regelung der Zuständigkeiten, OFD Nürnberg, NS 3.

54 Schreiben des Oberfinanzpräsidenten Nürnberg an die Finanzämter des Bezirkes v. 16.5.1942, OFD Nürnberg, NS 3.

55 Vgl. zur Dienststelle für Vermögensverwertung in München auch Christiane Kuller, Finanzverwaltung und »Arisierung« in München, in: Angelika Baumann/Andreas Heusler (Hg.), München *arisiert*. Entrechtung und Enteignung der Juden in der NS-Zeit, München 2004, S. 176-197. In den Oberfinanzpräsidien Köln, Darmstadt und Saarpfalz war die Verwertung ebenfalls an die Finanzämter delegiert, was dafür spricht, daß dies eher der Regelfall war. Vgl. Rummel/Rath, Reich (Anm. 5), S. 154 f.

56 Zitat: Vermerk Angelo K., Abteilung P VI der OFD München, über eine Besprechung mit einem Mitarbeiter der US-Armee am 21.12.1945, OFD Nürnberg, WGM 104. Allerdings sprechen auch einige Argumente dagegen, dies als aktives widerständiges Verhalten gegen das NS-Regime zu interpretieren, vgl. dazu Kuller, Finanzverwaltung (Anm. 55).

57 Zu dem »Arisierungsskandal« vgl. Frank Bajohr, Parvenüs und Profiteure. Korruption in der NS-Zeit, Frankfurt am Main 2001, S. 108-109, 115; Christiane Kuller/Axel Drecoll, Inszenierter Volkszorn, ausgebliebene Empörung und der Sturz Julius Streichers. Reaktionen auf die wirtschaftliche Ausplünderung der deutschen Juden, in: Martin Sabrow (Hg.), Skandal und Diktatur. Formen öffentlicher Empörung im NS-Staat und in der DDR, Göttingen 2004.

seine Entourage hatten kurz vor der drohenden gesetzlichen Regelung der Enteignung der Juden im Gau Franken versucht, den jüdischen Grundbesitz, Möbel, Autos und Wertgegenstände in einer Nacht-und-Nebel-Aktion zu konfiszieren. Dieser Bereicherungszug war durch die Anzeige des örtlichen Polizeipräsidenten Benno Martin durchkreuzt worden, der schon länger nach einer Gelegenheit suchte, Streicher zu entmachten. Am Ende sah sich Streicher einem Parteigerichtsverfahren gegenüber, das ihn letztlich aus seinem Amt beförderte. Hermann Göring setzte eine Untersuchungskommission ein und erteilte Benno Martin im November 1939 einen »Sonderauftrag« zur Abwicklung der »Arisierungen«. Martin übernahm die »Arisierungsgrundstücke« in seine Verwaltung und übertrug die Bearbeitung der Fälle der »Arisierungsstelle für Grundbesitz«.[58] Alle zuvor von der NSDAP-Gauleitung vorgenommenen Verkäufe wurden rückgängig gemacht und die neue Behörde wickelte bis zum Kriegsende rund 90 Prozent aller Verkäufe erneut ab. Insgesamt vermittelte sie rund 900 Grundstücke aus dem Raum Nürnberg-Fürth. Den Gesamtbetrag der abgewickelten Posten schätzten die Mitarbeiter Mitte 1945 auf 26 bis 28 Millionen RM. Davon behielt die »Arisierungsstelle« zwei Prozent Bearbeitungsgebühr und 30 Prozent als »Sonderabgabe« zurück, letztere wurden auf einem Konto der Gestapo, im »Hermann-Göring-Fond«, gesammelt. Ende 1944 wies der Fond einen Depotstand von gut 6,8 Millionen RM auf. Die übrigen rund 70 Prozent des Verkaufserlöses wurden den jüdischen Eigentümern auf Sperrkonten gutgeschrieben, die unter der Kontrolle der staatlichen Devisenstelle standen und über die die ehemaligen Eigentümer keine Verfügungsgewalt hatten. Unter Martins Leitung entwickelte sich auch das Netz der Kooperationspartner und Profiteure. Die Verwaltung für die Grundstücke wurde beispielsweise noch 1939 dem Haus- und Grundbesitzerverein übertragen, der damit ein Verwaltungsmonopol etablierte und für seine Tätigkeit erhebliche Gebühren geltend machen konnte.[59]

Auf Grund dieser Vorgeschichte waren sowohl die Bevölkerung im Gau Franken als auch die Reichs- und Parteispitze »sensibilisiert«. Nach dem »Sonderauftrag« Görings seien parteiamtliche »Grundstücksarisierungen« in Franken offiziell nicht mehr möglich gewesen, erklärte Erich S., der zwischen 1940 und 1943 leitender Sachbearbeiter in der »Arisierungsstelle« war, in einem Wiedergutmachungsverfahren.[60] Dies wirkte sich auch zu Ungunsten der Finanzbehörden aus. Benno Martin konnte nicht zuletzt deshalb seine starke Position sichern, weil sein Konkurrent, der Oberfinanz-

---

58 Zur Arbeit der »Arisierungsstelle für Grundbesitz« in Nürnberg vgl. Abschrift des abschließenden Berichts v. 3.7.1945, OFD Nürnberg, WGM 66.
59 Aussage Hans W., ehemaliger Mitarbeiter der »Arisierungsstelle«, im Wiedergutmachungsverfahren III WKv 172/54, Niederschrift über die Sitzung der WGM-Kammer für Ober- und Mittelfranken beim Landgericht Nürnberg-Fürth am 16.2.1955, S. 2, Kopie in OFD Nürnberg, WGM 66.
60 Aussage Erich S., ehemaliger Mitarbeiter der »Arisierungsstelle«, im Wiedergutmachungsverfahren III WKv 172/54, Niederschrift über die Sitzung der WGM-Kammer für Ober- und Mittelfranken beim Landgericht Nürnberg-Fürth am 23.3.1955, S. 4, Kopie in OFD Nürnberg, WGM 66.

präsident, der anfangs ebenfalls als Abwicklungsinstanz für die Verwertung der »arisierten« Grundstücke im Gespräch gewesen war, als parteihörig galt.[61]

Im Gegensatz zu anderen Regionen, in denen die »Verwertung« von Immobilien und Grundbesitz erst nach den Deportationen eine große Rolle spielte, war in Nürnberg ein großer Teil dieser Veräußerungen 1941 schon abgewickelt. Die Verkaufsverhandlungen befanden sich schon seit 1938/39 in Gang, was dazu führte, daß die »guten Teile« des jüdischen Grundbesitzes im Gau Franken längst veräußert waren und es 1941 nur noch um Grundstücke ging, die keine Interessenten gefunden hatten. Die Abwicklung hatte sich zwar durch die Intervention der Göringschen Untersuchungskommission verzögert, lief aber schon lange vor der staatlichen Entziehungskampagne »Aktion 3« auf Hochtouren.

Zunächst schien sich das Grundstücksverwertungsmonopol negativ für die Gestapo auszuwirken. Wie in anderen Regionen versuchte auch die Nürnberger Gestapo, sich für Kosten, die angeblich durch die Deportationen für Abschiebung, Transport und Verpflegung entstanden waren, aus dem von der Finanzverwaltung eingezogenen jüdischen Vermögen zu entschädigen. Die Nürnberger Finanzbehörde verwies die Gestapo aber auf den »Hermann-Göring-Fond«.[62] Den Finanzbeamten erschienen die abgezweigten knapp 7 Millionen RM aus den Einnahmen der Grundstücksverkäufe als eine hinreichende Geldquelle für die finanziellen Ansprüche der Gestapo.[63] Nachdem die Grundstückserlöse als jüdisches Vermögen dem Staat verfallen und offiziell in die Verwaltung der Finanzbehörden übergegangen waren, sahen sie es als ein entgegenkommendes Angebot an, der Gestapo weiterhin die Verfügung über den Fond zu überlassen. Auf diese Argumentation wollte sich die Nürnberger Gestapo aber nicht einlassen, und am Ende gelang es Benno Martin, den Fond völlig aus den Auseinandersetzungen über die Finanzierung der Deportation herauszuhalten. Auch als der Polizeipräsident ab August 1942 den Erlös für in Zukunft abgewickelte Grundstücksverkäufe an die Oberfinanzkasse abgeben mußte, behielt er weiterhin 30 Prozent der Einnahmen für den Fond zurück.[64] Bis zum Kriegsende wehrte Martin Ansprüche der Staatskasse auf den »Hermann-Göring-Fond« erfolgreich ab.[65]

---

61 Aussage Josef K., ehemaliger Mitarbeiter der »Arisierungsstelle«, im Wiedergutmachungsverfahren III WKv 172/54, Niederschrift über die Sitzung der WGM-Kammer für Ober- und Mittelfranken beim Landgericht Nürnberg-Fürth am 11.5.1955, S. 5, Kopie in OFD Nürnberg, WGM 66.
62 Niederschrift über ein Ferngespräch mit dem Reichsfinanzministerium, 13.11.1941, OFD Nürnberg, NS 3.
63 Vermerk über Anhaltspunkte für die Vorsprache im Reichsfinanzministerium, ohne Datum, OFD Nürnberg, NS 6.
64 Niederschrift über die Besprechung beim Oberfinanzpräsidenten Nürnberg am 19.8.1942, OFD Nürnberg, NS 3.
65 Schreiben des Reichsfinanzministeriums an die Geheime Staatspolizei, Stapoleitstelle Nürnberg-Fürth, und den Herrn Oberfinanzpräsidenten Nürnberg v. 6.1.1945, OFD Nürnberg, WGM 68. Hier eröffnete sich eine verdeckte Möglichkeit für die NSDAP für den Erwerb von Grundstücken. Sie finanzierte nach Aussage der »Arisierungsstelle« Käufe im Wert von 1 Mil-

Die Finanzbehörden konzentrierten ihre Ansprüche nun auf die restlichen knapp 70 Prozent des Erlöses aus Grundstücksverkäufen, die auf Sperrkonten für die ehemaligen jüdischen Besitzer angelegt waren und von der Devisenstelle kontrolliert wurden. Zumindest sie sollten als »Judenvermögen« auf das Reich übergehen.[66] Hier entwickelte der Polizeipräsident eine andere Abwehrstrategie: Da er im Auftrag des Reichsmarschalls Göring und damit »als Vertreter des Deutschen Reiches« handelte, konnte er die »Arisierung« auch dann noch weiterführen, als die Grundstücke offiziell Bestandteil des Reichsvermögens wurden.[67] Letztlich übergab er nur die ganz wenigen Fälle, in denen noch überhaupt keine Verhandlungen eingeleitet waren, an die staatlichen Finanzbehörden. Bis zum Kriegsende blieb die Gestapo verfügungsberechtigt über ihre bis 1942 erzielten Einnahmen aus der »Grundstücksarisierung« in Franken. Nach Auskunft des leitenden Sachbearbeiters der »Arisierungsstelle« waren die Sperrkonten der ehemaligen jüdischen Eigentümer im November 1941 allerdings schon weitgehend durch Steuern und Rechtsforderungen aufgebraucht worden. Eine Erhebung der städtischen Sparkasse scheint dies zu bestätigen: Auf den entsprechenden Einzelkonten der Gestapo befand sich Ende 1941 insgesamt ein Vermögen von rund 3,4 Millionen RM. Diese Summe lag tatsächlich erheblich unter dem ursprünglichen Verkaufserlös.[68]

Mit Beginn der Deportationen hatte der Polizeipräsident sich daher unter dem Vorwand, die Aufwendungen der Kriminalpolizei zu decken, erneut »vorneweg« Vermögenswerte »gesichert«, obwohl er seitens der Finanzbehörde darauf aufmerksam gemacht worden war, daß das Reichsfinanzministerium ein solches Verfahren ausdrücklich ablehnte.[69] Dennoch war es offenbar gängige Praxis der Gestapobeamten, vor der Übergabe an die staatliche Finanzverwaltung Teile der beweglichen Vermögensgegenstände zu hinterziehen. So stellten die Nürnberger Finanzbeamten bei ihren Überprüfungen vielfach fest, daß das Inventar der Wohnungen nicht mit den Vermögensverzeichnissen der Juden übereinstimmte bzw. daß »die Listen nicht die alten wären«.[70]

Benno Martin setzte nicht nur seine Zuständigkeit für die »Grundstücksarisierung« durch, sondern erreichte darüber hinaus für die weitere Verwertung der Grundstücke wichtige Sonderregelungen: Als im April 1942 der Reichsfinanzminister

---

lion RM aus dem Fond. Zur Entwicklung der »Arisierungsstelle für Grundbesitz« in Nürnberg vgl. Abschrift des abschließenden Berichts v. 3.7.1945, OFD Nürnberg, WGM 66.

66 Vermerk über Anhaltspunkte für die Vorsprache im Reichsfinanzministerium, ohne Datum, OFD Nürnberg, NS 6.
67 Schreiben des Polizeichefs Benno Martin an das Reichsfinanzministerium v. 11.3.1944 (Abdruck), OFD Nürnberg, VV 6299, 5300, 1-150.
68 Kopie der Nachweisung über die Konten der Geheimen Staatspolizei vom 30.12.1941, S. 7, Stadtsparkasse Nürnberg, 18.3.1955, OFD Nürnberg, WGM 61.
69 Vermerk über Anhaltspunkte für die Vorsprache im Reichsfinanzministerium, ohne Datum, OFD Nürnberg, NS 6.
70 Aussage Paul B. in der Sitzung der I. Großen Strafkammer des Landgerichts Nürnberg-Fürth im Nürnberger Deportationsprozeß 7.3.-10.4.1949, S. 165, StAN, Staatsanwaltschaft Nürnberg-Fürth, 3070/5.

ein Verkaufsverbot für eingezogene und dem Reich verfallene Grundstücke erließ,[71] konnte Martin eine Ausnahmegenehmigung durchsetzen, die ihm in einem persönlichen Gespräch mit dem für Judenangelegenheiten zuständigen Referenten, Ministerialrat Maedel, im Reichsfinanzministerium zugesichert wurde.[72] Am 19. August 1942 wurde vereinbart, daß die Grundstücke im Gau Franken mit dem Argument, daß sie den Bewerbern schon seit längerer Zeit zugesagt wären, von der Verkaufssperre ausgenommen seien.[73]

Die Besonderheit der Entwicklung in Nürnberg zeigt sich auch in der Verteilung der »Arisierungsprofite«. In einer Hochrechnung der jüdischen Kultusgemeinde errechnete sich das Vermögen der jüdischen Gemeindemitglieder Nürnbergs im Jahr 1933 auf rund 400 Millionen RM.[74] Nach Kriegsende schätzten die Finanzbehörden, daß sich etwa drei Viertel davon in privater Hand befanden. Knapp ein Viertel war in Besitz des ehemaligen Deutschen Reiches übergegangen, den Rest von insgesamt rund zwei Prozent hatten NSDAP, Kommunen, das Land Bayern und öffentliche Körperschaften übernommen.[75]

Im Vergleich dazu weist die Bilanz für ganz Bayern erhebliche Unterschiede auf: Landesweit waren nur gut 50 Prozent des entzogenen jüdischen Vermögens in private Hand gelangt. Der staatliche Anteil lag dafür mit 34 Prozent höher als in Nürnberg, der entscheidende Unterschied zeigte sich aber im Bereich der ehemaligen NSDAP und ihrer Gliederungen: Fast zehn Prozent des enteigneten jüdischen Besitzes in Bayern hatte sich die Partei im bayerischen Durchschnitt angeeignet, in Nürnberg lag die entsprechende Quote bei 0,75 Prozent.

Auch wenn diese Erhebungen aus der frühen Nachkriegszeit zum Teil auf unsicheren Schätzungen beruhen, sind sie ein deutlicher Hinweis auf die Auswirkungen der Tätigkeit des Nürnberger Polizeipräsidenten Benno Martin, die sich gegen die lokalen NSDAP-Bonzen richtete. Auch die Tatsache, daß im Stadtgebiet Nürnberg der Anteil des ehemals jüdischen Grundeigentums in Reichsbesitz nur gut halb so hoch war (22 Prozent) wie im bayerischen Durchschnitt (37 Prozent), dürfte auf die Rolle der örtlichen »Arisierungsstelle« zurückzuführen sein, die vornehmlich an private Erwerber vermittelte. Sie tat dies zu einem vergleichsweise frühen Zeitpunkt, bevor es zur staatlichen Einziehung kam, und sie unterlag im Gegensatz zu den staatlichen Finanzbehörden nicht dem Verkaufsverbot ab 1942.

---

71 Reichsfinanzminister, Verkaufssperre für Grundbesitz aus eingezogenem und verfallenem Vermögen v. 22.4.1942 (Abschrift), OFD Nürnberg, NS 6.
72 Schreiben des Polizeichefs Benno Martin an das Reichsfinanzministerium v. 11.3.1944 (Abdruck), OFD Nürnberg, VV 6299, 5300, 1-150.
73 Schreiben des Reichsfinanzministerium an den Oberfinanzpräsidenten Nürnberg v. 3.7.1943. Im Juli 1943 nahm der Reichsfinanzminister die fränkischen Grundstücke noch einmal explizit vom Verkaufsverbot aus, OFD Nürnberg, VV 6299, 5300, 1-150.
74 Errechnet auf der Grundlage der Gemeindeabgabe. Schreiben des Finanzamts Nürnberg-Augustinerstraße an das Oberfinanzpräsidium Nürnberg v. 8.10.1946, OFD Nürnberg, VV 6000 A, 136.
75 Ebd.

5. Die »Aktion 3« im Verwaltungshandeln der Finanzbehörden

Die »Aktion 3« war kein gewöhnlicher Verwaltungsakt im Behördenalltag der Reichsfinanzverwaltung. Sowohl in den Enteignungsgesetzen und -verordnungen als auch in der Verwaltungspraxis zeigten sich einmal mehr die Grenzen der bürokratischen Regelbarkeit des Deportationsprozesses. Die Finanzbeamten waren aufgefordert, ihren Verwaltungsverfahren diskriminierende Grundsätze zugrunde zu legen. Dies geschah nicht zum ersten Mal während des »Dritten Reichs«.[76] Schon vor 1941 gibt es Hinweise auf diskriminierende antijüdische Richtlinien und Einzelentscheidungen der Finanzbehörden, und spätestens bei der Eintreibung der »Judenvermögensabgabe« 1938/39 waren die steuerrechtlichen Grundsätze der Gleichberechtigung aller Steuerpflichtigen und der Leistungsbezogenheit der Steuern massiv und systematisch verletzt worden. Mit der »Aktion 3« stieg die staatliche Finanzverwaltung jedoch als mächtiger Akteur in den »Arisierungsmarkt« ein. Die Verwaltung und Verwertung des Eigentums der Deportierten war kein traditioneller Bereich staatlicher Fiskalpolitik, in den mehr oder weniger schleichend antijüdische Richtlinien Eingang fanden wie beispielsweise im Steuersektor oder bei der Konfiskation von Emigranteneigentum. Hier eröffnete sich vielmehr ein neuer, weitreichender und eigenständiger Arbeitsbereich, der nur auf die Judenverfolgung zielte. Bürokratisches Handeln und ideologische Ziele stellten keine Gegensätze mehr dar, sondern flossen zusammen. Wenngleich die Integration der Finanzverwaltung in den Deportationsprozeß nicht reibungslos verlief,[77] die arbeitsteilige und verfahrensorientierte Organisationsstruktur der Finanzverwaltung auch Beharrungskräfte entwickeln konnte und die Klärung von Zweifelsfragen manchmal Abläufe verzögerte, erfüllten die Finanzbehörden doch letztlich die ihnen zugewiesenen Aufgaben in der rassistischen Diktatur. Sie nutzten die neuen Handlungsspielräume und weitgehenden Kompetenzen, setzten sich gegenüber den anderen Herrschaftsinstanzen und Konkurrenten in diesem Feld – sprich Partei und Gestapo – durch und vertraten mit den Reichsinteressen auch die Ziele der eigenen Behörden erfolgreich. Es dauerte zwar seine Zeit, die gewohnten Verwaltungsabläufe an die Funktionsbedingungen der Judenverfolgung anzupassen, doch am Ende verbuchte der NS-Staat dank der Anpassungs- und Gestaltungsfähigkeit der Finanzverwaltung zweifellos den größten Gewinn an der »Verwaltung und Verwertung« jüdischen Eigentums, dem die »Aktion 3« nach zeitgenössischen amtlichen Berechnungen rund 778 Millionen Reichsmark einbrachte.[78]

---

76 Vgl. Bajohr, »Arisierung« (Anm. 3), S. 342 f.

77 Beispiele von Widerstand von Mitarbeitern der Finanzbehörden gegen die Durchführung der »Aktion 3« sind sehr selten. Ein Beispiel ist der Düsseldorfer Finanzbeamte Hermann Keuter, der zeitweise die Mitarbeit bei der Verwertung jüdischer Grundstücke verweigerte, weil er »starke Hemmungen« bei seiner Tätigkeit hatte. Nach einer Ermahnung durch seinen Vorgesetzten erfüllte er jedoch seine Aufgabe. Raul Hilberg, Täter, Opfer, Zuschauer. Die Vernichtung der Juden 1933-1945, Frankfurt am Main 1997, S. 71 f.

78 Stefan Mehl, Das Reichsfinanzministerium und die Verfolgung der deutschen Juden, Berlin 1990, S. 97.

Frank Bajohr

Über die Entwicklung eines schlechten Gewissens
Die deutsche Bevölkerung und die Deportationen 1941-1945

Wer das Verhalten der deutschen Bevölkerung[1] während und nach den Deportationen aus dem »Altreich« präzise analysieren will, steht vor einem schwierigen Quellenproblem. Offiziell mit euphemistischen Begriffen als »Evakuierung«, »Abwanderung« und »Umsiedlung« deklariert, vollzogen sich die Deportationen in einem öffentlichen wie medialen Halbdunkel, das mit den vorhandenen Quellen nicht immer vollständig ausgeleuchtet werden kann.[2] Im demonstrativen Schweigen der gleichgeschalteten Presse kam nicht zuletzt zum Ausdruck, daß die Deportationen aus dem »Altreich« einen qualitativen Sprung in der Radikalisierung der nationalsozialistischen Judenverfolgung markierten.[3] Noch im September 1941 hatten die Zeitungen offen über die Einführung des »gelben Sterns« berichtet; danach erstarb in den Medien des »Dritten Reiches« jede Berichterstattung über Verfolgungsmaßnahmen und das genaue Schicksal der betroffenen Juden.

Die offizielle Tabuisierung der Deportationen setzte sich in den regimeinternen Lageberichten fort, die nur spärlich über die Ereignisse und die Reaktionen der »Volksgenossen« berichteten. Dies darf freilich nicht zu dem Fehlschluß verleiten, die Deportationen hätten keinerlei Beachtung gefunden und seien von den meisten

1 Als »deutsche Bevölkerung« soll hier das Gros der deutschen Zivilbevölkerung verstanden werden, die weder zu den Opfern der Deportationen gehörte noch funktional als »Täter« an den Deportationen mitwirkte.
2 Vgl. Heinz Boberach, Quellen für die Einstellung der deutschen Bevölkerung zur Judenverfolgung. Analyse und Kritik, in: Ursula Büttner (Hg.), Die Deutschen und die Judenverfolgung im Dritten Reich, Hamburg 1992, S. 31-49; Otto Dov Kulka, The German Population and the Jews: State of Research and New Perspectives, in: David Bankier (Hg.), Probing the Depths of German Antisemitism. German Society and the Persecution of the Jews 1933-1941, New York, Oxford 2000, S. 271-281; ders./Aron Rodrigue, The German Population and the Jews in the Third Reich. Recent Publications and Trends of Research on German Society and the ›Jewish Question‹, Yad Vashem Studies 16 (1984), S. 421-435; Ian Kershaw, German Popular Opinion and the ›Jewish Question‹ 1939-1943. Some further Reflections, in: Arnold Paucker (Hg.), Die Juden im nationalsozialistischen Deutschland – The Jews in Nazi Germany, Tübingen 1986, S. 365-388; Hans Mommsen/Dieter Obst, Die Reaktion der deutschen Bevölkerung auf die Verfolgung der Juden 1933-1943, in: Hans Mommsen/Susanne Willems (Hg.), Herrschaftsalltag im Dritten Reich. Studien und Texte, Düsseldorf 1988, S. 374-421; Volker Ullrich, »Wir haben nichts gewußt«. Ein deutsches Trauma, in: 1999, 6 (1991), Heft 4, S. 11-46.
3 Dies wird insbesondere in der verdichteten Analyse jener Prozesse aus den Jahren 1939-1942 deutlich, in denen sich die antijüdische Politik des NS-Regimes von einer Politik der Zwangsauswanderung über eine Politik der Zwangsvertreibung bis zum systematischen Massenmord radikalisierte. Vgl. jetzt beispielhaft Christopher Browning, Die Entfesselung der »Endlösung«. Nationalsozialistische Judenpolitik 1939-1942, mit einem Beitrag von Jürgen Matthäus, München 2003.

Deutschen gar nicht wahrgenommen worden.[4] Wie noch zu zeigen sein wird, lagerte sich das Wissen über zentrale Geschehnisse der Judenverfolgung wie den Novemberpogrom 1938 oder die Deportationen 1941/42 im Gedächtnis der »Volksgenossen« ab und wurde in den Folgejahren anläßlich bedrängender Kriegsereignisse in oft erstaunlichem Maße reaktiviert. Deshalb wird im Rahmen des vorliegenden Beitrages ein zeitlicher Längsschnitt die Analyse öffentlicher Reaktionen systematisieren und erweitern. Es interessieren nicht allein die unmittelbaren Reaktionen auf die Deportationen, sondern auch deren Rezeption und Erinnerung in den Folgejahren.

Materialgrundlage für die folgenden Ausführungen bilden die auf verschiedensten politischen und administrativen Ebenen erstellten »Stimmungsberichte«.[5] Das auf allen Ebenen des NS-Regimes institutionalisierte Berichtswesen über die »Volksmeinung« bildet eine wichtige Quelle für die Haltung der deutschen Bevölkerung gegenüber der Judenverfolgung und verweist gleichzeitig auf jene informellen, oft situativen (Teil-)Öffentlichkeiten, die während des gesamten Zeitraums von 1933-1945 jenseits der propagandistisch gelenkten Öffentlichkeit bestanden. Diese Öffentlichkeiten auszuleuchten und politische Entscheidungsträger über die durchaus vielfältigen Einstellungen und Meinungen in der Bevölkerung zu informieren, gehörte zu den zentralen Funktionen der regimeinternen Berichterstattung. Gleichzeitig wäre es jedoch verfehlt und naiv, die Berichte als empirisch valide, vermeintlich »objektive« Sensoren der »Volksmeinung« zu betrachten. Die fast durchweg nationalsozialistischen Berichterstatter bedienten sich regimespezifischer Sprachregelungen und -muster, brachten eigene Perspektiven und politische Intentionen in die Berichterstattung ein und neigten – wie noch zu zeigen sein wird – vor allem auf den höheren Ebenen des Berichtswesens zur Tabuisierung und Schönfärberei. Diese immanenten Widersprüche begrenzen den Quellenwert der Berichte, ohne sie jedoch in Gänze zu entwerten.

Insgesamt handelte es sich beim »Dritten Reich« zwar um eine Diktatur, der ein zentrales Kennzeichen offener Gesellschaften fehlte, nämlich eine autonome Öffentlichkeit, aber dennoch um kein Regime mit vollständig beherrschter und erstarrter Gesellschaft. Freilich war das »Dritte Reich« auch keine »Nischengesellschaft«, in der eine mehr oder minder »resistente« Bevölkerung dem Regime mit ablehnender Distanz gegenüberstand, sondern eine Zustimmungsdiktatur, die vor allem in den Jahren 1936-1942 auf eine hohe Konsensbereitschaft der »Volksgenossen« bauen konnte und lediglich in den Anfangs- und Endjahren auf die Anwendung von Terror, Gewalt und Zwang angewiesen war.[6]

---

4 Schon die überlieferten Fotodokumente zeigen bisweilen größere Gruppen von nichtjüdischen Zuschauern. Vgl. Klaus Hesse/Philipp Springer, Vor aller Augen. Fotodokumente des nationalsozialistischen Terrors in der Provinz, Essen 2002.

5 Vgl. Die Juden in den geheimen NS-Stimmungsberichten 1933-1945, hg. von Otto Dov Kulka und Eberhard Jäckel, Düsseldorf 2004, CD-Rom-Ausgabe. Ich danke beiden Herausgebern, die mir die Dokumentation bereits vor Erscheinen zur Verfügung gestellt haben.

6 Zur wachsenden Zustimmung der deutschen Bevölkerung zur NS-Herrschaft nach 1933 vgl. Bernd Stöver, Volksgemeinschaft im Dritten Reich. Die Konsensbereitschaft der Deutschen aus der Sicht sozialistischer Exilberichte, Düsseldorf 1993; Ian Kershaw, Der Hitler-Mythos.

Bis zu welchem Ausmaß sich die Verfolgung der Juden im Konsensrahmen der nationalsozialistischen »Volksgemeinschaft« bewegte oder diesen sprengte, ist unter Historikern nur für den Zeitraum bis 1938/39 einigermaßen unumstritten. So haben die meisten Studien hervorgehoben, daß die schleichende Ausgrenzung der Juden aus dem öffentlichen Leben und die Vernichtung ihrer wirtschaftlichen Existenz nach 1933 kaum Widerspruch hervorrief, sondern eine Haltung evozierte, die zumeist zwischen passiver Zustimmung und aktiver Beteiligung schwankte.[7] Diese Politik der sogenannten »Ausschaltung« war auch deswegen durchaus populär, weil sie unzähligen Beteiligten die Gelegenheit gab, ihre persönlichen Interessen mit den ideologischen Zielen des Regimes zu verbinden, wenn es beispielsweise darum ging, jüdische Ärzte, Rechtsanwälte und Unternehmer als unerwünschte Konkurrenten loszuwerden oder Grundstücke und Firmen kostengünstig zu »arisieren«.[8] Auf diese Weise beteiligte sich die deutsche Gesellschaft an der Verfolgung der Juden, deren Ausgrenzung um 1937/38 auch deswegen eine solche Dynamik gewann, weil hier politische und gesellschaftliche Prozesse reibungslos ineinandergriffen. Je mehr sich die Politik der »Ausschaltung« pseudo-legal drapierte, desto höher fiel die Zustimmung der Bevölkerung aus bzw. desto seltener wurden moralische Bedenken geäußert.

Gewalttätige Aktionen gegen Juden lehnte jedoch eine Mehrheit der Bevölkerung ab, selbst wenn diese nicht allein von SA-, NSDAP- und HJ-Aktivisten ausgingen, sondern sich auch einfache »Volksgenossen« daran beteiligten.[9] So reagierte die Bevölkerung auf die Exzesse des Novemberpogroms 1938 mehrheitlich negativ, wobei sich die Kritik in erster Linie auf die immense Zerstörung von Sachwerten und die Verletzung öffentlicher Sicherheit und Ordnung konzentrierte, die mit bürgerlichem Sekuritätsdenken nicht in Einklang zu bringen war. Auch wenn die Kritik an gewalttätigen Aktionen weder die antijüdische Politik insgesamt in Frage stellte noch gar eine solidarische Haltung mit den betroffenen Juden zum Ausdruck brachte, markierte sie doch eine Bruchstelle des »volksgemeinschaftlichen« Konsenses. Nach 1938/39 konnten zwar die NS-Machthaber damit rechnen, daß eine Politik der Vertreibung und forcierten Emigration der Juden in der Kontinuität der bisherigen »Volksmeinung« auf keine wesentlichen Vorbehalte stoßen würde. Daß dies auch die Zustimmung zu Deportation und Massenmord einschließen würde, war jedoch eher unwahrscheinlich.

Führerkult und Volksmeinung, Stuttgart 1999; Robert Gellately, Backing Hitler. Consent and Coercion in Nazi Germany, New York 2001 (dt.: Hingeschaut und Weggesehen. Hitler und sein Volk, München 2002), dessen Quellenbasis jedoch unzureichend bleibt und der den schleichenden Zerfall der Zustimmung in den Jahren 1943-1945 nicht angemessen berücksichtigt.

7   Vgl. zusammenfassend David Bankier, Die öffentliche Meinung im Hitler-Staat. Die »Endlösung« und die Deutschen. Eine Berichtigung, Berlin 1995, S. 93 ff.
8   Frank Bajohr, Verfolgung aus gesellschaftsgeschichtlicher Perspektive. Die wirtschaftliche Existenzvernichtung der Juden und die deutsche Gesellschaft, in: Geschichte und Gesellschaft 26 (2000), S. 91-114.
9   Michael Wildt, Violence against Jews in Germany 1933-1939, in: Bankier (Hg.), German Antisemitism, S. 181-209; Armin Nolzen, The Nazi Party and its Violence Against the Jews 1933-1939. Violence as a Historiographical Concept, Yad Vashem Studies XXXI (2003), S. 245-285.

Mit Kriegsbeginn 1939/40 nahm die Zahl der Lageberichte drastisch ab, die überhaupt noch öffentliche Reaktionen auf die Judenverfolgung verzeichneten – und damit auch auf die seit 1941 anlaufenden Deportationen. Spiegelte sich hier – wie viele Historiker behauptet haben[10] – die geringe Aufmerksamkeit wider, die die Bevölkerung den Juden und ihrem Schicksal überhaupt noch beimaß? Oder war das Schweigen der Lageberichte eher einer regimeinternen Tabuisierung geschuldet, über die euphemistisch als »Evakuierung« deklarierten Vorgänge den Mantel des Schweigens auszubreiten und neuralgische Fragen von Ethik, Moral und Herrschaftslegitimation möglichst nicht zu thematisieren? Es fällt auf, daß bisherige Grundlinien der Interpretation sich vor allem auf das Schweigen der Lageberichte und die relative Spärlichkeit der Quellen beziehen. Ian Kershaw beispielsweise hat daraus auf die »Gleichgültigkeit« und moralische »Indifferenz« der Bevölkerung gegenüber den Deportationen geschlossen, während Otto Dov Kulka daraus eine heimliche Komplizenschaft und »stillschweigendes Einverständnis« mit den Deportationen abgeleitet hat.[11] Schon David Bankier hat jedoch darauf verwiesen, daß die Bevölkerung die Deportationen sehr wohl aufmerksam registrierte[12] und auf sie keineswegs nur gleichgültig reagierte, sondern ein Verhaltensspektrum offenbarte, das im folgenden systematisch ausgeleuchtet werden soll.

1. Zustimmung, Zurückhaltung, kritische Distanz: Die Vielfalt der Reaktionen

Fast alle vorhandenen Quellen sprechen von dem »großen Interesse«, das die Bevölkerung den Deportationen entgegenbrachte, die sich auch ohne öffentliche Ankündigung wie ein Lauffeuer herumsprachen. »Obwohl diese Aktion von Seiten der Staatspolizei geheim gehalten wurde, hatte sich die Tatsache der Verschickung von Juden doch in allen Bevölkerungskreisen herumgesprochen«[13], stellte die SD-Hauptaußenstelle Bielefeld im Dezember 1941 fest. Zur selben Zeit beklagte die NSDAP-Kreisleitung Göttingen, sie werde noch vor der Deportation der Göttinger Juden mit Anträgen auf Wohnungszuweisungen überhäuft, »da die Absicht, die Juden in nächster Zeit von Göttingen abzutransportieren, in der Bevölkerung bereits bekannt geworden«[14] sei. Die Gendarmerie Forchheim berichtete im November 1941, daß sich anläßlich der Deportation »eine größere Anzahl der hiesigen Einwohnerschaft eingefunden«[15] hatte, während die SD-Außenstelle Detmold meldete, daß die Deportation der Juden aus Lemgo »größeres Aufsehen erregt« und die Bevölkerung sich »recht zahlreich«[16] auf dem Marktplatz eingefunden hatte, auf dem die Deportierten sich

---

10 Vgl. Kulka, German Population; Kershaw, German Popular Opinion (vgl. Anm. 2).
11 Ebd.
12 Bankier, Öffentliche Meinung (vgl. Anm. 7), S. 179 ff.
13 Vgl. Die Juden in den geheimen NS-Stimmungsberichten 1933-1945 (vgl. Anm. 5), Nr. 3386, Bericht der SD-Hauptaußenstelle Bielefeld vom 16.12.1941.
14 Ebd., Nr. 3400, Bericht des NSDAP-Kreisleiters Göttingen vom 19.12.1941.
15 Ebd., Nr. 3380, Bericht der Gendarmerie Forchheim vom 27.11.1941.
16 Ebd., Nr. 3508, Bericht der SD-Außenstelle Detmold vom 31.7.1942.

hatten versammeln müssen. Auch andernorts befanden sich die Sammelpunkte der Deportierten inmitten des Stadtgebietes, wo sie in aller Regel für jedermann einsehbar waren. So fuhren in Hamburg die S-Bahnen am örtlichen Sammelpunkt, dem gut sichtbaren Platz vor dem Logenhaus, fast im Minutentakt vorbei. »In der Bahn reckten die Leute die Hälse«[17], notierte eine Hamburgerin in ihrem Tagebuch.

Stellenweise glich der Deportationsvorgang einem regelrechten Volksauflauf. In Hamburg wurden die Deportierten durch eine Beifall klatschende Menge auf Lastkraftwagen getrieben; schon ihr vorheriger Auszug aus den »Judenhäusern« war von zahlreichen Schulkindern »johlend«[18] begleitet worden. In ähnlicher Weise berichtete der Landrat von Bad Neustadt/Saale, »daß eine große, johlende Schar Schulkinder den Zug der Juden bis zum Bahnhof begleitete und dort ihr Geschrei bis zur Abfahrt des Zuges fortsetzte«[19]. Sofern die Deportation aus einzelnen Orten fotografisch dokumentiert wurde, fallen bisweilen zahlreiche Kinder und Jugendliche unter den Zuschauern auf, ja selbst die öffentliche Versteigerung des Besitzes von Deportierten zog – wie in Hanau 1942 – lachende Kinder an.[20] Diese Präsenz von Kindern und Jugendlichen hatte sogar insofern eine »Tradition«, als sich bei der öffentlichen Anprangerung und Demütigung von Juden und sogenannten »Rassenschänderinnen« in den Jahren zuvor stets eine auffallend große Zahl von Jugendlichen und Kindern eingefunden hatte, wie die vorhandenen Fotodokumente nachdrücklich belegen.[21] Auch antisemitische Gewaltaktionen gingen nicht selten von fanatisierten Hitlerjungen aus. Sofern Schulkinder nicht von ihren Lehrern zum Gaffen regelrecht aufgefordert worden waren, sich beispielsweise brennende Synagogen und »Rassenschänderinnen« anzusehen,[22] sondern spontan und aus eigenem Antrieb erschienen, indizierte ihre Beteiligung jene Aura des Sensationellen und Außeralltäglichen, das die Deportationen umgab und besonders Jugendliche magisch anzog. Ganz offensichtlich wurden die Deportationen von der Bevölkerung eben nicht als beiläufiger, alltäglicher Vorgang begriffen. Was diesen Vorgang für Jugendliche bestaunenswert und besonders attraktiv machte, war der Umstand, daß hier öffentlich traditionelle gesellschaftliche Normen – wie der Respekt Jugendlicher gegenüber Erwachsenen – außer Kraft gesetzt wurden. Die gedemütigten und mit dem gelben Stern gekennzeichneten Juden waren in den Augen der Jugendlichen keine respektgebietenden Personen mehr. Ihnen gegenüber konnte man sich ungestraft gehen lassen und die Umkehrung der

---

17 Tagebuch von Luise Solmitz, Eintragung vom 7.11.1941, Archiv der Forschungsstelle für Zeitgeschichte in Hamburg (FZH), 11, S. 11-13.
18 Vgl. Frank Bajohr, »...dann bitte keine Gefühlsduseleien.« Die Hamburger und die Deportationen, in: Die Deportation der Hamburger Juden 1941-1945, hg. von der Forschungsstelle für Zeitgeschichte in Hamburg und dem Institut für die Geschichte der deutschen Juden, 2. Aufl., Hamburg 2002, S. 13-29, hier S. 23.
19 Die Juden in den geheimen NS-Stimmungsberichten (vgl. Anm. 5), Nr. 3475, Bericht des Landrates Bad Neustadt/Saale vom 29.4.1942.
20 Vgl. die veröffentlichten Fotodokumente in Hesse/Springer, Vor aller Augen (vgl. Anm. 4). S. 135 ff.; das Bild aus Hanau findet sich auf S. 180.
21 Ebd., S. 131.
22 Ebd., S. 125.

gesellschaftlichen Normen durch Johlen lautstark dokumentieren. Daß die Verantwortlichen die Kinder und Jugendlichen nicht einfach fortschickten, deutet darauf hin, daß es ihnen teilweise auch darum ging, die Deportationen als eine gesellschaftliche Normsetzung zu inszenieren, die den inferioren Status der Juden öffentlich dokumentierte – und damit aus Sicht der Verantwortlichen sogar erzieherischen Wert besaß.

Demonstrative öffentliche Zustimmung zur Deportation der Juden, ja ausgesprochene Haßausbrüche gegen sie waren zwar nicht die Regel, gehörten jedoch keineswegs zu den absoluten Ausnahmen. Anläßlich der ersten Transporte aus Hamburg erinnerte sich ein Journalist an Aussprüche wie: »Jetzt marschieren sie ins Ghetto« oder »Wird auch höchste Eisenbahn, daß sie verduften. Alles nur unnütze Esser!«[23] Eine nichtjüdische Hamburgerin, die mit einem jüdischen Ehemann verheiratet war, notierte in ihrem Tagebuch am 5. Dezember 1941 die Bemerkung eines Passanten: »Gut, daß das Pack ausgekehrt wird!«[24] Aus Frankfurt berichtete ein im September 1942 Deportierter über permanente verbale Attacken während des Abtransports: »Auf dem ganzen Weg wurden wir von einer johlenden Menge beschimpft und verhöhnt. ›Schlagt sie doch tot, zu was die teuren Kohlen für den Transportzug!‹ Immer wieder diese Zurufe, offenbar einstudiert.«[25] Einzelne Lageberichte melden Äußerungen ähnlichen Inhalts, mit denen Passanten ihr Erstaunen zum Ausdruck brachten, »daß man den Juden zum Transport nach dem Bahnhof die gut eingerichteten städtischen Verkehrsautobusse zur Verfügung stellte«[26].

Dennoch blieben diejenigen, die ihrem Haß gegen Juden öffentlich Ausdruck verliehen, ja die Verantwortlichen für die Deportationen noch ob ihrer angeblichen Milde kritisierten, in der Minderheit. Ein deutlich größerer Teil der deutschen Bevölkerung wie auch der Passanten und Beobachter verhielt sich demgegenüber unauffällig und tat sich weder mit zustimmenden noch ablehnenden Kommentaren öffentlich hervor. Diese Haltung konnte sowohl ein insgeheimes Einverständnis als auch Gleichgültigkeit oder eine verlegene Distanz zum Ausdruck bringen und ist daher nur bedingt unter dem Begriff der »Indifferenz« zu subsumieren. Nach den Lageberichten stimmten den Deportationen vor allem »der politisch geschulte Teil der Bevölkerung« zu, bzw. »nationalsozialistisch gefestigte Volksgenossen« oder »Volksgenossen, die die Judenfrage beherrschen«[27]. Es bedurfte ganz offensichtlich einer – teilweise durch Schulung vermittelten – antisemitischen Perspektive, um nicht einem natürlichen Mitleidsimpuls nachzugeben, sondern die Deportation teilweise hoch-

---

23 Uwe Storjohann, Hauptsache Überleben, Hamburg 1993, S. 100.
24 Tagebuch von Luise Solmitz (vgl. Anm. 17), Eintragung vom 5.12.1941, Archiv der FZH, 11.
25 Zit. nach: Monica Kingreen, Gewaltsam verschleppt aus Frankfurt. Die Deportationen der Juden in den Jahren 1941-1945, in: dies. (Hg.), »Nach der Kristallnacht«. Jüdisches Leben und antijüdische Politik in Frankfurt am Main 1938 – 1945, Frankfurt 1999, S. 357-402, hier S. 378.
26 Die Juden in den geheimen NS-Stimmungsberichten (vgl. Anm. 5), Nr. 3386, Bericht der SD-Hauptaußenstelle Bielefeld vom 16.12.1941.
27 Ebd., Nr. 3371, Bericht der Stapostelle Bremen vom 11.11.1941; Nr. 3508, Bericht der SD-Außenstelle Detmold vom 31.7.1942; Nr. 3387; Bericht der SD-Außenstelle Minden vom 6.12.1941.

betagter und gebrechlicher Menschen gutzuheißen. Andere ließen zumindest nach außen keinerlei Meinung oder Grundhaltung erkennen, beachteten die Deportationen nur wenig und konzentrierten sich auf ihre eigenen Angelegenheiten. Ob die sich unauffällig verhaltenden ›Volksgenossen‹ eine »stumme Mehrheit von Verlegenheit, Gleichgültigkeit, abgestumpfter Subordination«[28] bildeten, muß offen bleiben. Zweifel sind jedoch angebracht, war doch der systematische öffentliche Abtransport der Juden und die anschließende öffentliche Versteigerung ihres Besitzes ein zu einschneidender Vorgang, um ihm mehrheitlich mit schierer Nichtbeachtung zu begegnen, auch wenn sich das Gros der Bevölkerung – wie im »Dritten Reich« nicht unüblich – mit demonstrativen öffentlichen Äußerungen zurückhielt.

Neben der Gruppe der überzeugten, ihrer Gesinnung nachhaltig Ausdruck gebenden Antisemiten und der größeren Gruppe der Unauffälligen, die zwischen Einverständnis, Gleichgültigkeit und verhaltener Distanz schwankte, ließ ein weiterer Teil der deutschen Bevölkerung Dissens gegenüber den Deportationen erkennen. Dabei hüteten sich die meisten wohlweislich, diesen Dissens als generelle Kritik an den antijüdischen Maßnahmen zu formulieren. Statt dessen brachten sie humanitäre Einwände vor, verwiesen auf das hohe Alter der Deportierten oder die besondere Härte des Winters. In typischer Weise faßte die SD-Außenstelle Minden diese Bedenken in einem Bericht vom Dezember 1941 zusammen. Es sei moniert worden, »jetzt im Winter mit allen seinen Gefahren die Leute ausgerechnet nach dem Osten zu verfrachten. Es könnte doch damit gerechnet werden, daß sehr viel Juden den Transport nicht überständen. Dabei wird darauf hingewiesen, daß die jetzt evakuierten Juden doch durchweg Leute wären, die seit ewigen Jahren in hiesiger Gegend gewohnt hätten. Man ist der Ansicht, daß für viele Juden diese Entscheidung zu hart sei. Wenn auch diese Meinung nicht in verstärktem Maße festzustellen ist, so findet man sie aber doch in einem großen Teil gerade unter den gutsituierten Kreisen. Hierbei sind auch wieder die älteren Leute die überwiegende Anzahl.«[29] Mit ähnlicher Tendenz berichtete die SD-Außenstelle Lemgo im Juli 1942 über kritische Äußerungen anläßlich der Deportation, die ein »großer Teil der älteren Volksgenossen« im allgemeinen »negativ kritisiert« habe: »So wurde gesagt, daß die Juden in Deutschland ja sowieso zum Aussterben verurteilt seien und diese Maßnahme, die für die Juden eine besondere Härte bedeutete, sich daher erübrige. Selbst solche Volksgenossen, die bei jeder passenden und unpassenden Gelegenheit früher ihre nationalsozialistische Gesinnung herausgestellt hätten, hätten in dieser Hinsicht Partei für die Interessen der Juden bzw. der kirchlich gebundenen Volksgenossen genommen. Innerhalb der kirchlich gebundenen Kreise wurde geäußert: ›Wenn das deutsche Volk nur nicht eines Tages die Strafe Gottes zu gewärtigen hat‹.«[30]

In letzterer Bemerkung schwang durchaus eine Ahnung von dem weiteren Schicksal der Deportierten mit. Bereits im Dezember 1941 hatte die SD-Außenstelle Min-

---

28 So Uwe Storjohann, Hauptsache Überleben (vgl. Anm. 23), S. 100.
29 Die Juden in den geheimen NS-Stimmungsberichten (vgl. Anm. 5), Nr. 3387, Bericht der SD-Außenstelle Minden vom 6.12.1941.
30 Ebd., Nr. 3508, Bericht der SD-Außenstelle Detmold vom 31.7.1942.

den das Gerücht kolportiert, daß »die älteren und kranken Juden erschossen werden sollten«, wodurch »die Mitleidsdrüse verschiedener christlich Eingestellter stark in Tätigkeit gebracht«[31] worden sei.

Aus solchen Einzelberichten und Gerüchten läßt sich freilich nur bedingt auf die Kenntnis der Bevölkerung über die anlaufenden Massenmorde schließen, zumal unmittelbar nach Beginn der Deportationen aus dem »Altreich« im Herbst 1941 die systematische Ermordung der deutschen Juden noch keineswegs feststand. Quantitative, auf retrospektiven Meinungsumfragen basierende Untersuchungen haben ergeben, daß offenbar ein gutes Drittel der deutschen Bevölkerung vor 1945 über den Massenmord an Juden informiert war, d. h. nicht weniger als 25 Millionen Deutsche haben nach eigenem Bekunden vom Holocaust vor 1945 erfahren.[32] Freilich sind auch solche Untersuchungen methodisch nicht in der Lage, das Amnesiepotential dieser den Befragten belastenden und in hohem Maße schuldbesetzten Frage zu ermitteln und zu gewichten, kann sich doch mancher nicht einmal der eigenen NSDAP-Mitgliedschaft erinnern.[33] Ganz offensichtlich mangelte es bei vielen nicht an entsprechenden Informationen über einzelne Mordvorgänge, sondern an der Bereitschaft, aus diesen Einzelinformationen auf ein entsprechendes Gesamtbild zu schließen.[34]

Geht man von einzelnen Lageberichten aus, dann waren es am ehesten Ältere aus bürgerlichen bzw. christlich eingestellten Kreisen, die vorsichtig Bedenken äußerten und in Einzelfällen Hilfe leisteten bzw. sich für Juden einsetzten. Die Stapostelle Bremen bezichtigte im November 1941 vor allem »kirchliche und gewerbliche Kreise« der Unterstützung für Juden. »In einer bekennenden Gemeinde, die sich fast ausschließlich aus bürgerlichen Intelligenzkreisen zusammensetzt, brachten es zahlreiche Gemeindemitglieder fertig, Juden durch materielle Zuwendungen zu unterstützen.«[35] In solchen Formulierungen spiegelten sich deutlich die Feindbildprojektionen der Berichterstatter wider. Die Kirchen galten als gesellschaftliche Institutionen, mit denen nach einem gewonnenen Krieg »abgerechnet« werden sollte, und vor diesem Hintergrund müssen auch die einzelnen Berichte über dissidente Haltungen in »christlichen Kreisen« interpretiert werden, die nicht nur etwas über tatsächliche Einstellungen

---

31 Ebd., Nr. 3388, Bericht der SD-Außenstelle Minden vom 12.12.1941.
32 Karl-Heinz Reuband, Gerüchte und Kenntnisse vom Holocaust vor Ende des Krieges. Eine Bestandsaufnahme auf der Basis von Bevölkerungsumfragen, in: Jahrbuch für Antisemitismusforschung 9 (2000), S. 196-233.
33 Insofern reicht es nicht aus, solche Bedenken mit der Bemerkung abzutun, eine Verdrängung von Informationen aus dem Bewußtsein sei »unwahrscheinlich«. Vgl. Karl-Heinz Reuband, Zwischen Ignoranz, Wissen und Nicht-glauben-Wollen. Gerüchte über den Holocaust und ihre Diffusionsbedingungen in der deutschen Bevölkerung, in: Beate Kosmala/Claudia Schoppmann (Hg.), Überleben im Untergrund. Hilfe für Juden in Deutschland 1941-1945, Berlin 2002, S. 33-62, hier S. 56. Zum Problem der Amnesie, dargestellt an einem eindringlichen Beispiel siehe Jost Nolte, Ein Augenblick der Feigheit, DIE WELT, 26.11.2003.
34 Vgl. Hans Mommsen, Was haben die Deutschen vom Völkermord an den Juden gewußt?, in: Walter Pehle (Hg.), Der Judenpogrom 1938, Frankfurt am Main 1988, S. 176-200.
35 Die Juden in den geheimen NS-Stimmungsberichten (vgl. Anm. 5), Nr. 3371, Bericht der Stapostelle Bremen vom 11.11.1941.

von Christen gegenüber den Deportationen aussagen, sondern auch über die schematisierten Feindbilder nationalsozialistischer Berichterstatter. Wäre die Kritik an den Deportationen Gemeingut der meisten Christen gewesen, hätten auch die Amtskirchen zu den Deportationen nicht so hartnäckig geschwiegen.[36]

Im Herbst/Winter 1941 beschränkten sich die erwähnten Hilfestellungen für Juden in der Regel auf die Unterstützung mit Lebensmitteln. Anläßlich der ersten Deportationen aus Hamburg hatten Firmen oder Privatpersonen anonym große Mengen an Lebensmitteln für die Deportierten gespendet und über Nacht vor den Eingangstüren des Jüdischen Gemeinschaftshauses deponiert.[37] In einzelnen Fällen setzten sich auch Hamburger Bürger gegenüber dem »Regierenden Bürgermeister« Carl Vincent Krogmann für Deportierte ein. Ein allgemeiner Protest gegen die Deportationen war jedoch fast nirgends festzustellen. Auch gab es – zumindest im Herbst/Winter 1941 – fast keine ernsthaften Angebote an Juden, unterzutauchen und ihnen in diesem Fall Obdach zu gewähren. Dazu fehlte es freilich auch an der Bereitschaft der Juden, von denen ein Teil erst dann den Weg in den Untergrund wählte, als sich ab 1942 die Gerüchte über Massenmorde langsam verbreiteten bzw. Lebenszeichen von zuvor Deportierten ausblieben.[38]

Insgesamt schwankte die Haltung der deutschen Bevölkerung gegenüber den Deportationen zwischen aktiver Zustimmung, unauffälliger Zurückhaltung und kritischer Distanz. Die Deportationen riefen keine massiven Proteste hervor, stießen jedoch auch nicht auf eine uneingeschränkte Akzeptanz.

Eine sichtbare Verhaltensvielfalt offenbarte sich selbst bei einem Vorgang, der bislang – und zu Recht – als Verstrickung der Bevölkerung in die Vernichtungspolitik und Komplizenschaft mit dem Regime interpretiert wurde, nämlich der öffentlichen Versteigerung des Besitzes deportierter Juden.[39] Die Kulturwissenschaftlerin Fran-

36 Bernd Nellessen, Die schweigende Kirche. Katholiken und Judenverfolgung, in: Büttner (Hg.), Judenverfolgung (vgl. Anm. 2), S. 259-269; Martin Greschat, Die Haltung der deutschen evangelischen Kirchen zur Verfolgung der Juden im Dritten Reich, in: ebd., S. 273-292.
37 Frank Bajohr, Die Hamburger und die Deportationen (vgl. Anm. 18), S. 25. Die Hamburgerin Ingrid Wecker, die als Helferin der Jüdischen Gemeinde die Deportierten unterstützte, berichtete darüber in einem Interview: »Und in dem Aufgang oder Eingang, da standen nachts plötzlich Lebensmittel, von denen wir geträumt haben. Angefangen von Kaffee, Tee, Schokolade, Wurst, Butter, jede Menge Butter, Käse, was sie nur wollen, stand da. Irgendjemand hatte es hingestellt, wir wissen es nicht. Es müssen ›arische‹ Firmen gewesen sein. Ich weiß es nicht, es stand da. Es hatte keiner irgendwo angefordert. Keiner hatte irgendwo ein Lager geplündert. Es stand plötzlich da. Und wir haben alles mit Freuden aufgenommen und dann noch wieder gepackt. Und dann haben wir das eben so vorbereitet, daß dann jeder am Zug sein Päckchen bekam am nächsten Tag.« Archiv der Forschungsstelle für Zeitgeschichte in Hamburg (FZH), Werkstatt der Erinnerung, Nr. 34, Interview mit Ingrid Wecker vom 16.12.1992, Transkript, S. 32.
38 Vgl. den Beitrag von Beate Kosmala in diesem Band.
39 Wolfgang Dreßen, Betrifft: Aktion 3. Deutsche verwerten jüdische Nachbarn, Berlin 1998; Frank Bajohr, »Arisierung« in Hamburg. Die Verdrängung der jüdischen Unternehmer 1933-1945, 3. Aufl., Hamburg 2002, S. 331-338; vgl. auch den Beitrag von Christiane Kuller in diesem Band.

ziska Becker hat diesen Vorgang – auch auf der Basis von Interviews – am Beispiel der schwäbischen Landgemeinde Baisingen und damit eines überschaubaren Mikrokosmos ausgeleuchtet, in dem der Zusammenhang zwischen den Gegenständen und ihren einstmaligen Besitzern nicht – wie in den Großstädten – durch eine trügerische Anonymität zerrissen war.[40]

Besonders auffällig verhielten sich jene Bewohner, die die Versteigerung gar nicht abwarten konnten und die Finanzbehörden schon im Vorfeld der Deportationen bedrängten, ihnen bestimmte Gegenstände zu überlassen. So bekundete ein Herr B. gegenüber dem Finanzamt ein erhebliches Interesse an der Schlafzimmereinrichtung seiner jüdischen Nachbarin, Frau Stern, insbesondere sei er »Liebhaber für die dazugehörigen Matratzen. Soviel ich erfahren konnte, soll die noch in Baisingen wohnende Jüdin Stern Mitte des Monats dort wegkommen.«[41] Manche besaßen sogar die kaum glaubliche Skrupellosigkeit, bei jüdischen Nachbarn selbst – unmittelbar vor deren Deportation – vorstellig zu werden.

Eine zweite Gruppe, die einen erheblichen Teil der Ortsbewohner ausmachte, nahm an den Versteigerungen teil, weil sie ihnen Gelegenheit bot, begehrte und knappe Haushaltsgegenstände für ein Minimum ihres Wertes günstig zu erwerben. Einige beteiligten sich, um ein Erinnerungsstück an ihre ehemaligen jüdischen Nachbarn zu erwerben.[42] Die »Schnäppchenjäger« aus der Bevölkerung wurden zwar vor allem von materieller Gier angetrieben, waren jedoch auch von gemischten Gefühlen bewegt, die sich in dem Stoßgebet »Lieber Gott, wenn die Juden heut noch mal kämen ...« offenbarten, das während der Versteigerungen gesprochen wurde. Darin kam einerseits ein unterschwelliges schlechtes Gewissen in Form einer Bestrafungserwartung zum Ausdruck. Andererseits deutete das Stoßgebet das moralische Verstrickungspotential der Versteigerungen an, denn es transportierte ja ebenso die latente Hoffnung, daß die Juden nicht wiederkommen mögen.

Eine dritte Gruppe von Dorfbewohnern hielt sich schließlich bewußt von den Versteigerungen fern. Das eigene schlechte Gewissen wog schwerer als die Aussicht auf materiellen Gewinn: »Da hab ich zu meiner Mutter gesagt, sie soll auch gehen und Sach holen. Da hat sie gesagt, nein, nein, sie könnt da nix brauchen, da könnt sie nicht drin schlafen, da hätt' sie keine Ruh' mehr. So hat's auch Leut gegeben.«[43]

Die Deportationen und die Verwertung des Eigentums vollzogen sich reibungslos, Proteste blieben aus. Allerdings war nicht zu übersehen, daß ein Teil der Bevölkerung Einwände geltend gemacht hatte und daß die Deportationen bei manchen auch ein schlechtes Gewissen und diffuse Bestrafungsängste aktivierten. Hier wurden Bruchstellen im »volksgemeinschaftlichen« Konsens deutlich, die in manchem Lagebericht wohl bewußt nicht deutlich ausgeleuchtet wurden, wobei eine Neigung zum Euphemismus vor allem auf den höheren Ebenen des Berichts- und Überwachungswesens

---

40 Franziska Becker, Gewalt und Gedächtnis. Erinnerung an die nationalsozialistische Verfolgung einer schwäbischen Landgemeinde, Göttingen 1994.
41 Ebd., S. 77.
42 Ebd., S. 91.
43 Ebd., S. 83.

festzustellen ist.⁴⁴ So hatte die SD-Außenstelle Minden am 6. Dezember 1941 gleich im ersten Satz ihres Berichtes hervorgehoben, daß die »Evakuierung« der Juden »in einem großen Teil der Bevölkerung mit großer Besorgnis aufgenommen«⁴⁵ worden sei. Diese »große Besorgnis« mochte die SD-Hauptaußenstelle Bielefeld jedoch nicht nach Berlin melden. Und so hob sie statt dessen zehn Tage später in ihrem Bericht – der sich ausschließlich auf Angaben aus Minden stützte – hervor: »Es muß festgestellt werden, daß die Aktion vom weitaus größten Teil der Bevölkerung begrüßt wurde.«⁴⁶ Für diese Einschätzung freilich fehlte im Mindener Bericht jeglicher Beleg. Sorgen der Bevölkerung in der »Judenfrage« waren für die NS-Machthaber offenbar nicht ohne Brisanz.

2. Kriegswende, Angst und schlechtes Gewissen

Diese Besorgnisse nahmen in den Monaten und Jahren nach den Deportationswellen 1941 und 1942 jedoch keineswegs ab, als die meisten Juden aus dem Gesichtskreis der deutschen Zivilbevölkerung verschwunden waren. Vorgänge wie die Deportationen oder der Novemberpogrom 1938, die viele unter ethisch-moralischen Gesichtspunkten als problematisch empfanden, wurden vor allem nach der Kriegswende 1943 erinnert, als eine Niederlage des nationalsozialistischen Deutschlands für viele immer wahrscheinlicher wurde bzw. von vielen erstmals als realistische Möglichkeit in Betracht gezogen wurde. Dies veränderte auch den retrospektiven Blick auf die Deportationen, ja die Judenverfolgung insgesamt. Diese wurde nunmehr mit Kriegsereignissen verknüpft, die real mit der Verfolgung, Deportation und Ermordung der Juden in keinerlei Zusammenhang standen, vor allem mit dem 1943 drastisch intensivierten Bombenkrieg. Nach der »Operation Gomorrha« gegen Hamburg im Juli/August 1943 beispielsweise konstatierten Seelsorger ein »Gefühl für Schuld« in der Bevölkerung, und der Hamburger Ostasienkaufmann Lothar de la Camp schrieb in diesem Zusammenhang an seine Bekannten:

> Bei aller Wut gegen die Engländer und Amerikaner über die Art ihrer unmenschlichen Kriegführung muß man ganz objektiv feststellen, daß das einfache Volk, der Mittelstand und die übrigen Kreise von sich aus wiederholt Äußerungen unter vier Augen und selbst auch im größeren Kreise machten, die die Angriffe als Vergeltung gegen die Behandlung der Juden durch uns bezeichneten.⁴⁷

Dutzende von lokalen Berichten aus anderen Städten aus dem Jahre 1943 bestätigten diesen Trend. Viele Menschen führten die Bombardierung von Kirchen auf die Zer-

---

44 Darauf hat insbesondere auch Ian Kershaw, Hitler-Mythos (vgl. Anm. 6), hingewiesen.
45 Die Juden in den geheimen NS-Stimmungsberichten (vgl. Anm. 5), Nr. 3387, Bericht der SD-Außenstelle Minden vom 6.12.1941.
46 Ebd., Nr. 3386, Bericht der SD-Hauptaußenstelle Bielefeld vom 16.12.1941.
47 Zit. nach: Die Hamburger Katastrophe vom Sommer 1943 in Augenzeugenberichten, bearbeitet von Renate Hauschild-Thiessen, Hamburg 1993, S. 230.

störung von Synagogen während des Novemberpogroms 1938 zurück,[48] weil mit »dieser Aktion gegen die Juden Deutschland damals den Terror begonnen« habe, dessen Maßnahmen gegen die Juden »grundverkehrt« gewesen seien, wie sich Ausgebombte aus Frankfurt gegenüber einem Mitarbeiter des SD ereiferten:

> Dabei werden, wie früher schon einmal, Äußerungen laut, daß unsere ganze Einstellung zur Judenfrage, besonders aber ihre Lösung, eine grundverkehrte gewesen sei, deren Folgen und Auswirkungen das deutsche Volk heute ausbaden müsse. Hätte man die Juden im Lande gelassen, würde heute wohl keine Bombe auf Frankfurt fallen.[49]

Andere SD-Stellen berichteten von zahlreichen Äußerungen Ausgebombter, »daß dies die Vergeltung für unser Vorgehen im November 1938 gegen die Juden sei«[50] (SD Würzburg), »daß wenn wir die Juden nicht so schlecht behandelt hätten, wir unter den Terrorangriffen nicht so leiden müßten«[51] (SD Schweinfurt), bzw. »daß es von der Regierung und der NSDAP unverantwortlich gewesen sei, zu derartigen Maßnahmen gegen die Juden zu schreiten«[52] (SD Halle).

Diese Verknüpfung des Bombenkriegs mit der Judenverfolgung entbehre zwar jeder realen Grundlage, machte aber in einer moralischen Schuld-Sühne-Perspektive Sinn. Sie entsprang einem schlechten Gewissen, das sich in den vielfach geäußerten Bestrafungsängsten und Vergeltungserwartungen offenbarte. »Womit haben wir das verdient?« fragten sich viele nach schweren Bombenangriffen und interpretierten diese als eine Form der moralischen Bestrafung.

Gleichzeitig machten die Berichte jedoch auch deutlich, daß nicht alle, die nach der Kriegswende und dem verstärkten Bombenkrieg Einwände gegen die Judenverfolgung vorbrachten, dies aus prinzipiellen moralischen Gründen taten. Manche interpretierten die Luftangriffe nicht als moralische Bestrafung, als ein von den Alliierten ausgeführtes göttliches Strafgericht, sondern als eine typische »Judenrache«[53] – und stimmten insofern mit der antisemitischen Propaganda überein, die genau diesen Eindruck zu erwecken suchte, ohne damit freilich durchschlagenden Erfolg zu haben.[54] In dieser

---

48 Die Juden in den geheimen NS-Stimmungsberichten (vgl. Anm. 5), Nr. 3616, Bericht RSHA, Amt III (SD-Berichte zu Inlandsfragen) vom 8.7.1943.
49 Ebd., Nr. 3708, Bericht der SD-Außenstelle Bad Brückenau vom 2.4.1944.
50 Ebd., Nr. 3648, Bericht der SD-Hauptaußenstelle Würzburg vom 7.9.1943.
51 Ebd., Nr. 3693, Bericht der SD-Außenstelle Schweinfurt, o.D. (1944).
52 Ebd., Nr. 3588, Bericht des SD-Abschnitts Halle vom 22.5.1943.
53 Ebd., Nr. 3718, Bericht der SD-Außenstelle Lohr vom 15.5.1944.
54 So zeitigten Versuche der NS-Propaganda, Angriffe auf Talsperren oder einzelne Luftangriffe unmittelbar jüdischen Verantwortlichen zuzuschieben, nur wenig Erfolg: »Diese Art der propagandistischen Auswertung wird allgemein abgelehnt«, meldete die NSDAP-Parteikanzlei im Mai 1943. Als die mecklenburgische Presse versuchte, einen schweren Luftangriff auf Rostock im Februar 1944 dem »Judenpack« anzulasten, wurde dies den Berichten nach als »propagandistisches Mätzchen« bezeichnet. Vgl. ebd., Nr. 3595, Bericht der NSDAP-Parteikanzlei (»Auszüge aus Berichten der Gauleitungen und Dienststellen«) vom 29.5.1943; Nr. 3700, Bericht des SD-Abschnitts Schwerin vom 7.3.1944.

Perspektive bewertete mancher die Deportationen nicht als fundamentales Verbrechen oder als zumindest moralisch fragwürdig, sondern als taktischen »Fehler«. Statt die Juden in den Osten zu deportieren – so hieß es bisweilen – hätte man sie besser als Geiseln und lebende Schutzschilde in den Städten belassen. Die SD-Außenstelle Bad Brückenau vermerkte im Mai 1944 in diesem Zusammenhang:

> Viele Volksgenossen sind der Meinung, daß die Judenfrage von uns in der ungeschicktesten Weise gelöst worden sei [...] und sicherlich unsere Städte noch unzerstört seien, wenn wir die Juden seinerzeit auch in Ghettos zusammengefaßt hätten. Dadurch würde uns heute ein sehr wirksames Droh- und Gegenmittel zur Verfügung stehen.[55]

Ähnlich ambivalent fielen die Reaktionen der deutschen Bevölkerung auf die Versuche der NS-Propaganda aus, die Entdeckung der Massengräber in Katyn im Frühjahr 1943 in ausführlichen Berichten als »grauenerregenden Mord« auszuschlachten, der »Aufschluß über den Geist der jüdischen Rasse« gebe. Viele Stimmen aus der Bevölkerung bezeichneten dies offen als »Heuchelei«. Augenscheinlich hatte die NS-Propaganda die Kenntnisse unterschätzt, die über deutscherseits verübte Massenerschießungen in der Bevölkerung bestanden. Als »heuchlerisch« erschienen die Berichte jedoch aus zwei geradezu entgegengesetzten Perspektiven: Ein Teil der Bevölkerung hatte die Logik des Vernichtungskrieges so weit verinnerlicht, daß er die plötzlichen humanitären Anwandlungen der Propaganda nicht verstand und die Morde der sowjetischen Geheimpolizei GPU sogar begrüßte, weil diese den Deutschen Arbeit abgenommen habe. Die Morde seien

> eben die radikale Aus[löschung] eines gefährlichen Gegners, wie es im Krieg nun einmal [nicht] zu vermeiden ist. Man könne auf dieselbe Linie die Bombenangriffe der Engländer und Amerikaner auf die deutschen [Städte] und letzten Endes auch unseren eigenen Vernichtungskampf gegen das Judentum setzen.[56]

Dieser Position diametral entgegengesetzt argumentierte jener Teil der Bevölkerung, der die NS-Propaganda als »heuchlerisch« begriff, weil diese die eigenen »barbarischen« Massenverbrechen geflissentlich ignoriere. So berichtete die NSDAP-Parteikanzlei »über die politische Instinktlosigkeit gewisser konfessionell gebundener Kreise« im Juni 1943:

> Die Nationalsozialisten hätten gar nicht das Recht, sich über die viehische Abschlachtung aufzuregen. Bei der Bekämpfung der Juden im Osten habe die SS ähnliche Abschlachtungsmethoden angewandt. Die scheußliche und unmenschliche Behandlung, wie sie der Juden durch die SS zuteil geworden wäre, fordert geradezu eine Bestrafung unseres Volkes durch den Herrgott heraus. Wenn diese Ermordungen sich nicht bitter an uns rächen würden, dann gäbe es keine göttliche Gerechtigkeit mehr! Das deutsche Volk habe eine solche Blutschuld auf sich gela-

---

55 Ebd., Nr. 3716, Bericht der SD-Außenstelle Bad Brückenau vom 8.5.1944.
56 Ebd., Nr. 3571, Bericht der SD-Außenstelle Bad Brückenau vom 22.4.1943

den, daß es auf eine Barmherzigkeit und Verzeihung nicht rechnen könne. Alles räche sich bitter auf Erden. Aufgrund dieser barbarischen Methoden sei auch eine humane Kriegführung unserer Gegner nicht mehr möglich.[57]

Solche Äußerungen aus dem Jahre 1943 waren in den Jahren zuvor nicht zu vernehmen gewesen. Der Umstand, daß in den Lageberichten 1943 mehr über die Judenverfolgung und bestimmte Ereignisse wie den Novemberpogrom 1938 oder die Deportationen 1941/42 zu lesen war als in den Jahren zuvor, hatte weniger mit dem voranschreitenden Morden als vielmehr mit der allgemeinen Kriegslage und der Kriegswende 1943 zu tun. Bedenken gegen die Judenverfolgung wurden nun nicht mehr von Siegesfanfaren übertönt oder konnten als Angelegenheit behandelt werden, die das Gros der Bevölkerung scheinbar nichts anging. Vielmehr gewann die Befürchtung an Boden, daß den Deutschen dafür im Falle einer Kriegsniederlage eine Rechnung präsentiert werden würde, so daß die verstärkten Luftangriffe 1943/44 bereits als eine Art vorgezogene Quittung begriffen wurden.

Bestrafungserwartungen und Vergeltungsängste machten sich in verqueren Schuldprojektionen Luft, für die sich in den Lageberichten zahlreiche Belege finden. Fast alle Teilschritte der Judenverfolgung spiegelten sich getreulich in solchen Schuldprojektionen wider, in denen Täter und Opfer gewissermaßen spiegelverkehrt agierten. So berichtete die SD-Außenstelle Minden im Dezember 1941, knapp drei Monate nach der Einführung des »gelben Sterns« für die deutschen Juden: »Viel wird in der Bevölkerung davon gesprochen, daß alle Deutschen in Amerika zum Zwecke ihrer Erkenntlichkeit ein Hakenkreuz auf der linken Brustseite tragen müssen, nach dem Vorbild, wie hier in Deutschland die Juden gekennzeichnet sind.«[58] Nach der Niederlage von Stalingrad wurde kolportiert bzw. gefürchtet, daß die Gefangenen der 6. Armee »in Vergeltung für angebliche Massenerschießungen von Juden durch Deutsche« getötet werden könnten.[59] Noch kurz vor Kriegsende verbreitete sich in Berlin das Gerücht, »daß in Aachen und Köln den führenden Parteigenossen die Köpfe kahlgeschoren wurden und sie so in öffentlichem Umzug durch die Straßen geführt worden seien. Dies sei von den Juden inszeniert worden, die sich auf diese Weise rächen wollten, daß man sie in Deutschland mit dem Judenstern gekennzeichnet habe.«[60] Bizarrer konnten Vergeltungsängste kaum artikuliert werden, die sich mit dem wandelnden Kriegsverlauf ab 1943 immer stärker verbreiteten. Sie gaben darüber hinaus einen Vorgeschmack auf den Umgang mit der Judenverfolgung nach 1945 und ließen erahnen, daß sich das schlechte Gewissen in vielen Fällen keineswegs in offen bekundeter Scham, sondern in einer Aufrechnungsstrategie offenbaren würde: Schon vor 1945 wogen manche Deutsche explizit Bombentote gegen deportierte und ermordete Juden auf und ebneten damit qualitative Unterschiede zwischen systematischem Mas-

---

57 Ebd., Nr. 3604, Bericht der NSDAP-Parteikanzlei (»Auszüge aus Berichten der Gauleitungen und Dienststellen«) vom 12.6.1943.
58 Ebd., Nr. 3388, Bericht der SD-Außenstelle Minden vom 12.12.1941.
59 Ebd., Nr. 3592, Bericht des Regierungspräsidenten für Schwaben vom 10.6.1943.
60 Ebd., Nr. 3744, Bericht der II. Wehrmachtspropagandastelle (»24. Bericht über den ›Sondereinsatz Berlin‹«) vom 31.3.1945.

senmord und eskalierender Kriegführung gegen die Zivilbevölkerung ein, so daß schließlich alle Toten unterschiedslos als »Opfer von Krieg und Gewaltherrschaft« betrauert werden konnten – auf dem Friedhof von Bitburg wie in der »Neuen Wache« in Berlin.[61]

3. Resümee

Zu Recht hat die jüngere Forschung darauf verwiesen, daß die einzelnen Teilschritte der Judenverfolgung stets in besonderer Weise mit dem Kriegsverlauf verbunden waren. So hat Christopher Browning mit überzeugenden Argumenten die These vertreten, daß die Entscheidung zur Deportation der Juden aus dem »Altreich« im Sommer/ Herbst 1941 in einer Phase der Siegeseuphorie getroffen wurde, als ein militärischer Sieg gegen die Sowjetunion in greifbare Nähe gerückt schien.[62] Die Deportationen waren jedoch einer der Schritte, mit denen die Nationalsozialisten einen *point of no return* erreichten, ja eine moralische Grenze überschritten, die kein Zurück, sondern nur noch die radikale Flucht nach vorn erlaubte. »Wir haben sowieso soviel auf dem Kerbholz, daß wir siegen müssen«[63], hatte Propagandaminister Goebbels bereits sechs Tage vor dem Angriff auf die Sowjetunion in seinem Tagebuch notiert. Nach der Niederlage von Stalingrad findet sich der bezeichnende Eintrag: »Vor allem in der Judenfrage sind wir ja so festgelegt, daß es für uns gar kein Entrinnen mehr gibt.«[64] Nicht nur der einzelne Volksgenosse, sondern auch der Propagandaminister vergegenwärtigte sich nach der Kriegswende 1943 die möglichen Konsequenzen einer Kriegsniederlage, und fast meint man, in der Bemerkung über das vergebliche »Entrinnen« ein Bedauern herauszuhören, sich durch die Judenverfolgung so »festgelegt« und jeder Handlungsalternative beraubt zu haben. Dann jedoch gab sich Goebbels in seinem Tagebucheintrag den entschlossenen Ruck nach vorn und fuhr fort: »Und das ist auch gut so. Eine Bewegung und ein Volk, die die Brücken hinter sich abgebrochen haben, kämpfen erfahrungsgemäß viel vorbehaltloser als die, die noch eine Rückzugsmöglichkeit besitzen.«

Ging dieses Kalkül auf, die Deutschen würden um so »fanatischer« um den vielbeschworenen »Endsieg« kämpfen, je rigoroser sie durch Judenverfolgung, Deportation und Massenmord die moralischen Brücken hinter sich abgebrochen hatten? Für die nach Hunderttausenden zählenden Täter, Beteiligten und Profiteure der Judenverfolgung stand außer Frage, daß sie eine Bindung an das Regime eingegangen waren, die für sie im Falle einer Niederlage erhebliche persönliche Konsequenzen haben mußte. Die schrecklichen »Endphaseverbrechen« 1945 waren auch Ausdruck dieser nicht mehr zu lösenden Bindungen an ein verbrecherisches Regime. Für das Gros der Zivil-

---

61 Vgl. Peter Reichel, Politik mit der Erinnerung. Gedächtnisorte im Streit um die nationalsozialistische Vergangenheit, München 1995.
62 Vgl. Browning, Entfesselung (vgl. Anm. 3), S. 449 ff.
63 Zit. nach: Die Tagebücher von Joseph Goebbels, hg. von Elke Fröhlich, Teil I, Band 9, München u.a. 1998, S. 379, Eintragung vom 16.6.1941.
64 Ebd., Teil II, Bd. 7, München u.a. 1993, S. 454, Eintragung vom 2. März 1943.

bevölkerung, aber auch Teile der Armee gestaltete sich die Situation weniger eindeutig. Bekanntlich fand der »heroische« Endkampf bis zur letzten Patrone weder im Westen noch im Norden oder Süden des Deutschen Reiches statt, wo die weiße Fahne im Frühjahr 1945 zur »heimlichen Nationalflagge« mutierte[65] und die nationalsozialistische »Choreographie des Untergangs«[66] vom Spielplan abgesetzt wurde. Auch die in den Lageberichten geäußerten Einwände und Bedenken gegen einzelne Maßnahmen der Judenverfolgung – ob grundsätzlicher oder taktischer Natur – machten deutlich, daß der Konsens zwischen Regime und Bevölkerung in der »Judenpolitik« nach 1938/39 langsam erodierte. Insofern war die administrativ verordnete Tabuisierung des Holocaust nicht nur konsequent, sondern eine Notwendigkeit, um die sichtbaren Risse in der Beurteilung der »Judenfrage« nicht zum öffentlich sichtbaren Bruch werden zu lassen.

Dennoch finden sich auch Zeugnisse der angestrebten Bindungswirkung, war das sichtbare schlechte Gewissen in Teilen der Bevölkerung auch Ausdruck eines Gefühls, eine Grenze überschritten zu haben, die eine Rückkehr zum Status Quo ante nicht mehr erlaubte. Dabei dämmerte manchem »Volksgenossen«, daß das Problem von Schuld und Verantwortung wohl nicht bei der NS-Führung allein abzuladen war. So wurde nach schweren Luftangriffen die bezeichnende Frage gestellt, »ob wohl nach dem Verlust des Krieges die Juden wieder ihre Wohnstätten in Besitz nehmen«[67] – und damit, ob die Emigranten und Deportierten zurückkommen und die nichtjüdischen Profiteure zur Herausgabe ihres Besitzes zwingen würden. Die Luftangriffe begriffen offenbar nicht wenige als Drohung der Alliierten, eine Rechts- und Eigentumsordnung wiederherzustellen, die der Nationalsozialismus mit Füßen getreten hatte. Und deshalb verwundert es nicht, wenn der jüdische Unternehmer Edgar Eichholz, der das NS-Regime in Hamburg in einer »privilegierten Mischehe« überlebte, in seinen privaten Aufzeichnungen Anfang 1945 notierte, »daß viele, die jüdische Wohnungen und jüdische Sachen übernommen hatten, heute allergrößte Angst haben, die Juden könnten wiederkommen, ihr Eigentum zurückfordern und die Leute noch wegen Raub und Diebstahl zur Rechenschaft ziehen«[68].

---

65 Klaus-Dietmar Henke, Die amerikanische Besetzung Deutschlands, München 1995.
66 Bernd Wegner, Hitler, der Zweite Weltkrieg und die Choreographie des Untergangs, Geschichte und Gesellschaft 26 (2000), S. 493-518.
67 Die Juden in den geheimen NS-Stimmungsberichten (vgl. Anm. 5), Nr. 3648, Bericht der SD-Hauptaußenstelle Würzburg vom 7.9.1943.
68 Zit. nach Aufzeichnungen von Edgar Eichholz (1944/45), Privatbesitz, Bl. 43. In ähnlicher Weise äußerte sich Ende 1944 ein junger Geschäftsmann gegenüber dem amerikanischen Offizier Saul K. Padover: »Mindestens achtzig Prozent der Deutschen haben gegen die Juden gesündigt, nicht aus Überzeugung, sondern aus Eigennutz, der schlimmsten Sünde. Jetzt plagt sie das Gewissen, und sie haben Angst.« Zit. nach Saul K. Padover, Lügendetektor. Vernehmungen im besiegten Deutschland 1944/45, Frankfurt am Main 1999, S. 55.

Fundstück

NICHOLAS TERRY

Ein Gespräch zwischen dem britischen Botschafter Victor Mallet und Jacob Wallenberg, November 1941 in Stockholm

Seit dem Ende der 1970er Jahre erschienen etliche Forschungsarbeiten, die sich mit der Frage befassen, was die Alliierten über die Verfolgung der deutschen und europäischen Juden zur Zeit des Nationalsozialismus und die »Endlösung« wußten.[1] Die Relevanz dieser Forschung begründet sich einerseits moralisch, andererseits historiographisch – nicht zuletzt aufgrund zahlreicher Kontroversen zur Einwanderungspolitik der Alliierten und der Möglichkeit, europäische Juden zu retten, die in den Einflußbereich der Nationalsozialisten gerieten. Trotzdem ist bis heute nur unzureichend untersucht worden, welche Informationen die Geheimdienste über die Verfolgung der Juden gesammelt hatten. Es bedarf nach wie vor einer zusammenhängenden Rekonstruktion, über welches Wissen die Alliierten zu den Ereignissen im besetzten Europa insgesamt verfügten, wie die Regierungen und Medien diese Entwicklungen wahrnahmen und wie diese von den Zeitgenossen verstanden wurden. In den letzten Jahren hat die Täterforschung stark von neuen Ansätzen profitiert, die die sogenannte Endlösung in den Kontext des Kriegsverlaufs stellen und sie entweder in übergreifende Pläne zur so genannten »Modernisierung« oder zur Umsiedlung verschiedener Bevölkerungsgruppen, Ernährungs- oder Finanzpolitik einordneten.[2] Im Gegensatz zu diesen Ansätzen wird die Perspektive der alliierten Betrachter in mancher Hinsicht nach wie vor zu wenig kontextualisiert und zu eng auf den Holocaust bezogen.

Eine Gesamtdarstellung der Geheimdienstinformationen, die den Alliierten vorlagen, kann auf eine große Menge an Informationen zurückgreifen.[3] Die »Festung Eu-

---

1 Vgl. Bernard Wasserstein, Britain and the Jews of Europe 1939-1945, London 1979; Walter Laqueur, The Terrible Secret: The Suppression of the Truth about Hitler's ›Final Solution‹, London 1980; Martin Gilbert, Auschwitz and the Allies, London 1981; Richard Breitman, Official Secrets: What the Nazis Planned, What the British and Americans Knew, Harmondsworth 1998.
2 Hier sollte man vor allem die Arbeiten von Götz Aly und Susanne Heim sowie von Christian Gerlach nennen. Vgl. Götz Aly/Susanne Heim, Vordenker der Vernichtung. Auschwitz und die deutschen Pläne für eine neue europäische Ordnung, Frankfurt am Main 1991; Götz Aly, »Endlösung«. Völkerverschiebung und der Mord an der europäischen Juden, Frankfurt am Main 1995; Christian Gerlach, Krieg, Ernährung, Völkermord. Forschungen zur deutschen Vernichtungspolitik im Zweiten Weltkrieg, Hamburg 1998; Christian Gerlach/Götz Aly, Das letzte Kapitel. Der Mord an den ungarischen Juden, Stuttgart 2002.
3 Vgl. Nicholas Terry, Conflicting Signals. British Intelligence on the ›Final Solution‹ through Radio Intercepts and Other Sources, 1941-42, in: Yad Vashem Studies XXXII (2004), S. 351-396.

ropa« war keine geschlossene, undurchschaubare Gesellschaft, sondern in Wahrheit durchlässig wie ein Sieb. Trotz der rigorosen Auswanderungs- und Reisebeschränkungen blieb der Besucherstrom nach und aus Deutschland und in neutrale Länder groß. Insbesondere Geschäftsleute, Studenten und Regierungsbeamte verkehrten zwischen der Schweiz, Schweden und dem Deutschen Reich. Die britischen und amerikanischen Botschaften übermittelten laufend Informationen an das britische Auswärtige Amt und das amerikanische State Department. Auch Journalisten reichten Nachrichten über wirtschaftliche, soziale und politische Aspekte an britische und amerikanische Zeitungen weiter. Ebenso wurden unzählige deutsche Presseberichte und andere »offene Quellen« gründlich ausgewertet. Dazu zählten sogar Zeitungen aus den besetzten Gebieten wie die Krakauer Zeitung.[4] Die britische Vertretung in Stockholm gab ihrer Nachrichtenabteilung den passenden Decknamen des »Press Reading Bureau«. Dieses war sowohl für den Pressespiegel als auch für Vorbesprechungen schwedischer Reisender nach Deutschland verantwortlich. Außerdem betreute dieses Büro Flüchtlinge, die aus den besetzten europäischen Ländern wie den Niederlanden oder Dänemark nach Schweden gekommen waren.

Die Hintergrundinformationen sind wichtig, um den Gehalt des hier veröffentlichten Dokuments zu erschließen: Dieses entstand, weil ein schwedischer Geschäftsmann, Jacob Wallenberg, im November 1941 Berlin besuchte, um Handelsgespräche mit deutschen Geschäftsleuten und Regierungsbeamten zu führen, und anschließend dem britischen Botschafter in Stockholm Bericht erstattete. Der Name Wallenberg ist in erster Linie mit den heldenhaften Rettungsversuchen des schwedischen Diplomaten Raoul Wallenberg verknüpft. Zwischen 1944 und 1945 beschaffte dieser für Zehntausende von Juden in Budapest Pässe und rettete damit ihr Leben. Nach der sowjetischen Eroberung der ungarischen Hauptstadt im Februar 1945 verschwand er unter mysteriösen Umständen. Der Name Wallenberg steht aber auch für das im 19. Jahrhundert gegründete Wirtschaftsimperium der gleichnamigen schwedischen Industriellen-Familie.[5] Raouls Vettern Marcus junior (1899–1982) und Jacob (1892–1980) leiteten den Wallenberg Großkonzern während des Zweiten Weltkriegs. 1925 führte Marcus 33 Firmen und Jacob 25 Firmen der Unternehmensgruppe, darunter – als Generaldirektor – die Enskilda Bank von 1927 bis 1946. Die Bank war wesentlich daran beteiligt, den ausländischen Unternehmensbesitz der Robert Bosch GmbH zu verschleiern. Für seine Dienste wurde Jacob im Oktober 1941 von Hitler ausgezeichnet. Nach 1945 ermittelten die Amerikaner gegen Jacob Wallenberg, und es gelang diesem nur nach schwierigen, intensiven Verhandlungen, nicht auf die Schwarze Liste derer, die Handelsbeziehungen zu Deutschland gepflegt hatten, gesetzt zu werden.

---

4 Vgl. dazu den Bericht des Wirtschaftsberaters der britischen Vertretung in Bern: Kelley to Ministry of Economic Warfare, Economic Situation in Germany and occupied territories, 22.10.1941, Public Record Office London (im Folgenden: PRO) FO 371/26536 unfol.
5 Dies und das Folgende beruhen auf David Barstal, The Empire. The Rise of the House of Wallenberg, Hässelby 2001, und auf Gerard Aalders/Cees Wiebes, The Art of Cloaking. The Case of Swedish Ownership. The Secret Collaboration and Protection of the German War Industry by the Neutrals, Amsterdam 1996.

Bezeichnenderweise plante die britische Regierung, Marcus junior mit dem Ritterkreuz von St. Michael and St. George auszuzeichnen, bis die Involvierung der Familie Wallenberg in die Verschleierung ausländischer Unternehmensbeteiligungen der Robert Bosch GmbH bekannt wurde. Daß die Familie von beiden Kriegsparteien geehrt wurde bzw. für Ehrungen vorgesehen war, weist sowohl auf das zwiespältige Verhalten neutraler Industrieller als auch auf den schmalen Grat zwischen wirtschaftlichen Interessen und aktiver Kollaboration mit dem nationalsozialistischen Deutschland hin – in der Rhetorik der Alliierten: »Den Handel mit dem Feind«.

Diese Ambivalenz spiegelt sich auch in Jacob Wallenbergs Kontakten inner- und außerhalb Deutschlands. Als enger Freund Carl Goerdelers beherbergte Wallenberg während des Krieges mindestens zehn Mal Besucher aus Führungskreisen der deutschen Widerstandsbewegung in Stockholm.[6] Während eines solchen Treffens im Jahr 1940 diskutierte er mit Allen Dulles die Möglichkeit eines Staatsstreichs in Deutschland. Später war Allen Dulles beim amerikanischen Geheimdienst OSS und Direktor der CIA.[7] Ein Jahr nach dem genannten Treffen, im November 1942, traf sich Wallenberg mit General von Falkenhausen, dem Militärbefehlshaber von Belgien und Nordfrankreich, und dem ehemaligen Finanzminister Hjalmar Schacht in Berlin. Nach seiner Rückkehr empfahl ›Personalnummer 1941‹ – unter dieser Bezeichnung wurde Jacob Wallenberg inzwischen vom Auswärtigen Amt geführt – Falkenhausen und Schacht für den Wiederaufbau eines demokratischen Deutschlands – eine Einschätzung, die die britische Regierung nicht teilte. Sie verhielt sich während des gesamten Krieges den konservativen Kreisen des Widerstands gegenüber reserviert.[8]

Jacobs Wallenbergs Berlinbesuch im November 1941 hingegen blieb nicht ohne Einfluß auf die britische Beurteilung der Lage im besetzten Europa und der deutschen Kriegsbestrebungen. Der Bericht über diesen Besuch findet sich in einer Akte des britischen Auswärtigen Amtes, die den Titel »Die Lage in Deutschland, 1941« trägt. Wie alle Akten wurde auch diese nach 30jähriger Schutzfrist 1972 der Öffentlichkeit zugänglich gemacht. Auf den sensationellsten Aspekt dieses Berichtes, nämlich die Abscheu vieler Deutscher bezogen auf die Deportationen deutscher Juden im Herbst 1941, wies Martin Gilbert bereits 1981 in seinem Buch »Auschwitz and the Allies« hin.[9] Doch dort wurde weder der »schwedische Industrielle« mit Namen genannt noch der übrige Inhalt des Berichts in Beziehung zu dieser Information gesetzt, obwohl die Bedeutung von Wallenbergs Bemerkungen nur in diesem Kontext verstanden werden können.

Ausgerechnet der Name des deutschen Gesprächspartners, den Jacob Wallenberg während seines Besuches traf, geht aus dem Bericht von Botschafter V.A.L Mallet nicht hervor. Der Industrielle teilte der britischen Vertretung in Stockholm seine Reiseeindrücke einen Tag nach seiner Rückkehr aus Deutschland am 15. November mit.

---

6 Vgl. Gerhard Ritter, Carl Goerdeler und die deutsche Widerstandsbewegung, Stuttgart 1955, besonders S. 314 ff.
7 Barstal, The Empire (wie Anm. 5), S. 84.
8 Mr Mallet an Mr Eden, Despatch No 557, 30.11.1942, PRO FO 371/30902 unfol.
9 Martin Gilbert, Auschwitz and the Allies, London 1981, S. 16.

Andere Namen als der eines »Dr. Walter« und Verweise auf Gespräche mit einem »wichtigen Deutschen – ich vermute, den Geschäftsführer der Hermann-Göring-Werke« – tauchen in diesem Bericht nicht auf. Über die Kontaktpersonen wissen wir nur, daß es sich um Geschäftsleute und Regierungsbeamte aus den Wirtschaftsabteilungen handelte, vermutlich um Vertreter des Reichswirtschaftsministeriums und des Beauftragten für den Vierjahresplan. Es läßt sich kein Hinweis auf einen direkten Kontakt mit der Wehrmacht finden.[10] Diese Verschwommenheit macht den »contact report« zu einem so interessanten Dokument: Einerseits verdeutlicht es, wie weit das Wissen über die Ziele der deutschen Wirtschafts- und Besatzungspolitik innerhalb von deutschen Geschäfts- und Regierungskreisen verbreitet war; andererseits beleuchtet es aber auch den Informationsfluß innerhalb dieser Kreise während der »schicksalhaften Monate« des Herbstes 1941. Vieles von dem, was Wallenberg bei diesem Treffen erfuhr, muß demnach als ein offenes Geheimnis der Berliner Elite angesehen werden. Diese Tatsache ist vielleicht das bedeutendste Merkmal des Dokuments.

Die Nachrichten des »Geschäftsführers der Hermann-Göring-Werke« über die »großen russischen Stahlvorhaben zwischen den Flüssen Dnjepr und Don«, die bald für Deutschland produzieren würden, lassen erahnen, daß Wallenberg vermutlich Paul Pleiger traf. Da es allerdings mehrere Geschäftsführer der Reichswerke Herman Göring A.G. gab, kann dies nicht als sicher gelten. Pleiger war Direktor der Reichswerke und der Berg- und Hüttenwerksgesellschaft mbH Ost (BHO) und später auch noch der Reichsvereinigung Kohle. Als solcher zählte er zu den einflußreichsten Männern des Regimes und stand in regelmäßigem Kontakt zu Hermann Göring. Der Tenor weiterer Bemerkungen des Berichts stützt diese Annahme; nicht zuletzt die Neuigkeit, daß »Goering is certainly not out of favour. He [...] occasionally makes a hurried descent upon Berlin for meetings with the principal economic experts at which he gives them their orders and then goes back to the front.« Nur eine Woche vor Jacob Wallenbergs Abreise aus Berlin tat Göring genau das: Am 7. und am 8. November berief er zwei Besprechungen ein. Bei der ersten sollte es um die Frage gehen, ob sowjetische Kriegsgefangene in der deutschen Kriegswirtschaft eingesetzt werden sollen, bei der zweiten um die Ausbeutung der neu besetzten Ostgebiete.[11] Pleigers Interesse galt der Ausbeutung der Stahl- und Kohleindustrie in der Ukraine und des Donets durch die BHO, ebenso wie der Behebung des Arbeitskräftemangels

---

10 Vgl. Kriegstagebuch (im Folgenden: KTB) WiRüAmt/Stab, 1-18.11.1941, S. 591-610, National Archives Washington (im Folgenden: NA), T77/519/1688918-28.

11 Von dem ersten Treffen sind drei Protokolle erhalten geblieben: OKW/WiRüAmt/Rü (IV), Vermerk über Ausführungen des Reichsmarschalls in der Sitzung am 7.11.1941 im Reichsluftfahrtministerium betr: Einsatz russischer Arbeitskräfte in der Kriegswirtschaft, 11.11.1941, Imperial War Museum London, Enemy Documents Collection file (im Folgenden: IWM EDS) AL 1775 unfol., ebenso 1206-PS, IMT 27, S. 65-69; sowie auch Aufzeichnung des Min-Rates von Normann, von Körner am 14.11.1941 herausgegeben, 1193-PS, IMT 27, S. 56-65. Zum Protokoll des Treffens vom 8. November siehe VP 19203/6 g., Besprechung unter Vorsitz des Reichsmarschalls am 8.11.1941 über Wirtschaftspolitik und Wirtschaftsorganisationen in den neubesetzten Ostgebieten, 18.11.1941, NA T84/123/14235335.

durch den massenhaften Einsatz sowjetischer Kriegsgefangener und Zivilarbeiter, der seit Beginn des »Unternehmens Barbarossa« immer wieder angekündigt wurde.¹²

Ob Wallenberg nun Pleiger oder einen anderen leitenden Mitarbeiter der Reichswerke traf, seine Bemerkungen lassen unverkennbar die Mentalität der Gestalter des Vierjahresplans erkennen: »As for labour, it could be recruited from the Russians who were like animals and would do anything for little food« – aus diesem Zitat klingt die barbarische Sprache Görings, wie sie in den Protokollen vom Treffen am 7. November zu finden ist. Dabei muß die schockierende Brutalität des »much talk in Germany about the starvation which would ensue in Russia« besonders betont werden. Der Hinweis auf den so genannten »Hungerplan«, der davon ausging, im Winter des Jahres 1941 würden zwischen zehn und zwanzig Millionen Russen verhungern, sollte nicht unbeachtet bleiben. Die Erwartung, daß 2,5 Millionen Menschen in Leningrad sterben würden, könnte fast ein Zitat Görings berühmt-berüchtigter Bemerkung sein; »das Schicksal der Großstädte insbesondere Leningrad sei ihm völlig schleierhaft. In diesem Krieg werde das größte Sterben seit dem dreißigjährigen Krieg sein.«¹³

Vor diesem Hintergrund lohnt es sich, die übrigen Geheimdienstinformationen, die den Briten über die Entwicklung der deutschen Ernährungspolitik und des so genannten »Hungerplans« vorlagen, noch einmal näher zu betrachten. Die Planung, die Wehrmacht im besetzten Land zu ernähren und der Sowjetunion die Ernteüberschüsse zu entziehen, um damit die Ernährungslücken in Deutschland und im übrigen Europa zu schließen, war den Briten bereits im Herbst 1941 bekannt. Die britische Vertretung in der Schweiz behauptete: »Die Deutschen bieten auf dem Balkan und in Österreich Brot aus russischen Weizen an, um zu beweisen, daß die Politik der so genannten ›Verbrannten Erde‹ in den besetzten Gebieten Rußlands nicht gänzlich ausgeführt wurde. Es ist nicht bekannt, in welchen Mengen dieses Brot erhältlich ist. Es ist durchaus möglich, daß nur kleine Mengen für Propagandazwecke auf den Markt gebracht wurden.«¹⁴ Ebenso war die britische Vertretung in der Schweiz mit der Ernährungssituation im übrigen Europa vertraut. Der dort tätige Commercial Counsellor Kelley berichtete am 8. Oktober, daß »neuesten Schätzungen zufolge im besetzten Europa zwei bis fünf Millionen Tonnen Weizen, 500.000 Tonnen Roggen und sieben Millionen Tonnen Futter fehlen. Das Getreide, das die Deutschen in Rußland erbeutet haben, reicht nicht, um dieses Defizit ausgleichen. […] Man geht davon aus, daß die Armee von dem in Rußland erbeuteten Vieh ernährt werden soll, und damit ein Teil des Bedarfs der [deutschen] Zivilbevölkerung gedeckt werden kann.«¹⁵ Nur ein paar Wochen, bevor Mr. Kelley aus Bern über das Ausmaß des Ernte-

---

12 Vgl. Christian Streit, Keine Kameraden. Die Wehrmacht und die sowjetischen Kriegsgefangenen 1941-1945, Bonn 1991, S. 191-216.
13 OKW/WiRüAmt/Chef des Stabes, Aktenvermerk, Besprechung beim Reichsmarschall am 8.11.1941 im Sitzungssaal des Reichsluftfahrtministeriums, 13.11.1941, NA T77/1166/651-2.
14 Kelley an Ministry of Economic Warfare (im Folgenden: MEW), Economic Situation in Germany and occupied territories, 1.10.1941, C11876/191/18, PRO FO 371/26536 unfol.
15 Mr Kelley, Berne, Economic conditions in Germany and occupied territories, 8.10.1941 (C11986/191/18), PRO FO 371/26536.

defizits von 1941 berichtete, hatten Göring und Backe am 15. und 16. September ausgiebig über die Ernährung der Wehrmacht mit dem Ergebnis beraten, diese solle sich aus den Vorräten der besetzten Gebiete versorgen. Außerdem thematisierten sie die Unterernährung sowjetischer Kriegsgefangener und der Zivilbevölkerung und arbeiteten die Ernährungsbilanz für das darauffolgende Jahr aus.[16] Die Briten waren innerhalb von drei Wochen über das von Göring und Backe geschätzte Ausmaß des Erntedefizits informiert. Als Anfang 1941 beschlossen wurde, die sowjetischen Kriegsgefangenen als Arbeiter an der »deutschen Heimatfront« einzusetzen, hob dies nur teilweise die im September verabschiedete Generallinie auf. Die gespaltene Haltung der deutschen Führung, insbesondere Görings, ob man nun sowjetische Kriegsgefangene verhungern lassen oder als Sklavenarbeiter einsetzen sollte, formuliert Wallenberg in seinem Bericht deutlich. Das Massensterben der sowjetischen Kriegsgefangenen zeichnete sich im vollen Umfang im Oktober ab, es resultierte aus der geringen Beachtung, die dem Problem der Kriegsgefangenen seit Beginn des »Unternehmens Barbarossa« gewidmet wurde und der Entscheidung vom September 1941, deren Essensrationen zu reduzieren.[17] Das folgende Massensterben wurde zum Berliner Stadtgespräch: »Es wurde viel über Kannibalismus unter den Russen und sogar in den Kriegsgefangenenlagern gesprochen.« – Einmal mehr veranschaulicht dies den hervorragenden Informationsfluß innerhalb des Wirtschaftsstabs Ost und der Wirtschaftsführung in Deutschland.[18] Die Nachricht wurde kurz darauf bestätigt. Minister Mallet leitete in den ersten Wochen des neuen Jahres »versiegelt, wie für solche Aktionen angebracht, zehn Fotografien höchstwahrscheinlich aus deutschen Gefangenenlagern in Polen« weiter. Der Botschafter betrachtete diese als »zweifellos authentisch [...] erhalten auf vorzüglichen Geheimwegen«. Die Fotos zeigten Szenen »unmittelbar nach einer Massenerschießung sowjetischer Kriegsgefangener. Andere Fotografien lieferten einen Beweis für Kannibalismus. Alle aber bestätigten die Unterernährung der Kriegesgefangenen, wie sie vor allem in den Lagern auftrat.«[19]

Der Arbeitskräftemangel, auf den Wallenberg in seinem Bericht hinwies, muß der Tatsache, daß die Deutschen weiterhin am »Hungerplan« festhielten und damit rechneten, daß Millionen an Hunger sterben würden, gegenüber gestellt werden. Das »Gerede« (»talk«) über eine geplante Defensivlinie vor Moskau, die den Deutschen ermöglichen sollte, »für den Winter bis zu einer Million Männer für die Arbeit in den

---

16 Ministerialrat Dr.-Ing. Görnnert, Besprechungsnotiz vom 15.9.1941 anlässlich der Besprechung des Herrn Reichsmarschall mit Staatssekretär Backe, 16.9.1941; Zusatz zur Besprechungsnotiz vom 15.9.41 über die Besprechung bei den Herrn Reichsmarschall vom 16.9.1941, 18.9.1941, Tsentral'nyi Gosudartsvennoi Osobyi Arkhiv fond 700, opis 1, dela 31, listy 1-5, 7-9 [US Holocaust Memorial Museum RG11.001M/205].

17 Über den Verlauf des Massensterbens durch Hunger der sowjetischen Kriegsgefangenen 1941/42 vgl. Streit (wie Anm. 12), Keine Kameraden, S. 128-190; zu Weißrussland siehe auch Gerlach, Kalkulierte Morde, Hamburg 1999, S. 788-828.

18 Zum Kannibalismus in Mogilev und Molodechno: Armeeoberkommando 9 IV Wi an Wirtschaftsstab Ost, Gefangenenbasis Smolensk, 7.10.1941, NA T77/1118/478.

19 VAL Mallet, British Legation Stockholm, 7.01.1942 an den Minister of Information, 7.01.1942, C1284, PRO FO 371/30939 unfol.

Fabriken nach Hause zu bringen« war nah an der Realität. Diese erschreckenden Informationen, die die britische Einschätzung des Kriegspotentials der NS-Staates bestärkten, prägten auch die Bewertung der Deportationen der deutschen und westeuropäischen Juden in der ersten Jahreshälfte 1942. 1941 betrachteten die Briten die deutsche Mobilmachung nicht mehr als Teil der »Blitzkriegsstrategie«, sondern als gefährliche Übermobilisierung. Schon ein kurzer Blick in die zeitgenössische Dokumentation bestätigt diese Ansicht.[20] Die Aufrüstung für das »Unternehmen Barbarossa« war als befristeter, aber maximaler Einsatz geplant, der auf einer Vielzahl von Infanteriedivisionen basierte, die nach der schnellen Eroberung der Sowjetunion rasch wieder abgezogen werden sollten. Am 9. Januar 1941 formulierte Hitler den Konsens in deutschen Militär- und Wirtschaftskreisen: »Die Zertrümmerung Russlands würde für Deutschland eine große Entlastung bedeuten. Im Osten brauchten dann nur 40 bis 50 Div[isionen] zu bleiben, das Heer könne verkleinert und die gesamte Rüstungsindustrie für die Luftwaffe und Kriegsmarine eingesetzt werden.« Der Rückzug war bereits vor Beginn des Feldzugs detailliert geplant.[21] Dies resultierte nicht nur aus einer verhängnisvollen Unterschätzung der sowjetischen Wirtschafts- und Militärmacht, sondern lag auch darin begründet, daß sich nach Meinung der Wirtschaftsplaner die militärische Aufrüstung zu stark auf Kosten des wirtschaftlichen Aufschwungs entwickelt hatte. »Immer wieder das alte Problem auf dem Gebiet der Menschenversorgung: entweder Rüstung oder Truppe,« kommentierte das Wirtschafts- und Rüstungsamt (Wi Rü Amt) in seinem Kriegstagebuch bereits im Januar 1941.[22]

Während des Siegestaumels im Juli 1941 gab Hitler in seiner Weisung 32 grünes Licht, mit der so genannten Umsteuerung der Rüstung zum Vorteil der Kriegsmarine und der Luftwaffe zu beginnen. Dafür sollten 49 Divisionen des Heeres abgezogen werden.[23] Der unerwartet starke Widerstand der Roten Armee bei der Schlacht um Smolensk im Juli und August 1941, und die starken Verluste, die das Ostheer erlitt, bedrohten diese Pläne. Doch einen Monat später lösten die deutschen Erfolge bei den Kämpfen um Kiew und Wjasma-Brjansk erneute Euphorie aus. Am 16. Oktober schrieb das Wi Rü Amt an das Rüstungsministerium und an das Arbeitsministerium, das Oberkommando der Wehrmacht (OKW) plane, 200.000 Arbeiter aus dem Heer zu entlassen. Dieses Vorhaben wurde am 21. Oktober bei einem Treffen im Reichsarbeitsministerium (RAM) und der Wehrmacht besprochen.[24] Drei Tage später schrieb

---

20 Die Interpretation der deutschen Arbeitskräftepolitik von Bernard R. Kroener, Die personellen Ressourcen des Dritten Reiches im Spannungsfeld zwischen Wehrmacht, Bürokratie und Kriegswirtschaft 1939-1942 in: Das Deutsche Reich und der Zweite Weltkrieg, Bd 5/1, Stuttgart 1988, S. 693-1001, sollte kritisch überprüft werden.
21 KTB OKW I, S. 253 ff (9.01.1941); Vgl. OKH/Allgemeines Heeresamt (im Folgenden: AHA), Obstlt. d. G. Kühne, Studie für Umbildung des Heeres 1941, April 1941, IWM MI 14/276 unfol.
22 KTB WiRüAmt/Stab, 22.1.41, S. 146.
23 OKW/WFSt/Abt. L (II Org), Umrüstung des Heeres, 8.08.1941, NA T77/777/5503678-80.
24 OKW/WiRüAmt/Rü IVa, Verstärkung der Rüstungswirtschaft durch Entlassungen aus der Wehrmacht, 16.10.1941 und Reichsarbeitsministerium (RAM) an OKW, ebenda, 28.10.1941, NA T77/204/941055-60.

Staatssekretär Engel vom Arbeitsministerium an Generalmajor Warlimont, den stellvertretenden Chef des Wehrmachtführungsstabs: »Aus Mitteilungen des Wehrwirtschafts- und Rüstungsamts ist mir in den letzten Tagen bekannt geworden, dass nach dem vorläufigen Abschluss der Ostoperationen mit einer Freistellung von etwa 200.000 Wehrmachtsangehörigen für die Kriegswirtschaft zu rechnen ist.«[25] Am Tag zuvor hatte Keitel jedoch eine Anweisung unterzeichnet, die ankündigte, daß weder Divisionen zurückgezogen und noch eine größere Zahl von Arbeitern von der Wehrmacht freigestellt werden konnte. Das RAM wurde erst am 19. November offiziell darüber informiert.[26]

In Wirtschaftskreisen wurde die Zahl derer, die aus der Wehrmacht entlassen werden sollten, weit überschätzt – die Größenordnung von bis zu einer Million, von der Wallenberg berichtete, lag mindestens drei bis zehn Mal so hoch wie eigentlich erwogen. Diese Fehleinschätzung zeigt, wie dringend die Wirtschaftsplaner auf Möglichkeiten hofften, den chronischen Mangel an gelernten und ungelernten Arbeitern zu beseitigen, der durch die umfangreichen Rekrutierungen im Jahr 1941 verursacht worden war. Laut RAM wurden der Wirtschaft allein zwischen Februar und Juli 1941 ungefähr 1,34 Millionen Männer durch die Wehrpflicht entzogen. Im Mai 1941 notierte Victor Klemperer in seinem Tagebuch über die Aufrüstung für das »Unternehmen Barbarossa«: »In den letzten Wochen sind allein hier im Pirnaer Bezirk zehntausend Leute eingezogen worden. Alles geht nach Osten. Russland! Und Amerika kommt auch!«[27]

Das britische Auswärtige Amt fertigte von Wallenbergs Report eine Kopie für das Ministerium for Economic Warfare an. Dieses erstellte wöchentlich einen Bericht mit dem Titel »Nachrichten aus der Wirtschaft«, der von Regierungsmitgliedern aufmerksam gelesen wurde. Die Bemerkung im Halbjahresbericht von Dezember 1941, Deutschland habe die totale Mobilmachung erreicht, überraschte dort vermutlich kaum. Die Arbeitskraftreserve war zu diesem Zeitpunkt bereits erschöpft. Falls Deutschland seine Wirtschaftskraft aufrecht erhalten wollte, hätte es Arbeitskräfte vom Militär entlassen müssen.[28] Auch die Deutschen gingen davon aus, daß die Wirtschaftsleistung sinken würde, wenn keine Männer von der Wehrmacht für die Kriegswirtschaft freigestellt würden. Doch mußten im Gegenteil als Folge der deutschen Niederlage vor Moskau Rüstungsarbeiter einberufen werden. Eine halbe Million Männer sollte die militärischen Verluste ausgleichen. »Wir glaubten, 500.000 Mann in der Wirtschaft stecken zu können und sehen uns gezwungen, 600.000 aus

---

25 Der Reichsarbeitsminister an den Chef OKW z. Hd. von Herrn Generalmajor und Abteilungschef Warlimont o. V. i. A., betr. Umstellung der Rüstung, 24.10.1941, NA T77/332/1168243.
26 Rü IVa, Niederschrift der Besprechung über die Verteilung der aus der Wehrmacht gemäss den Richtlinien über die Umstellung der Rüstung vom 23.10.1941 freizumachenden Fachkräfte, am 19.11.1941, NA T77/204/941070-1.
27 Tagebucheintrag von Victor Klemperer am 21. Mai 1941 in: Victor Klemperer, Tagebücher 1940 bis 1941, Berlin 1999, S. 90.
28 MEW, Summary of Enemy Economic Developments No 119, Dec 19, 1941, PRO FO 837/14 unfol.

ihr zu ziehen«, beschwerte sich Generaloberst Fromm, der Befehlshaber des Ersatzheeres am 5. Januar 1942.[29]

Mit den Widersprüchen der deutschen Politik befaßte sich kurz vor Weihnachten der aufrüttelnde Times-Artikel »Labour in the Reich«. Dessen Verfasser berichtete über die Ereignisse im November 1941 und deutete an, daß 1,7 Millionen Fremdarbeiter und etwa zwei Millionen Kriegsgefangene für die Kriegswirtschaft der Nationalsozialisten schufteten. In dem Abschnitt »Hungersnot und Überanstrengung«, schrieb der Times Korrespondent:

> »Falls russische Arbeiter aus der Ukraine nach Deutschland abgezogen werden, werden sie nicht ihre Felder zu Hause in der Ukraine bestellen können. Egal, ob sie in Deutschland oder in Russland arbeiten, sie müssen etwas zu essen bekommen. Was sie essen, müssen sie wiederum anbauen. Aus vielen europäischen Gegenden, wo früher Ernteüberschüsse für den Export produziert wurden, wird über Anzeichen von Hungernöten berichtet. So lange Russland nicht bedeutend mehr als früher herstellt, wird es keine Vorräte geben, mit denen man anderswo Engpässe ausgleichen kann – obwohl die Nahrungsmittelproduktion in den letzten Jahren erstaunlich hoch war. Das Bevölkerungswachstum hat stets zugenommen. Jährlich wurden drei Millionen mehr geboren als starben. Hinzu kommt, daß durch den Krieg überall die Produktivität zerstört wurde. Alles deutet darauf hin, daß durch die deutschen Eroberungen im Osten das Potential an Arbeitskräften überlastet wird und neue Probleme aufgeworfen werden, für die keine Lösungsvorschläge in Sicht sind. Viele Arbeiter zeigen nach acht Jahren harter Arbeit Anzeichen von Schwäche. Dies kann das deutsche Oberkommando nicht ignorieren.«[30]

Vor dem Hintergrund dieses Arbeitskräfteproblems deutete das Ministerium for Economic Warfare, die Informationen, die in Schweden, der Schweiz, Portugal und anderswo über die Deportationen der deutschen und später auch der westeuropäischen Juden eintrafen. Das soll nicht heißen, daß die Briten den Antisemitismus der Nationalsozialisten einfach außer Acht ließen. In London wurde die Übersetzung von Goebbels berühmten Artikel »An allem sind die Juden schuld!«, erschienen am 14. November, zwei Tage bevor sich Mallet mit Wallenberg traf – mit der Bemerkung aufgenommen, »dieser Artikel [sei] ein schrecklicher Beweis für das Wesen der Nationalsozialisten«[31]. Jacob Wallenbergs Beobachtungen vom Abscheu vieler Deutscher, ausgelöst durch die Einführung des Gelben Sterns und die erste Deportation im Herbst 1941, waren in London bereits bekannt. »Kürzlich gab es einen oder zwei weitere Berichte über diese Reaktion«, notierte ein hoher Beamter des Auswärtigen Amtes auf dem Deckblatt der Akte. Die Presseabteilung in Mallets Botschaft vermerkte

---

29 Besprechung mit den stellvertretenden Kommandierenden Generalen am 5.01.1942, NA T78/ 658/535.

30 ›Labour in the Reich. Increasing War Strains on German Industry. From our Special Correspondent on the German Frontier‹, Times, 20.12.1941, abgeheftet unter PRO FO 371/26536 unfol.

31 Goebbels, An allem sind die Juden schuld!, Das Reich, 14.11.1941, PRO FO 371/26569 unfol. (The Jews Are To Blame).

in einer Aktennotiz vom 22. November,»verschiedenen Berichten zufolge scheint es, daß viele Deutsche Juden zunehmend rücksichtsvoller behandeln«[32]. Es muß hier offen bleiben, ob sie sich in ihrer Einschätzung deutscher Solidarität irrten.

Auch andere Quellen zeichnen ein Bild vom ungefähren Verlauf der Deportationen. Im Dezember 1941 berichtete die britische Botschaft in Lissabon von Tausenden deutscher Juden, die »in offene Eisenbahnwaggons gepackt und ohne Nahrung und Wasser nach Polen verschleppt wurden«. Und: »Informationen aus der zweiten Oktoberhälfte [weisen] darauf hin, daß Juden in Polen an Hunger sterben. Und im Warschauer Ghetto im Monat ein Kilogramm Brot erhalten.«[33] Die Mehrzahl dieser Berichte basiert auf sicheren Quellen, andere wiederum auf Gerüchten. Die Journalistin Elisabeth Wiskemann teilte der britischen Vertretung in Bern mit, was sie von Kollegen erfahren hatte: »Bei Posen wurde ein ganzes holländisches Viertel errichtet und angeblich sind anderthalb Millionen ostpolnische Juden einfach verschwunden.«[34]

Ende März 1942 versuchte der Leitartikel der wöchentlich erscheinenden Kurzmeldungen des Ministeriums for Economic Warfare, sich einen Reim aus den widersprüchlichen Entwicklungen im besetzen Europa zu machen: »Auflösungserscheinungen, wie sie mit der Rekrutierung und Umsiedlung weiter Bevölkerungsgruppen in den besetzten Gebiete verbunden waren, haben auch Deutschland selbst nicht ausgespart. Immer mehr deutsche Arbeitskräfte wurden mobilisiert, Deutsche in weit entfernten Teilen der eroberten Gebiete umgesiedelt – dieses und die Deportation der jüdischen Bevölkerung müssen auch im Reich dieselben Auflösungserscheinungen nach sich gezogen haben, wie sie von Deutschland in den besetzen Gebieten verursacht wurden.«[35] Während des gesamten Jahres 1942 hielt das Ministerium for Economic Warfare daran fest, die Juden würden deportiert, um Zwangsarbeit zu leisten. Wallenbergs Information fügte sich in eine folgenreiche falsche Beurteilung der britischen Regierung darüber ein, welche Ziele die Deutschen bei der Deportation der deutschen und europäischen Juden verfolgten. Die Fehleinschätzung wirkte sich auch in der Beurteilung des »Riegner Telegramm« vom August 1942 aus. Mit diesem benachrichtigte der World Jewish Congress in der Schweiz das britische Auswärtige Amt im Sommer 1942 über die Absicht der Nationalsozialisten, die europäischen Juden zu ermorden. Ein Beamter urteilte: »Es scheint die deutsche Politik zu sein, ›unnötige‹ Esser zu vernichten und ›gesunde‹ Juden als Sklavenarbeiter auszubeuten.«[36]

---

32 Press Reading Bureau (im Folgenden: PRB) Stockholm, Memorandum for PID, Germany No 65, 22.11.1942, PRO FO 371/26515 unfol.
33 Lisbon to Foreign Office, Combined Intelligence Report No. 9, Dec 3, 1941, PRO FO 371/26515 unfol.
34 Conditions in Germany and Occupied Countries, 19.11.1941, PRO FO 371/26515 unfol.
35 MEW, Intelligence Weekly Report (im Folgenden: IWR) No 6, week ending 19.03.1942, March 28, 1942, S.1, PRO FO 837/15 unfol.
36 Minutes, R. Allen, September 10, 1942 (C7853), PRO FO 371/30917, S. 93, Hervorhebung N.T. Das Riegner Telegram und der Wallenberg Bericht beruhen auf ähnlichen Quellen aus Industrie- und Wirtschaftskreisen; im Fall des Riegner Telegramm ist es Eduard Schulte aus Breslau. Vgl. Raya Cohen, Das Riegner-Telegramm – Text, Kontext und Zwischentext, in: Tel Aviver Jahrbuch für deutsche Geschichte 23 (1994), S. 301-324; Christopher R. Browning,

Bedenkt man, daß die Briten – verursacht durch die deutsche Mobilmachung – an der Annahme des Arbeitskräftemangels festhielten, überrascht diese ebenso fatale wie falsche Einschätzung der Lage nicht sehr.[37]

Aus dem Englischen übersetzt von Stefanie Fischer

Memo by HM Minister Stockholm, 17.11.41, Conversation with M Jacob Wallenberg regarding conditions in Germany, C13440, 18.11.41[38]

Copies to MEW and PID[39]

I met Wallenberg yesterday. He had returned from Berlin the day before after the first stage of his economic negotiations with the German government. Discussions with usual Dr Walter and others and had been kept strictly on the economic plane. There had been no attempt to introduce political issues into these discussions. Monsieur Wallenberg said that the German demands were less than the Swedes had expected. They mainly concerned the question of export credits for Swedish goods. No decision had been reached but the German delegation would come here on about November 27th to conclude negotiations. The Swedish Government were reluctant to give large Government credits and were thinking of adopting a plan whereby the export credit guarantee to Swedish exporters by the Government should be a very limited one, the result of which would be that the onus for granting credits to the German purchasers would be placed upon the individual Swedish exporting firms. This would have the effect of considerably damping down the ardour of the exporters.

2. Msr Wallenberg said that the Germans whom he met, who were mainly businessmen and officials in the economics departments, were still rather hopeful about the general war situation. While they believed that it might well not be possible to take Moscow this winter, there was talk of a strong defensive line in front of Moscow which would enable Germany to bring home for winter work in the factories anything up to a million men.[40]

As regards future campaigns there was no belief in the invasion of Britain, at any rate for a long time to come. There was very little talk of attacking Gibraltar through Spain. Everybody seemed to anticipate that Turkey would be Germany's next objective and it was generally believed that the British would start an offensive in North

---

A Final Hitler Decision for the Final Solution? The Riegner Telegram Reconsidered, in: Holocaust and Genocide Studies 10/6 (1996), S. 3-10.
37 Vgl. Terry, Conflicting Signals (wie Anm. 3).
38 PRO, FO 371 26515, Bl.89-93.
39 MEW; Political Intelligence Department of Foreign Office (im Folgenden: PID).
40 Am Rand wurde neben diesen beiden Zeilen wurde eine Bleistiftlinie gezogen.

Africa before long. It was admitted that twenty-five per cent of the convoys between Italy and North Africa were lost. There were thought to be very few troops in France and those almost all were divisions withdrawn from Russia for rest and refitting.

3. An important German who was, I gathered, general manager of the Herman Goering Works told Wallenberg that the big Russian steel works situated between the rivers Dnieper and Don would soon be hard at work producing for Germany. The Russian sabotage there had not been very effective and there were immense quantities of iron ore available. As for labour, it could be recruited from the Russians who were like animals and would do anything for a little food. I suggested to Wallenberg that transport difficulties would be very great, but he said that the Germans do not seem to be unduly worried about this. They had already converted to the European gauge an immense mileage of Russian railways and although rolling stock was short the management was efficient and there would be no breakdown.

4. There was much talk in Germany about the starvation which would ensue in Russia as a result of the scorched earth policy and it was estimated that between ten and twenty million Russians might die of hunger this winter. The civil population of Leningrad might have had an opportunity of evacuating the city but the Russians had not permitted it and as a result two and a half million people would eventually starve there. There was much talk of cannibalism among the Russians, and even in prisoner of war camps.

5. Politically Hitler still remained all-powerful and there was no sign of the public thinking of abandoning him. All political decisions of any importance had to be taken to him personally and Ribbentrop did not dare put questions up to him unless he judged the Führer's mood to be amenable. In other words Hitler is becoming more and more like an Oriental despot. Goering is certainly not out of favour. He spends his time at the German General Headquarters somewhere in East Prussia, directing the Air Force and occasionally makes a hurried descent upon Berlin for meetings with the principal economic experts at which he gives them their orders and then goes back to the front.[41]

6. Monsieur Wallenberg was rather struck by the way in which the German industrialists are given a great deal of latitude and are not subject to too many harassing restrictions and red tape in Government offices. He contrasted this with the situation in Italy, where no business can make any decision without Mussolini's O.K., a system which leads to incredible delays and inefficiencies.

7. Many Germans are disgusted at the way in which Jews are being deported from German cities to Ghettoes in Poland.[42] The Jews are only allowed to take a hundred marks and a suitcase with them and ninety marks of this are deducted from them as costs for the journey. Several Germans begged Monsieur Wallenberg to put in a word with the Swedish government to get visas for Sweden for some of their Jewish acquaintances who otherwise would be sent to Ghettoes in Poland and a lingering death. Monsieur Wallenberg also mentioned that a business friend of his, Baron Op-

---

41 Dieser Abschnitt wurde mit Bleistift am Rand markiert.
42 Bleistiftmarkierung neben den ersten drei Zeilen diese Abschnittes.

penheim, a great Frankfurt[43] banker married to a Rothschild, had been allowed to continue his banking business although he had had to change the name of his bank. Oppenheim had been able to prove that he was less than one-eighth Jewish. His wife, on the other hand, was having a difficult time and they had managed to send one of their children to be educated in Switzerland.

8. Monsieur Wallenberg was much struck by the absence of taxi-cabs in Germany. When he was there last a few months ago they had been plentiful, comparatively, but now they were practically unobtainable and he had never succeeded in getting one during his whole visit. I asked him about the oil situation and he said that it was impossible to find out but that there was talk in Berlin that the greater part of the reserves had now been used up and in future Germany would have to depend upon production. Germany had during the last year been greatly helped by the capture of immense stocks of oil in France, Belgium and Holland. He believed that the German army still had considerable reserves of textiles and that clothing for this winter would not present a great difficulty to them. Food in Berlin was not much worse than formerly; the bread was good but there was a distinct absence of fats. Those who could afford such luxuries in restaurants as lobsters and oysters were able to eat very well still.

9. Monsieur Wallenberg went with his colleague, Monsieur Häglöff to play golf at Wannsee one Sunday and found the course in beautiful order but not many players on account of transport difficulties. I asked where the Germans got golf balls from and he said that they had picked up a good many in Paris.

10. Monsieur Wallenberg is always rather reticent in talking about his visits to Germany, as for obvious reasons he has to be very careful not to be quoted as saying anything derogatory to Germany. I afterwards asked his brother-in-law, Colonel Björnstjerna, who had also been present at our conversation, what he thought and the Colonel confirmed my views mentioned above. He thought himself that conditions were really far worse than Wallenberg knew, because, when in Berlin, Wallenberg was only shown the bright side of things. I feel also that Wallenberg is inclined to be over-impressed by the efficiency of the German business man, which leads him to think that all other branches of German life are equally efficient. He has not had to deal directly with any of the extreme Party men.

From Mr Mallet Stockholm.

FO covering comment: M Wallenberg is very cautious in describing conditions in Germany. He remarks (and doubtless wishes to believe) that Goering is not out of favour, and since then, of course, Goering has met Petain, which confirms this. He also comments on the reaction against the persecution of the Jews, and these have been one of two other reports recently to this effect. Finally, he is struck by the diminution in the number of taxi-cabs and had heard that the greater part of the oil reserves had been used up.

---

43 Mit Bleistift wurde am Rand notiert: Köln?

Saul Friedländer / Norbert Frei / Trutz Rendtorff / Reinhard Wittmann, Bertelsmann im Dritten Reich, 2 Bde. in Kassette (Bd. 1: Text; Bd. 2: Verlags-Gesamtverzeichnis 1921-1951), C. Bertelsmann, München 2002, 794 u. 640 S., 85 Euro.

In der kleinen, aber einflußreichen Spitzengruppe deutscher Weltunternehmen, die sich seit den 1990er Jahren nolens volens dazu durchrangen, ihre Geschäftstätigkeit während der NS-Diktatur offenzulegen, nimmt der Gütersloher Konzern in dreifacher Hinsicht eine Sonderstellung ein: 1. Seit seiner Gründung ist Bertelsmann ein nicht-börsennotierter Familienbetrieb mit einer patriarchalisch geprägten Unternehmenskultur, deren Wirkungsmacht bei der spektakulären Entlassung des Top-Managers Thomas Middelhoff im Sommer 2002 erneut zutage trat. 2. Als Hersteller geistlicher, später auch schöngeistiger Massenliteratur mit nationalkonservativ-protestantischem Background operierte die Firma von Beginn an in einem weltanschaulichen Kontext, der den Wechsellagen der deutschen Geschichte viel unmittelbarer ausgesetzt war als der Handlungsspielraum klassischer Industrieunternehmen und Finanzdienstleister. 3. Trotz dieses Handikaps mit seiner strukturellen Gemengelage aus betriebswirtschaftlicher Rationalität, ideologischem Profil und politischen Opportunitätserwägungen pflegte das Haus bis zum Ende des vergangenen Jahrhunderts ein ungebrochen positives Selbstbild, in dem die 1944 erfolgte Schließung des Verlages als Sternstunde eines glaubensfesten Nonkonformismus erschien. Diese selbstgeflochtene Märtyrerkrone wird durch die vorliegende Gemeinschaftsarbeit von insgesamt zwölf Autor(inn)en (vgl. S. 793) Stück für Stück dekonstruiert und wissenschaftlich zu Grabe getragen. Ausgangspunkt der Studie ist die enge Verbundenheit des 1835 gegründeten Unternehmens mit seinem Stammsitz Gütersloh, einer seit 1816 zu Preußen gehörenden »Hochburg [...] der neupietistischen Frömmigkeitsbewegung« (S. 19). Diese quasi symbiotische Verknüpfung mit dem Spiritus sanctus (loci) machte die Beziehung von Firma und Firmensitz schon im Vormärz zu einer tragenden Säule des regionalen Bündnisses von »Thron und Altar«, in dem die Chefs des Verlagshauses in der Regel nicht nur als paternalistische Unternehmer, sondern zugleich als politische Honoratioren, wohltätige Stifter, Kirchen- und Verbandsfunktionäre agierten. Auf der Basis dieses christlich-konservativen Netzwerks entwickelte sich das mittelständische Provinzunternehmen bis 1914 »zu einem der größten theologischen Verlagshäuser« Deutschlands (S. 27) mit einer ungemein vielfältigen, stark praxisorientierten Produktpalette.

Dieser Generallinie blieb die Firma auch in der Novemberrevolution und den ihr folgenden Jahren der Weimarer Republik prinzipiell treu. Obwohl der »Thron« nach der Flucht Wilhelms II. ins Museum geschafft worden war, wichen Verleger und Haus-Autoren einer konstruktiven Neuorientierung, wie sie etwa die dialektische Theologie Karl Barths intendierte, bewußt aus und setzten im Zeichen der apologetischen Luther-Renaissance weiter auf business as usual. Diese Opposition zur demokratischen Moderne verband sich »mit [einer] missionarischen Hoffnung auf eine andere, neue Zeit« (S. 81), in der die vom Kaiser hinterlassene Leerstelle als zentrale Projektionsfläche deutsch-nationaler Wie-

dergeburtswünsche fungierte, die selbst ein »Ersatzkaiser« nicht ausfüllen konnte.
Obwohl Bertelsmann dank dieser Strategie spätestens 1927 zu den umsatzstärksten Verlagshäusern Deutschlands zählte, baute das Unternehmen angesichts des Wegbrechens der traditionellen Käuferschichten aus dem Bildungsbürgertum 1928 ein zweites, belletristisches Standbein auf. Die bekannte »Bücherkrise« der Republik sah Bertelsmann daher nicht nur als passiven Konsolidierer, sondern zugleich als aktiven, risikofreudigen Innovator, der den rasanten Aufstieg der Buchgemeinschaften ebenso annahm wie die steigende Konkurrenz von Funk und Film. Zielgruppe der rasch wachsenden Sparte war der neue, »geistig obdachlose« Mittelstand der Angestellten (Siegfried Kracauer); Zielsetzung seine Versorgung mit billigen, durchweg trivialen, aber stramm anti-modernen Novitäten aus der Feder literarisch bedeutungsloser, meist schon im Kaiserreich eingeführter Autoren. Trotz dieser vielfältigen Affinitäten zu einer Politik der »nationalen Erhebung« stürzte die NS-Machtübernahme das Haus und seinen damaligen Chef Heinrich Mohn, dessen angeheiratete Familie der im Mannesstamm ausgestorbenen Gründerdynastie 1887 in der Geschäftsleitung gefolgt war, schon nach kurzer Zeit in einen Gewissenskonflikt. Ausgangspunkt war der vom neuen Regime unternommene Versuch, die evangelische Kirche mit Hilfe der NS-Fraktion der »Deutschen Christen« von innen heraus gleichzuschalten. Gegen diesen häretischen Anschlag, der die christliche Glaubens- und Heilsgewissheit nicht mehr auf Bekenntnis und Taufe, sondern theologisch auf »Volkstum« und »Arierparagraphen«, ekklesiologisch auf »Einheitskirche« und »Führerprinzip« einschwören wollte, formierte sich in Gestalt der »Bekennenden Kirche« eine breite, aber heterogene Oppositionsbewegung, zu der auch der Gütersloher Verleger und die westfälische Gemeindevertretung gehörten, die »als einzige altpreußische Provinzialsynode über eine nicht-deutschchristliche Mehrheit« verfügte (S. 63).
Der hier zutage tretende, im Tecklenburger Bekenntnis des Jahres 1933 formulierte Dissens blieb für die Geschäftspolitik des Hauses aber ohne wegweisende Bedeutung. Weit entfernt, sich als Verlag der »Bekennenden Kirche« zu exponieren, edierte Bertelsmann unter dem Damoklesschwert polykratisch wuchernder Zensurinstanzen zugleich »normaltheologische« und »deutschchristliche« Traktate. Dieses ambivalente Geschäftsgebaren kennzeichnete das Firmenprofil allerdings nur für eine Übergangszeit. Mit der Konsolidierung der NS-Diktatur setzte die Firma vielmehr auf die skrupellose Militarisierung des 1928 aus der Taufe gehobenen Belletristikprogramms. Diese divinatorische Schwerpunktverlagerung, die praktisch auf eine interne Umgründung hinauslief und bereits 1938 etwa 75 Prozent der Produktionskapazitäten umfaßte, machte Bertelsmann binnen weniger Jahre zu einer der führenden geistigen Waffenschmieden der NS-Kriegsvorbereitung. Wie folgerichtig die Firma die politische Konjunktur auf dem Gebiet der psychologischen Kriegs(ver)führung ausbeutete, dokumentieren die Eigenproduktionen, vor allem aber die zahlreichen Lizenzübernahmen aus dem Einzugsbereich rechter Kleinverlage, die auf diese Weise in die Stammleserschaft eines bürgerlichen Traditionsunternehmens eindrangen, das nicht nur den Sortimentsbuchhandel versorgte, sondern in zunehmendem Maße auch in den Buchgrossomarkt, den Reise- und Versandbuchhandel expandierte.
Im Zuge dieser Neuorientierung entwickelte sich der Verlag schon vor dem Überfall auf Polen zu einem Kriegsgewinnler avant la guerre, der den sich abzeichnenden »groß-deutschen Freiheitskampf« auch an der »Heimatfront« vorbehaltlos flankierte

und dabei die letzten Reste seiner ehemaligen Vorbehalte gewissenlos abstreifte. Diese endgültige Selbstaufgabe manifestierte sich im wesentlichen in drei Prozessen: der Substitution der alten, summepiskopalen Kaiserverehrung durch den neuheidnischen »Führer«-Kult, der Eskalation des traditionellen Anti-Judaismus zu einem »aus freien Stücken« (S. 334) übernommenen Rassen-Antisemitismus sowie der Transformation des herkömmlichen Sozialpaternalismus zu einer DAF-konformen »Volksgemeinschafts«-Ideologie.

Auf der Basis dieser »Zukunftsinvestitionen« erzielte Bertelsmann ohne nennenswerte (politische) Windfallprofits aus »Arisierungen« und Zwangsarbeit, aber in enger Kooperation mit »dem neuen Großkunden Wehrmacht« (S. 412) zwischen 1939 und 1942 eine »Gewinnexplosion« (S. 377), die selbst die Performance des Zentralverlags der NSDAP Franz Eher Nachfahren weit in den Schatten stellte. Dieser Bombenerfolg fußte zunächst auf der nach innen sozialintegrativen, nach außen kontaktfreudigen Leitungskompetenz Heinrich Mohns, der ungeachtet des »Führerprinzips« auf »projektnahe Flexibilität und Eigeninitiative der leitenden Mitarbeiter« setzte (S. 425) und dabei einen »Riecher für Konjunktur« (S. 434) entwickelte, der selbst bei NS-Zensoren zwiespältige Gefühle hervorrief. Nicht minder bedeutsam war freilich die mit dem Krieg einsetzende Marktrevolution, die aus dem vergleichsweise offenen, noch aus der Republik herrührenden Käufermarkt der Friedensjahre einen weitgehend geschlossenen, durch Zensur und Zuteilung gesteuerten Verkäufermarkt machte, in dem nicht mehr Werbung und Vertrieb, sondern Planung und Herstellung dominierten.

Die sich 1941/1942 abzeichnende Peripetie des Krieges und der in ihrem Gefolge einsetzende Übergang zum »totalen Krieg« entzogen der Kriegskonjunktur binnen weniger Monate die Geschäftsbasis und stürzten die Firma in einen rasanten Abschwung, dessen Verlauf dem Profil des vorangegangenen Aufschwungs fast spiegelbildlich entsprach. Trotz dieser entwicklungsdynamischen Parallele fiel das Ende des Marketenders keineswegs mit der Kapitulation der kämpfenden Truppe zusammen, sondern erfolgte bereits im Sommer 1944 im Rahmen einer generellen Schließungsverfügung des Reichsbevollmächtigten für den totalen Kriegseinsatz Joseph Goebbels, die von gut 2.100 »revidierten« Verlagen nur etwa 250 Firmen verschonte. Warum ausgerechnet Bertelsmann, der mit Abstand führende Verlag auf dem Gebiet der Feld-, Feldpost- und Frontbuchhandelsausgaben, dieser »Flurbereinigung« zum Opfer fiel, läßt sich nicht mit Sicherheit sagen, auch wenn der Verlag aufgrund seines ursprünglichen »Stallgeruchs« und seines überragenden ökonomischen Erfolgs von vielen »Alten Kämpfern« und Konkurrenten spätestens seit 1939 mißtrauisch beäugt wurde. Wie dem auch sei: Fakt ist, daß Bertelsmann Anfang Januar 1944 in den begründeten Verdacht auf »Kriegswirtschaftsverbrechen« wegen »Papierschieberei und Korruption« geriet (S. 486), da das Unternehmen diverse Auflagen der Kriegswirtschaftsbürokratie (Akquisition von Finnland- und niederländischem Schwarzmarktpapier, Zweckentfremdung von Wehrmachtpapierschecks) mehrfach unterlaufen hatte. Obwohl diese Verdachtsmomente letztendlich keine Straftatbestände, sondern nur Ordnungswidrigkeiten begründeten, die vor dem Hintergrund der »großen Verdienste« der Firma, »insbesondere auch um die Frontbetreuung« (S. 511), als unbedeutend eingestuft wurden, so daß Druck und Auslieferung auf höchsten Dringlichkeitsstufen weiterliefen, stellte der braune »Persilschein« des Oberstaatsanwalts beim Sondergericht Bielefeld dem Gütersloher Erfolgs-Unternehmen im Grunde ein vernichtendes Urteil aus, das die Verfasser wie folgt resümieren: »Alle geschäftlichen Aktivitäten des Unternehmens dienten dem Ziel, angesichts der Überbürokratisierung den Vorgaben des NS-Staates flexibel entgegenzukommen, nicht aber sie zu blockieren.« (S. 512).

Obwohl Bertelsmann sich um das NS-Regime in hohem Maße verdient gemacht und dabei nicht zuletzt klotzig verdient hatte, führte der Untergang des »Dritten Reiches« zu keinem Kontinuitätsbruch. Die für die pietistische Frömmigkeit konstituierende Trias von Introspektion, Gewissensprüfung und Bußkampf spielte für Heinrich Mohn und seine Angestellten keine erkennbare Rolle. Eine Stellungnahme, gar einen Beitritt zum »Stuttgarter Schuldbekenntnis« haben sie nicht erwogen. Im Gegenteil: man produzierte ungerührt weiter, freute sich »des altvertrauten Arbeitsgeräusches« (S. 525) und kultivierte die eingangs skizzierte »Legende vom Widerstandsverlag« (S. 519). Wie wenig das Haus und seine Mitarbeiter aus der »deutschen Katastrophe« (Friedrich Meinecke) lernen wollten, zeigte die Programmplanung der Lizenzperiode, die im festen Vertrauen auf die Trägheit des Massengeschmacks die schon für die Weimarer Jahre charakteristische Distanz zur Moderne im Geiste eines epigonalen Klassizismus, vor allem aber der im Krieg verstärkt gepflegten Evasionsliteratur fortschrieb und mit innovativem Geschick (wie der Gründung des »Leserings« im Jahre 1950) am neu entstehenden Markt durchsetzte.

Dieser ökonomische Erfolg ist der Familie Mohn bis heute ebenso treu geblieben wie die Familie – umgekehrt – ihm. Die ursprüngliche Unternehmensphilosophie degenerierte dabei allerdings zum bloßen Lippenbekenntnis: Als Christen-Menschen und Staats-Bürger haben die »Bertelsmänner« (und Frauen) kläglich versagt. Die anhaltende Erfolgsgeschichte der ehemals »frommen Firma« ist daher nicht zuletzt ein unfreiwilliges Gleichnis auf das bekannte Schriftwort des Evangelisten Matthäus: »Niemand kann zwei Herren dienen; entweder er wird den einen hassen und den anderen lieben, oder er wird dem einen anhängen und den anderen verachten. Ihr könnt nicht Gott dienen und dem Mammon« (Mt 6, 24).

Hartwig Stein, Hamburg

Manfred Gailus, Protestantismus und Nationalsozialismus. Studien zur nationalsozialistischen Durchdringung des protestantischen Sozialmilieus in Berlin (= Schriftenreihe des Arbeitskreises für moderne Sozialgeschichte, Bd. 61), Böhlau, Köln / Weimar / Wien 2001, 736 S., 75,50 Euro.

Mit seiner an der Technischen Universität Berlin angenommenen Habilitationsschrift setzt Manfred Gailus bei der Erforschung des deutschen Protestantismus neue Akzente. Ihm ist eine äußerst erkenntnisreiche Verbindung von sozialhistorischer Mikroanalyse und übergreifenden mentalitätsgeschichtlichen Fragestellungen geglückt. Dabei nimmt Gailus eine überfällige Historisierung des protestantischen »Kirchenkampfes« im NS-Staat vor. Als dramatisch und beängstigend, so der Autor, habe der populäre Massenprotestantismus die Folgen neuzeitlicher Säkularisierung empfunden. Seine Nationalisierung seit 1870/71, die Enttäuschung über die Kriegsniederlage, die Revolution 1918/19 und »Versailles« sowie die tiefe Ablehnung westlicher Demokratien und der kulturellen Moderne bestimmten die protestantischen Befindlichkeiten. Als »nationalprotestantische Mentalität« bezeichnet Gailus diese Weltsicht, die bis zum Ende der Weimarer Republik ausreifte und deren wesentlicher Bestandteil ein christlich motivierter Antisemitismus war. Der Umbruch von 1933 wurde im protestantischen Milieu deshalb als zäsurhafte »Zeitenkehre« geradezu herbeigesehnt. Im zweiten Kapitel vertieft Gailus die Situation der Protestanten in Berlin um 1930 und bereitet die beiden Hauptkapitel vor, in denen er den Weg der Berliner Kirchengemeinden im »Dritten Reich« nachzeichnet (Kapitel 4) und eine Gruppenbiographie evangelischer Pfarrer erstellt (Kapitel 5).

Gailus weist nach, daß das konservativ-protestantische Sozialmilieu sich in seiner lutherischen Tradition für die NSDAP und die »völkischen Ideen von 1933« besonders empfänglich zeigte. Daß dieser soziale Ort die »Haupteinbruchstelle« des Nationalsozialismus in die deutsche Gesellschaft war, ist eine seiner zentralen Thesen. Gailus' Studie veranschaulicht die nationalsozialistische Durchdringung des protestantischen Milieus von Berlin als der mitgliederstärksten protestantischen Großstadtregion im Deutschen Reich, die sich aufgrund ihrer institutionellen und publizistischen Infrastruktur als Sammelbecken einer dezidierten »Gegenmoderne« anbot.

Der Schwerpunkt der zeithistorischen Kirchengeschichtsforschung lag bislang auf der Untersuchung des »Kirchenkampfes«, wobei zumeist die ersten Jahre der Auseinandersetzung zwischen der Bekennenden Kirche (BK) und den Deutschen Christen (DC) untersucht wurden. Zudem richtete sich der Fokus auf die theologische und organisatorische Entwicklung innerhalb der evangelischen Kirche. Hier erweitert Gailus den bisher verengten Horizont. Er rückt die Reaktionen kirchlicher Amtsträger und Gemeindepfarrer auf die NS-Herrschaftspraxis nach 1933 ins Zentrum und untersucht auch die Entwicklungen in den Kriegsjahren. Dazu präsentiert er zahlreiche, in Kirchengemeindearchiven recherchierte Fallbeispiele. Insgesamt erfaßt seine Studie 150 Pfarrgemeinden und 565 Gemeindepfarrer in Berlin und liefert damit eine praktisch lückenlose Datenbasis. In der Reichshauptstadt schlossen sich zeitweilig über 40 Prozent aller Gemeindepfarrer den Deutschen Christen an. Diese hauptsächlich von jungen Männern getragene Gruppierung wollte Christentum und Nationalsozialismus vereinen. Ihre Angehörigen stammten häufiger als die BK-Pfarrer aus »nichtakademischen, unterbürgerlichen Familien« und waren geographisch in den östlichen preußischen Provinzen zu verorten. Ein Drittel aller Berliner Pfarrer lasse sich, so Gailus, zur Gruppe der Bekennenden Kirche zählen Sie kamen vergleichsweise häufiger aus den mittleren preußischen Provinzen und waren oft in gehobenen bürgerlichen, akademisch geprägten Elternhäusern aufgewachsen. Ein Viertel der aktiven Kerngruppe der BK entstammte Theologenfamilien.

Indem er die bisherige protestantische Kirchengeschichtsschreibung kritisiert, die nach rein innerkirchlichen Kategorien die Landeskirchen in »intakte« und »zerstörte« Kirchen einteilt, entwickelt Gailus ein neues methodisches Konzept. Er teilt die Kirchengemeinden in vier Gruppen ein, nämlich nazifizierte, angepaßte, gespaltene und resistente Gemeinden. Mit diesem Raster gelingt es Gailus, die innerkirchliche Auseinandersetzung zwischen DC und BK detailliert nachzuzeichnen. Im Kern ging es um einen Streit über den richtigen Glauben und, aus der Perspektive der BK, nicht um einen Kampf gegen das NS-Regime. Gestritten wurde auch um alltägliche Ressourcen: die Nutzung der Kirchen und Gemeindehäuser, die Verwendung der kirchlichen Einnahmen und die Besetzung der Pfarrstellen. Gailus zeigt, daß mehr als die Hälfte aller Berliner Gemeinden deutschchristlich dominiert war. Die entscheidenden Impulse zur protestantischen Nazifizierung gaben weder die NSDAP noch Kreise politisierter Gemeindemitglieder. Die Annäherung an den NS-Staat geschah vielmehr aus der Mitte des Protestantismus selbst und ging von der Pfarrerschaft aus. Kernstück deutschchristlicher Praxis war ein neuer kirchlicher Ritus, der in exzessivem Fahnenkult und feierlichen Gruppenaufmärschen in Uniform sinnfällig Ausdruck fand. Dabei wurde das »Horst-Wessel-Lied« gesungen und von den Kanzeln ein »artgemäßes Christentum« gepredigt. Ein »heldischer Jesus« diente als Vorbild, Hitler erschien als von Gott gesandter Retter der Deutschen. Volk und Familie, »Sitte und deutsche Art«, bisweilen auch Rasse, Blut und Boden galten als reinzuhaltende Größen des Schöpfungsplans.

In den meisten Berliner Gemeinden sammelten sich aber auch – mehrheitlich von Frauen getragene – Gruppen der Bekennenden Kirche, die die Geisteshaltung der Deutschen Christen als Irrweg ablehnten. Sie forderten eigene Freiheiten, mehr Christlichkeit in Gesellschaft und Politik, stellten allerdings die NS-Herrschaft nicht grundsätzlich in Frage. Lediglich sechs Prozent der über 150 Berliner Gemeinden, so Gailus, standen in offener Opposition zum NS-Regime.

Besonderes Interesse widmet Gailus dem Antisemitismus in beiden Lagern des Protestantismus: In der DC-Bewegung entfaltete sich ein aggressiver Antisemitismus. Juden sollten einer künftigen deutschchristlichen Nationalkirche nicht angehören. Dieser Überzeugung folgend und gestützt auf die Universitätstheologie gingen deutschchristliche Funktionäre daran, alle Spuren des Judentums, oder was sie dafür hielten, aus der kirchlichen Tradition zu tilgen. Gailus' Quellenfunde belegen, daß sich alle Gemeinden an der Arbeit der Kirchenbuchstelle Alt-Berlin beteiligten. Die von dem jungen Pfarrer Karl Themel geleitete Stelle kundschaftete in wenigen Jahren die Abstammung aller »nicht-arischen« protestantischen Bürger Berlins aus und meldete diese der Reichsstelle für Sippenforschung und anderen Partei- und Staatsstellen.

Im Lager der BK dominierte dagegen ein verhaltener Antijudaismus. Man war der Ansicht, daß ein Jude durch die Taufe Christ werde und als solcher der Christengemeinde angehöre. Während der deutschchristliche Antisemitismus die Judenverfolgung auch im kirchlichen Raum forderte und praktizierte, proklamierte die BK einen besonderen Geltungsbereich der Kirchen, für den das Bekenntnis, nicht die Rasse entscheidendes Kriterium sei. Wie die Deutschen Christen akzeptierte die BK allerdings auch die staatlichen Maßnahmen im Sinne einer Revision der »historisch verfehlten« und verderblichen Judenemanzipation.

Gailus bezeichnet die untersuchte Epoche der in Berlin besonders scharf politisierten und polarisierten Kirchenverhältnisse als »Bruderkampf im eigenen Haus«. Seine These, daß dies in erster Linie ein Kampf um die Neujustierung der eigenen Identität unter dem überwältigenden Eindruck des nationalsozialistischen Umbruchs von 1933 war, kann er in seiner durch Dichte und Materialfülle beeindruckenden sozial- und mentalitätsgeschichtlichen Analyse überzeugend darstellen. Gailus' Konzentration auf kirchenpolitische Kämpfe in den Gemeinden und ihre Protagonisten zeigt außerdem, daß zwischen den verschiedenen protestantischen Lagern vor allem um die Definitionsmacht und die Gestalt dessen, was »wahre« protestantische Kirche und Gläubigkeit im Nationalsozialismus sei, gestritten wurde, und dies bis in die Kriegsjahre hinein. Die richtungsweisende Mikroanalyse macht deutlich, daß sich der Protestantismus durch seine eigene Faszination vom NS-Regime überwältigt sah, was nicht zuletzt zu einer existenzbedrohenden Identitätskrise führte. Die großen kirchlichen Umformungen und theologischen Anpassungen waren dabei keineswegs von Zwang und Gewalt begleitet, sondern vollzogen sich in bereitwilliger protestantischer Selbsthingabe.

Tanja Hetzer, Berlin

Cornelia Hecht, Deutsche Juden und Antisemitismus in der Weimarer Republik, Dietz, Bonn 2003, 432 S., 32 Euro.

Die vorliegende Arbeit ist die überarbeitete Fassung einer preisgekrönten Dissertation, die im Sommer 2001 an der Universität Tübingen angenommen wurde. Sie behandelt einen bis heute oft vernachlässigten Aspekt der deutsch-jüdischen Geschichte im 20. Jahrhundert, nämlich den Antisemitismus in der Weimarer Republik. Cornelia Hecht interessiert sich dafür, wie die deutschen Juden zwischen 1918 und 1932/33 auf den Antisemitismus der deutschen Mehrheitsgesellschaft reagierten, wie sie antisemitische Übergriffe wahrnehmen und verarbeiteten, kurzum: wie sich der Antisemitismus auf ihren Lebensalltag auswirkte. Ihre Quellenbasis ist sehr breit. Hecht hat die Akten des Centralvereins deutscher Staatsbürger jüdischen Glaubens (CV) durchgesehen, der sich der Abwehr des Antisemitismus verschrieben hatte. Sie zieht unzählige Autobiographien, Tagebücher, Memoiren und Korrespondenzen deutscher Juden heran, die gedruckter Form vorliegen. Viele Informationen hat die Autorin der jüdischen Presse entnommen. Von den rund 120 jüdischen Zeitungen und Zeitschriften hat Hecht immerhin zehn umfassend ausgewertet. Darunter sind die *Allgemeine Zeitung des Judentums*, das *Israelitische Familienblatt*, die CV-Zeitung und die *Jüdische Rundschau*, das Blatt der deutschen Zionisten. Die Gesamtauflage dieser Zeitungen variierte, lag aber bei weit über 100.000 Exemplaren.

In den ersten beiden Kapiteln der vorliegenden Studie zeichnet Hecht die Reaktion der deutschen Juden auf die Judenfeindschaft in Deutschland von der Emanzipation in der ersten Hälfte des 19. Jahrhunderts bis in die Frühphase der Weimarer Republik nach. Während des Deutschen Kaiserreiches gingen deutsche Juden auf ganz unterschiedliche Weise mit dem sich herausbildenden modernen Antisemitismus um: Während die um die Mitte des 19. Jahrhunderts geborene Generation dazu tendierte, die Judenfeindschaft zu verdrängen und ihre Assimilationsbestrebungen zu verstärken, schlossen sich die um 1890 im Deutschen Reich geborenen Juden oftmals der zionistischen Bewegung an, um an der Konstruktion einer säkularen national-jüdischen Identität mitzuarbeiten. Ihr Ziel war die Gründung eines Nationalstaates in Palästina und die Auswanderung aus dem Deutschen Reich. Andere wiederum engagierten sich im CV und hofften, mittelfristig eine Symbiose von Deutschtum und Judentum im Deutschen Reich zustande zu bringen. Zwischen diesen drei Gruppen bestand, wie Hecht zeigt, eine Gemeinsamkeit: Ihnen war der eingeschränkte gesellschaftliche Verkehr zwischen Juden und Nichtjuden im Kaiserreich und der Antisemitismus der nichtjüdischen Deutschen voll bewußt.

Die Zeit des Ersten Weltkrieges war, so Hecht, dann eine einzige Enttäuschung für die deutschen Juden. Sie erfuhren am eigenen Leibe, daß das Gerede von den »Ideen von 1914« und von der Gemeinschaft aller Deutschen im Schützengraben reine Rhetorik war. Viele jüdische Frontsoldaten merkten erst jetzt, wie verbreitet antisemitische Ressentiments unter den gewöhnlichen Deutschen waren. Die sogenannte Judenzählung vom November 1916, also die vom preußischen Kriegsministerium angeordnete statistische Erhebung über die Dienstverhältnisse der deutschen Juden im Krieg, wurde als kollektive Brüskierung und Ehrabschneidung gedeutet. Bei den meisten deutschen Juden stellte sich die Erkenntnis ein, daß dem Antisemitismus durch keine noch so große Opferbereitschaft das Wasser abzugraben war. Angesichts dieser Vorgeschichte war es nur allzu verständlich, daß die deutschen Juden den Übergang zur republikanischen Regierungsform 1918/19 einhellig begrüßten. Die Weimarer Reichsverfassung brachte dann auch formal die staatliche Anerkennung der jüdischen Glaubensgemeinschaft und die Gleichheit aller Staatsbürger vor dem Gesetz ohne Unterschied des Bekenntnisses. Im weiteren Verlauf ihrer Analyse läßt Hecht jedoch keinen Zweifel daran, daß diese Grundsätze nur auf dem Papier standen. Auf über 200 Seiten schildert sie den Antisemitismus in der Weimarer Republik, der sich zunehmend radikalisierte. Zwischen 1918/19 und 1932/33 wurden deutsche Juden Opfer vielfältiger Gewaltaktionen. Dazu gehörten Beleidigungen, Anpöbeleien und Drohbriefe, pogromartige Ausschreitungen, Friedhofs- und Synagogenschändungen, der Boykott jüdischer Geschäfte und Morde, zum Beispiel an Reichsaußenminister Walther Rathenau im Juni 1922. Die deutsche Öffentlichkeit, aber auch Polizei und Justiz spielten dabei, wie Hecht nachweist, oftmals eine beschämende Rolle. Antisemitische Übergriffe wurden zwar strafrechtlich verfolgt; die Urteile selbst waren aber vergleichsweise milde. Mörder oder radikale Pogromtäter kamen oftmals mit unerheblichen Gefängnisstrafen davon. Öffentliche Empörung gegen die antijüdische Gewalt kam nur punktuell zustande und ebbte schnell wieder ab. Es drängt sich der Eindruck auf, daß antisemitische Propaganda in der Weimarer Republik immer hoffähiger wurde. Es bedurfte nicht erst des Aufstiegs der NSDAP zu einer Massenbewegung, um den Antisemitismus in immer breiteren Teilen der deutschen Gesellschaft zu verankern. Der CV stand mit seinen Bemühungen, die Radikalisierung des Antisemitismus zu bekämpfen, praktisch allein auf weiter Flur. Es gelang ihm nicht, einflußreiche Bündnispartner aus dem nichtjüdischen Lager zu gewinnen. Auch innerhalb des deutschen Judentums waren die Aktivitäten des CV alles andere als unumstritten. Nicht alle deutschen Juden waren selbst von antisemitischer Gewalt betroffen. Juden, die die liberalen deutschen Tageszeitungen lasen, wußten nur wenig vom Antisemitismus, weil darüber nichts berichtet wurde. Inwieweit der Antisemitismus in der Weimarer Republik daher von den deutschen Juden wirklich als Massenerscheinung gesehen wurde, wie Hecht meint, muß offen bleiben. Plausibel ist diese Hypothese jedenfalls. Eine Rekonstruktion zeitgenössischer Wahrnehmungen ist zuletzt nicht deshalb schwierig, weil in Autobiographien, die meist erst nach dem Zweiten Weltkrieg entstanden, die Shoah eine zentrale Rolle spielte und ältere Erfahrungen überlagerte. Dennoch kommt die Autorin auf der Basis ihrer Quellen zu nachvollziehbaren und gut belegten Schlußfolgerungen. Die Bedeutung von Hechts Studie geht weit über eine bloße Darstellung der antijüdischen Gewalt und der Reaktionen der deutschen Juden hinaus. Die Autorin zeigt, daß eine bloß quantifizierende Betrachtung der antisemitischen Gewalt leer läuft, daß es vielmehr eines Wechsels zur Perspektive der Opfer bedarf, um diese Gewalt analytisch einordnen zu können. Die Bedeutung der antisemitischen Gewalt in der Weimarer Republik erschöpft sich nicht in ihren äußerlichen Manifestationen. Sie schnitt tief in die emotionalen Haushalte des deutschen Judentums und dessen Alltagsleben ein. Auch der Zusammenhalt der deutschen Gesellschaft wurde durch die stillschweigende Billigung dieser Gewalt untergraben. Hechts Analyse läßt es angezeigt erscheinen, den Antisemitismus nach 1933 neu zu bewerten. Wiederholt weist sie darauf hin, daß selbst eine antisemitische

Partei wie die DNVP während der Weimarer Republik den Gewalttaten gegen Juden ablehnend gegenüber stand. Gleichzeitig sei der Antisemitismus niemals grundsätzlich diskreditiert gewesen. Dasselbe Muster – also Ablehnung von Pogromen, Billigung der »legalen« Ausschaltung der Juden aus der deutschen Gesellschaft – läßt sich auch beim Boykott vom 1. April 1933, bei den antijüdischen Ausschreitungen im Sommer 1935 und bei der »Reichskristallnacht« am 9./10. November 1938 beobachten. Auch die Formen der antijüdischen Gewalt waren vor und nach 1933 prinzipiell dieselben. Nach der Lektüre dieses Buches wird man nicht mehr ohne weiteres behaupten können, daß der Antisemitismus während der Weimarer Republik ein marginales Phänomen gewesen sei.

Armin Nolzen, Warburg

Alexandra Przyrembel, »Rassenschande«. Reinheitsmythos und Vernichtungslegitimation im Nationalsozialismus (= Veröffentlichungen des Max-Planck-Instituts für Geschichte, Bd. 190), Vandenhoeck & Ruprecht, Göttingen 2003, 568 S., 76 Euro.

Die Kontrolle der Intimsphäre durch den NS-Staat führt immer noch ein historiographisches Schattendasein. In den letzten zehn Jahren beginnt sich dies aber langsam zu ändern. Auch Alexandra Przyrembels Buch zur »Rassenschande« gehört zu den neuen Studien, die sich mit diesem Thema auseinandersetzen. Es lohnt sich daher, diese Darstellung gemeinsam, um nur einige Beispiele zu nennen, mit Robert Gellatelys Buch zur Durchsetzung der Rassenpolitik, Nathan Stolzfus' Buch zu deutsch-jüdischen Mischehen, Beate Meyers Buch zu »Mischlingen« oder Cornelia Essners Buch zu den »Nürnberger Gesetzen« und der Verwaltung des Rassenwahns zu lesen. Die ausführliche wissenschaftliche Aufarbeitung solcher Themen ist auch deshalb wichtig, weil sie stärker als andere Publikationen im Bereich der NS-Forschung zeigen können, wie rassistische Ideologie und Politik sich im Alltagsleben manifestierten. »Rassenschande« ist daher auch ein Feld, auf dem sozialwissenschaftliche Begriffe wie »Normalität« und »Kriminalität« gemeinsam mit Rassenideologie und totalem Staat gelesen werden können. Der totale Staat zerstört die Intimsphäre – und damit letztlich auch den öffentlichen Raum. Jeder Wissenschaftler, der sich mit Angriffen von Staaten auf die Intimsphäre auseinandersetzt, kann leicht in eine Falle tappen und genauso voyeuristisch und pornographisch werden wie die analysierten Kontrollinstanzen selbst. Przyrembel hat sich in diesem Zusammenhang besonderes Lob verdient, weil es ihr gelingt, ein anrüchiges und nah an der Pornographie liegendes Thema jenseits von Skandal und voyeuristischer Faszination sachlich und nüchtern ins Visier zu nehmen. Die Entwicklungsstufen der »Rassenschande«-Verfolgung im NS-Staat werden anhand von Fallbeispielen herausgearbeitet. Knapp werden alle relevanten Aspekte durchdekliniert. Das Buch kommt ohne die übliche chronologische Gliederung aus, sondern arbeitet, was besser ist, mit thematischen Kapiteln. Es ist der Autorin klar, daß der historische Ort der Rassentrennungsphantasien im NS-Staat in der kolonialen Erfahrung liegt. Hierzu gehört die deutsche Kolonialgeschichte in Westafrika und die berüchtigte Reichstagsdebatte von 1912 zum Verbot der »Mischehen« in den Kolonien. Nach dem Ersten Weltkrieg war es vor allem die Hetzkampagne gegen die im Rheinland stationierten »farbigen« französischen Soldaten, bekannt unter dem Stichwort »schwarze Schmach« am Rhein, die als Katalysator des Rassentrennungswahns gesehen werden muß. Der Autorin gelingt es, den kolonialen Ursprung zu benennen, ohne dabei den Antisemitismus als Hauptmotiv der »Rassenschande«-Verfolgung aus dem Blick zu verlieren (S. 159). Das Buch zeigt, wie Antisemitismus und Rassismus analytisch und historisch miteinander gedacht werden können, ohne den Antisemitismus entweder zu verharmlosen oder seine historischen Spezifika zu verkennen.

Nach den »Nürnberger Gesetzen« vom September 1935 gab es 15.000 Ermittlungsverfahren aufgrund von sexuellen Kontakten zwischen Juden und Nichtjuden (S. 248). Berücksichtigt man die Zahl der beteiligten Personen, und zwar von Denunzianten, Ermittlern und Zeugen, dann scheint die »Rassenschande«-Verfolgung im NS-Staat nicht gerade marginal gewesen zu sein. Die hohe Anzahl der Intimbeziehungen zeigt, wie intensiv die deutschjüdische Assimilation war. Die brutale »Abwicklung« durch Politik, Justiz und Gesellschaft erzählt aber gleichzeitig eine Geschichte der Dissimilation, denn die Verfolgung von »Rassenschande« hing in erster Linie von der Bereitschaft der Bevölkerung ab, Informationen weiterzuleiten: Ohne Denunziation keine »Rassenschande«.

Schon vor Jahrzehnten hat Raul Hilberg in seiner Studie über die Judenvernichtung gezeigt, daß am Anfang einer Verfolgung die Definition des später zu Vernichtenden stand. Aber gerade bei der »Rassenschande« war das doppelt verwirrend. Zum einen ging es um die Frage, wer Jude ist, zum anderen um die Frage, welche Praktiken als Geschlechtsverkehr gelten sollten. Gerade hier konnten sich sexuelle Phantasien, Perversionen, Obszönität und Voyeurismus freisetzen. Doch wie die Autorin überzeugend nachweist, »entfernte sich die Rechtsauslegung des ›Strafbestandes‹ Geschlechtsverkehr bereits ein Jahr nach Erlaß der Nürnberger Gesetze von ihrem ursprünglich rassenhygienisch motivierten Begründungszusammenhang« (S. 171). Die Ausgliederung der jüdischen Minderheit sollte erreicht werden, und die »Reinheit des Blutes« war dafür eine mögliche Metapher unter vielen anderen (S. 447).

Przyrembel geht es vor allem um eine Gesamtdarstellung eines unterbeleuchteten Phänomens, weniger um die Revision des aktuellen Forschungsstands. Dennoch werden hin und wieder einige neue Akzente gesetzt. Der verbreiteten Forschungsmeinung, wonach Frauen von der expliziten juristischen Strafverfolgung im Rahmen des »Blutschutzgesetzes« auf eine Entscheidung Hitlers hin ausgenommen wurden, wird hier widersprochen. Eher sei die Straflosigkeit der Frau auf eine »komplizierte Gemengelage aus rassistischen und geschlechterdifferenten Wahrnehmungsmustern sowie ›kriminaltaktischen‹ Überlegungen« zurückzuführen (S. 173). In Robert Gellatelys Dreieck aus Gestapo, Bevölkerung und Rassenpolitik sieht sie zum einen »eine Reduktion des komplizierten und heterogenen Denunziationspotenzials im NS-Staat«, zum anderen eine »Unterschätzung des auch von der Polizei ausgehenden Kriminalisierungsdrucks, der insbesondere gegenüber bereits straffällig gewordenen ›Delinquenten‹ oder gegenüber den etwa bei antijüdischen Razzien festgenommenen Personen wirksam wurde« (S. 201). Auch die Positionen von Ian Kershaw und Otto Dov Kulka werden partiell revidiert. Gingen beide bei der Haltung der deutschen Bevölkerung zur NS-Judenverfolgung von »Indifferenz« (Kershaw) beziehungsweise »passiver Komplizenschaft« (Kulka) aus, so beobachtet die Autorin anhand der Justiz- und Polizeiakten sogenannter Rassenschänder »ein breites Spektrum der aktiven Unterstützung der Nürnberger Gesetze« (S. 225). Es gelingt der Autorin, gerade dies überzeugend nachzuweisen. Dem interessierten Leser hätte ein Sachregister bei fast 600 Seiten sicher geholfen.

Yfaat Weiss, Haifa

Fritz Kieffer, Judenverfolgung in Deutschland – eine innere Angelegenheit? Internationale Reaktionen auf die Flüchtlingsproblematik 1933-1939 (= Historische Mitteilungen im Auftrage der Ranke-Gesellschaft, hg. v. Michael Salewski und Jürgen Elvert, Bd. 44), Franz Steiner, Wiesbaden 2002, 520 S., 100 Euro.

Über die migrationsfeindliche Politik der meisten Staaten, die ihre Grenzen gegen die Flüchtlinge aus dem nationalsozialistischen Deutschland abriegelten, liegen bereits einige Studien vor. Bislang wenig untersucht sind dagegen die Bemühungen um eine »geordnete Auswanderung«, insbesondere die Versuche, das jüdische Vermögen aus Deutschland zu transferieren, um damit die wirtschaftliche Grundlage für eine Ansiedlung der deutschen Juden in anderen Staaten zu legen.

Fritz Kieffer hat eben diese Pläne zum Gegenstand einer Studie gemacht, die auf umfangreichen Archivrecherchen in Deutschland, Israel, den USA und Großbritannien basiert. Nach außen hin hatte sich die deutsche Regierung jede internationale Intervention zugunsten der emigrationswilligen Juden verbeten und entsprechende Verhandlungen mit dem Hochkommissar des Völkerbundes abgelehnt. Unter der Hand gab es jedoch ein jahrelanges Tauziehen um den Transfer des jüdischen Vermögens aus Deutschland. Mit dem Haavara-Abkommen, das seit 1933 den Vermögenstransfer zwischen Deutschland und Palästina regelte, war bereits ein Modell geschaffen worden, wie den emigrierenden Juden der Gegenwert ihrer in Deutschland zurückgelassenen Besitztümer in Palästina zumindest partiell ersetzt werden konnte, ohne daß dies den deutschen Fiskus Devisen kostete. Auf Seiten der nicht-zionistischen jüdischen Organisationen war das Abkommen jedoch höchst umstritten. Insbesondere Anhänger der antideutschen Boykottbewegung befürchteten, daß eine Übertragung des Modells auf andere Länder der deutschen Wirtschaft zugute kommen und somit das NS-Regime letztlich gestärkt würde.

Mitte der 1930er Jahre präsentierten sowohl der Hamburger Bankier Max Warburg als auch der britische Kaufhausbesitzer Simon Marks Pläne zur Finanzierung der jüdischen Emigration aus Deutschland, die auch mit Vertretern der Reichsbank und des Reichswirtschaftsministeriums verhandelt wurden, letztlich jedoch vor allem an den Vorbehalten der Boykott-Anhänger scheiterten.

Der Schwerpunkt von Kieffers Studie liegt nicht auf diesen Plänen, sondern auf den Verhandlungen rund um die Konferenz von Evian im Juli 1938. Statt der erhofften internationalen Lösung des Flüchtlingsproblems hatte die Konferenz deutlich gemacht, daß kein Land – zumal in Zeiten von Wirtschaftskrise und Arbeitslosigkeit – bereit war, mittellose Juden in größerer Zahl aufzunehmen. Doch wenige Monate später gelang es dem in Evian konstituierten Intergovernmental Committee (IGC), die Auseinandersetzungen über einen Vermögenstransfer neu zu beleben und in geheime Verhandlungen mit Reichsbankpräsident Hjalmar Schacht einzutreten. Im IGC waren mit Großbritannien, Frankreich, den USA und den Niederlanden diejenigen Staaten repräsentiert, die bis dahin die meisten Flüchtlinge aufgenommen hatten. Der Transfer des jüdischen Vermögens aus Deutschland würde, so hofften sie, die Voraussetzung für großangelegte Siedlungsprojekte in Lateinamerika oder Afrika schaffen. Gegen einen Export deutscher Industriewaren, der den Transfer ermöglichen sollte, hatten sie jedoch Einwände, weil dadurch die Marktchancen britischer, amerikanischer oder französischer Produkte geschmälert würden. Heftig umstritten waren auch die Modalitäten einer Vorfinanzierung der Emigration durch Kredite oder Spenden, da diese indirekt der deutschen Wirtschaft zugute kommen könnten. Ferner bemühten sich die IGC-Staaten, die Vorfinanzierung der jüdischen Massenauswanderung den internationalen Hilfsorganisationen aufzubürden.

Dies bedeutete jedoch, über den zweiten Schritt zu streiten, bevor der erste überhaupt getan war. Denn in den Verhandlungen mit der deutschen Seite hatte das IGC zugesagt, eine Liste von Staaten vorzulegen, in denen die Juden angesiedelt werden könnten. Gedacht war dabei etwa an Siedlungsprojekte in Britisch Guyana, Nord-Rhodesien oder auf den Philippinen, doch ausgeführt wurde keiner dieser Pläne. Ein formelles Abkommen zwischen dem ICG und Deutschland kam nie zustande, lediglich ein vertrauliches Memorandum. Das Gerangel um die praktische Umsetzung zog sich bis kurz vor Kriegsbeginn hin. Die Haupthindernisse, so Kieffer, lagen dabei nicht auf der deutschen Seite, für die die avisierte Finanzregelung eine Massenemigration der Juden ohne größere Deviseneinbußen ermöglicht hätte, sondern in der Uneinigkeit der IGC-Staaten und der Hilfsorganisationen. Als schließlich im August 1939 eine Einigung absehbar wurde, war es für die geplante »geordnete Auswanderung« bereits zu spät.

Kieffer skizziert nicht nur die Positionen der beteiligten Nationalstaaten, sondern geht auch differenziert auf die Pläne und Kontroversen innerhalb der jüdischen Organisationen ein, die in den Verhandlungen eine wichtige Rolle spielten. Allerdings ist die kleinteilige Schilderung, in der Kieffer sich, eng an den Zitaten klebend, von einer unergiebigen Konferenz zur nächsten hangelt, mitunter ermüdend und manchmal konfus. Eine kompaktere Darstellung der zur Debatte stehenden Transfermodelle mit einer hinreichenden Erläuterung des finanzwirtschaftlichen Vokabulars und vor allem einem Namensregister wäre wünschenswert gewesen. Die deutschen Bemühungen, die jüdische Auswanderung möglichst ohne finanzielle Einbußen zu erzwingen, und die Devisen nicht zuletzt für Rüstungszwecke zu reservieren, stellt der Autor meist als finanzpolitische Sachentscheidungen dar, ohne jedoch die politische Dimension der Vorgänge zu erfassen. Dennoch ist Kieffers Buch, gerade weil er die unterschiedlichen Perspektiven der deutschen Behörden, der Regierungen der Aufnahmeländer sowie der in Emigrationsfragen engagierten jüdischen Organisationen im Blick hat, für die weitere Diskussion über die jüdische Auswanderung und die Migrationspolitik der Zufluchtsstaaten unverzichtbar.

Susanne Heim, Berlin

Kiran Klaus Patel, »Soldaten der Arbeit«. Arbeitsdienste in Deutschland und den USA 1933-1945 (= Kritische Studien zur Geschichtswissenschaft, Bd. 157), Vandenhoeck & Ruprecht, Göttingen 2003, 459 S., 49,90 Euro.

Diese Dissertation wird ein Standardwerk zur NS-Geschichte nicht nur deshalb werden, weil Patel mit seiner Darstellung des Reichsarbeitsdienstes (RAD) und dessen Vorläufers, dem Freiwilligen Arbeitsdienst (FAD), eine Forschungslücke schließt und zudem mit der im RAD besonders zugespitzten Militarisierung der Arbeit ein Signum des NS-Regimes erfaßt. Vorbildlich ist vor allem auch der Vergleich des RAD mit dem in seinen Grundstrukturen ähnlichen Civilian Conservation Corps (CCC) der Roosevelt-Ära. Patel vermag durch den Vergleich Spezifika des deutschen Arbeitsdienstes genauer als bei einer isolierten Betrachtung herauszuarbeiten. Zwar wurden Ende der zwanziger Jahre in zahlreichen europäischen Ländern Arbeitsdienste eingeführt; in Bulgarien existierte ab 1920 sogar eine Arbeitsdienstpflicht (S. 13). Der deutsche und der US-amerikanische Arbeitsdienst waren jedoch mit Abstand die größten und international zudem die prominentesten. Nicht zuletzt »theoriepolitisch« erscheint der von Patel vorgenommene Vergleich eines zentralen Aspekts des NS-Regimes und der Roosevelt'schen USA wichtig – angesichts einer bundesdeutschen NS-Historiographie, die immer noch zu großen Teilen auf die sattsam bekannten Totalitarismustheorien fokussiert ist und häufig selbst einer vergleichenden europäischen Faschismus-Theorie mit Skepsis begegnet.

Eingangs skizziert Patel die kurze Geschichte des vor allem von rechtskonservativen und frühfaschistischen Strömungen geforderten, Mitte 1931 institutionalisierten FAD der Weimarer Republik. Ausführlicher thematisiert er die Rolle Konstantin Hierls, der schon 1923 in einer Denkschrift an Reichswehrminister Hans von Seeckt die Durchsetzung einer »staatlich organisierten, allgemeinen Dienstpflicht [...] über einen coup d'état eines ›nationalen‹ Diktators« forderte (S. 61). Die unter Hierl, der 1933 zum Reichsarbeitsführer aufstieg, durchgeführte »Gleichschaltung« und Umformung des FAD zum RAD erwies sich nach Patel zunächst als »Fehlstart«. Die Mehrheit der »geschulten« Arbeitsdienstführer quittierte den Dienst, in einzelnen Regionen waren dies bis zu 80 Prozent des gesamten Führungspersonals (S. 94 u. 96 f.). Relativ bald freilich etablierte sich der neue Arbeitsdienst als integrales Element des NS-Systems. Ein entscheidender Schritt, der die von Anbeginn gewollte Militarisierung des RAD beschleunigte, war der Bau des sogenannten Westwalls. Dabei wurden seit Spätsommer 1938 bis zu 100.000 »Reichsarbeiter« de facto als Bautrupp der Wehrmacht beschäftigt (S. 107 u. 364). Organisationsgeschichtlich war dies nach Patel eine tiefere Zäsur als der September 1939 (S. 117 f.). Nach Kriegsbeginn setzte sich die Tendenz, den RAD zu einem unmittelbaren Bestandteil der militärischen Infrastruktur zu machen, lediglich fort: zunächst durch den Bau von Behelfsrollbahnen, Feldflugplätzen und Munitionslagern, später mit dem sogenannten Atlantikwall und den Abschußrampen für die V2. Spätestens ab 1943 degenerierte der RAD zu einem bloßen »Anhängsel der Wehrmacht« (S. 109).

Schon frühzeitig waren Teile des RAD in die Repressionspolitik der NS-Diktatur involviert, indem sie etwa das KZ Dachau aufbauten oder andere frühe Konzentrationslager bewachten. Seit dem Überfall auf die Sowjetunion wurde der RAD von der Bautruppe zu einer regulären Einheiten auffallend ähnlichen »kämpfenden Hilfstruppe« (S. 416). Arbeitsdienstleistende wurden an der Ostfront mit der Bewachung von Kriegsgefangenenlagern beauftragt und beteiligten sich an der Bekämpfung von »Partisanen«. Darüber hinaus waren kleine Teile des RAD in die Verfolgung und Vernichtung der europäischen Juden involviert.

Fataler noch als die unmittelbare Beteiligung an der Repressionspolitik war die strukturelle rassistische Segregation. Durch den RAD wurden seit der Einführung der »Arbeitsdienstpflicht« 1935 zuvor unauffällige Deutsche als Juden stigmatisiert, weil sie als nicht »arbeitsdienstfähig« galten (S. 141). Während der RAD schon früh Juden ausschloß, mutierte die Organisation während des Krieges bei der »Germanisierungspolitik« zu einer Inklusionsinstanz. Aus den besetzten Teilen Europas wurden nach rassistischen Kriterien »eindeutschungsfähige« Männer aufgenommen; sie konnten die »deutsche Staatsangehörigkeit auf Widerruf« erhalten (S. 142 f.). Noch auf einer dritten Ebene wurde der Arbeitsdienst zur Selektionsinstanz: als politischer Filter für den Nachwuchs der NSDAP und der Deutschen Arbeitsfront (DAF). Nur wer durch seine »Schule« gegangen war, erhielt das Privileg, Mitglied beziehungsweise Funktionär der beiden großen NS-Organisationen zu werden (S. 132).

Für sich genommen, war die ideologische Indoktrination beim RAD bestenfalls begrenzt erfolgreich, zumal die »Erziehung« gegenüber dem »Arbeitseinsatz« im Laufe der Zeit in den Hintergrund trat. Allerdings, so betont Patel zu Recht, lasse »sich der Einfluss dieser einen Sozialisationsinstanz nicht isolieren«. Als Teil des Ganzen war der RAD nämlich durchaus erfolgreich. Die nachhaltige Wirkung zeigt nicht zuletzt der Blick in die Memoirenliteratur. Hier konnte sich der RAD ein positives Image konservieren; herausgehoben wurde vor allem die vermeintliche »Überwindung von Klassen- und Standesdünkel« (S. 270 f. u. 409).

Im Unterschied zum RAD, bei dem die politische »Erziehung« von Anbeginn im Vordergrund stand, waren beim CCC die Erziehungskonzepte anfangs wenig elaboriert, teilweise konfligierten sie. Mitte der dreißiger Jahre setzte sich die auf Unterordnung und Disziplinierung zielende Strömung um Roosevelt und den Leiter des CCC, Robert Fechner, einem eher konservativen Gewerkschaftsführer aus den Südstaaten, gegen die »Progressives« durch (S. 272 ff.). Wie sehr sich die politischen Lager polarisierten, zeigt sich unter anderem daran, daß in manchen CCC-Lagern linke und auch linksliberale Publikationen ausdrücklich verboten wurden (S. 293). Insgesamt jedoch blieben die Erziehungskonzepte des CCC deutlich pragmatischer und liberaler als beim RAD.

Beide Dienste nahmen ähnliche Projekte in Angriff; Schwerpunkte waren Bodenverbesserung, Straßen- und Wegebau. Ein Spezifikum des RAD war die Errichtung deutschtümelnder »Thingstätten« (S. 314 ff.). Für Roosevelt stand die ökologisch motivierte Sorge um die Wälder mindestens gleichrangig neben dem Aspekt der Arbeitsbeschaffung (S. 50 u. 376). Eine noch größere Differenz markiert der Grad der Technisierung. Die RAD-Projekte waren ausgesprochen arbeitsintensiv, Maschinen kamen kaum zum Einsatz (S. 189 u. 309). Infolgedessen blieb die Arbeitsproduktivität deutlich geringer; sie lag oftmals lediglich bei gut 30 Prozent der eines freien Lohnarbeiters (S. 317 u. 325). Demgegenüber verfügten viele CCC-Camps seit Mitte der dreißiger Jahre über größere Maschinenparks. Patel argumentiert mit einer angeblich starken »Technikfeindlichkeit« der Nationalsozialisten. Dieses Argument ist jedoch zu relativieren: Wenn es eine solche Abneigung überhaupt jemals gegeben hat, dann wich sie sehr schnell einer ausgeprägten Technikeuphorie. Die Gründe für die bleibende Arbeitsintensität der Projekte des RAD dürften vor allem in der »Arbeitserziehung« zu suchen sein, die an das von Michel Foucault beschriebene frühindustrielle Konzept der Disziplinierung des modernen Menschen durch Arbeit anknüpfte – wie es namentlich im frühneuzeitlichen »Arbeitshaus« (das als Institution bis in die erste Hälfte des 20. Jahrhunderts weiterbestand) Ausdruck fand. Foucaults »Überwachen und Strafen« findet sich zwar in der Bibliographie; die arbeitspädagogischen Konzepte beider Dienste werden jedoch nicht systematisch auf dieses epochale Werk bezogen.

Trotz der von Patel keineswegs heruntergespielten Diskriminierung der »African Americans« entwickelte der CCC kein »funktionales Äquivalent« zum Antisemitismus und Rassismus des RAD (S. 411). Auch die Vorbereitung auf einen künftigen Krieg spielte für den CCC (bis Dezember 1941) keine Rolle. Das war beim deutschen Dienst anders. Symptomatisch ist in dieser Hinsicht, daß der Begriff des »Soldaten der Arbeit«, der anscheinend auf Hierl zurückgeht, auf die »Reichsarbeiter« angewandt wurde und, wie Patel korrekt bemerkt, die Militarisierung der Arbeit während des »Dritten Reiches« generell widerspiegelt (S. 337). Wirklich populär wurde das Wort von den »Soldaten der Arbeit«, das schon bald die Militarisierung der Gesamtarbeiterschaft unmißverständlich zum Ausdruck bringen sollte, erst durch die 1937 verfaßte, enorm auflagenstarke Schrift Robert Leys mit dem gleichnamigen Titel, die Patel jedoch merkwürdigerweise nicht erwähnt. Auch sonst spricht Patel die – erheblichen – Berührungen mit der DAF nur am Rande an. Der Umstand, daß die von Hierl gegründete Organisation »Arbeitsdank«, die den Übergang der Arbeitsdienstleistenden in das normale Erwerbsleben erleichtern sollte, gemeinsam von RAD und DAF ausgebaut wurde, spielt keine Rolle.

Neben den deutlichen Unterschieden gab es zahlreiche Gemeinsamkeiten zwischen dem RAD und dem amerikanischen Arbeitsdienst: Die Dienstleistenden wurden auch beim CCC in Lagern untergebracht, die – so Patel in einer ausführlichen Darstellung der Binnenstruktur der Lager – militärischen Vorbildern nachgebildet waren. Daß bereits dies eine allgemeine Militarisierung beider Gesellschaften begünstigte, läßt sich daraus schließen, daß RAD und CCC auf ihrem Zenit zwischen 25 und 30 Prozent aller prinzipiell zugangsberechtigten Männer beschäftigten (S. 195 f.). Die RAD-Angehörigen wurden allerdings hermetischer, zumeist in abgelegenen ländlichen Regionen, von der Außenwelt abgeschirmt. Das Leben in den Lagern – in genormten Baracken, die später beispielsweise auch für Fremdarbeiter- und Konzentrationslager übernommen wurden – war sehr viel stärker reglementiert. In Anlehnung an Wolfgang Sofsky spitzt Patel dies auf die Formel zu: »Die Ordnung von Zeit und Raum ermöglichte den absoluten Zugriff auf die Individuen«.

In der Tat ist die »strukturelle Verwandtschaft der Lagersysteme von ›Volksgenossen‹ und ›Gemeinschaftsfremden‹ im Nationalsozialismus« frappierend (S. 209, 216 ff. u. 225). Gemein war beiden Arbeitsdiensten außerdem die öffentliche Wirkung. In der Gründungsphase noch umstritten – »It smacks of fascism, of Hitlerism« (S. 160) – entwickelte sich der CCC »zur populärsten Einrichtung des New Deal« (S. 165). Beim RAD wiederum trat die Funktionalisierung als »Instrument symbolischer Politik« besonders prägnant bei den Auftritten zehntausender »Arbeitsmänner« auf den Nürnberger Reichsparteitagen der NSDAP hervor.

Besonders spannend ist die gegenseitige Wahrnehmung beider Dienste. Wenig überraschend erscheint zunächst der Befund, daß die NS-Propaganda 1933/34 unter Verweis auf den CCC den Siegermächten des Ersten Weltkrieges die Harmlosigkeit des RAD zu suggerieren versuchte. Spätestens seit 1935 änderte sich dieser Kurs, und es wurde eine Überlegenheit des RAD behauptet, weil jenem ein auf die »Volksgemeinschaft« gerichtetes Erziehungskonzept zugrundeliege, während der CCC lediglich pragmatisch orientiert sei (S. 109). Der US-amerikanischen Öffentlichkeit diente der deutsche Arbeitsdienst als »abschreckendes Beispiel«, das wie »ein Menetekel über der gesamten Geschichte des CCC gelegen« habe (S. 192). Vor allem die Militarisierung des RAD wurde kritisch beäugt und damit eine wichtige Barriere errichtet, die bis zum Kriegseintritt der USA Ende 1941 eine stärkere promilitärische Zurichtung des CCC unterband. Bemerkenswert ist, daß beide Seiten keine Scheu hatten, dem jeweiligen Rivalen Einblick in den eigenen Organisationsalltag zu gewähren: Die Abteilungen für Öffentlichkeitsarbeit beider Dienste tauschten regelmäßig Informationsmaterial aus und pflegten dabei einen »freundlichen Umgangston«.

Roosevelt ließ sich »umfassend informieren und zeigte keine Scheu bei der »Anverwandlung deutscher Erfahrungen« (S. 290). Während die methodisch vorbildliche Transferanalyse ein entscheidender Vorzug der Arbeit ist, ist die manchmal ungenaue Begrifflichkeit ärgerlich, etwa die pauschalisierende Rede vom »politischen Radikalismus«. In den Vorstellungen vieler hätte sich der deutsche Arbeitsdienst als erfolgversprechendes Instrument nicht nur gegen »Apathie«, »Verwahrlosung« und »Kriminalität«, sondern auch gegen den »gewalttätigen politischen Radikalismus« angeboten (S. 44). Diese Formulierung, die eine Gleichrangigkeit des rechten und des linken Radikalismus und ebenso eine Gleichwertigkeit der von beiden Extremen ausgehenden Gewalt suggeriert, ist in zweifacher Hinsicht problematisch: Zum einen macht Patel selbst darauf aufmerksam, daß FAD und RAD vornehmlich von konservativen und rechtsextremen Organisationen und Strömungen forciert, gestützt und instrumentalisiert wurden (S. 37 ff.) und daß mithin von dieser Seite lediglich der linke Radikalismus durch die Einführung und Ausweitung des Arbeitsdienstes prophylaktisch bekämpft werden sollte. Zum zweiten haben neuere Untersuchungen, namentlich die vorzügliche Studie von Sven Reichardt zur deutschen SA und den italienischen Squadristi gezeigt, daß von einer »reaktiven Gewalt« oder gar »legitimen Reaktion« der Faschisten auf »die vorgängige kommunistische Gewalt« nicht gesprochen werden kann. Diese begrifflichen Ungenauigkeiten können das insgesamt sehr positive Bild jedoch nicht trüben. Abgerundet wird die Dissertation durch einen knappen, ausgesprochen lesenswerten Ausblick auf die positive Rezeption des RAD nach Kriegsende. Ein von 1957 datierender Gesetzentwurf für einen neuen Arbeitsdienst sah nicht etwa Arbeiten im sozialen Bereich vor, sondern wiederum Bodenverbesserung und Neulandgewinnung. Erschreckend auch, daß ein ZEIT-Artikel der Soziologin Sybille Tönnies von 1996, der ein Plädoyer für die Errichtung eines Arbeitsdienstes beinhaltete, eine Artikelserie mit beträchtlicher Resonanz auslöste (S. 419 f.). Möglicherweise, Patel nennt weitere Indizien, stehen uns auch künftig noch einige Debatten zum Thema Arbeitsdienst bevor – selbstverständlich in unverfänglicher »Reform«-Terminologie –, da die Abschaffung der Wehrpflicht absehbar ist und derzeit wenig dafür spricht, daß die Jugendarbeitslosigkeit sinkt. Patels Arbeit ist also, indem sie die historischen Wurzeln des Arbeitsdienstes freilegt, auch von unmittelbar aktueller Relevanz.

Rüdiger Hachtmann, Berlin

Michael Buddrus, Totale Erziehung für den totalen Krieg. Hitlerjugend und nationalsozialistische Jugendpolitik (= Texte und Materialien zur Zeitgeschichte, Bde. 13/1-2, hg. v. Institut für Zeitgeschichte), K. G. Saur, München 2003, 256 Euro.

Mit zwei Bänden und über 1.200 eng bedruckten Seiten hat Michael Buddrus, Mitarbeiter des Instituts für Zeitgeschichte in Berlin, die bislang umfänglichste Geschichte der Hitlerjugend (HJ) vorgelegt. Ganz zweifellos zeigt er sich mit dieser Arbeit als der vielleicht beste Quellenkenner zur NS-Jugend und belegt mit seinem Œuvre sinnfällig den Stellenwert einer Organisation, die ab Mitte der dreißiger Jahre die größte Gliederung der NSDAP und ihre einzige Nachwuchsorganisation war. Der Autor sieht den Schwerpunkt seiner Studie auf den Kriegsjahren, einem bislang vernachlässigten Zeitraum in der Geschichtsschreibung zur Hitlerjugend, doch gelingt ihm damit keine wirkliche Eingrenzung, denn er begreift den Krieg als die »eigentliche Zielsituation« (S. XV) der Organisation und behandelt die Friedensjahre entsprechend ausführlich.

Die Arbeit ist entlang von Sachthemen in zwölf Kapitel gegliedert. Diese folgen, wie der Anhang ausweist, der Struktur der Reichsjugendführung und beschreiben (mit wenigen Ausnahmen) deren Tätigkeitsfelder: den »Kriegseinsatz« der Hitlerjugend (Kapitel 1), die weltanschauliche »Schulung« (Kapitel 2), den Sport und die »vormilitärische Erziehung« (Kapitel 3). Der Entwicklung des HJ-Gesetzes ist das vierte Kapitel gewidmet. Es folgen Abschnitte zur ehren- und hauptamtlichen Führung, zur »Führerschulung« und zum Führerkorps (Kapitel 5), zum Reglementierungs-, Überwachungs- und Sanktionsapparat (Kapitel 6), zur Arbeitsorganisation und zum »Arbeitseinsatz« (Kapitel 7), zur »Landarbeit« (Kapitel 8), zur Auslandsarbeit (Kapitel 9), der Zusammenarbeit mit den Schulen (Kapitel 10), der sogenannten Gesundheitsführung (Kapitel 11) sowie zur Verwaltung und Finanzierung der Hitlerjugend (Kapitel 12). Dem Textteil nachgestellt ist ein umfangreicher Anhang mit Kurzbiographien von HJ-Führern und Führerinnen des Bundes Deutscher Mädel (BDM), die Buddrus aus den Akten des Bundesarchivs, darunter denen des ehemaligen Berlin Document Center, kompiliert hat. Jedoch brechen sämtliche Lebensläufe mit Kriegsende ab.

Schon die Anlage der Studie ist nicht analytisch. Sie macht sich über weite Strecken die Logik der Reichsjugendführung zu eigen und ist vor allem darum bemüht, möglichst umfassend verfügbares Quellenmaterial zusammenzutragen. Da die Überlieferung zur Hitlerjugend insgesamt lückenhaft ist, aber eine Flut von gedruckten Quellen vorliegt, die stark in diese Studie eingeflossen sind, verstärkt sich der Eindruck einer Sicht »von oben« aus der Perspektive der Hitlerjugend. Das Buch präsentiert eine unüberschaubare Fülle an Materialien. Unklar bleibt aber, welche Thesen gestützt, welche Erkenntnisse vermittelt werden sollen.

Dies liegt vor allem daran, daß Buddrus sich nicht systematisch mit der Sekundärliteratur auseinandersetzt. Grundtenor seiner Arbeit ist die Kritik an einer allgemein als unzureichend qualifizierten Forschungslage (S. XVII). Doch welche Ergebnisse diese Forschung bislang verzeichnete, was revidiert werden muß und welche neuen Erkenntnisse seine eigene Untersuchung erbringt, führt Buddrus kaum aus. Eine Ausnahme bildet das vierte, vielleicht originellste Kapitel seiner Studie, das die rechtliche Entwicklung der Hitlerjugend bis zur »Jugenddienstpflicht« im März 1939 behandelt. Detailliert stellt Buddrus hier die Motivlagen unterschiedlicher gesellschaftlicher Akteure dar, neben der Hitlerjugend vor allem das Militär und das Reichserziehungsministerium. Er zeichnet eine Entwicklung nach, die schließlich im HJ-Gesetz vom 1. Dezember 1936 und in den drei Jahre später erlassenen Durchführungsbestimmungen gipfelte. Dabei geht es ihm darum zu zeigen, daß von einer »Jugenddienstpflicht«, und damit vom Faktum einer Staatsjugend, wenn überhaupt, erst ab 1943/44 gesprochen werden kann. Die Mitgliedschaft in der Hitlerjugend – so seine Aussage – war de jure bis 1939 freiwillig. Buddrus belegt dies einerseits damit, daß mit dem HJ-Gesetz ein Anspruch von seiten des NS-Staates formuliert war, der erst durch den Erlaß der Durchführungsbestimmungen von 1939 rechtlich fixiert wurde. Jetzt drohten Eltern juristische Sanktionen, wenn sie ihre Kinder nicht in der Hitlerjugend anmeldeten. Andererseits, so Buddrus weiter, erfolgte die Erfassung der Jugendlichen – mit Hilfe der Schulen, später auch der Einwohnermeldeämter – bis weit in den Krieg hinein lückenhaft. Erst durch die Einführung verbesserter Erfassungsmethoden und insbesondere seit der Koppelung von Lebensmittelkarten an die Registrierung in der Hitlerjugend war »ein weitgehend realitätsnaher Überblick« (S. 290) über die zur »Jugenddienstpflicht« heranzuziehenden Kinder und Jugendlichen erkennbar. Dieser Befund ist sowohl richtig als auch falsch – und er ist nicht neu. Er ist richtig, sofern Buddrus sich an juristische und administrative Tatsachen hält, die er bis in die Details ausführt. Er ist falsch, weil Buddrus sich ausschließlich auf diese Zusammenhänge bezieht. Das muß Michael Buddrus bewußt gewesen sein, denn er zitiert Arno Klönne, der darauf hingewiesen hat, daß das bis 1939 bestehende Freiwilligkeitsprinzip als propagandistische Verbrämung des Totalitätsanspruches der Hitlerjugend gewertet werden muß (S. 270). Der Totalitätsanspruch war seit der NS-Machtübernahme evident. Er ist erkennbar in der Ernennung des Reichsjugendführers zum Jugendführer des Deutschen Reiches. Obwohl es der Titel suggeriert, war dies kein Staatsamt – Martin Broszat hat hierauf schon Ende der sechziger Jahre hingewiesen –, denn eine solche Funktion gab es vorher nicht. Doch schuf der Titel die Legitimation für den unrechtmäßigen Zugriff der Hitlerjugend auf immer weitere Teile der Jugend. Mag sein, daß erst 1939 der juristische Rahmen für die Schaffung einer Staatsjugend bestand und erst 1943/44 die administrativen Hilfsmittel für eine Totalerfassung der Jugendlichen zur Verfügung standen, für die Geburtsjahrgänge ab 1926 spielte dies kaum eine Rolle. De facto konnten sich zehnjährige Kinder seit 1935/36 nur vereinzelt und nur unter bestimmten örtlichen und sozialen Bedingungen dem Dienst in der Hitlerjugend entziehen, während ältere Jugendliche bis zuletzt den Zugriff von HJ und BDM abwehren konnten und dafür nicht einmal politische Gründe vorbringen mußten. Die Anmaßung einer lückenlosen Erfassung und Verwaltung, der für die NS-Politik generell kennzeichnend ist, schuf eigene Nischen, zumal unter den Bedingungen des »totalen Krieges«, dessen gesellschaftliche Realitäten Buddrus ausspart. Das zeigen Bücher wie die von Peter Brückner, Mark Roseman oder Gad Beck. Darin wird eine Wirklichkeit lebendig, die nicht nur vom nationalsozialistischen Willen, sondern ebenso vom Eigensinn der Menschen geprägt war. In Michael Buddrus' Arbeit spielt dies dagegen keine Rolle. Fast muß man sagen, daß der Autor – nolens volens – zum Bündnispartner derer wird, mit denen er nicht in einem Atemzug genannt werden darf. Unermüdlich versichern uns ehemals hochrangige Mitarbeiter der Reichsjugendführung, daß die Hitlerjugend eine Jugendbewegung und keine Zwangsorganisation gewesen sei. Buddrus läuft Gefahr, diesen Lügen Schützenhilfe zu leisten.

Der Perspektive »von oben« und der unzureichenden Einbindung anderer Quellen ist es geschuldet, daß die hochfliegenden Ansprüche, Anmaßungen und Ziele der NS-Jugendorganisation die Darstellung dominieren, aber unklar bleibt, wie und auf welche Weise sie verwirklicht wurden und was sie bedeuteten. Der totalitäre Charakter der Organisation war darin sichtbar, daß nichts dem Zufall überlassen blieb. Heißt dies im Umkehrschluß, daß alles geregelt war? Die weltanschauliche »Schulung« sei hier exemplarisch herausgegriffen: Natürlich ist es wichtig zu erfahren, welche Inhalte mit welchen Mitteln und zu welchen Zwecken auf den »Heimabenden« der Hitlerjugend vermittelt werden sollten. Schon weil davon auszugehen ist, daß mentale Sedimente dieser »Schulung« in die beiden deutschen Nachkriegsstaaten eingeflossen sind. Die bloße Auflistung von vorgegebenen Themen, die Buddrus liefert, genügt für die Darstellung von Kontinuitätslinien in die Nachkriegszeit jedoch nicht. Die Schulungsziele müssen einerseits in Bezug gesetzt werden zum Personal, also den Führern und Führerinnen, ferner zum Alter der Kinder, der zur Verfügung stehenden Zeit und den Curricula der Schulen. Andererseits sind bei der Beurteilung der mentalen Folgen der Erfassung in der NS-Jugendorganisation nicht nur ideologische Inhalte der »Schulung«, sondern auch die Aktivitäten selber bedeutsam. Über sie erfahren wir nichts.

Das Fehlen von Vergleichsmaßstäben führt manchmal zu fragwürdigen Verzerrungen, beispielsweise dann, wenn vom hohen musikalischen Niveau in den HJ-Kultureinheiten die Rede ist, obwohl Buddrus weiß, daß sich die Hitlerjugend renommierte musikalische Institutionen einverleibt hatte; er nennt zum Beispiel den Leipziger Thomanerchor. Auch bemächtigte sich die Hitlerjugend der musikpädagogischen Vorarbeiten der Jugendbewegung. Jedoch werden bei der Darstellung der Einrichtung von »Musikschulen für Jugend und Volk« im Jahre 1937 die bereits zwölf Jahre vorher gegründeten Volksmusikschulen nicht einmal erwähnt. Unverzeihlich ist das Fehlen jedes Hinweises auf Leo Kestenberg, den die Nationalsozialisten als Juden und Sozialdemokraten in die Emigration getrieben hatten, auf dessen musikpädagogische Ideen aber alle diese Reformversuche letztlich zurückgehen.

Methodisch fällt Buddrus' Studie hinter das zurück, was beispielgebend das Bayern-Projekt des Instituts für Zeitgeschichte in den achtziger Jahren erreicht hatte; alle neuen Ansätze der Geschichtswissenschaft bleiben ausgespart. Dies gilt für die Alltagsebene ebenso wie für die Erfahrungsgeschichte und nicht zuletzt für die Geschlechtergeschichte. Auch wenn Buddrus auf den letzten Seiten seiner Einleitung einschränkend vermerkt, daß die »Kriegseinsätze« des BDM nicht eigens behandelt würden: Sein Anspruch ist die Darstellung einer Gesamtgeschichte der Hitlerjugend, in die sich der Bund Deutscher Mädel als Teilorganisation integrierte. Das ist im Grundsatz legitim und könnte spannend sein. Daß zur Jugend beide Geschlechter gehören, war Bestandteil des Selbstverständnisses der Hitlerjugend. Dem schließt sich Buddrus an, übersieht aber – auch dies ist etablierter Forschungsstand –, daß sich die Zurechnung beider Geschlechter zu einer Jugend historisch erst in den dreißiger Jahren durchsetzte. Am Beispiel des Nationalsozialismus ließe sich zeigen, wie mit der sozialen Konkurrenz der Geschlechter erfolgreich Politik gemacht wurde, denn die beiden Geschlechter verhalten sich nicht additiv. Sie stehen in einem Bezug zueinander, der keineswegs eindeutig, sondern vielfach gebrochen ist. Die halbherzige Mitbehandlung des Bundes Deutscher Mädel um eines vermeintlichen Vollständigkeitsanspruches willen ist deshalb nicht nur irreführend, sondern unterschlägt auch eine wesentliche Dynamik der NS-Jugendorganisation.

Dagmar Reese, Berlin

Peter Süß, »Ist Hitler nicht ein famoser Kerl?« Graetz – Eine Familie und ihr Unternehmen vom Kaiserreich bis zur Bundesrepublik, Ferdinand Schöningh, Paderborn / München / Wien / Zürich 2003, 358 Seiten, 34,90 Euro.

Der Titel dieser Arbeit ist ein wenig irreführend. Während Zeithistoriker nach ihrer Lektüre vielleicht etwas enttäuscht sein werden, liefert sie für die Unternehmensgeschichte weit mehr, als man erwarten konnte. Die Enttäuschung wird da herrühren, daß zahlreiche Probleme und Fragestellungen, welche die Forschung in jüngster Zeit beschäftigt haben, nicht beantwortet werden. Das kann aber nicht dem Autor angelastet werden. Denn die Quellengrundlage ist äußerst dürftig. Das Unternehmen existiert schon lange nicht mehr, und der überlieferte Restbestand der Unternehmensakten umfaßt gerade einmal zehn Meter, davon nur ein Teil aus der NS-Zeit. Aus dieser Not macht der Autor aber eine Tugend und weitet den Untersuchungszeitraum von der Gründung der Grubenlampenfabrik Ehrich & Graetz in Berlin 1866 bis zur Verlagerung der Produktion aus dem bombenzerstörten Berlin am Ende des Zweiten Weltkriegs aus. Die Geschichte des Wiederaufstiegs in der Wirtschaftswunderzeit bis zum Verkauf des Unternehmens an die Standard Elektrik Lorenz im Jahr 1961 bildet nur mehr einen Ausblick.

Obwohl die Überlieferung für die Zeit vor 1933 deutlich schlechter ist als für die NS-Zeit, macht gerade die Analyse der langfristigen Entwicklung des Unternehmens den besonderen Reiz dieses Buches aus. Denn das Unternehmen, das im Laufe seiner etwa 100jährigen Geschichte eine Vielzahl von Produkten herstellte, erwies sich als außerordentlich flexibel und anpassungsfähig, bis der Mangel eines Nachfolgers aus der Familie ihm nach drei Generationen ein Ende setzte. Während dem informierten Leser vieles Typische für die NS-Zeit aus anderen unternehmenshistorischen Arbeiten bekannt vorkommt, erlaubt es der Vergleich der NS-Zeit mit den anderen Perioden der Firmengeschichte, das Besondere dieser Epoche herauszuarbeiten, wie es bisher nur wenige Unternehmensgeschichten geleistet haben. Leider erkennt der Autor diese Chance nicht in seiner ganzen Tragweite und fixiert sein Erkenntnisinteresse viel zu stark auf das Unternehmen im Nationalsozialismus. So erklärt sich auch der etwas dümmliche Titel dieser Arbeit.

Nach einer Einleitung, die die Tendenz hat, seit »Adam und Eva« alle Diskussionen vorzustellen, die in der Forschung über Unternehmen und Unternehmer im NS-Staat bisher geführt wurden, wird der Hauptteil chronologisch gegliedert, wobei jedes Kapitel dem gleichen Aufbau folgt: ordnungspolitische Rahmenbedingungen, Produktion und Organisation, Geschäftsentwicklung und »innerbetriebliche Entwicklungen«, womit insbesondere die industriellen Beziehungen gemeint sind. Diese Grundstruktur wird vom Autor souverän gehandhabt, indem er sie flexibilisiert und sich damit genügend Raum für Besonderheiten der jeweiligen »Epoche« verschafft.

Das Kapitel über das Kaiserreich zeichnet sich besonders durch die technikhistorische Analyse aus. Denn was in den 1860er Jahren noch ein innovatives neues Produkt war, die Petroleumbeleuchtung, wurde am Ende durch die elektrische Beleuchtung mehr und mehr auf eine Nischenexistenz abgedrängt. Die Diversifikationsstrategien des Unternehmens in die Gasbeleuchtung und – zunächst mit wenig Erfolg – in die elektrotechnische Produktion werden anschaulich herausgearbeitet. Sehr gut werden auch die Erfolgsbedingungen für die Umstellung des exportorientierten Unternehmens auf die Kriegswirtschaft analysiert (Zünderproduktion). Dabei beschränkt sich Süß nicht nur auf die technische Seite, sondern er untersucht auch die Finanzstruktur des Unternehmens. Dabei gelingt ihm der Nachweis einer Strategie, die auch bei der zweiten Umstellung auf Rüstungsproduktion nach 1933 von Bedeutung sein wird. Die Investitionen wurden dank der hohen Gewinne innerhalb kürzester Zeit abgeschrieben. Der Vorteil dieser Strategie bestand zum einen darin, daß die Gewinne bilanztechnisch vergleichsweise bescheiden erschienen, und zum anderen konnten auf diese Weise stille Reserven aufgebaut werden, die zur Verfügung standen, wenn das Unternehmen in der Nachkriegszeit wieder auf zivile Produktmärkte umstellen und dort seine Stellung wiedergewinnen wollte.

Einen der thematischen Schwerpunkte des Kapitels über die Weimarer Republik bildet die Diskussion um die Borchardt-These von der »kranken« Weimarer Wirtschaft. Süß bricht diese makroökonomische These auf die Unternehmensebene herunter und fragt danach, ob die Schwierigkeiten der Ehrich & Graetz AG während der Weltwirtschaftskrise tatsächlich durch die Überforderung des Unternehmens mit Löhnen und Sozialleistungen maßgeblich verursacht wurden. Dabei kommt er zu dem bemerkenswerten Ergebnis, daß die Eigenkapitalrentabilität dank der Exporterfolge seit 1926 etwa auf dem Niveau des Kaiserreichs lag. Die besonderen Probleme des Unternehmens ergaben sich daraus, daß die Abschreibungen – gemessen an den Möglichkeiten und auch in Anbetracht des Rationalisierungsaufwands – zu niedrig gewesen sind und die dadurch ausgewiesenen hohen Gewinne ausgeschüttet wurden. Als die Exportmärkte dann seit 1930 wegbrachen, hatte das Unternehmen keine stillen Reserven mehr, von denen es hätte zehren können.

Die Liquidität des Unternehmens war bedroht, und die Verluste waren exorbitant hoch, als die Nationalsozialisten die Macht übernahmen. Deren rüstungspolitische Maßnahmen und die zur Systemstabilisierung kamen der Ehrich & Graetz AG sofort zugute. So wurde noch im Jahr 1933 die Zünderproduktion, die in den Jahren zuvor kaum eine Rolle gespielt hatte, angekurbelt, und auch die Nachfrage nach Radiogeräten – eine Produktlinie, die das Unternehmen erst kurz vor der Krise aufgebaut hatte – stieg rapide an. Dem Unternehmenspatriarchen Max Graetz und seinem Sohn und Nachfolger Erich Graetz war klar, daß es die staatliche Nachfrage (Zünder) bzw. die staatlich induzierte Nachfrage nach Radiogeräten war, die das Unternehmen aus der Krise führte. Die Haltung der Unternehmer gegenüber dem Nationalsozialismus war deshalb eher von Opportunismus und weniger von ideologischer Übereinstimmung geprägt. Da liegt der Autor im Mainstream der Forschung.

Obwohl das Argument angesichts des unmittelbaren Nutzens der rüstungs- und propagandapolitischen Orientierung des NS-Regimes plausibel ist, unterschieden sich Vater und Sohn Graetz möglicherweise doch von der Mehrheit ihrer Unternehmerkollegen. Denn bereits in den zwanziger Jahren hatte die Unternehmensleitung erfolgreich versucht, eine »gelbe«, »völkisch« durchsetzte Liste für die Betriebsratswahlen auf die Beine zu stellen. Ob das Ziel dabei »nur« die Spaltung der Arbeitnehmerschaft war oder ob hierbei auch ideologische Motive eine Rolle spielten, wird nicht mehr zu klären sein. Letzteres ist aber in Anbetracht mancher Äußerungen von Max Graetz vor der »Machtergreifung« nicht ausgeschlossen. Leider enthält das Buch kaum Hinweise zum Schicksal jüdischer Angestellter. Sollte es im mittleren Management eines größeren Berliner Betriebes tatsächlich keine Juden gegeben haben, könnte auch das auf eine »völkische« Ausrichtung der Personalpolitik vor der »Machtergreifung« hindeuten. Auch diese Frage wird sich in Anbetracht der Quellenlage aber wohl nicht mehr beantworten lassen.

Bei der Beschäftigung von Zwangsarbeitern im Zweiten Weltkrieg folgt der Autor ebenfalls dem interpretativen Mainstream der Forschung. Handlungsspielräume der Unternehmensführung werden ausgelotet, und es wird festgestellt, daß diese Handlungsspielräume grundsätzlich zu Ungunsten der Betroffenen ausgelegt wurden. Die Darstellung der Lebens- und Arbeitssituation von Zwangsarbeitern ist recht ausführlich, da der Autor auf zahlreiche Interviews zurückgreifen konnte, die im Rahmen einer Diplomarbeit 1960 in der DDR geführt worden waren. Außerdem liegen die Erinnerungen eines französischen »Zivilarbeiters« und einer deutschen Jüdin im

»Arbeitseinsatz« vor, die bei der Graetz AG beschäftigt waren.

Eine Besonderheit des Zwangsarbeitereinsatzes bildeten die jüdischen Zwangsarbeiter, die gleichzeitig die erste Zwangsarbeitergruppe bei Graetz darstellten. Sie arbeiteten im Unternehmen seit 1940 bis Anfang 1943, als sie deportiert wurden. Sehr interessant ist in diesem Zusammenhang eine These zum Betriebsalltag, die von einer ehemaligen jüdischen Zwangsarbeiterin in der Rückschau aufgestellt wurde. Danach war das Verhalten der männlichen Kollegen ihr gegenüber weitaus »ritterlicher« als das Verhalten der Kolleginnen. Sie führt das darauf zurück, daß es die Männer nicht nötig hatten, ihr ihre Überlegenheit zu demonstrieren, während die deutschen Arbeiterinnen, die in der Betriebshierarchie ganz unten und damit unmittelbar über den Zwangsarbeitern angesiedelt waren, immer wieder das Bedürfnis hatten, sich ihrer Stellung zu vergewissern. Es würde sich lohnen, diese These einmal grundsätzlicher zu untersuchen und auch andere Berichte ehemaliger Zwangsarbeiter auf solche Beobachtungen hin abzuklopfen.

Neben der zu engen Fixierung der Einleitung auf die NS-Zeit, die zum Glück im Schlußkapitel nicht ganz so ausgeprägt ist, sind auch die biographischen Aspekte dieser Unternehmensgeschichte nicht gut gelungen. Das Material ist einfach zu dünn – eine Familienüberlieferung stand nicht zur Verfügung –, um ein sozialhistorisches Interesse an der Unternehmerfamilie Graetz im Untertitel zu formulieren. So erfahren wir nichts über die Heirats- und Verkehrskreise oder über die Beziehungen der Familienmitglieder untereinander. Etwas ärgerlich ist in diesem Zusammenhang die »Küchenpsychologie«, die der Autor gelegentlich bemüht, um unternehmerisches Verhalten zu »erklären«. Hier wäre weniger mehr gewesen. Zu kritisieren ist auch die Tatsache, daß der Autor seine Arbeit für die Drucklegung nicht mehr aktualisiert hat. Das in der Zwischenzeit erschienene Buch von Bernhard Lorentz über Heinrich Dräger und das Drägerwerk (ein Unternehmen von vergleichbarer Größe, das einen ähnlichen Spagat zwischen ziviler und Rüstungsproduktion auszuhalten hatte) hätte gerade für die NS-Zeit eine vorzügliche Vergleichsfolie abgegeben. Süß wäre dann noch weniger auf die Uralt-Debatten über »Primat der Politik« und »Primat der Wirtschaft« als theoretischer Klammer angewiesen gewesen.

Grundsätzlich handelt es sich aber um eine überaus gelungene Studie, die reich bebildert ist. Sie reiht sich ein in die vorzüglichen zeit- und unternehmenshistorischen Arbeiten, die in den letzten Jahren bei Schöningh erschienen sind.

Dieter Ziegler, Bochum

Uwe Mai, »Rasse und Raum«. Agrarpolitik, Sozial- und Raumplanungen im NS-Staat, Ferdinand Schoeningh, Paderborn / München / Wien / Zürich 2002, 445 S., 65,40 Euro.

Die menschverachtenden, brachialen Neuordnungspläne der Nationalsozialisten vor allem für die seit 1941 okkupierten Regionen der Sowjetunion sind bisher aus der »planerischen« Perspektive der Experten (Götz Aly / Susanne Heim u.a.), aus institutionengeschichtlicher Sicht (wie unlängst in der wichtigen Arbeit von Isabel Heinemann) und mit Blick auf die betroffenen Regionen und Länder betrachtet worden (so u.a. in der bahnbrechenden Studie von Christian Gerlach). Uwe Mai kehrt die Perspektive radikal um und vermittelt uns dadurch in vielerlei Hinsicht neue Erkenntnisse auch über die europaweiten Neuordnungspläne des NS-Regimes: Die riesigen, vorgeblich »menschenleeren Räume«, die die SS durch Vernichtung und

Vertreibung beziehungsweise Ghettoisierung und Versklavung der einheimischen Bewohner schaffen wollte, sollten in einem (parallel einsetzenden) zweiten Schritt neu besiedelt werden – und zwar durch möglichst »rassegesunde, hochwertig arische« Bauern. Woher aber sollten diese »Neusiedler« und bodenverhafteten »Herrenmenschen« kommen? Vor allem dieser Frage geht Uwe Mai nach.

Das Reservoir für die »Neubesiedlung« Osteuropas sollte insbesondere die bäuerlich geprägte Bevölkerung im »Altreich« sein. Dies ist der Ausgangspunkt der vorliegenden Darstellung. Mai geht es im wesentlichen um zwei Themen: erstens um den Konflikt zwischen Reichslandwirtschaftsminister Richard Walther Darré und Reichsführer SS Heinrich Himmler, der sich nicht auf eine bloß machtpolitische Rivalität reduzieren läßt, sondern auch Ausdruck zweier unterschiedlicher Varianten rassistischer Neuordnungskonzepte war (S. 153 u. 285). Zweitens zeigt Mai überzeugend, daß die »Ostplanungen« nur Teil einer gigantischen europaweiten rassistischen Neuordnungskonzeption des NS-Regimes waren. Zum ersten Themenkomplex: Darré, wie Himmler ein ausgebildeter Landwirt, wollte das Bauerntum im »Altreich« zur »rassistischen Auffrischung des deutschen Volkskörpers« pflegen (S.109 u. 336). Dieser »Blut und Boden«-Rassismus war defensiver als derjenige Himmlers. Darré wollte die langfristige »Aufartung« des deutschen Volkes mit Hilfe des besonders »rassegesunden« Bauerntums über Generationen hinweg. Himmler dagegen schwebte ein riesiges »germanisches Reich deutscher Nation« vor, das als »Pflanzstätte germanischen Bluts« mit einer Bevölkerung von »500-600 Millionen Germanen« bis zum Ural reichen sollte (S. 311). Dies ließ sich in seiner Perspektive nur mit einer sehr großen Anzahl mobiler und ansiedlungswilliger »Blutsdeutscher« realisieren.

Je ausgreifender die neu zu besiedelnden Räume wurden, desto größer die Not Himmlers, solche Siedlerpotentiale zu finden. Ende 1942 wollte er deshalb in großem Maßstab niederländische Gärtner und Fischer in Weißrußland als Betriebsführer ansiedeln, und Ende 1943 plante er zudem, 30 Prozent der Bevölkerung Luxemburgs in sowjetische Regionen zu »verpflanzen« (S. 316 f. u. 324). Während Darré über mehrere Generationen das »Altreich« unter rassistischen Prämissen neu ordnen wollte, war es für Himmler nur ein »Bluts«-Reservoir für die Besiedlung des (nach der Vertreibung beziehungsweise Versklavung der Juden und slawischen, »minderwertigen« Völker) riesigen Raumes im Osten Europas; das »Altreich« wäre langfristig zum Appendix des neuen »Germanischen Reiches« geworden (S. 127 ff. u. 318). Himmler konnte sich selbst gegenüber Darré nicht komplikationslos durchsetzen. Darré war zunächst in einer starken Stellung, da er über die Ressource »Bauern im Altreich« verfügte (S. 133 ff.). Seine Macht schwand ab 1939/40 jedoch in dem Maße, in dem im Osten neue »Siedlungsräume« erobert wurden; zudem gelang es Himmler gegen zahlreiche Widerstände seit 1942, allmählich die Verfügungsgewalt auch über die Siedlerpotentiale im »Altreich« und in den neuen »Reichsgebieten« im Westen an sich zu ziehen.

Himmler verfolgte im Einklang mit Hitler den rassistisch grundierten Griff nach der absoluten Weltmacht; der Reichsführer SS war »von der Schicksalhaftigkeit der bevorstehenden finalen Auseinandersetzung zwischen den Germanen und der übrigen Welt« überzeugt – und konzipierte seine Pläne zur Besiedlung des »Ostraumes« entsprechend (S. 292). Nachdem er gegenüber Darré definitiv Oberwasser bekommen hatte, orientierten sich die Planungen für den Neuaufbau in den eroberten Gebieten nicht mehr an den Plänen für eine Neuordnung des »Altreiches«, sondern diese mußte sich umgekehrt an den »Erfordernissen für die neuen Ostgebiete orientieren« (S. 288). Himmler begnügte sich überdies nicht allein mit dem »Osten«. Er nahm das gesamte NS-beherrschte Europa in den Blick; die bisher bekannten vier Varianten des »Generalplans Ost« wurden durch einen gesamteuropäischen »Generalsiedlungsplan« abgerundet (S. 317). Nicht zuletzt wollte Himmler auch als Begründer eines neuen »deutschen« Burgund, mit den umgesiedelten Südtirolern als Kerngruppe, in die künftige »germanische« Geschichte eingehen (S. 296, 298 u. 317). Dieses neue Burgund hätte als »eine Art SS-Musterstaat« wie das mittelalterliche Burgund – das als politische Einheit nicht einmal 150 Jahre währte, jedoch wegen der Nibelungen mythischen Charakter hatte – von der Kanalküste bis zum Mittelmeer reichen sollen.

Die Entmachtung Darrés, so Mai in deutlicher Gegenposition zu Aly/Heim und anderen, war nicht etwa Ausdruck einer zunehmenden, mit der wachsenden Dominanz von Experten einhergehenden Rationalität, also einem Ende der ideologischen Phase, sondern Resultat eines ideologischen Paradigmenwechsels von der allmählichen rassistischen »Aufnordnung« der Bevölkerung des »Altreichs« hin zur aggressiv-imperialistisch, gleichfalls rassistischen »Germanisierung« vor allem Osteuropas, aber auch kleinerer Teile Westeuropas in möglichst kurzer Zeit (S. 78 u. 359 f.). Das Hauptproblem Himmlers bestand in der Beschaffung von Siedlern aus dem »Altreich«. Der dortige »Ostwille« war gering; was sich mancherorts in widerständigen Aktionen entlud (S. 256 f. u. 358). Ein zweites Problem, das sich Himmler in seiner Funktion als Reichskommissar für die Festigung deutschen Volkstums stellte, war der regionale Partikularismus. Die Ressource »deutsches Blut« verschaffte den NSDAP-Gauleitern erhebliche Spielräume, zumal es keine Reichsplanungsbehörde gab, über die Himmler sich leichter hätte durchsetzen können. Die Gauleiter hatten bereits Ende 1938 im Kontext des Westwallbaues selbständig mit großangelegten Umsiedlungen begonnen, die sie im Zuge des Wiederaufbaus kriegszerstörter Dörfer im Westen 1940 fortsetzten. Welch unterschiedliche Konzepte die Gauleiter und Behörden in den verschiedenen Regionen verfolgten, zeigt Mai ausführlich. Besonders Josef Bürckel, der für sich in Anspruch nahm, im Westen einen »Blutswall« gegen die »volksfeindlichen« Franzosen zu errichten, tat sich mit eigenen regionalen Raumordnungsprogrammen hervor und konnte bis in die letzten Kriegsjahre Kompetenzansprüche Himmlers abwehren.

Weitere Themen, die Mai diskutiert, seien wenigstens erwähnt: Dazu gehört die Rolle der Wissenschaft für die rassistische Politik, der Enthusiasmus der Planungsexperten (unter Führung des berüchtigten Konrad Meyer, aber auch des ebenfalls beteiligten Arbeitswissenschaftlichen Instituts der Deutschen Arbeitsfront). Kursorisch vergleicht er außerdem Darrés Siedlungskonzept mit der preußisch-deutschen Siedlungsplanung vor 1933, ein wichtiger Aspekt, der sich vertiefen und auf die Frage zuspitzen ließe, ob mindestens Teile des NS-Regimes nicht einfach »nur« die Peuplierungs-Politik des preußischen Kameralismus des 19. Jahrhunderts unter rassistischen Vorzeichen fortgesetzt haben; Kontinuitäten jedenfalls sind nicht zu übersehen. Eher beiläufig skizziert Mai die nach 1945 in der Bundesrepublik erfolgreiche Strategie der nazistischen Technokraten der europäischen Vertreibung und Neuansiedlung, die sich im Rahmen der »Entnazifizierung« als unpolitische, rationale Planer gerierten. Abgerundet wird der Band durch einen vorzüglichen Abbildungs- und Kartenteil sowie ein elaboriertes Register.

Rüdiger Hachtmann, Berlin

Isabel Heinemann, »Rasse, Siedlung, deutsches Blut«. Das Rasse- und Siedlungshauptamt der SS und die rassenpolitische Neuordnung Europas (= Moderne Zeit. Neue Forschungen zur Gesellschafts- und Kulturgeschichte des 19. und 20. Jahrhunderts, Bd. II, hg. v. Ulrich Herbert und Lutz Raphael), Wallstein, Göttingen 2003, 704 S., 50 Euro.

Maria Hanfova hatte »Glück«: Als Racheakt für das Attentat auf Reinhard Heydrich in Prag legte die SS am 9. und 10. Juni 1942 das Dorf Lidice in Böhmen in Schutt und Asche. Die 199 männlichen Bewohner wurden sofort erschossen, die 184 Frauen kamen in das KZ Ravensbrück. Die 98 Kinder wurden jedoch von Eignungsprüfern der SS auf ihre »Eindeutschungsfähigkeit« untersucht. Die zwölfjährige Maria kam zunächst in ein Kinderheim, dann in eine deutsche Familie nach Dessau, die ihr den Namen Magda Richter gab. Schließlich wurde sie in die Hitlerjugend aufgenommen und besuchte eine deutsche Schule, ehe sie Ende 1945 zu Verwandten in die Tschechoslowakei zurückkehren konnte. Die Kinder hingegen, die als »unerwünschter Bevölkerungszuwachs« eingestuft worden waren, brachten die Deutschen in das Vernichtungslager Chelmno, wo sie ermordet wurden.

Die rassische Überprüfung wurde von Experten des 1932 gegründeten Rasse- und Siedlungshauptamtes (RuSHA) der SS durchgeführt. Wer waren diese Männer und worin bestanden ihre Aufgaben? Diesen Fragen geht die Freiburger Historikerin Isabel Heinemann in ihrer Dissertation nach. Hatte der Auftrag der Funktionäre des RuSHA bis 1938 vornehmlich darin bestanden, den »Rassewert« von SS-Männern und ihren Bräuten zu ermitteln und damit die rassische Reinheit von Hitlers Elitetruppe zu sichern, so bildeten die Annexion der Tschechoslowakei und die »Germanisierung« Böhmens und Mährens den Auftakt zu einem weitaus umfangreicheren Projekt. SS-Einheiten besetzten das Zentrale Bodenamt in Prag, um tschechisches Grundeigentum zu enteignen und zugunsten deutscher Unternehmen und künftiger SS-Bauern zu beschlagnahmen. Unter den Bedingungen des Krieges sollte endgültig mit der »völkischen Flurbereinigung« begonnen werden, um die Vision eines »Großdeutschen« (später »Großgermanischen«) Reiches Realität werden zu lassen. Hauptaufgabe der Rasseprüfer war es, die Bevölkerung in den besetzten Gebieten nach Rassen- und Volkszugehörigkeit zu erfassen und zu hierarchisieren. Schätzungsweise vier Millionen Menschen wurden bis 1945 im besetzten Europa von Mitarbeitern des RuSHA nach ihrem rassischen Wert klassifiziert. In ganz Europa sollte »verloren gegangenes deutsches Blut« zurückgewonnen werden, um zu verhindern, die Erbsubstanz »stammesfremder Völker« zu stärken. Auf vermeintlich rationaler Grundlage wurde bei der Begutachtung zwischen »Eindeutschung«, Umsiedlung, Einweisung in Lager, Ausbeutung der Arbeitskraft und »Ausmerze« unterschieden.

Das Experimentierfeld der Politik von Rassenselektion und Zwangsvertreibung war Polen. Den eingegliederten Gebieten ist dementsprechend das längste Kapitel der Arbeit gewidmet. Unter Federführung des Reichskommissars für die Festigung deutschen Volkstums (RKF) Heinrich Himmler wurden die annektierten westpolnischen Gebiete »eingedeutscht«, indem man die gesamte jüdische Bevölkerung zunächst »nach dem Osten« – zumeist ins Generalgouvernement – vertrieb, große Teile der polnischen Bevölkerung ebenfalls verjagte und deren Besitztümer »volksdeutschen« Umsiedlern aus dem sowjetisch besetzten Baltikum und anderen Teilen der Sowjetunion übertrug. Der »Osten«, zitiert Heinemann den vom Germanenkult begeisterten Himmler, sollte zu einer »blonden Provinz« werden. Bis auf die jüdische Bevölkerung wurden alle Bevölkerungsgruppen geprüft und klassifiziert: die zuziehenden ebenso wie die ansässigen »Volksdeutschen« und die vertriebenen Polen. Nur die nach SS-Meinung »rassisch Wertvollen« sollten sich ansiedeln dürfen, die anderen – weniger wertvollen »Volksdeutschen« und doch wertvollen Polen – sollten zur »Assimilierung« ins »Altreich« gebracht werden. Alle anderen wurden zur Zwangsarbeit eingesetzt oder ins Generalgouvernement deportiert und dort sich selbst überlassen. Als »asozial« Gebrandmarkte kamen sie ins KZ oder wurden umgebracht.

Die Rasseexperten der SS betrieben ihre »völkischen« Ausleseaktivitäten nicht nur im besetzten Europa, sondern ab Mitte 1942 auch im »Altreich«. Der Arbeitseinsatz der Zwangsarbeiter und Kriegsgefangenen aus der Sowjetunion und Polen hatte im Reich »rassebiologische Gefahren« heraufbeschworen. Gleichzeitig war es arbeitspolitisch höchst widersinnig, schwangere Zwangsarbeiterinnen nach Hause zurückzuschicken oder Ostarbeiter mit dem Tode zu bestrafen, wenn sie verbotene Kontakte zu Deutschen unterhalten hatten. Mit der Rasseprüfung auffällig gewordener ausländischer Arbeitskräfte und ihrer Kinder stand ein Instrument zur Verfügung, die rassepolitischen Zielsetzungen auch mit den Erfordernissen des Arbeitsmarktes – zumindest bei denjenigen, die sich als »gutrassig« klassifizieren ließen – in Einklang zu bringen. Gleiches galt für die Erfordernisse der Wehrpolitik. Wenn es um die Rückgewinnung »verschütteten germanischen Blutes« ging, war nicht nur der Einsatz polnischer Hausmädchen, sondern auch ukrainischer SS-Männer und »volksdeutscher« Soldaten ideologisch vertretbar. Selbst in den letzten Jahren des NS-Regimes waren die SS-Rasseexperten eifrig:

Sogar die wegen des Vorrückens der Roten Armee hastig in den Warthegau zurückgeführten »Volksdeutschen« aus der Ukraine sowie diejenigen von der Krim wurden noch 1944 rassisch überprüft, immerhin fast 250.000 Menschen. Die Rassenhierarchie behielt nach wie vor ihre Gültigkeit: Bei »rassischer Untauglichkeit« drohten der Arbeitseinsatz im Reich oder der »Ansatz« im Wartheland. Noch in den letzten Kriegsmonaten wurden im Wartheland über 30.000 Polen vertrieben, um den ankommenden »Volksdeutschen« aus der UdSSR Platz zu machen.

Die Rasseexperten des RuSHA, fast alle waren akademisch gebildet, seien, so Heinemann, Überzeugungstäter gewesen, die nicht nur vom Schreibtisch aus wirkten, sondern an den Umsiedlungen und oftmals tödlichen Rassenselektionen direkt beteiligt waren. Ihre Klassifikationen schufen die Grundlage für die von Himmler angestrebte »ethnische Neuordnung Europas«. Aufgrund ihrer Definitionsmacht entschieden sie über die Lebenschancen von Millionen. Nach dem Krieg gelang es den meisten, sich vergleichsweise reibungslos in die bundesrepublikanische Nachkriegsgesellschaft zu integrieren. Sie wurden Lehrer, Schulleiter, Dozenten und Professoren. Gelangten sie vor Gericht, kamen sie zumeist mit milden Strafen davon.

Das Buch ist die bislang umfassendste Analyse der von den Nationalsozialisten beabsichtigten rassepolitischen Umgestaltung Europas. In seiner empirischen Materialfülle liegt das Verdienst der Arbeit, denn der SS-Volkstumsapparat ist aufgrund seiner verwirrenden Organisationsstrukturen sperrig zu bearbeiten. Diesem Schwerpunkt ist vermutlich der Verzicht auf theoretische Erwägungen zuzuschreiben, etwa über den Begriff der »Rasse« in all ihren Klassifizierungen. Auch manche Unstimmigkeiten – wurden die vertriebenen Polen sich selbst überlassen oder in Lager verschleppt? – sind dem schwierigen Umgang mit der Materialfülle geschuldet. Zwei Aspekte hätten eine eingehendere Erörterung verdient: Zum einen hätte die Studie nichts an ihrer Aussagekraft verloren, wenn Heinemann nicht nur die Beteiligung der Himmlerschen »Züchtungspolizei« an Selektionen, Deportationen und Vertreibungen gezeigt hätte, sondern auch die Grenzen des RuSHA und damit die Reichweite des Primats der »Rassenreinheit« deutlicher konturiert hätte. Evident ist nämlich, daß es keine systematische »völkische Bestandaufnahme« der annektierten und besetzten Gebiete durch das RuSHA gab. Auch in den eingegliederten Ostgebieten wurde nur ein Bruchteil der Bevölkerung »untersucht« (S. 600). Damit scheint die Stellung des RuSHA innerhalb des SS-Volkstumsapparats überschätzt, zudem werden Konflikte der Organisationen untereinander nicht recht deutlich. Zum anderen erweckt der häufige Verweis auf die Zusammenhänge zwischen der »Germanisierungspolitik« und der Vertreibung sowie Vernichtung der jüdischen Bevölkerung den Eindruck, als sei der Holocaust lediglich ein Ausläufer der Volkstumspolitik, nicht aber ein Genozid sui generis gewesen. Hier wird vorschnell die Kongruenz von Raumeroberung und Rassenvernichtung konstatiert. Obwohl die Hauptthesen nicht gänzlich zu überzeugen vermögen, bietet der Band einen beachtlichen Informations- und Erkenntnisgewinn zu einer bislang unterschätzten Organisation, deren Aufgabe nichts weniger war als die »ethnische Neuordnung Europas«.

Birthe Kundrus, Hamburg

Brian Mark Rigg, Hitlers jüdische Soldaten, Ferdinand Schöningh, Paderborn / München / Wien / Zürich 2003, 439 S., 38 Euro.

Seit kurzem liegt die in den USA viel beachtete Dissertation des amerikanischen Historikers Brian Mark Rigg, derzeit Professor an der American Military University, in deutscher Übersetzung vor. In neun Kapiteln nähert sich der Autor dem Schicksal derjenigen Wehrmachtsoldaten, die im »Dritten Reich« als »jüdische Mischlinge« galten. Das einleitende Kapitel »Wer ist Jude?« verdeutlicht die paradoxe Situation, in der sich »jüdische Mischlinge« im »Dritten Reich« zwischen eigener Identität, dem jüdischen Gesetz der Halacha und den NS-Rassegesetzen befanden. Es folgt ein historischer Abriß über Juden in den deutschen Streitkräften von den Befreiungskriegen bis in die Weimarer Republik. Dargestellt wird ihre gesellschaftliche Stellung, die gekennzeichnet war von eigenen Assimilationsbemühungen einerseits und latenter Diskriminierung sowie aktiver Ausgrenzung andererseits. Im Bemühen um Quantifizierung von Juden und »jüdischen Mischlingen« in der Bevölkerung Österreichs und Deutschlands sowie, davon abgeleitet, in der Wehrmacht im Zweiten Weltkrieg, kommt Rigg auf den zu Recht umstrittenen Wert von mindestens 150.000 Wehrmachtsoldaten jüdischer Abstammung. Er erliegt damit der Versuchung, das Unquantifizierbare beziffern zu wollen. Hätte denn eine realistischere Schätzung der Größe seiner Untersuchungsgruppe den Wert der Untersuchung gemindert?
Im ersten der drei folgenden, den »jüdischen Mischlingen« gewidmeten Kapitel, beschreibt Rigg die antisemitische Rassengesetzgebung von 1933 bis 1939 und ihre Auswirkungen auf die Personalpolitik des Militärs. Der Autor referiert hier den Forschungsstand und macht deutlich, daß vor

dem Zweiten Weltkrieg zahlreiche Soldaten und Offiziere mit jüdischen Vorfahren in der Wehrmacht dienten, die später wegen ihrer »Rassenzugehörigkeit« sukzessive entlassen wurden oder diskriminierenden Bestimmungen ausgesetzt waren. Als Verschärfung wertet Rigg die auf Anordnung Hitlers vom Frühjahr 1940 eingeführte Erfassung der noch in der Wehrmacht verbliebenen »jüdischen Mischlinge«. Von diesem Zeitpunkt an forcierten vor allem Dienststellen der NSDAP, aber auch die Ministerialbürokratie eine Radikalisierung der Politik gegenüber den Soldaten jüdischer Abstammung. Das Jahr 1943 markiert für Rigg schließlich einen »Wendepunkt in der ›Mischlingsfrage‹« (S. 194), denn seitdem wurden »jüdische Mischlinge« systematisch aus der Wehrmacht entfernt, zur Zwangsarbeit bei der Organisation Todt eingesetzt beziehungsweise in Konzentrationslager deportiert. Der chronologische Teil der Darstellung endet mit einer – wenig überzeugenden – Spekulation über das Schicksal der »jüdischen Mischlinge« im Falle eines deutschen Sieges. Rigg gelangt zu dem keineswegs überraschenden Schluß, daß nicht sicher sei, was mit den »Mischlingen« dann geschehen wäre.

Die drei systematisch angelegten Schlußkapitel befassen sich mit den Ausnahmegenehmigungen, die Hitler »Mischlingen« für den Verbleib in der Wehrmacht erteilte, mit der Frage, wer eine solche Genehmigung tatsächlich erhielt und schließlich mit dem Wissen der »jüdischen Mischlinge« in der Wehrmacht über den Holocaust. Zur Erklärung der Ausnahmegenehmigungen konstruiert Rigg einen Zusammenhang zwischen einer angeblichen jüdischen Herkunft Hitlers – die der Autor als »unbewiesen« qualifiziert (S. 232 u. 386), aber doch zu seinem Hauptargument macht – und seiner Entscheidung, sich Ausnahmegenehmigungen vorzubehalten. Im zweiten Abschnitt analysiert Rigg Strategien und Motivkonstellationen der Soldaten, die sich um eine Bescheinigung des »Führers« bemühten. In der letzten Frage gelangt Rigg zu dem Ergebnis, ähnlich wie die »durchschnittlichen Deutschen« hätten die »jüdischen Mischlinge« das »Ausmaß des Holocaust« nicht erahnt und nur wenig darüber gewußt (S. 327). Diese Aussage ist jedoch kritisch zu hinterfragen, denn sie beruht bei Rigg ausschließlich auf der Wiedergabe von Erinnerungen und Selbstdarstellungen seiner Interviewpartner und nicht etwa auf der ergänzenden Untersuchung der Kriegsbeteiligung ihrer Einheiten.

Brian Mark Rigg stützt seine Untersuchung nicht nur auf mehrjährige Archivrecherchen, sondern auch auf einige Hundert, von ihm selbst geführte und dokumentierte Interviews mit Zeitzeugen, über die er in einer mittlerweile dem Bundesarchiv übergebenen Sammlung umfangreiche Dossiers zusammengestellt hat. Ihm ist es damit gelungen, die bislang umfangreichste Quellenbasis für die Untersuchung »jüdischer Mischlinge« in der Wehrmacht zusammenzutragen. In seiner Studie versucht er, die strukturellen Aspekte der Formulierung und Umsetzung antisemitischer Politik in der Wehrmacht mit dem persönlichen Erleben der Betroffenen zu verbinden. Dieser Ansatz hätte in eine umfassende und innovative Analyse einmünden können. Tatsächlich aber rücken stark personalisierende Erklärungen in den Vordergrund, strukturelle Aspekte werden hingegen unterbewertet und wichtige Sachverhalte nicht konsequent verfolgt. So konstatiert Rigg einerseits, der Wehrmacht habe ein Instrument zur Identifikation der »Mischlinge« gefehlt (S. 156) und bildet im Widerspruch dazu das bei der Musterung zu unterzeichnende Formular zur »Erklärung der arischen Abstammung« ab (S. 108). Andererseits diskutiert er aber weder die Genese des mehrfach geänderten Formulartextes noch den Umstand, daß eine Erklärung über die »arische Abstammung« beziehungsweise den Grad der »jüdischen Abstammung« der Mehrzahl der in den Beständen der Zentralnachweisstelle des Bundesarchivs erhaltenen Wehrstammbücher beiliegt. Die Leistungsfähigkeit der Wehrmachtbürokratie als Kontrollinstrument wird hier stark unterschätzt. Dies ist nicht zuletzt eine Konsequenz der analytischen Vernachlässigung wichtiger Instanzen, die zwischen den Einheiten der Soldaten und den höchsten staatlichen Ebenen lagen.

So sehr Riggs Untersuchung neue Einblikke und Erkenntnisse zeitigt, so befremdlich wirkt der Text durch den wenig kritischen Umgang mit dem Quellenmaterial und den verschiedentlich nur schwer nachvollziehbaren Belegen. Insbesondere wenn Rigg aus den Personalunterlagen und biographischen Erzählungen seiner Untersuchungsgruppe referiert, unterläßt er eine ausreichende systematische Analyse seines einzigartigen Materials. Er tendiert stark dazu, ganze Passagen seiner Quellen anscheinend wörtlich zu übernehmen. Dieses Problem tritt in der Übersetzung stärker hervor als im amerikanischen Original des Buches. Eine deutliche Position des Autors zum Dienst seiner Protagonisten in Hitlers Wehrmacht – und ihrem Handeln im Krieg – hätte mancher Irritation vorgebeugt.

Es ergibt sich eine zwiespältige Einschätzung der Arbeit. Ein Leser, der sich auf institutioneller und struktureller Ebene mit der Entwicklung der Rassegesetze und dem Umgang mit »jüdischen Mischlingen« – auch in der Wehrmacht – befaßt, wird zu der klaren und systematischen Analyse von Beate Meyer über »Jüdische Mischlinge«, Rassenpolitik und Verfolgungserfahrung zwischen 1933 und 1945 greifen, die 1999 erschien, oder zu der Studie von Cornelia Essner über die »Nürnberger Gesetze« von 2002. Riggs Stärke und sein Verdienst liegen – trotz der vorgebrachten Bedenken – darin, die Lebenswelt der Wehrmachtsoldaten jüdischer Abstammung in bislang nicht gekannter Detailfülle erforscht und ihnen eine Stimme verliehen zu haben.

Christoph Rass, Aachen

Tatjana Tönsmeyer, Das Deutsche Reich und die Slowakei 1939-1945. Politischer Alltag zwischen Kooperation und Eigensinn, Ferdinand Schöningh, Paderborn / München / Wien / Zürich 2003, 387 S., 48 Euro.

Die Slowakei der Jahre 1939 bis 1945 gilt als der Marionettenstaat Hitlers schlechthin, als eine Art getarntes Anhängsel des Deutschen Reiches. Schon in den sechziger Jahren ist dieses Verhältnis intensiv untersucht worden. Die vorliegende Berliner Dissertation wählt jedoch einen Neuansatz, sowohl konzeptionell in der Interpretation als auch in bezug auf die Quellenbasis. Nicht mehr die Beziehungen zwischen Hitler und Tiso, sondern die Interaktion zwischen den deutschen »Beratern« in der Slowakei und den einheimischen Stellen steht im Mittelpunkt. Die als Instrument einer »revolutionären Außenpolitik« eingesetzten 15 deutschen Berater, die meist nicht dem diplomatischen Dienst entstammten, versuchten ab Mitte 1940, den deutschen Einfluß in allen Lebensbereichen der slowakischen Gesellschaft durchzusetzen. So durchschreitet die Autorin die Felder der Intervention nacheinander, in zentralen Fragen wie der Wirtschaft, des Militärs oder bei der Verfolgung der Juden, aber auch bezüglich der Gestaltung der Hlinkapartei und ihrer Organisationen. Dabei zeigt sich deutlich, daß von einem Marionettenregime kaum die Rede sein kann. Vielmehr gelang es der slowakischen Führung, die Konzeptionslosigkeit mancher der Berater zu nutzen und viele der wirtschaftlichen Ansprüche des Deutschen Reiches zu unterlaufen. Im Kern war das Berater-Konzept im Frühjahr 1941 gescheitert, einige der Funktionäre wurden sogar wieder abgezogen.

Es erwies sich als bedeutsam, daß sich in der Hlinka-Partei eine stärker »slowakistische« Orientierung gegenüber solchen Führern durchsetzte, die sich bedingungslos am Deutschen Reich orientieren wollten. Dennoch betont die Autorin, daß sich hier nicht zwei Fraktionen bekämpften, sondern oftmals persönliche Rivalitäten innerhalb derselben ultra-nationalkatholischen Zielsetzung ausgetragen wurden.

Der Nachweis einer größeren Autonomie der slowakischen Führung, die bis 1943/44 kaum harten Pressionen von seiten Deutschlands ausgesetzt war, hat natürlich Konsequenzen für deren interpretatorische Einordnung. Dies wird besonders in der Geschichte der Judenverfolgung deutlich. Die antisemitischen Maßnahmen der Hlinka-Führung seit Ende 1938 gingen zum erheblichen Teil auf deren ureigene Initiativen zurück, wenn sie auch am deutschen »Vorbild« orientiert waren. Selbst der Weg in den Massenmord im Jahre 1942 war von solchen Initiativen gepflastert. Erst Ende 1943 verstärkte sich der Druck aus Berlin, auch die übrigen Juden dem Tode auszuliefern. Letzteres geschah erst im Rahmen der Besetzung ab August 1944. Hingegen gestaltete sich das Vorgehen gegen die politische Opposition im Lande weit weniger repressiv als im Reich, selbst wenn man in Berlin Berater für den Aufbau eines eigenen KZ-Systems anforderte. Überhaupt war man in Bratislava an einem Transfer von »know-how« interessiert, weniger an Eingriffen in die Politik.

Dies auf einer neuen Quellenbasis zu zeigen, die auch aus den slowakischen Archiven und aus einigen wenig genutzten deutschen Aktenbeständen schöpft, ist ein Verdienst des Buches. Etwas weniger überzeugend sind die theoretischen Überlegungen zur Charakterisierung der deutsch-slowakischen Beziehungen. Zwar scheint eine Typenbildung wie das »penetrierte System« gerade im Vergleich mit der Entwicklung in Kroatien, Rumänien und Ungarn sinnvoll. Der Erkenntnisgewinn für die gesamte NS-Außenpolitik wird jedoch nicht ganz klar. Auch hätte der Text zur Vermeidung einiger Redundanzen eine Straffung vertragen.

Die Untersuchung kann zu einem guten Teil klären, warum es mitten in Hitlers Europa politische Handlungsspielräume auch für wenig faschistische, wenngleich autoritäre Systeme gab. Es ist nun an der Zeit, auf einer ebenso breiten Quellenbasis die Beziehungen zu den anderen osteuropäischen Verbündeten Hitlers zu untersuchen und so zu einem Gesamtbild der Kooperation in diesem Bereich zu kommen. Dafür bietet das Buch reichlich Orientierungspunkte.

Dieter Pohl, München

Christopher R. Browning, Die Entfesselung der »Endlösung«. Nationalsozialistische Judenpolitik 1939-1942. Mit einem Beitrag von Jürgen Matthäus, Propyläen, Berlin 2003, 832 S., 35 Euro.

Christopher Browning, der schon mehrere vieldiskutierte Bücher zur Geschichte des NS-Völkermords veröffentlichte, hat mit seinem neuem Band die bisher akribischste und vielschichtigste Studie zur antijüdischen Planung und Politik des NS-Staates in den ersten drei Kriegsjahren vorgelegt. Auch wenn kaum grundlegend neue Töne angeschlagen werden, unterfüttert Browning seine bisher schon diskutierten Thesen mit vielen neuen Details, insbesondere zu den polnischen Gebieten, setzt sich mit dem aktuellen Forschungsstand intensiv auseinander und argumentiert dabei noch facettenreicher als zuvor. Wer sich über die

Abläufe und Diskussionen, für die verschlungenen Wege bei der Entschlußbildung zum Mord an den europäischen Juden informieren will, ist mit dem umfangreichen Werk gut beraten.
Brownings Buch beginnt eigentlich im September 1939. Vorangestellt ist seiner Darstellung ein erstes Kapitel »Der Hintergrund«, in dem er die christlich-jüdische Geschichte Europas und des Nahen Ostens seit der Zeit des Römischen Reiches bis in die enddreißiger Jahre des NS-Regimes auf 16 Seiten abhandelt. Die wenigen Seiten über die NS-Judenverfolgung seit 1933 erscheinen dabei – sicher ungewollt – für den deutschen Leser als unwichtige Vorzeit des Holocaust. Zur Erklärung der NS-Verfolgung genügt ihm hier überraschenderweise die These von der Minderheit der NS-Aktivisten und einer passiven, indifferenten Mehrheit der deutschen Bevölkerung (S. 24), die von der Forschung der letzten 15 Jahre doch überzeugend revidiert worden ist. Konnte der unbehelligte Teil der deutschen Bevölkerung der brutalen Verfolgung der Juden und anderer Gruppen wirklich indifferent gegenüberstehen? Kann man indifferent sein und bleiben, wenn jemand seinen Arbeitsplatz neben einem selbst räumen muß, die Klassenkameraden der Kinder nicht mehr erscheinen und das Geschäft im Nebenhaus geplündert wird? Ist Indifferenz nicht eine a-historische Charakterisierung, schließlich konnte jemand Opfer einer NS-Verfolgungsmaßnahme werden, zugleich aber an der Entwicklung eines antijüdischen Verwaltungsaktes beteiligt sein? Diese Kontrastierung von Fanatikern und Indifferenten ist nicht der allzu verkürzten Darstellung des ersten Kapitels geschuldet, denn sie wird später als Erklärungsmodell noch einmal aufgegriffen (S. 556).
Brownings Studie ist stark systematisierend angelegt, was eine der großen Stärken des Buches ist. Anders als die bisherigen Untersuchungen zum Thema, die in der Regel streng chronologisch vorgehen, nähert sich Browning der Entschlußbildung zum Völkermord quasi in konzentrischen Kreisen. Damit werden dem Leser diverse Stränge der antijüdischen Politikplanung und -diskussion vorgestellt und zugleich wird einiges abverlangt, denn diese Form der Darstellung führt zu vielen Redundanzen im detailgesättigten Text, die ein Lektorat wohl hätte reduzieren können. Nach einem Kapitel über Polen als Laboratorium der Rassenpolitik, in dem er auf die Brutalisierung der deutschen Kriegsführung und die Morde an jüdischen und nichtjüdischen Polen nach der Besetzung im September 1939 eingeht, stellt Browning ausführlich die »Suche nach der Endlösung durch Vertreibung 1939-1941« dar. Hier beschreibt er die wechselnden zentralen Deportationsplanungen dieser Jahre, vor allem gegen die deutschen und polnischen Juden. Danach untersucht Browning ausführlich Bau, Entwicklung und Hintergründe der polnischen Ghettos. Sein Schwergewicht liegt hier auf einem Vergleich der Großghettos Lodz und Warschau, er bezieht aber auch die Ghettobildung in vielen kleineren Städten im Generalgouvernement ein. Ergebnis dieses wichtigen Kapitels ist, daß die Ghettoisierung ein dezentraler Prozeß war, der deshalb stark von lokalen Interessen und Bedingungen geprägt war. Ausführlich schildert Browning dabei den Raub jüdischen Eigentums, außerdem die Diskussion um die Zwangsarbeit der Ghettoinsassen, einerseits als Produktivitätsoption der deutschen Ghettoverwalter, andererseits als Überlebensstrategie der Judenräte.
Danach beschreibt er die antijüdische Politik im Deutschen Reich und im besetzten Westeuropa. Im Kapitel »Vorbereitungen auf den Vernichtungskrieg« verweist Browning eingangs auf den inzwischen erreichten Konsens der Forschung, wonach sich die antijüdische Politik im NS-Staat

durch Interaktion und wechselseitige Radikalisierung zwischen zentralen und lokalen Behörden herausgebildet hat. Browning schildert dann die Rolle der Wehrmacht bei der Genesis des Holocaust. Er schreibt, zwischen 1939 und 1941 hätten sich »die deutschen Militärs [...] von passiven, wenn auch gelegentlich Beschwerde führenden Zuschauern zu Komplizen und aktiven Teilnehmern an Hitlers Neuordnung Europas entwickelt« (S. 330). Dies ist eine wohl zu glatte Sicht auf die Wehrmacht, in der es doch von Beginn an fanatische Generäle gab. Insgesamt gebraucht Browning Begriffe wie »die Wehrmacht«, »die Deutschen«, »die Nationalsozialisten« oder »die Juden« oft zu undifferenziert und fällt hinter die von ihm selbst praktizierten differenzierten Standards zurück, mit der er die Planung der antijüdischen Politik untersucht. Auch die deutsche Verwaltung wird später in solch abstrakter Manier behandelt, so habe die deutsche Bürokratie zwar schon mit Verfolgung zu tun gehabt, aber sie habe vor offener Gewalt wie beim Novemberpogrom zurückgeschreckt (S. 570). Wer war aber die deutsche Bürokratie? Gab es 1938 wirklich noch die traditionelle Verwaltung, wie diese Beschreibung suggeriert? War nicht die Verwaltung ebenso nazifiziert, wie die Partei und die SS mittlerweile bürokratisiert waren? Hat nicht die Forschung der letzten Jahre gezeigt, daß große Teile der zentralen und lokalen Verwaltung seit 1933 initiativ an der Judenverfolgung teilgenommen haben, und keineswegs nur die Judenreferate in den Ministerien, von denen Browning spricht? Viel stärker wirkt dagegen Brownings differenzierende Einführung in die Aufstellung der Einsatzgruppen zur Vorbereitung auf den Krieg gegen die Sowjetunion, die aus 3.000 Mann aus SD und Sipo und aus 21 neuen Polizeibataillonen mit freiwilligen, sorgsam ausgesuchten 11.000 Männern bestanden. Als Gründe für die relativ hohe Mordbeteiligung der Polizisten nach dem Überfall auf die Sowjetunion verweist Browning, stärker als in früheren Schriften, auf Indoktrination und institutionelle Sozialisierung im Zusammenspiel mit Faktoren wie Konformitätsdruck (S. 344.). Er präsentiert generell in seinem Buch eine breite Palette an Motiven für die individuelle Teilhabe an Verfolgung und Völkermord, etwa den Glauben an den Nationalsozialismus, Opportunismus und das Nutzen von Chancen, die das Regime bot. Unverständlicherweise fehlen in seiner Studie soziale und wirtschaftliche Interessen als individuelle und institutionelle Antriebe fast völlig.

Jürgen Matthäus konstatiert in einem in das Buch aufgenommenen ausführlichen Beitrag über das »Unternehmen Barbarossa« und den Beginn der Judenvernichtung, daß es seit 1933 eine »Erziehung zum Mord« gegeben habe, und zwar nicht nur in der SS, sondern auch in der Wehrmacht und der Polizei. Nach dem Überfall sei die antijüdische Politik in der Sowjetunion generell unsystematisch zu nennen, sie war stark lokal und regional, gleichwohl von wachsender Brutalität geprägt. Von Juli bis August 1941 habe es einen schleichenden Übergang zum Mord an Frauen und Kindern in der besetzten Sowjetunion gegeben. Matthäus spricht für diese Phase von einer zentralen Politik »kontrollierter Eskalation« (S. 385). Überzeugend zeigt er Differenzen zwischen einzelnen Institutionen auf. So zeigte sich das Reichsministerium für die besetzten Ostgebiete daran interessiert, Juden als Zwangsarbeiter einzusetzen, während die Einsatzgruppe A in ihnen lediglich ein Sicherheitsrisiko sah (S. 416 u. 431).

Das darauffolgende, wieder von Browning verfaßte Kapitel »Vom Vernichtungskrieg zur Endlösung« wiederholt inhaltlich Teile des Matthäus-Kapitels zum Überfall auf die Sowjetunion, interpretiert die Ereignisse aber anders. Browning sieht bei den Entscheidungsprozessen zum Völkermord doch eher eine zentrale Leitung. Danach wendet er seinen Blick wieder dem Deutschen Reich zu und untersucht die Entscheidung zur Deportation der deutschen Juden, die um den 17. September 1941 getroffen worden sei. Analytisch koppelt er diese Darstellung direkt an die nach seiner Auffassung parallel gefällte Entscheidung über den Völkermord an den europäischen Juden an (S. 519 u. 522). In detaillierten Abschnitten zu den antijüdischen Mordaktionen in Serbien, die er als regionale Sonderentwicklung deutet, sowie zu Ostgalizien zeigt Browning das mörderische Potential, das in dieser Phase in einzelnen Regionen vor Ort bestand.

In seinem Schlußkapitel faßt Browning seine Thesen zum Verfolgungsprozeß zusammen. Demnach sollte zuerst Deutschland durch Auswanderung »judenfrei« werden, 1939 bis 1941 dann ganz Europa durch Vertreibung, gefolgt von Völkermord als die »Endlösung«. Ob der Begriff Vertreibung wirklich trägt für eine Phase, die mehrheitlich von gewaltsamen Aus- und Umsiedlungen im NS-Herrschaftsbereich geprägt ist, scheint mir zweifelhaft, da er eher die gewaltsame Ausweisung aus dem deutschen Herrschaftsbereich suggeriert und damit fast euphemistisch wirkt. Vielleicht sind solche Begriffsfragen auch Resultat der sehr schnellen Übersetzung des Buches, dessen englische Fassung erst kürzlich erschien. Brownings generelle Position, wann, wie und warum die Entscheidung über den Völkermord an den Juden von der NS-Führung getroffen wurde, hat sich gegenüber früheren Büchern nicht geändert, aber verfeinert. Heute geht er von zwei Siegeseuphorien nach dem Überfall auf die Sowjetunion aus, der ersten während der ersten Eroberungen im Sommer 1941, die zum Massenmord an den sowjetischen Juden führte, der zweiten im Zuge der aufgefrischten Offensive im Frühherbst 1941, die dann alle europäischen Juden einbezog (S. 455 u. 607 f.). Für den Entscheidungsprozeß offeriert der Autor so viele unterschiedliche Einsichten in zentrale wie regionale und lokale Vorgänge wie wohl noch nie jemand zuvor. Nun wissen wir mehr, was vor Ort wie passierte und wer dafür verantwortlich zeichnete. Trotz vieler, auch biographischer Details bleibt in der Charakterisierung der Entscheidungsprozesse einiges holzschnittartig, was wohl dem fast kompendienhaften Charakter des Buches geschuldet ist.

Zur Grundfrage, wie »normale Männer« zu Massenmördern wurden, erweitert Browning seine frühere, auf Gruppendynamik und Kriegssituation fokussierte Erklärung nun durch deutlich mehr ideologische Komponenten. Deutsche Kriegskultur, Kolonialpraktiken und der NS-Rassenimperialismus hätten aus gewöhnlichen Deutschen Mörder gemacht. Der Krieg habe zur individuellen Suspendierung kritischer Haltungen geführt. An Gewalt hätten sich die Täter schrittweise, zuerst in Polen dann in der Sowjetunion gewöhnt (S. 611 f.). Da Browning neuerdings mehr auf ideologische Beeinflussung setzt, ohne allerdings diesen Prozeß näher darzustellen, kommt er auch zu einigen merkwürdigen Schlußfolgerungen. Angeblich habe 1941/42 die Fixierung auf die »Endlösung« das ganze NS-Regime durchdrungen und ein großer Teil der Bevölkerung diese Schwerpunktsetzung akzeptiert (S. 605). Unklar bleibt, wie diese Feststellung mit der These von der Indifferenz zusammenpaßt. Inkohärent wirkt auch Brownings Charakterisierung der Rolle Hitlers. Einerseits schreibt er, daß der politische Prozeß im NS-Staat von Improvisation und Kompetenzstreitigkeiten geprägt gewesen sei, weil Hitler es liebte, Entscheidungen hinauszuzögern und seine Wünsche immer durch ungenaue Äußerungen und Prophezeiungen vorzubringen

(S. 358 u. 606). Andererseits konstatiert er, Hitler sei der von der »Judenfrage« besessene Antreiber gewesen, denn es habe quasi keine Entscheidung ohne sein Eingreifen gegeben.

Ungeachtet der hier genannten Kritikpunkte, die für die weitere Diskussion gedacht sind, hat Christopher Browning in Verbindung mit Jürgen Matthäus die wohl umfassendste, detailreichste und in vielen Bereichen neue Maßstäbe setzende Darstellung der vielfältigen Politikstränge vorgelegt, die zum NS-Völkermord an den Juden führten.

Wolf Gruner, Berlin

Andrej Angrick, Besatzungspolitik und Massenmord. Die Einsatzgruppe D in der südlichen Sowjetunion 1941-1943, Hamburger Edition, Hamburg 2003, 796 S., 40 Euro.

Man mag es kaum glauben, aber seit Hans-Heinrich Wilhelm vor mehr als 20 Jahren die Geschichte der Einsatzgruppe A geschrieben hat, ist keiner der drei anderen analogen deutschen Mordverbände monographisch untersucht worden. Andrej Angrick hat dies nun für die Einsatzgruppe D geleistet, und eine Leistung ist der Wälzer wirklich. Da der Verfasser sich nicht mit den Abläufen zufrieden gibt, sondern in weit ausholenden Exkursen etwa die Frage nach der Entscheidung zum Massenmord, die Vorgeschichte der ab 1942 durch die Einsatzgruppe in Betrieb genommenen Vergasungswagen und die Nationalitätenpolitik im Vorfeld des Kaukasus behandelt, ist Angricks Dissertation ein reifes Kompendium der deutschen Okkupationspolitik im sowjetischen Süden.

Eine leichte Lektüre ist das Werk nicht. Selbst wer durch jahrelange Beschäftigung mit dieser Thematik abgehärtet ist, muß manchmal innehalten, weil die Wiederholungshandlungen, nahezu ausschließlich aus der Täter- und Zeugenperspektive referiert, entsetzlich sind. Vollgepfropfte Güterzüge, die wochenlang auf Abstellgleisen stehen, bis alle Insassen verhungert, verdurstet oder erstickt sind, Szenen von sich aus den Leichenbergen wühlenden, verwirrt umherlaufenden Kleinkindern, die sodann von der »arischen Elite« einzeln umgebracht werden, jüdische Mädchen, die vor ihrer Ermordung gegen ein falsches, niemals erfülltes Versprechen nach dem miterlebten Abschlachten ihrer Familie noch ein paar Tage lang der Triebabfuhr der Mörder dienlich sein dürfen – hunderte Seiten, vom Dnestr bis Nal'čik, vom Sommer 1941 bis Anfang 1943, unterbrochen nur von den Vormarschpausen, das Grauen in allen denkbaren Variationen.

Schon als Register dieser Verbrechen wäre das Buch erforderlich – aber Angrick problematisiert viele Aspekte des Geschehens und trägt damit Wichtiges zu den aktuellen Diskussionen bei: So kann er überzeugend nachweisen, daß die ersten Befehle nicht die Ermordung *aller* Juden zum Ziele hatten. Der Anschein, man wehre sich gegen Heckenschützen, Bolschewisten und andere Gruppen, hielt jedoch wenig mehr als fünf Wochen lang. Dann hörten die pseudojuristischen Inszenierungen und Behauptungen auf, es gehe um eine wie auch immer begründete »Sühne«: Der Mord an sämtlichen Juden jeden Geschlechts und Alters wurde nicht mehr diskutiert. Der Verfasser belegt, daß die Mär von dem totalen Mordbefehl von Anfang an nicht zuletzt auf den ersten Leiter der Einsatzgruppe D, Otto Ohlendorf, zurückgeht, der sich in den Nürnberger Prozessen der Anklage zur Verfügung stellte und die NS-Führung belastete, um für sich selbst den »Befehlsnotstand« in Anspruch nehmen zu können. Tatsächlich entwickelten die Täter einen Mordeifer und eine immer weiter »optimierte« Praxis. Östlich des Südlichen Bug und der rumänischen Zone gingen sie

zur Ausrottung über, während weiter westlich, im Gebiet der improvisiert und wahllos mordenden Rumänen eine geringe Überlebenschance erhalten blieb.
Als dynamisch schildert Angrick das Verhältnis zwischen Einsatzgruppe und Truppe. Gab es im Westen noch vereinzelt Abneigungen der militärischen Führer gegen die »Strafer« (russ. karateli), wie die Polizei- und SD-Leute bei den Einheimischen hießen, so wurde daraus bald Kumpanei. Nicht nur Exekutionstouristen gab es. Die Bewacher der Kriegsgefangenen warteten zudem nicht, bis die Einsatzgruppen zu wüten begannen. So, wie sie eigenständig schon die Selektionen durchgeführt hatten, begannen sie auch mit dem Morden. Ortskommandanturen der Wehrmacht stellten Personal, die Quartiermeister unterstützten die D-Leute und profitierten von ihren Morden. Generäle (darunter Erich von Manstein und Walther von Reichenau) unterstützten ebenso wie Verwaltungssoldaten und Landser die Vernichtung.
Viele scheinbar festgefügte Vorstellungen über die NS-Politik in Mittel- und Ostmitteleuropa bedürfen hier der Korrektur, wie Angrick deutlich macht: In Deutschland wurde die »Euthanasie« nach Protesten abgebrochen. In der besetzten Sowjetunion hingegen wurden körperlich und geistig Behinderte (auch Nicht-Juden) weiterhin ermordet. Judenräte mögen weiter westlich zeitweise die Lage für die Betroffenen gemildert haben – östlich von Transnistrien blieb ihnen kein Spielraum, etwas anderes zu tun, als die ansässigen Juden im deutschen Auftrag zu erfassen, um Tage später mit ihnen erschossen zu werden.
Hans-Heinrich Wilhelm ließ seine Darstellung 1942 abbrechen – Angrick geht weiter. Die Einsatzgruppe D wurde erst im Mai 1943 aufgelöst, auch wenn bis dahin viele ihrer Angehörigen an andere Kriegsschauplätze oder in die Etappe versetzt worden waren. Nach dem Krieg machten so manche in der Bundesrepublik und Südamerika Karriere. Juristisch belangt wurden nur wenige. Das Material, das Angrick aufbereitet hat, ist in seiner Eindeutigkeit erschreckend. Dennoch gebietet es die Professionalität, Kategorien der Quellenkritik zu beachten. Angrick verwendet die einschlägigen Archivalien, aber auch Prozeßakten, die eine problematische Quellenart darstellen, wessen sich der Verfasser bewußt ist. In einer Reihe von Fällen geht Angrick sensibel auf die Fragwürdigkeit mancher Aussage ein.
Gleichwohl sind Prozeßakten für Historiker mehr als gefährlich, weil die »Quellenkritik« und die Würdigung der Aussagen in einem Prozeß anderen Regeln folgt, als die historische Arbeit dies erfordert. An einem Beispiel sei demonstriert, wie man sich täuschen kann, wenn eine Information vor Gericht nicht in Frage gestellt wird. Die Tötung von Juden und angeblichen Kommunisten durch die Einsatzgruppe D ging mit der Gewinnung von potentiellen Kollaborateuren einher. Den Einsatzgruppen angeschlossene Hilfswillige, außerdem Krimtataren und »Volksdeutsche« wurden von den Mördern betreut und zu Einheiten zusammengestellt. Bei der Definition der »Volksdeutschen« – entgegen gern gepflegten Vorstellungen war die Zusammensetzung der Gruppe keineswegs so eindeutig, wie man dies manchmal lesen kann – schreibt Angrick auf der Basis zweier Aussagen aus den Jahren 1962/63, daß die drei Kategorien nach »rassischen« Prinzipien aufgestellt (rein deutsche Familie, Mischehe, Abkömmlinge von Mischehen mit russischem Ehepartner) und folglich ein »›positiv‹ selektierendes Gegenstück« zu den Nürnberger Gesetzen gebildet hätten (S. 277 f.). Tatsächlich zeigt ein Erlaß der Volksdeutschen Mittelstelle, daß der Vertreter der Behörde in Transnistrien, Horst Hoffmeyer, Gesinnungskategorien verfügte, die den Kriterien der »Deutschen Volks-

243

liste« in den eingegliederten polnischen Gebieten ähnelten (Rundanweisung Nr. 11, 28.12.1941, Bundesarchiv Berlin R 59/66, Bl. 132-135). Sicher leitete die Prozeßzeugen kein böser Wille – sie mögen etwas verwechselt oder sich falsch erinnert haben. Für Historiker ergeben sich jedoch wesentliche Probleme, denen (Angrick standen keine anderen Dokumente zur Verfügung) wenigstens durch konjunktivische Aussagen Rechnung getragen werden sollte.

So eine Kritik mag beckmesserisch erscheinen. Aber wenn es auch darum geht, die hartnäckigen Shoa-Leugner zurückzuweisen, sollte sich ein Historiker keine Blöße geben. Und vielleicht hätte jemand auch den des Russischen wie des Polnischen unkundigen Verfasser in bezug auf die Ortsnamen beraten können, von denen einige permanent falsch geschrieben werden (Bogdanowka, S. 288; Luzk, S. 305; Zamošč [nicht: Zamosch], S. 344; Mineralnyje Wody, S. 617 ff.). Ungeachtet dessen ist das Buch ein wichtiges und meisterlich gelungenes Werk, das bei aller grauenhaften Ähnlichkeit die Spezifik jeder Einsatzgruppe verdeutlicht. Im Falle der Einsatzgruppe D sind dies die rumänisch-»volksdeutsche« Komponente, die Rekrutierung von Krimtataren und Kaukasiern sowie der »Beitrag« der Ukrainer. Forschungsprojekte zu den Einsatzgruppen B und C bleiben somit weiterhin wichtige Desiderate.

Frank Golczewski, Hamburg

Christoph Rass, »Menschenmaterial«. Deutsche Soldaten an der Ostfront. Innenansichten einer Infanteriedivision 1939-1945 (= Krieg in der Geschichte, Bd. 17), Ferdinand Schöningh, Paderborn / München / Wien / Zürich 2003, 486 S., 39,90 Euro.

Mit seiner Aachener Doktorarbeit über die 253. Infanteriedivision (ID), die jetzt in gedruckter Form vorliegt, betritt Christoph Rass wissenschaftliches Neuland. Er legt die erste Monographie vor, die sich mit der Geschichte einer einzelnen Division im Zweiten Weltkrieg befaßt, und er hat Quellen erschlossen, die von der Militärgeschichtsschreibung bisher sträflich vernachlässigt worden sind. Dabei handelt es sich um umfangreiche Personalakten der Wehrmacht, die in der Zentralnachweisstelle in Aachen-Kornelimünster, beim Suchdienst des Deutschen Roten Kreuzes in München und bei der Deutschen Dienststelle in Berlin aufbewahrt werden. Sie umfassen drei bis vier Millionen Wehrstammbücher, unzählige Wehrpässe, Verleihungslisten für Kriegsauszeichnungen, Soldbücher und die Unterlagen der Kriegsgerichte der Wehrmacht, für die untersuchte Division immerhin 511 Verfahrensakten. Rass hat auch die Akten der Division und ihrer Ersatzdivisionen systematisch erschlossen und bezieht zudem die Überlieferungen der Armeekorps, Armeen und Panzerarmeen ein, denen die 253. ID im Verlauf des Zweiten Weltkrieges unterstellt war.

Der Autor knüpft an Fragestellungen an, die Omer Bartov in den 1980er Jahren aufgeworfen hat und die bis heute nicht hinreichend erforscht sind. Rass geht es darum, die militärische Leistungsfähigkeit vieler Verbände der Wehrmacht und die zunehmende Brutalisierung der Kriegführung an der Ostfront zu erklären. Zu diesem Zweck richtet er seinen analytischen Blick auf die Binnenstrukturen der Division. Er will wissen, wer die Soldaten waren, wie sie in die Wehrmacht als militärische Institution eingebunden wurden und wie sie agierten (S. 18). Insgesamt hat der Autor 16.020 Namen von Angehörigen der 253. ID ermittelt. Daraus hat er ein Sample von 2.291 Mannschaften und Unteroffizieren aus den Feld- und Ergänzungseinheiten gebildet, für die die Überlieferungslage besonders günstig war. Auf der Basis dieses

Samples sucht er die eingangs gestellten Fragen zu beantworten.

Der Autor nähert sich seinem Thema in fünf unterschiedlich langen Kapiteln. Am Anfang steht eine kurze, präzise Schilderung der Operations- und Organisationsgeschichte der 253. ID, die seit dem Frühjahr 1940 als linke Flügeldivision der Heeresgruppe B agierte, im Westfeldzug eingesetzt wurde und bis Mitte April 1941 im besetzten Frankreich stationiert war. Danach wechselte sie in ihr Aufmarschgebiet nach Ostpreußen, um am Überfall auf die Sowjetunion teilzunehmen. Vom 22. Juni 1941 an verbrachte sie insgesamt fast vier Jahre in der »Hauptkampflinie« an der Ostfront und zwar im Bereich der Heeresgruppen Nord, Mitte und (Nord)Ukraine. Ihr Weg führte von Goldap über Kaunas, Welikije Luki, Rshew, Kalinin, Wjasma, Orel zurück nach Briansk, Gomel und Chelm, bis sie sich im Mai 1945 bei Prag befand. Insgesamt legte die 253. ID eine Distanz von 6.000 bis 7.000 Kilometern Luftlinie zurück. Derartige Einsatzmuster sind auch für andere deutsche Divisionen an der Ostfront typisch (S. 46). Insofern können die Ergebnisse der vorliegenden Studie durchaus Repräsentativität beanspruchen.

Im umfangreichen Kapitel III analysiert Rass die personelle Entwicklung der Division und die Sozialstruktur ihrer Angehörigen (S. 63-204). Den gesamten Divisionsverband durchliefen rund 27.000 Soldaten, die zu fast 90 Prozent aus Westfalen und dem Rheinland stammten. Die regionale Homogenität trug ebenso wie die hohe durchschnittliche Verweildauer im Feldheer, die homogene Altersstruktur und der große Anteil von aufstiegsorientierten Arbeitern zur Leistungsfähigkeit des Divisionsverbandes bei. Zwischen 27 und 34 Prozent der Divisionsangehörigen waren vorher Mitglied einer NS-Organisation gewesen. Davon entfielen knapp 50 Prozent auf die HJ, gut 36 Prozent auf die SA. Ein großer Teil der Divisionsangehörigen war demnach durch die Formationserziehung des NS-Staates geprägt.

In Kapitel IV befaßt sich der Autor mit der Frage, wie Offiziere, Unteroffiziere und Mannschaften in die Institution Wehrmacht eingebunden wurden (S. 205-330). Dabei analysiert er in erster Linie die verschiedenen Formen der Machtausübung innerhalb des Divisionsverbandes. Breiten Raum nimmt das differenzierte System der Belohnungen ein, das in der Wehrmacht etabliert worden war. Besonders beeindruckend sind Rass' Ausführungen zum militärischen Fürsorgeapparat, dem von der Forschung bislang kaum Beachtung geschenkt wurde. Überzeugend weist er nach, wie wichtig die vielfältigen Sach- und Dienstleistungen, also Verpflegung, Unterbringung, Bekleidung und Heilbehandlung, für die Aufrechterhaltung der Kampfmoral waren. Der Katalog der militärischen (Sozial)Leistungen sicherte dem Soldaten wie seinen Angehörigen einen vergleichsweise hohen Lebensstandard (S. 243 u. 246). Konflikte mit dem militärischen System, etwa das unberechtigte Tragen von Orden und Auszeichnungen, Pflichtverletzungen und die sogenannte Wehrkraftzersetzung, konnten allerdings zum Ausschluß aus dem Versorgungskreislauf führen. Keine Zweifel läßt der Autor daran, daß die Wehrmacht auf die ideologische Indoktrination ihrer Soldaten besonderen Wert legte und auch deren Freizeit im Sinne der NS-Weltanschauung gestaltete. Damit relativiert er die Annahme der älteren Forschung, wonach die Ideologisierung der Wehrmacht in erster Linie auf Initiativen der NSDAP zurückzuführen gewesen sei.

In Kapitel V skizziert Rass die Aktivitäten der 253. ID an der Ostfront, die er unter die Begriffe Eroberung, Besatzung, Ausbeutung und Vernichtung faßt (S. 331-385). Darin weist er den brutalen Umgang der

Infanteriedivision mit sowjetischen Kriegsgefangenen, die Durchführung von Massenhinrichtungen als Vergeltung für Sabotageakte und die Maßnahmen zur völkerrechtswidrigen Versklavung der Zivilbevölkerung nach. Unklar bleibt, wie weit die 253. ID den »Kommissarbefehl« umsetzte (S. 339 u. 347). Eindringlich demonstriert der Autor, daß die Wehrmacht in der Sowjetunion keinen wie auch immer gearteten »normalen« Krieg führte. Dies wird auch in Kapitel VI deutlich, in dem er die Kriegsverbrechen der 9. Armee bei Osaritschi im März 1944 nachzeichnet (S. 386-402). Mehr als 40.000 »arbeitsunfähige« Zivilisten – in der Mehrzahl Alte, Kranke, Frauen und Kinder – wurden unter brutaler Gewaltanwendung ins Niemandsland zwischen Wehrmacht und Roter Armee deportiert. Fast 9.000 Menschen kamen bei diesem Massenverbrechen ums Leben. Die mörderische Dimension der Aktion war den beteiligten Mannschaftssoldaten kaum bewußt, denn sie hatten sich schon seit dem Beginn des Feldzuges gegen die Sowjetunion an die gewalttätige Behandlung von Zivilisten gewöhnt.

Mit seiner Studie ist dem Autor eine außergewöhnliche Darstellung zur Geschichte der Wehrmacht im Zweiten Weltkrieg gelungen. Besonders hervorzuheben ist die innovative Kombination aus Sozial-, Politik- und Operationsgeschichte, die unter deutschen Militärhistorikern noch immer nicht selbstverständlich ist. Rass erschließt die soziale Praxis der Divisionsangehörigen nicht allein aus bloßen Zahlenkolonnen, sondern flicht Beispiele aus den Divisionsakten ein, um seine Hypothesen zu veranschaulichen. Er verengt die Geschichte der 253. ID nicht auf unmittelbare Kampfhandlungen, sondern leuchtet das militärische Lebensumfeld der Offiziere und Mannschaften umfassend aus. Mehr als 70 Tabellen (teils integriert, teils im Anhang), ferner Abbildungen, Verzeichnisse und Diagramme, erleichtern dem Leser den Zugang zu der komplexen Materie. An dieser Studie wird in Zukunft die Forschung zur Rolle der Wehrmacht im NS-Staat zu messen sein.

Armin Nolzen, Warburg

Buch der Erinnerung. Die ins Baltikum deportierten deutschen, österreichischen und tschechoslowakischen Juden, bearb. v. Wolfgang Scheffler und Diana Schulle, hg. v. Volksbund Deutsche Kriegsgräberfürsorge e.V. und dem Riga-Komitee der deutschen Städte gemeinsam mit der Stiftung Neue Synagoge Berlin – Centrum Judaicum und der Gedenkstätte Haus der Wannsee-Konferenz, K. G. Saur, München 2003, 1072 S., 148 Euro.

Bereits Anfang der neunziger Jahre gab die Society of Survivors of the Riga Ghetto ein Gedenkbuch bei Wolfgang Scheffler in Auftrag. Nun liegt ein zwar spätes, aber doch ansehnliches Ergebnis vor. Mit dem in deutsch und englisch verfaßten »Buch der Erinnerung« errichten Scheffler und seine Mitherausgeberin Diana Schulle den mehr als 31.000 nach Riga und anderen Zielorten im Baltikum deportierten Juden ein »schriftliches Mahnmal«.

Scheffler gibt zunächst in einem sehr informativen Aufsatz einen komprimierten Überblick über das Schicksal der zwischen 1941 und 1945 in die baltischen Staaten verschleppten Juden: Zwischen November 1941 und Oktober 1942 wurden über 30.000 Juden aus dem »Altreich« in die baltischen Staaten »evakuiert«, von denen nur etwa vier Prozent überlebten. Nachdem die Lodzer Behörden im Herbst 1941 vehement gegen die »Abschiebung« von rund 20.000 Juden in das Ghetto »Litzmannstadt« protestiert hatten, boten sich aus Sicht Reinhard Heydrichs und anderer Planer die besetzten sowjetrussischen Gebiete als Ziel weiterer Transporte an. Je

25.000 Juden sollten nun aus den größeren deutschen Städten – ungeachtet der Tatsache, daß es weder Auffanglager noch Platz in den bestehenden Ghettos gab – nach Minsk beziehungsweise Riga deportiert werden. Mit der Erschießung von 25.000 lettischen Juden (inklusive eines Berliner Transports, der in die Liquidationen geriet) wurde ein Teil des Ghettos Riga brutal geräumt. Die zuvor im Raum Riga eintreffenden Transporte wurden zu einem verfallenen Gutshof geleitet, der als »Jungfernhof« zu trauriger Berühmtheit gelangte. Arbeitsfähige Männer sollten das Lager Salaspils aufbauen. Die desaströsen Lebensbedingungen forderten im Winter 1941/42 tausende Todesopfer an beiden Orten, bis von den etwa 4.000 Personen nur noch 450 übrig waren, die ins Rigaer Ghetto überführt wurden. Dorthin gelangten im Dezember 1941 und in den ersten beiden Monaten des Jahres 1942 weitere Transporte aus dem »Altreich«. Schließlich lebten im Ghettoteil für die Juden aus dem »Altreich« mehr als 15.000 Personen.

Von Februar bis April 1942 wurden im Ghetto Riga immer wieder Gruppen von mehreren hundert angeblich Arbeitsunfähigen ermordet. Auch in der zweiten Jahreshälfte 1942, als die »Tötungskapazität« von Auschwitz und anderen Vernichtungslagern zeitweise nicht ausreichte, rollten noch einmal Züge nach Riga. Die Insassen dieser »Endlösungstransporte« verschwanden in Massengräbern rund um die Stadt. Die Ghettobewohner hingegen rückten bis zur Auflösung des Lagers im Herbst 1943 täglich zur Zwangsarbeit aus. Auf Befehl von Reichsführer SS Heinrich Himmler ersetzte das Konzentrationslager Kaiserwald das Rigaer Ghetto. Auch dort wurde die Zahl der Häftlinge durch ständige Selektionen und die mörderischen Lebensbedingungen stetig reduziert, bis das Lager im Sommer 1944 der vorrückenden Front weichen mußte. Die deutschen Kaiserwald-Insassen (wie auch Angehörige vieler anderer Nationalitäten) wurden nach Stutthof bei Danzig gebracht, von wo etliche schließlich als Zwangsarbeiter in Richtung Reichsgebiet zurückgeführt wurden. Die Rote Armee befreite die letzten Häftlinge Ende März 1945 aus Stutthof.

Nach Schefflers Einführung folgen unter den Großkapiteln »Litauen«, »Lettland« und »Estland« jeweils kurze Texte von Stadthistorikern, Archivaren und anderen Forschern zu den Deportationen aus Berlin, Wien, Theresienstadt, Nürnberg, Stuttgart, Hamburg und Schleswig-Holstein, Köln, Kassel, Düsseldorf, Münster, Osnabrück und Bielefeld, Hannover, Leipzig, Dresden und Dortmund. Die Qualität dieser Kurzdarstellungen, manchmal illustriert von letzten Photos vor dem Abtransport, differiert nach Quellenlage, Forschungsstand und Kompetenz der Autoren stark. An die städtebezogene Darstellung schließt sich jeweils die Liste mit den Namen der Deportierten an. Außer Geburtsdatum und -ort sind die letzte Adresse, der Tag und/oder Ort des letzten Lebenszeichens (meist nicht bekannt) und das Todesdatum (ebenfalls meist nicht bekannt) zu erfahren. Abweichend von anderen Gedenkbüchern werden auch die Überlebenden genannt. Um diese Angaben zusammenzutragen, mußten die Bearbeiter mit fast 50 Archiven korrespondieren und Hunderte von Büchern durchforsten.

Die Arbeit an dem Rigaer Gedenkbuch zeitigte dank der Bemühungen der Institutionen, die als Herausgeber fungieren, weitere erfreuliche Ergebnisse: Die Heimatstädte der Deportierten schlossen sich 2000 zu einem Riga-Komitee zusammen. Dieses weihte im Jahr darauf gemeinsam mit lettischen Partnern im Wald von Bikernieki bei Riga, wo die meisten der 1941/1942 ins Baltikum deportierten Juden ermordet worden waren, eine Gedenkstätte ein, die nun von Jugendlichen unter Anleitung des Volksbundes Deutscher Kriegsgräberfürsorge gepflegt wird. So ist es gelungen, die Erinnerungsarbeit in den Heimatstädten der deportierten Juden aufleben zu lassen, sie mit dem Gedenken am Ort des Leidens und des gewaltsamen Todes zu verbinden und dieses Anliegen auch an nachfolgende Generationen weiterzugeben.

Beate Meyer, Hamburg

Robert Jan van Pelt, The Case for Auschwitz. Evidence from the Irving Trial, Indiana University Press, Bloomington 2002, 570 S., 34,50 £.

Allem Anschein nach zwingen erst die Verfälschungen und Verdrehungen der Holocaust-Leugner zur Tatsachenfeststellung über die Massenverbrechen von Auschwitz. Der an der kanadischen University of Waterloo lehrende Kulturhistoriker Robert Jan van Pelt hat sich der ebenso gewaltigen wie unverkennbar mühseligen Aufgabe ausgesetzt, sämtliche verfügbaren Belege für die systematische Tötung von mindestens 1,1 Millionen Menschen am größten Schauplatz des nationalsozialistischen Massenmords zu sammeln und zu präsentieren. Zwar liefert van Pelt nicht die seit langem ausstehende Monographie über die Lagergeschichte von Auschwitz. Zwar ist sein Buch mehr eine riesige Stoffsammlung denn eine das Quellenmaterial analytisch durchdringende Forschungsarbeit. Zwar verzichtet der Autor auf eine stringente Erzählung und legt wenig Wert darauf, die komplexen Zusammenhänge auch dem Nicht-Spezialisten zu erläutern. Gleichwohl kommt »The Case for Auschwitz« in der mittlerweile kaum mehr zu überschauenden Fülle an einschlägigen Studien schon deshalb herausragende Bedeutung zu, weil eine Zusammenschau des gesicherten Wissens über die systematische Massentötung in Auschwitz von der historischen Forschung bislang nicht geleistet worden ist.

Anlaß des Unterfangens war die Verleumdungsklage, mit der David Irving, britischer Bestsellerautor und intellektuelles Aushängeschild der internationalen Holocaust-Leugner, als auf Schadensersatz pochender Ankläger vor einigen Jahren die amerikanische Historikerin Deborah Lipstadt und ihren Verlag Penguin Books überzogen hat. Der Prozeß vor dem Royal High Court London, dem damals der *Daily Telegraph* ein wenig vermessen ähnlich wichtige Bedeutung wie dem Nürnberger Verfahren gegen die Hauptkriegsverbrecher und dem Jerusalemer Eichmann-Prozeß attestiert hatte, endete im April 2000 in erster und im Juli 2001 in zweiter Instanz mit der Abweisung von Irvings Klage, der seither öffentlich ein Geschichtsfälscher, Antisemit und Rassist genannt werden darf.

Robert Jan van Pelt war im Londoner Prozeß einer der fünf Sachverständigen, den die (die Beweislast tragenden) Beklagten benannt hatten und deren Gutachten vor Gericht entscheidende Bedeutung erlangten, um Irving in die Schranken zu weisen. Der Experte für Architektur- und Städtebaugeschichte hat 1996 zusammen mit Debórah Dwork die Studie »Auschwitz: 1270 to the Present« veröffentlicht, die neben vielen anderen Aspekten auch die Baugeschichte der Krematorien behandelt. Sein neues Buch, »The Case for Auschwitz«, unmittelbar nach Irvings gescheiterter Berufung abgeschlossen und Anfang 2002 veröffentlicht, basiert auf seinem 767 Seiten langen Gerichtsgutachten über die Existenz und den Einsatz der Gaskammern in Auschwitz. Auch Gutachter Richard Evans hat seine Expertise über Irvings manipulativen Umgang mit geschichtlichen Quellen als Buch herausgebracht, ebenso Peter Longerich seine Stellungnahmen über die Systematik der Judenvernichtung und die

Rolle Hitlers und Hajo Funke über Irvings Verbindungen zur deutschen rechtsextremistischen Szene; im Internet zugänglich ist das Fachgutachten von Christopher Browning über die Quellenlage zur »Endlösung«.

Im überladenen Konzept des Buches liegt van Pelts Problem: Er will der Öffentlichkeit die Masse an Belegen (»the bulk of evidence«) für die Massenvernichtung in Auschwitz vor Augen führen, er zeichnet nach, warum das Lager der Dreh- und Angelpunkt der Holocaust-Leugner ist, und schließlich stellt er dar, wie Irving im Londoner Prozeß auf sein Gutachten reagierte und welche Bedeutung es am Ende für die Urteilsfindung hatte. Was schon für van Pelts zusammen mit Debórah Dwork verfaßtes Buch über Auschwitz gilt, trifft ebenso für das neue Werk zu: Weniger wäre mehr gewesen.

Van Pelt konfrontiert den Leser mit einem gegenüber dem Gutachten kaum gekürzten, fast 600 Seiten starken großformatigen Konvolut. Die sechs Kapitel bilden kein kohärentes Ganzes, präsentiert werden vielmehr (mindestens) drei voneinander unabhängige, mehr oder weniger unverbunden nebeneinander gestellte Themenkomplexe: Irving und die »Revisionisten«, der Massenmord in Auschwitz und das Londoner Verfahren. Ein 18seitiger feinteiliger Index bildet am Ende einen Wegweiser durch das Sammelsurium, was zeigt, daß offensichtlich auch dem Verlag klar war, daß zumindest der Erschließungshilfe bedarf, was nicht unbedingt zusammengehört. Uninteressant sind die einzelnen Teile freilich nicht. Die offene Art, in der van Pelt sowohl seine Annäherung an das Thema beschreibt als auch Einblick in das Geschehen hinter den Kulissen des Londoner Prozesses gibt, seine eigenen intellektuellen und moralischen Strapazen für die Prozeßvorbereitung schildert und Schwächen im Kreuzverhör mit dem sich selbst vertretenden Irving eingesteht, der nicht nachließ, ihn mit einem Sperrfeuer querulantischer Fragen zu torpedieren und ihm schon zu Beginn der fünftägigen öffentlichen Verteidigung seines Gutachtens die Kompetenz absprach, weil van Pelt kein ausgebildeter Architekt ist, sichern dem Autor nicht nur Respekt vor seinem profunden Wissen, sondern auch die Sympathie des Lesers. Vor allem eines aber muß sich van Pelt vorhalten lassen: Er hält das Thema nicht, schweift ab, plaudert, weiß bisweilen nicht ein noch aus vor Erzählfreude und trennt Wichtiges nicht von Unwichtigem. Seitenlang präsentiert er Zitate aus Dokumenten, Büchern, Zeitungen und Gerichtsverfahren. Dies mochte für justitielle Zwecke wichtig gewesen sein, um nachzuweisen, daß Irving wider besseren Wissens die Sachverhalte über die Massenvernichtung in Auschwitz bewußt mißdeutet und verleugnet hat, doch im Buch wünschte man sich Prägnanz und fundierte Bewertungen anstelle von abgedrucktem Quellenmaterial, dessen deutsche Begriffe zudem dringend eines sorgfältigen Lektorats bedurft hätten. Schon gar nicht ist nachzuvollziehen, was den Autor bewog, die augenfällige und textexegetisch auch nachgewiesene Dürftigkeit des Leuchter-Reports, dem – von Irving hochgelobten – Machwerk über den angeblich naturwissenschaftlichen Nachweis der »Gaskammer-Lüge« auch optisch zu veranschaulichen: indem er Fred R. Leuchters Sätze über zwei Seiten hinweg als nahezu gänzlich durchgestrichenen Textblock präsentiert. Mag solche Kritzelei für Notizen dienlich sein, befremdet sie doch in einem Buch mit wissenschaftlichem Anspruch.

Problematisch ist zudem der Umgang mit den vielen zeitgenössischen Plänen, Skizzen und Entwürfen zu den Krematorien und anderen Lagergebäuden aus den Anfang der neunziger Jahre in Moskau offengelegten Beständen der Akten der Zentralbauleitung der Waffen-SS Auschwitz. Die Abbildungen sind eindrucksvoll – doch für den Laien schwer verständlich, erklärende wissenschaftliche Auswertungen aber fehlen, so daß sie am Ende illustratives, zudem überreich dargebotenes Material bleiben. Seiten über Seiten zu Irvings Eintauchen in die Szene der selbsternannten Revisionisten (van Pelt bevorzugt den Begriff »negotionists«) und deren akribisch, wenngleich langatmig herausgearbeitete Argumentationsstrategien sind zu bewältigen, ehe man zum Kern der Studie vordringt: den Kapiteln – allem Anschein nach das Herzstück des Gutachtens – über die Quellen aus den Jahren zwischen 1942 und 1947, die eindeutig belegen, daß Auschwitz, genauer Auschwitz-Birkenau, ein Ort der Massenvernichtung war. Die zeitlichen Eckpunkte sind gewählt, weil der Sommer 1942 allen gesicherten Erkenntnissen nach der Zeitraum war, zu dem das Lager zur Vernichtungsstätte umgewandelt worden war und weil das Frühjahr 1947 nach Abschluß umfassender Ermittlungen polnischer und sowjetischer Untersuchungskommissionen mit dem Warschauer Prozeß gegen Lagerkommandant Rudolf Höß und dem Krakauer Prozeß gegen 40 ehemalige SS-Wachleute des Lagers eine frühe Zäsur im juristischen Umgang mit dem Wissen über Auschwitz markierte. Van Pelt spürt hier nicht nur einer für die gesamte Holocaust-Forschung zentralen Fragestellung nach, er präsentiert das (bekannte) Quellenmaterial überdies in eindrucksvoller Dichte und erstaunlicher Konvergenz. Wenngleich sich manches ermüdend oft wiederholt, gelingt es van Pelt hier, den Leser durch die Masse des Materials zu leiten und den schieren Umfang des erstaunlich rasch gewachsenen Wissens über Auschwitz vor Augen zu führen: ein streckenweise atemverschlagender Parforceritt. Hinweise auf hohe Sterbezahlen unter den jüdischen Häftlingen von Auschwitz waren in der zweiten Hälfte des Jahres 1942 schon im *Polish Fornightly Review* zu lesen, der englischsprachigen Zeitung der polnischen Exilregierung. Daß nach Kriegsende westliche Zeitungen Berichte über das Lager rasch aus den Schlagzeilen verbannten, war vom Mißtrauen gegenüber den sowjetischen Lagerbefreiern verursacht und dem sich anbahnenden Kalten Krieg geschuldet. Van Pelt unterscheidet plausibel zwischen bewußt und unbewußt abgelegten Zeugnissen über die Massenvernichtung (»intentional and unintentional evidences«). Erstere sieht er beispielsweise in dem ausführlichen Bericht von Rudolf Vrba und Alfred Wetzler (fälschlich »Wetzlar«), denen im Frühjahr 1944 die Flucht aus dem Lager gelungen war, außerdem in Aussagen und Zeichnungen von Häftlingen der jüdischen Sonderkommandos sowie in Aufzeichnungen von SS-Funktionären wie Rudolf Höß, Pery Broad, Hans Aumeier und Johann Paul Kremer, die allesamt von den Massenvernichtungseinrichtungen sprechen. Zu den unbewußt hinterlassenen Belegen zählt er die zahlreich überlieferten Baupläne und Korrespondenzen der SS-Zentralbauleitung mit den Ingenieuren der Erfurter Firma Topf und Söhne, zuständig für die Krematoriumsbauten im Lager.

Van Pelts Buch bildet in diesen Kapiteln eine wichtige Sammlung der Belege über Ausmaß, Zeitraum und Technik der Tötungsaktionen in Auschwitz. Zusammen mit den von Jean-Claude Pressac Anfang der neunziger Jahre veröffentlichten Befunden über die Krematorien dürfte allen Mißdeutungen von seiten der Holocaust-Leugner damit der Boden entzogen sein. Die historische Forschung kann sich aber noch lange nicht zufrieden geben. »The Case for Auschwitz« zeigt im Gegenteil, daß konzise Forschungsleistungen über die vielgestaltige Geschichte des größten nationalsozialistischen Konzentrations- und Vernichtungslagers weiterhin zu erbringen sind.

Sybille Steinbacher, Bochum

Peter Burke, Augenzeugenschaft. Bilder als historische Quellen, Wagenbach, Berlin 2003, 256 S., 82 Abbildungen, 28 Euro.
Klaus Hesse / Philipp Springer, Vor aller Augen. Fotodokumente des nationalsozialistischen Terrors in der Provinz, Klartext, Essen 2002, 176 S., über 300 Abbildungen, 19,90 Euro.
Klaus-Michael Mallmann / Volker Rieß / Wolfram Pyta, Deutscher Osten 1939-1945. Der Weltanschauungskrieg in Photos und Texten, Wissenschaftliche Buchgesellschaft, Darmstadt 2003, 205 S., 84 s / w Abbildungen, 39,90 Euro.

Kognitiv orientierte Ansätze einer empirisch ausgerichteten Geschichtsforschung haben unbestritten ihre Relevanz, denn sie visualisieren die soziale Praxis des »Dritten Reiches«. Das NS-Herrschaftssystem war eben keine black box, sondern entwickelte eine eigene Logik der Ausgrenzung und Vernichtung, die erklärt werden kann. Bilder der Gewalt im NS-Alltag können ein Teil dieser Erklärung sein. Trotz der großen Aussagekraft begegnen NS-Historiker Bildern häufig noch mit einer gewissen Herablassung. Photographien werden nur selten als Quellen ernst genommen. Meist werden sie als reine Illustrationen verwendet und ohne Kommentare reproduziert. Die Geringschätzung von Bildmaterial und dessen lediglich vordergründige Handhabe ist die Folge eines Ausbildungsdefizits. Als »visuelle Analphabeten« verfügen Historiker in der Regel nicht über das notwendige Handwerkszeug, um bildhafte Zeichensysteme zu deuten; sie verstehen die »stumme Sprache« nicht. Gedächtnistheoretische sowie kultur- und medienwissenschaftlich ausgerichtete Forschungen widmen sich jedoch seit geraumer Zeit dieser Quellengattung.
Der in Cambridge Kunstgeschichte lehrende Peter Burke gibt mit seinem Buch »Augenzeugenschaft. Bilder als historische Quellen« auf der Grundlage der Ikonographie und der Ikonologie eine Nachhilfestunde in Bildanalyse. Ähnlich dem Historiker, der mit bestimmten Ideen, Methoden und »Einstellungen« arbeitet, eröffnet auch der Maler, der Bildhauer, der Photograph eine jeweils eigene Perspektive auf Raum und Zeit. Anhand einer Reihe von Beispielen vom späten Mittelalter bis ins 19. Jahrhundert zeigt Burke, daß die spezifische Art und Weise, in Bildern Wirklichkeit zu inszenieren, wertvolle Informationen über die Vergangenheit liefert. Gleichzeitig bieten visuelle Quellen die Möglichkeit, Vergangenheit lebhafter zu imaginieren. Burke will die Textfixiertheit der Geschichtswissenschaften aufbrechen und zu einem quellenkritischen Umgang mit Bildmaterial anregen. Ähnlich wie Texte sind auch Bilder von Idealisierungen und Verzerrungen geprägt, zeigen lediglich Ausschnitte des Geschehens und vernachlässigen bestimmte Aspekte. Trotz der Bedeutung, die Burke Interpretationsspielräumen, Zwischentönen und Ambivalenzen bei der Bildanalyse zuschreibt, hält er am Wahrheitsbegriff fest. Im vorletzten Kapitel seines Buches stellt er drei methodische Möglichkeiten der Bildanalyse vor: den psychoanalytischen, den strukturalistischen oder semiotischen und den von der Sozialgeschichte der Kunst ausgehenden Ansatz. Die Frage nach der Repräsentation, die das historische Bewußtsein bei der Deutung von Texten beschäftigt, ist auch für ein zuverlässiges Verstehen der Bilder zentral. Wichtig ist nicht nur, was sich im Bild offenbart, sondern auch der Subtext, die Tiefenschichten des Dargestellten. Bilder vermitteln einen Einblick in die Ideen, Wünsche, Hoffnungen und Ängste der Zeitgenossen und bieten sich dem Betrachter als Projektionsfläche an.
Das Sehen üben kann man mit dem Buch »Vor aller Augen. Fotodokumente des nationalsozialistischen Terrors in der Pro-

vinz«. Klaus Hesse und Philipp Springer haben im Auftrag der Stiftung Topographie des Terrors bislang unbekannte Zeugnisse der NS-Gewaltherrschaft zusammengetragen. Über 200 Archive stellten rund 1.360 Aufnahmen zur Verfügung. Der dokumentarische Teil des Bandes besteht aus sechs Kapiteln: der frühe Terror, antijüdische Aktionen und Diskriminierungen, der Novemberpogrom 1938, öffentliche Demütigung von »Rassenschändern«, die Deportation und die Verwertung jüdischen Eigentums. Jedes Kapitel beginnt mit einer kurzen thematischen Einführung und knappen Informationen über die Photos, wobei auch die Ergebnisse lokaler und regionaler Forschungen sowie mündliche und schriftliche Erläuterungen von Sachkennern vor Ort berücksichtigt werden. Die Photos sind mit ausführlichen Kommentaren versehen, die Auskunft über Auftraggeber und geschichtlichen Kontext geben. Bestätigt wird, was Raul Hilberg in seinem Buch über die »Quellen des Holocaust« festgestellt hat: Juden treten zwar auf den Photographien am häufigsten in Erscheinung, haben jedoch nur einen kleinen Teil dieser Aufnahmen selbst gemacht. In einem einführenden Essay wird über den Stand und die Problematik photogeschichtlicher Arbeiten zum Nationalsozialismus sowie über das Rechercheprojekt und seine Ergebnisse informiert. Am Beispiel einiger größerer Photosequenzen zur Deportation der Juden wird schließlich gezeigt, welcher Kenntnisse es bedarf, um diese Bilder zu interpretieren und wichtige Details zu erkennen. Der umfangreiche Anmerkungsapparat zeigt die Sorgfalt der Recherche. Der Verlag verdient Anerkennung für die sehr gute Druckqualität der Schwarz-Weiß-Reprints und den vergleichsweise günstigen Preis des Buches.

Auch in dem von Klaus-Michael Mallmann, Volker Rieß und Wolfram Pyta herausgegebenen Band haben Photographien einen besonderen Stellenwert. Nach Meinung der Herausgeber kommt der Gedächtnisfunktion der Bilder in einer Zeit, in der sich Erinnerung kaum noch auf Zeitzeugen stützen kann, große Bedeutung zu. Gleich die erste Abbildung von Angehörigen des Polizeibataillons 318 löst Irritationen aus, denn nicht nur Männer, sondern auch zwei Frauen in Uniform präsentieren sich dem Photographen, freundschaftlich eingehakt und mit strahlenden Gesichtern. Nicht weniger berührt den Betrachter das Photo vom 17. August 1941, das aus Privatbesitz stammt und die Originalbeschriftung trägt: »Ein Trupp Juden werden zum erschiesen [sic] geführt.« Die Kamera bildet keineswegs objektive Wirklichkeit ab, sondern ist ein Instrument der Verbildlichung, das den Blick der Henker auf das Geschehen festhält. Im Kapitel »Mentalitäten« geben Auszüge aus schriftlichen Quellen einen Einblick in die Denkweise der Täter. Nicht immer wird hier der offensichtlich gängige Grundsatz »Lieber zwei aufhängen als einen zu wenig« (S. 29) bestätigt, sondern es finden sich auch durchaus kritische Stellungnahmen angesichts der Gewalt und des Mordens. Auch NKWD-Opfer sind unter den Toten, wie beispielsweise in Lemberg (S. 83). Der dortige Leichenfund löste mehrtägige Pogrome aus, denen etwa 4.000 Juden zum Opfer fielen. Daß die Wehrmacht diese Vorfälle für ihre Zwecke zu funktionalisieren wußte, legt eine Formulierung des Oberbefehlshabers der 17. Armee, General Karl-Heinrich von Stülpnagel, nahe, der anregte, auch künftig »die in den neu besetzten Gebieten wohnhaften anti-jüdisch und anti-kommunistisch eingestellten Polen zu Selbstreinigungsaktionen zu benutzen.«

Kontextualisierung und visuelle Konkretisierung des Massenmordes ist das Ziel dieses Bandes, der sich über das Fachpublikum hinaus explizit auch an Träger der

Jugend- und Erwachsenenbildung wendet. Tatsächlich werden die Ereignisse an Tatorten wie Bialystok, Gomel oder Kowno und die Aktionen verschiedener Einheiten, zum Beispiel der Einsatzgruppe D und des Polizeibataillons 322, anschaulich dargestellt. Eine für die historische Forschung über den Nationalsozialismus zentrale Frage wird gestellt: Wie wird der Holocaust im Gedächtnis kommender Generationen repräsentiert sein? Auch Photos und Bilder sind keineswegs Garanten der Erinnerung, sie haben auch keinen höheren Authentizitätsgrad als Statistiken oder Verwaltungsdokumente. Vielmehr bedarf es ihrer genauen Untersuchung, der Interpretation und der Einordnung in das historische Geschehen. Erforderlich ist eine diskursive Praktik, die wieder in die Geschichtswissenschaft zurückführt.

Anne Klein, Köln

Michael Wedekind, Nationalsozialistische Besatzungs- und Annexionspolitik in Norditalien 1943 bis 1945. Die Operationszonen »Alpenvorland« und »Adriatisches Küstenland« (= Militärgeschichtliche Studien, Bd. 38), R. Oldenbourg, München 2003, 526 S., 44,80 Euro.

Die deutsche Besetzung Italiens, die am frühen Morgen des 9. September 1943 begann, war eine improvisierte Aktion. Sie resultierte aus dem Zusammenbruch des italienischen Faschismus vom 25. Juli 1943 und der Kapitulation des ehemaligen Verbündeten fünf Wochen später. Italien wurde von insgesamt 20 deutschen Divisionen überrollt und in Operationszonen aufgeteilt. Ganz Mittel- und Süditalien blieben unter militärischer Verwaltung. Im östlichen Teil Norditaliens wurden zwei Operationszonen gebildet, die faktisch unter ziviler Verwaltung standen. In der Operationszone Alpenvorland mit den Provinzen Bozen, Trient und Belluno regierte Franz Hofer, der Reichsstatthalter und Gauleiter in Tirol-Vorarlberg, als Oberster Kommissar. Die Operationszone Adriatisches Küstenland, zu der die Provinzen Udine, Görz, Triest, Fiume, Pola und die von Italien besetzte slowenische Provinz Laibach gehörten, unterstand dem Obersten Kommissar Friedrich Rainer, zugleich Reichsstatthalter und Gauleiter in Kärnten. Beide Operationszonen lagen auf dem Gebiet der von Benito Mussolini geführten faschistischen Satellitenregierung von Salò, der Repubblica Sociale Italiana (RSI). Dort überschnitten sich also die Hoheitsrechte der beiden Obersten Kommissare mit derjenigen der RSI und der italienischen Verwaltungsorgane.

Die komplexen okkupationspolitischen Verhältnisse, die in beiden Operationszonen bestanden, sind bisher nur in einer Studie Karl Stuhlpfarrers von 1969 ausgeleuchtet worden. Die italienische Historiographie hat sich meist auf die Resistenza dort konzentriert. Der Autor der vorliegenden Monographie, die auf einer 1996 in Münster abgeschlossenen Dissertation basiert, hat sich dagegen zum Ziel gesetzt, die NS-Besatzungspolitik in den beiden Operationszonen auf breiter Quellenbasis zu analysieren. Neben den deutschen Archivbeständen hat Wedekind Provenienzen aus fast zwanzig italienischen Staats- und Provinzarchiven zu Rate gezogen. Slowenische oder kroatische Archive ließ der Autor allerdings weitgehend unbeachtet. Dies verwundert, lag mit den Provinzen Pola, Fiume und Laibach doch knapp die Hälfte der Operationszone Adriatisches Küstenland auf dem heutigen kroatischen und slowenischen Territorium. Dort waren die Italiener gegenüber der slawischen Bevölkerung deutlich in der Minderheit.

Im ersten Kapitel widmet sich der Autor den historischen Voraussetzungen, die seit der zweiten Hälfte des 19. Jahrhunderts im Alpen-Adria-Raum bestanden. Detailliert schildert er die Bevölkerungsverhältnisse, vernachlässigt jedoch die habsburgische Nationalitätenpolitik in dieser Krisenregion, deren Kenntnis für ein Verständnis der späteren Entwicklung unabdingbar ist. So gelingt es Wedekind kaum, die deutschnationale Radikalisierung, die sich seit den 1880er Jahren an der südlichen Peripherie der Habsburgermonarchie vollzog, zu veranschaulichen. Zudem spart er den erwachenden südslawischen Nationalismus aus. In Kapitel II, in dem es um die deutsch-italienischen Beziehungen, die Annexionspläne der Tiroler und der Kärntner NSDAP sowie den deutschen Einmarsch in Italien geht, zeigt Wedekind, wie sich Hitler unter dem Einfluß Hofers am 9. September 1943 dazu entschied, die Provinz Bozen zu annektieren. Damit revidierte der »Führer« sein außenpolitisches Dogma, wonach Südtirol zu Italien gehöre. In Kapitel III analysiert der Autor die besatzungspolitischen Entscheidungen vom 9. und 10. September 1943 und den Aufbau der Verwaltungen in den beiden Operationszonen. Ausführlich untersucht er die Stellung der Obersten Kommissare im Verwaltungssystem des NS-Staates und mutmaßt, ihnen sei eine »außerordentliche Machtmonopolisierung« gelungen (S. 94). Diese Aussage wird im weiteren Verlauf der Untersuchung jedoch wieder relativiert (z. B. S. 157 f., 178 f., 191 f. u. 315 ff.). Außerdem skizziert der Autor den Aufbau der deutschen Zivilverwaltung in den beiden Operationszonen, deren Verhältnis zur RSI, die Steuerung der einheimischen italienischen Behörden und die Finanzierung der Okkupationsverwaltungen. Hier bleiben viele Fragen offen. Wedekinds analytischer Schwerpunkt liegt auf der Beteiligung von Südtirolern an der Besatzungspolitik in der Provinz Bozen. Dagegen bleibt das Verwaltungspersonal in den Behörden der Obersten Kommissare blaß. Selbst die beiden Protagonisten Hofer und Rainer werden nicht vorgestellt. Außerdem hätten die Tätigkeiten der Deutschen Berater in den Operationszonen und das Verhältnis der Okkupationsorgane zu den italienischen Präfekten detaillierter untersucht werden können.

Den Kern der vorliegenden Studie bildet Kapitel IV, in dem die NS-Besatzungspolitik in den Operationszonen anhand verschiedener Politikfelder abgehandelt wird (S. 153-375). Kenntnisreich analysiert der Autor die Finanz- und Währungspolitik, die Steuerung der Wirtschafts- und Ernährungspolitik beziehungsweise des »Arbeitseinsatzes«, die Mobilisierung von Personal für den »Kriegsdienst«, die Lohn-, Preis- und Sozialpolitik und die Lenkung der öffentlichen Meinung. Wenig ergiebig sind die knappen Ausführungen zur Fürsorge- und Rassenpolitik sowie zum Bildungswesen. Mehr als ein Drittel dieses Kapitels ist den Strukturen des Repressionsapparates gewidmet. Ausführlich zeichnet der Autor den Aufbau des SS- und Polizeiapparates in den beiden Operationszonen nach und breitet zudem das gesamte Spektrum der italienischen und slowenischen Verbände und Milizen aus, die mit den Besatzern zusammenarbeiteten. Zu den besten Kapiteln des Buches gehören die Passagen über die »Endlösung der Judenfrage«, der in beiden Operationszonen fast 7.500 Juden zum Opfer fielen. Demgegenüber kommt die »Partisanenbekämpfung« etwas zu kurz. Zwar hat Wedekind zwei Karten beziehungsweise tabellarische Aufstellungen zu deutschen Vergeltungsaktionen in den beiden Operationszonen erstellt (S. 322 f. u. 451-461, jedoch ohne die Provinz Laibach). Wie diese Aktionen abliefen und welche Einheiten sich daran beteiligten, analysiert er allerdings nicht. Ebensowenig geht der Autor der Frage nach, welche Rolle die Wehrmacht bei der »Partisanenbekämpfung« in den beiden Operationszonen spielte. Dies hängt nicht zuletzt damit zusammen, daß er die besatzungspolitische Bedeutung der militärischen Dienststellen unterschätzt.

Als wenig weiterführend erweisen sich die sieben regionalen Fallbeispiele in Kapitel V über die »Formen der Kollaboration und des Widerstands« in den beiden Operationszonen (S. 377-435). Offensichtlich ging es dem Autor darum, Verhaltensweisen und Motivlagen der autochthonen Bevölkerung unter der NS-Okkupation auszuleuchten. Dabei beschränkt er sich jedoch auf Ausführungen zur unbedeutenden faschistischen Partei der RSI, zum italienischen Großbürgertum in Triest und zu den Südtirolern. Eine Verhaltensgeschichte der einheimischen Bevölkerungen unter der NS-Herrschaft, und zwar differenziert nach sozialem Status, religiösem Bekenntnis und ethnischer Zugehörigkeit, liefert Wedekind jedenfalls nicht. Die Politik der NS-Behörden gegenüber den Slowenen und Kroaten, die im Operationsgebiet Adriatisches Küstenland die Bevölkerungsmehrheit stellten, wird nur gestreift. Daher bleibt auch unklar, was man sich unter der dort angeblich praktizierten »ethnischen Konfliktsteuerung« vorzustellen hat, abgesehen von der Wiederzulassung des Slowenischen und Kroatischen als Unterrichts- und Verwaltungssprachen. Gerade die Konflikte zwischen der italienischen und der slawischen Bevölkerung und die Reaktionen der NS-Behörden hätten einer ausführlicheren Behandlung bedurft.

Eine weitere Schwäche des Buches ist es, daß die Besatzungspolitik in beiden Operationszonen nicht analytisch voneinander getrennt wird. Oft wechselt Wedekind abrupt zwischen den so unterschiedlich strukturierten Regionen. Ein systematischer Vergleich der okkupationspolitischen Praxis findet nicht statt, obwohl diese, wie der Autor einräumen muß, teils gewichtige Unterschiede aufwies. Außerdem überschätzt er die besatzungspolitischen Parallelen zwischen den beiden Operationszonen und den Gebieten, in denen die Gauleiter der angrenzenden Gaue zu Chefs der Zivilverwaltung (CdZ) ernannt worden waren. Darüber gehen die prinzipiellen Differenzen verloren, die zwischen diesen beiden Typen von Okkupationsregimen bestanden. Anders als in den CdZ-Gebieten verzichtete man in den beiden Operationszonen auf Maßnahmen zur »Germanisierung«, den Aufbau »volksdeutscher« Vorfeldorganisationen der NSDAP und die Einführung von »Reichsrecht«. Wedekinds zentrale Hypothese, wonach Hofer und Rainer die beiden Operationszonen auf kaltem Wege annektiert hätten, wird – mit Ausnahme der Provinz Bozen – nicht hinreichend belegt. Häufige sprachliche Unebenheiten machen die Lektüre zudem nicht gerade zu einem Vergnügen. Von einer Dissertation, die mehr als sieben Jahre nach ihrer Niederschrift veröffentlicht wurde, hätte man eine grundlegende inhaltliche und sprachliche Überarbeitung erwarten dürfen.

Armin Nolzen, Warburg

Lutz Hachmeister / Friedemann Siering (Hg.), »Die Herren Journalisten«. Die Elite der deutschen Presse nach 1945, C.H. Beck, München 2002, 327 S., 14,90 Euro.

Die Nachkriegsgeschichte der deutschen Medien und deren in die NS-Zeit reichende Kontinuität ist beileibe kein neues Thema. Bereits 1989 veröffentlichte der Publizist Otto Köhler sein Buch »Wir Schreibmaschinentäter«, sechs Jahre später »Unheimliche Publizisten«. Mit »Die Herren Journalisten« haben Lutz Hachmeister und Friedemann Siering nun einen Sammelband mit Aufsätzen von Historikern, Publizisten und Medienforschern herausgegeben, der sich mit verschiedenen Aspekten der deutschen Presse nach 1945 befaßt. Schon die Titel vermitteln einen Unterschied zu Köhlers Werken. Der Schwerpunkt liegt auf der institutionellen Ebene der deutschen Presse. Nur drei Beiträge beschäftigen sich mit der Rolle von individuellen Journalisten, Publizisten und Herausgebern.

Im Vorwort weist Hachmeister zu Recht auf die Tatsache hin, daß es die deutsche Presse trotz ihres einflußreichen gesellschaftlichen Stellenwerts nach 1945 lange versäumt hat, ihre problematische Gründungsgeschichte selbst zu erforschen. Auch *Der Spiegel*, das führende Organ in Sachen vergangenheitspolitische Aufklärung in Deutschland, zeigte »an der Untersuchung der frühen SD-Seilschaften im eigenen Hause« kein Interesse (S. 96). Hachmeister betrachtet die Medien und ihre leitenden Persönlichkeiten als gesellschaftliche Elite, die eine strukturelle Eigendynamik und einen besonderen Habitus entwickelte.

Einige Beiträge des Sammelbandes zeichnen die Frühgeschichte deutscher Mediengiganten detailreich nach und liefern bedeutsame Beiträge zu den Themen »Stunde Null«, Wiederaufbau nach 1945, »Wirtschaftswunder« und frühe bundesrepublikanische Politik. In diesem Kontext steht beispielsweise die Entstehung der *Frankfurter Allgemeinen Zeitung* (FAZ), wie Sierings gut belegter Aufsatz zeigt. Die *FAZ* wurde anfänglich von der Wirtschaftspolitischen Gesellschaft und von führenden westdeutschen Industriellen finanziert und sollte als Mittel zur Beförderung einer Wettbewerbswirtschaft im Nachkriegsdeutschland dienen.

Im Unterschied zu den Büchern von Köhler fehlt in diesem Sammelband jedoch eine systematische Analyse der NS-Vergangenheit der frühen bundesrepublikanischen Presse. Das Thema wird lediglich anhand der Untersuchung weniger individueller Biographien der am Aufbau der neuen deutschen Presse nach 1945 beteiligten Personen abgehandelt. Das daraus entstandene Bild ist aber gemischt, und ein pauschales Fazit über die Handelnden wie die Institutionen verbietet sich. Erstens findet man bei der Presse der 1950er Jahre Leute wie Claus Peter Volkmann (alias Peter Grubbe), Paul Karl Schmidt (alias Paul Carell) und Horst Mahnke, die direkt an NS-Verbrechen beteiligt waren. Zweitens gab es Journalisten wie Karl Korn, Hans-Georg von Studnitz und Werner Höfer, die vor 1945 im Sinne der NS-Machthaber publizierten (»Schreibmaschinentäter«). Dazu kommt Hans Zehrer, in der Weimarer Republik Herausgeber der rechtskonservativen Zeitung *Die Tat* und in dieser Eigenschaft eine Art Vordenker des NS-Staates. Drittens gab es aber auch Personen wie Werner Friedmann, Georg Lorenz und Erich Dombrowski, die lediglich Mitläufer waren, das NS-Regime ablehnten oder offenen Widerstand leisteten und ins Exil gehen mußten. In manchen Zeitungen wie der FAZ oder dem *Spiegel* wurden wichtige Stellen mit NS-belasteten Journalisten besetzt. Andere Blätter wie die *Frankfurter Rundschau* (FR) und die *Süddeutsche Zeitung* stellten fast keine Mitarbeiter mit NS-Vergangenheit ein. Die FR enthüllte 1952 vielmehr die NS-Vergangenheit mehrerer Mitarbeiter des Auswärtigen Amtes (S. 158-161).

Ein anderes wichtiges Thema, das in dem Band leider nicht durchgängig behandelt wird, ist die Presseüberwachung und Kontrolle der Alliierten in Deutschland. In den meisten Beiträgen ist zwar deutlich zu sehen, welche zentrale Rolle die verschiedenen alliierten Besatzungsdienststellen und die dort tätigen Presseoffiziere für die Organisation der deutschen Nachkriegspresse spielten. So findet man im Aufsatz über *Die Zeit* einige anregende Erwähnungen zum Thema. Offen bleibt jedoch, auf welche Art und Weise die Lizenzen in den verschiedenen Besatzungszonen verteilt wurden, wie die Alliierten die Zeitungen kontrollierten und was im Bereich der Presse in der sowjetischen Zone passierte. Leider befaßt sich kein Aufsatz mit dem Mediensystem der DDR. Dies ist zu bedauern, weil sich der Übergang von der SBZ- zur DDR-Presse von den westlichen Besatzungszonen deutlich unterschied. Die Pressepolitik nach 1945 kann nicht einfach aus sich heraus bewertet werden. Vielmehr müssen die Motive der Alliierten in die Betrachtung einbezogen werden. Die Herausgeber hätten gut daran getan, den Aufsätzen einen systematischen Beitrag zu diesem Thema voranzustellen.

Michael Wildts abschließender Text zur Nachkriegskarriere einiger ehemaliger Mitarbeiter des Reichssicherheitshauptamtes ist der einzige, der die Kontinuität im deutschen Verlagswesen nach 1945 thematisiert. Darin findet sich eine erstaunliche Beschreibung der Korrespondenz zwischen Hannah Arendt und ihrem Lektor im Piper-Verlag, dem promovierten Germanisten und ehemaligen SS-Obersturmbannführer Hans Rößner. In diesem Mikrokosmos – entstanden im Zusammenhang mit seiner Kollektivbiographie über das Führungskorps des Reichssicherheitshauptamts – veranschaulicht Wildt, wie »Kontinuität« in der Praxis aussah. In seiner Korrespondenz zeigte Rößner sowohl Bewunderung für die jüdische Philosophin und Publizistin als auch deutliche Spuren der rassenpolitischen Weltanschauung des Nationalsozialismus, die ihn auch nach 1945 prägte.

Insgesamt bleibt die Frage offen, wie man den Einfluß des Medienpersonals im Nachkriegsdeutschland messen kann. Festzustellen ist, daß der vorliegende Band sehr heterogen ist und lediglich Teilbereiche des Themas abdeckt. Dennoch finden sich darin einige wichtige Forschungsergebnisse, die für ein späteres Gesamtbild der deutschen Presseelite nach 1945 unverzichtbar sein werden.

Daniel Uziel, Jerusalem

Nicolas Berg, Der Holocaust und die westdeutschen Historiker. Erforschung und Erinnerung (= Moderne Zeit. Neue Forschungen zur Gesellschafts- und Kulturgeschichte des 19. und 20. Jahrhunderts, Bd. I, hg. v. Ulrich Herbert und Lutz Raphael), Wallstein, Göttingen 2003, 766 Seiten, 46 Euro.

In seiner Freiburger Dissertation behandelt Nicolas Berg, Mitarbeiter am Simon-Dubnow-Institut für jüdische Geschichte und Kultur in Leipzig, ein wissenschaftsgeschichtliches Thema. Er untersucht, wie westdeutsche Historiker nach 1945 die Shoah deuteten und welche allgemeinen Hypothesen über den NS-Staat sie aus ihren Forschungsergebnissen zum Judenmord ableiteten. Allein der Umfang des Buches – knapp 800 Buchseiten, darunter rund 100 Seiten Literaturverzeichnis, allerdings keine Schlußbetrachtung – zeigt, daß der problematisierte Gegenstand nicht ohne weiteres zu bewältigen ist. Genau genommen bietet Berg zudem noch mehr, als der Buchtitel (eigentlich müßte er lauten: Die westdeutschen Historiker und der Holocaust) verspricht. Er rezensiert – und zensiert – nicht nur ein halbes Jahrhundert Historiographie, sondern »erledigt«, sozusagen nebenher, auch noch das Jahrhundertproblem »Bewältigung der Vergangenheit«.

Dutzende von Geschichtswissenschaftlern werden hier behandelt, getestet und gewogen. Berg hat einige Nachlässe der deutschen Historikerelite und eine Fülle (auto-)biographischer Schriften, Quellenwerke und Sekundärliteratur gesichtet. Aber keiner der zahlreichen Historiker kann es dem Verfasser recht machen: weder Friedrich Meinecke noch Gerhard Ritter und Gerd Tellenbach, weder Hans Rothfels noch Hermann Heimpel, schon gar nicht Werner Conze und Theodor Schieder, die nationalsozialistische Interessen vertreten hatten, weder Fritz Ernst noch Ludwig Dehio und Peter Rassow, weder Karl Dietrich Bracher noch Golo Mann, weder Helmut Krausnick noch Hans Buchheim und keinesfalls Martin Broszat und Hans Mommsen. Sie alle haben das NS-Regime angeblich mißverstanden und zu traditionalistisch oder nationalistisch, zu »szientistisch«, orthodox oder voreingenommen, am häufigsten, so Berg, zu apologetisch gesehen.

Die Hauptthesen des Buches, das inzwischen sowohl in den deutschen Feuilletons als auch in den wissenschaftlichen Zeitschriften breit rezipiert worden ist, lassen sich wie folgt zusammenfassen: Erstens habe die Erforschung von »Auschwitz« – verstanden als Synonym für die Behandlung des Holocaust in der deutschen Geschichtswissenschaft – bis in die späten 1980er Jahre hinein kaum Konjunktur gehabt. Dies sei, zweitens, eine Folge des von Martin Broszat und Hans Mommsen vertretenen Strukturalismus gewesen, der sich als dominante Interpretationslinie zur Geschichte des NS-Staates durchgesetzt habe und dessen Interesse an den Tätern und, damit zusammenhängend, der Vernichtung der europäischen Juden, nur gering gewesen sei. Dieses marginale Interesse glaubt Berg wiederum, drittens, auf den generationellen Zusammenhang zwischen den NS-Tätern auf der einen und den von ihm kritisierten Historikern auf der anderen Seite erklären zu können. Als Beleg für seine Hypothesen zieht er, viertens, die Auseinandersetzung zwischen Martin Broszat und Joseph Wulf heran, einem Holocaust-Überlebenden, der eine Reihe von historischen Dokumentationen zum Judenmord veröffentlicht hat. Broszats Rolle in dieser Kontroverse, in der es um die Verantwortlichkeit eines NS-Gesundheitsexperten im Warschauer Ghetto ging, liest Berg als bewußte Verdrängung der jüdischen Erinnerung aus der Zeitgeschichte. Mit anderen Worten: Zeithistoriker wie Broszat hätten »Forschung ohne Erinnerung« betrieben, und zwar, um präziser zu formulieren: ohne die jüdische Erinnerung.

Berg geht jedoch weiter. Er sieht Broszat, der in den sechziger Jahren Mitarbeiter, später Direktor des Münchner Instituts für Zeitgeschichte (IfZ) war, als stellvertretend für viele andere westdeutsche Historiker. Die meisten von ihnen waren ebenfalls Mitarbeiter des IfZ. So problematisch Broszats Rolle in dem Briefwechsel mit Wulf auch ist, nicht zu rechtfertigen ist, daß Berg die anderen am IfZ beschäftigten Historiker gewissermaßen in Sippenhaft nimmt. Er verdächtigt sie, infolge jugendlicher Indoktrinierung den Nationalsozialismus nicht anders als apologetisch, also pro-nazistisch behandelt zu haben. Offenbar ist Berg nicht klar, was für eine Unterstellung er formuliert, auch jemandem wie Hans Buchheim gegenüber, der in einer gegen den Nationalsozialismus durchaus immunen Umwelt aufgewachsen ist. Ein Dokument wie die Aktennotiz vom April 1955, die im Archiv des IfZ vorhanden ist, hätte Berg eines Besseren belehren müssen. Darin bedauert Buchheim lebhaft, daß es dem Institut noch immer nicht gelungen sei, die Forschung über die »Endlösung der Judenfrage« in den Mittelpunkt seiner Arbeit zu stellen. Zu betonen ist auch, daß das IfZ schon Ende der fünfziger, Anfang der sechziger Jahre so wichtige Studien wie den »Gerstein-Bericht«, die Höß-Memoiren und Broszats Buch über die NS-Polenpolitik publiziert hat. Von einer Vernachlässigung der Holocaust-Forschung kann man also in diesem Zusammenhang kaum sprechen.

Ein weiteres Gegenargument stellen die 1964 im großen Frankfurter Auschwitz-Prozeß erstatteten Gutachten des IfZ dar, die noch heute als Standardwerke gelten. Berg spricht hingegen von der Marginalisierung des Themas, ja, er scheut sich nicht, gerade diese Gutachten, die vom beauftragenden Generalstaatsanwalt Fritz Bauer ausdrücklich frei von jeglicher Emotion verlangt wurden, als zu sachlich und nüchtern zu bezeichnen und den jungen Historikern des IfZ auch noch vorzuwerfen, ihre Expertisen hätten die Voraussetzung dafür geschaffen, daß das Gericht die angeklagten SS-Täter nur noch der »Beihilfe« beschuldigte. Im Urteil wird jedoch ausdrücklich betont, daß das Schwurgericht die Täterschaft durchaus erkannt habe, aber infolge des Wortlauts im Strafgesetzbuch sowie einer höchstrichterlichen Sentenz die Herabstufung von Täterschaft auf Beihilfe berücksichtigen mußte.

Bergs Analyse kommt (nicht nur an dieser Stelle) ohne jeden zeitgeschichtlichen Kontext aus, was ihn zu unzutreffenden, wenn nicht – wie im Zusammenhang mit dem Auschwitz-Prozeß – zu sinnentstellenden Bewertungen veranlaßt. Seine Historiographiegeschichte besteht über weite Strecken aus einer konventionellen Ideengeschichte, die jeder Kontextualisierung entbehrt. Am offensichtlichsten zeigt sich dies an Bergs »Entdeckung«, wonach die Strukturalisten Martin Broszat und Hans Mommsen sich förmlich die Apologetik der Eichmann, Höß und anderer NS-Täter zu eigen gemacht hätten, daß nicht der einzelne SS-Funktionär, sondern »nur« anonyme bürokratische Apparate – die Vernichtungsmaschinerie des NS-Regimes – für die Ausrottungspolitik gegenüber den Juden verantwortlich gewesen seien. Berg spricht von einer realen »Nähe von Historikern nach 1945 zu den Tätern«, von einer »Angleichung von historiographischen Erklärungsmodellen an Täteraussagen«. Und er nimmt überhaupt nicht zur Kenntnis, daß die Herangehensweise der jungen Wissenschaftler einen erheblichen Erkenntnisfortschritt gegenüber der bis dahin üblichen, sozusagen »hitleristischen« Forschungsrichtung darstellte. Der Strukturalismus war doch nachgerade eine Voraussetzung dafür, daß sich die Perspektive des wissenschaftlichen Umgangs mit dem Holocaust von Hitler und seiner Entourage auf die Gesamtgesellschaft des »Dritten Reiches« verschob. Ohne den Strukturalismus gäbe es die seit den 90er Jahren in Gang gekommene Täterforschung, die Berg an vielen Stellen mit Emphase beschwört, nicht; und auch die Einsicht, daß sich ein ganzes Volk für das Verbrechersystem der Nazis hat in Dienst nehmen lassen, wäre nicht sehr weit verbreitet.

Auch Bergs Modell einer Drei-Stufen-Vergangenheitsbewältigung durch die westdeutschen Historiker vermag keineswegs zu überzeugen. Gemeint ist damit, daß die »Katastrophen-Historiker« der unmittelbaren Nachkriegszeit, die der »Unsagbarkeitsrethorik der fünfziger Jahre« (S. 616) verpflichtet waren, die »Hitleristen« der sechziger Jahre, durch deren Dämonisierung Hitlers das deutsche Volk entlastet wurde, und die »Strukturfunktionalisten« der siebziger Jahre durch eine Gemeinsamkeit miteinander verbunden gewesen seien: sie hätten aus persönlicher Befangenheit die Rechtfertigungen der NS-Täter fortgeschrieben, also Entlastung bezweckt.

Daß Berg seine fundamentalen Thesen zumeist in einem hybriden wissenschaftlichen Fachjargon vorträgt, macht die Sache nicht besser, sondern unverständlicher: Es strotzt hier nur so vor lauter »Paradigmata« und »Dichotomien«, und gelegentlich gelingt sogar ein Mustersatz für eine neudeutsche Stilkunde wie dieser: »[...] der Holocaust stellt in exemplarischer Weise eine solche Konflikterinnerung dar, die weder durch eine szientistische Herangehensweise objektiver Geschichtsschreibung noch durch einen Konsenswunsch im argumentativen Kompromiß außerhalb akademischer Ordnung stillgestellt werden kann« (S. 13).

Irmtrud Wojak, Frankfurt am Main

Eric Hobsbawm, Gefährliche Zeiten. Ein Leben im 20. Jahrhundert. Aus dem Englischen von Udo Rennert, Carl Hanser, München/Wien 2003, 499 S., 24,90 Euro.
George L. Mosse, Aus großem Hause. Erinnerungen eines deutsch-jüdischen Historikers. Aus dem Amerikanischen von Karl-Heinz Siber. Mit einem Nachwort von Elisabeth Kraus, Ullstein, München 2003, 398 S., 24 Euro.
Wilma und Georg Iggers, Zwei Seiten der Geschichte. Lebensbericht aus unruhigen Zeiten. Mit 15 Abbildungen, Vandenhoeck & Ruprecht, Göttingen 2002, 320 S., 25 Euro.

Wer seine Autobiographie schreibt, solle sich »über die Welt äußern, und zwar mit einem Engagement, das verrät, wie sehr Ich und Du, Ich und das Leben, Ich und die Welt verbunden sind«, schrieb Ralf Dahrendorf 2003. »Ich – das sind auch die anderen«, lautet der Titel seines Essays über autobiographisches Schreiben. Die hier vorgestellten Memoiren dreier Historiker und einer Literaturwissenschaftlerin lesen sich wie Belegstücke zu diesem Postulat. Sie sind mit großem Einsatz geschrieben, vermitteln ein differenziertes Bild des europäischen Bürgertums im 20. Jahrhundert, analysieren politische und gesellschaftliche Zeitbedingungen und beschreiben anschaulich, wie die Protagonisten in der Welt agierten und warum. Dabei teilen die Autobiographen schmerzliche gemeinsame Erfahrungen: Sie erlebten antisemitische Vorfälle, wurden als Juden verfolgt und emigrierten daher zwangsweise 1933. Wenn jede Autobiographie ein Bericht ist (oder sein sollte) über das Ich und die anderen, dann sind gerade diese drei Bücher Ausdruck individueller Verarbeitung des Erlebten, denn Stil und Erzählform der Autoren variieren stark. Eric Hobsbawm präsentiert uns sozusagen die persönliche Seite seines Hauptwerkes »Das Zeitalter der Extreme« (1995), George Mosse schreibt einen klassischen Entwicklungsroman, und das Ehepaar Iggers bietet eine gleichermaßen gemeinsame wie individuelle Erfahrungsgeschichte des 20. Jahrhunderts.

Eric Hobsbawm reflektiert in seinem Werk, das im Original treffender »Interesting Times« heißt, seinen Weg vom Sympathisanten der Kommunistischen Partei im Berlin der dreißiger Jahre zum international anerkannten marxistischen Historiker. 1917 in Alexandria als Sohn eines britisch-österreichischen Ehepaares geboren, verlebte er Kindheit und Jugend im jüdischen Bürgertum Wiens. Nachdem sein Vater schon 1929 und seine Mutter gerade zwei Jahre später gestorben waren, nahm ein Onkel in Berlin Eric und seine Schwester auf. Zu diesem Zeitpunkt hatte der Politisierungsprozeß des Vierzehnjährigen schon eingesetzt, denn »im Wien der späten zwanziger Jahre erlangte man politisches Bewusstsein so selbstverständlich wie man die eigene Sexualität entdeckte« (S. 30). Hobsbawm analysiert seine politische Entwicklung vor dem Hintergrund seiner Lebenserfahrung und räumt ein, daß der Prozeß nur in der Rückschau geradlinig erscheint. Als distanzierter Historiker beschreibt er in den ersten Kapiteln über Kindheit und Jugend die Lebensgewohnheiten des Bürgertums im republikanischen Wien. Entschieden bekennt er sich hier aber auch zu seinen jüdischen Wurzeln und der Maxime seiner Mutter: »Du darfst nie etwas tun, das den Eindruck erwecken könnte, daß du dich schämst, ein Jude zu sein«. Zwischen 1931 und 1933 reifte seine noch eher emotionale Bindung an die politische Linke. Im Herbst 1932 wurde er Mitglied im Sozialistischen Schülerbund, einer kommunistischen Gruppe für Gymnasiasten. Wenige Tage nach der Zustimmung der Reichstages zum NS-Ermächtigungsgesetz verließ er mit seinem Onkel Berlin in Richtung London. Dort studierte Hobsbawm Geschichte und übernahm nach dem Krieg einen Lehrauftrag am Birkbeck College. 1936 trat er der Kommunistischen Partei Englands bei. Als marxistischer Historiker und politischer Intellektueller findet er seit den siebziger Jahren zunehmend auch internationale Anerkennung.

Nicht der Erfolg der Nationalsozialisten im Januar 1933, der Hobsbawms Leben grundlegend verändert hat, ist der entscheidende politische Bezugspunkt seiner Werke, sondern die russische Oktoberrevolution 1917. Er verfolgt den Auflösungsprozeß der kommunistischen Parteien als solidarischer, aber sehr kritischer Beobachter. Obwohl sich Hobsbawm nur selten zu seinen Gefühlen äußert, wird deutlich, wie traumatisch 1956 für ihn die Erkenntnis über das Ausmaß des stalinistischen Terrors ausfiel. »Danach« steckte er seine Energien in Forschung und Lehre, blieb aber Mitglied der Kommunistischen Partei bis zu ihrer Auflösung 1991. Warum er sich nicht deutlich distanzierte oder austrat, erklärt Hobsbawm sich (und den Lesern) ausführlich, doch bleibt am Ende nur stehen, daß ihn vor allem eine emotionale Bindung an die Ziele der Oktoberrevolution gehalten hat. In diesen Passagen zeigt er sich trotz seiner distanzierten Haltung als empfindsamer Mensch, der seinen Utopien treu blieb.

Das politische Credo George Lachmann Mosses war dagegen der Liberalismus. 1918 als Enkel des berühmten liberalen Verlegers Rudolf Mosse geboren, aufgewachsen in der mondänen Umgebung der Berliner Stadtvilla und der ländlichen Weite von Gut Schenkendorf, erzogen von Kindermädchen, suchte der aufgeweckte George stets das Aufregende, und sei es durch Streiche und Ungehorsam. Mosse beklagt jedoch, daß es ihm an emotionaler Stabilität und Disziplin gefehlt habe. Diese erfuhr er erst im Internat Salem am Bodensee, einer konservativen, damals deutschnationalen Eliteschule. Mosse schildert sich als verzogenen Jungen, der die Disziplin und Strenge der Internatsausbildung brauchte, um charakterlich zu reifen. Als Jude gehörte er in Salem einer Minderheit an. Er berichtet über den latenten und offenen Antisemitismus vieler seiner Mitschüler. Nach dem 30. Januar 1933 waren er und seine Familie ernsthaft bedroht: als Juden und als wichtige Repräsentanten der liberalen Weimarer Presse.

George emigrierte überstürzt mit 14 Jahren; während seine Eltern zunächst in Frankreich blieben, wurde er auf ein Quäker-Internat nach England geschickt. Nach dem Abitur studierte er in Cambridge Geschichte. Während des Studiums erwachte sein politisches Bewußtsein. Der spanische Bürgerkrieg wurde für ihn zum Schlüsselereignis, durch das sich – mittlerweile war er Mitglied einer sozialistischen Studentengruppe – seine Kritik am Establishment entwickelte. Die großen Themen seiner wissenschaftlichen Laufbahn als Historiker nahmen hier erstmals Form an: die ideologischen und kulturellen Grundlagen des Nationalismus sowie der gesellschaftliche Umgang mit Minderheiten. Selbstkritisch reflektiert Mosse hier seine politischen Überzeugungen und die seiner Studentengruppe. Nationalismus und Rassismus hatten auch seine politische Haltung geprägt; erst seine Erfahrungen im Exil, vor allem in den USA, bildeten die Basis für die Abkehr vom nationalistischen Gedankengut und seine Hinwendung zum Linksliberalismus. Bei Kriegsbeginn emigrierte die Familie Mosse in die Vereinigten Staaten. George, noch keine 21 Jahre alt und daher auf dem Visum seines Vaters eingetragen, kam jedoch nur unter Zwang mit – die Familie drohte ihm mit der Einstellung der Unterhaltszahlungen. Nach dem Studium an einem Quäker-College ging er als Lehrbeauftragter an die Universität Iowa, wo er viele Jahre lehrte, ehe er an die Universitäten von Wisconsin und Jerusalem wechselte.

Zwei wichtige Themen, seine liberale deutsch-jüdische Herkunft und seine Homosexualität, durchziehen in vielfältigen Reflexionen Mosses Autobiographie. Erst in späteren Jahren konnte sich Mosse der jüdischen Religion wieder öffnen, blieb dabei aber immer ein Liberaler. Im Buch wird sehr deutlich, wie persönliches Erleben und historische Fragen an Vergangenheit und Gegenwart zusammenhängen, zum Beispiel in seinen Werken »Die Nationalisierung der Massen« (1993) oder »Das Bild des Mannes« (1997). In anderer Weise als Hobsbawm thematisiert Mosse sich dabei aber immer selbst. Hobsbawm hält die distanzierte und analysierende Haltung des Historikers konsequent ein, selbst wenn er über private Dinge wie Ferienaufenthalte mit der Familie berichtet. Mosse dagegen schreibt eine bildungsbürgerliche Entwicklungsgeschichte vor politischem Hintergrund, in der die Entfaltung seiner Persönlichkeit den roten Faden bildet.

Das Ehepaar Iggers wiederum versucht sich an einer neuen Art der autobiographischen Erzählung: Es stellt sein politisch engagiertes Leben in einer Doppelbiographie vor. Wilma Abeles, geboren 1921 im böhmischen Mirschikau, wuchs als Kind jüdischer Gutsbesitzer recht behütet auf. Georg Igersheimer, geboren 1926, war dagegen ein aufmüpfiger, orthodox denkender Sohn einer liberalen jüdischen Familie aus Hamburg. Beide Familien emigrierten 1938 nach Kanada beziehungsweise in die USA und bauten sich eine neue berufliche Existenz auf. Wilma Abeles und Georg Iggers (wie er sich nun nannte) trafen sich 1944 während ihres Studiums in Chicago. Erfahrungen mit dem Antisemitismus in Europa hatten sie für gesellschaftliche Ausgrenzungsmechanismen sensibilisiert, so daß es nur konsequent war, daß sich das mittlerweile verheiratete Paar im Kampf gegen den inneramerikanischen Rassismus engagierte. In Richmond unterrichteten sie an einem College für Schwarze, wirkten in der Bürgerrechtsbewegung und in Friedensgruppen mit. Beide waren zudem erfolgreiche Professoren. Wilma Iggers hatte eine Dissertation über Karl Kraus geschrieben und arbeitete später über die Geschichte der Juden in Böhmen. Georg Iggers verfaßte Schriften zur deutschen und internationalen Historiographiegeschichte. Das Ehepaar führte ein offenes, gastfreundliches Haus, unternahm Reisen und knüpfte internationale Kontakte.

Anfang der neunziger Jahre entschieden sich die beiden, eine Hälfte des Jahres in den USA, die andere in der Bundesrepublik zu verbringen und damit der Zweiteilung ihres Lebens auch nach außen Ausdruck zu geben. Der Titel ihres Buches »Zwei Seiten der Geschichte« wird in Variationen zum Leitthema der Darstellung. So berichtet Wilma Iggers ausführlich über ihre Kindheit in Osteuropa, und Georg Iggers beschreibt seine westeuropäischen Erfahrungen. Im Mittelteil stehen gemeinsame Erlebnisse im Vordergrund, doch auch hier wird die doppelte Perspektive beibehalten, so daß zum Beispiel die unterschiedlichen Erfahrungen von Männern und Frauen in der Wissenschaft besonders deutlich werden. Das Ehepaar Iggers stellt sein bürgerrechtliches Engagement als amerikanische Staatsbürger in den Vordergrund und damit die Hoffnung, daß es eine gerechte und humane Welt geben könnte. Zum Schluß schreibt Wilma Iggers, daß sie heute nicht mehr an den moralischen Fortschritt glaube, und auch ihr Mann meint, er sei pessimistischer geworden, habe aber weiterhin das Ziel, sich für soziale und politische Verbesserungen einzusetzen. Die letzten, sehr persönlichen Abschnitte des Buches sind in besonderem Bezug zueinander geschrieben: »Ich – das sind auch die anderen« wird hier als eine

Art Gespräch inszeniert, in dem die beiden selbständigen Partner ihre gemeinsamen Werte und deren Umsetzungschancen reflektieren. Das dialogische Prinzip ist das Besondere der Doppel-Autobiographie, die sich eindrucksvoll von anderen Selbstzeugnissen unterscheidet, in denen die Partnerin oftmals nur in der Danksagung Erwähnung findet.

Kirsten Heinsohn, Hamburg

Martin Sabrow / Ralph Jessen / Klaus Große Kracht (Hg.), Zeitgeschichte als Streitgeschichte. Große Kontroversen nach 1945, C.H. Beck, München 2003, 378 S., 15,90 Euro.

Was sagen Historikerkontroversen über die politische Kultur aus? Inwieweit werden geschichtswissenschaftliche Debatten von der Mediengesellschaft geprägt? Der Sammelband behandelt in 18 Aufsätzen das Verhältnis von Öffentlichkeit, politischer Kultur und historischer Fachwissenschaft in Deutschland und Europa seit 1945. Im Mittelpunkt steht die Zeitgeschichte als Medienereignis – somit also das Wechselverhältnis von Geschichtswissenschaft und Öffentlichkeit in den Zeiten des *public turn*. Wenn wieder einmal die sattsam bekannten Historikerdebatten von der Fischer-Kontroverse, über den Historikerstreit und die Goldhagen-Debatte bis hin zur Wehrmachtsausstellung in Aufsätzen behandelt werden, so geht es dabei nicht um die nachträgliche Benotung der Argumentation der Kontrahenten, sondern um die kulturelle und politische Einbettung und Historisierung dieser öffentlichkeitswirksamen Kontroversen.

Daß dieses Genre momentan Konjunktur hat, wie viele vergleichbare Sammelbände zeigen, dürfte wohl nicht zuletzt daran liegen, daß in den neunziger Jahren vor allem die Debatten um den Nationalsozialismus nicht abreißen wollten. Man muß dabei gar nicht erst an Goldhagen oder die Wehrmachtsausstellung denken. So unterschiedliche Themen wie die Bubis-Walser-Debatte, der Streit um die Ausgestaltung der Neuen Wache, die Auseinandersetzung um die modernen Elemente des Nationalsozialismus, um die Wurzeln der Sozialgeschichte in der NS-Volksgeschichte oder um das Holocaust-Mahnmal fanden allesamt ihren Weg in die Feuilletons der großen deutschen Tageszeitungen. Je weiter der Nationalsozialismus aus dem kommunikativen Gedächtnis verschwindet, je weniger Überlebende über diese Zeit aus ihrem Erfahrungsgedächtnis berichten können, desto intensiver – so scheint es – beschäftigt sich das mediengestützte Gedächtnis mit dieser Zeit – von »Schindlers Liste« bis zu den Guido-Knopp-Produktionen im ZDF. Eine Erinnerungsgemeinschaft entsteht, die nicht mehr Zeitzeugen und Historiker, sondern Medien und Historiker aufeinander verweist. Man wird wohl kein Prophet sein müssen, um vorauszusehen, daß die »Historiker-Journalisten« in Feuilleton und Fernsehen dabei eine immer größere Rolle spielen werden. Der Sammelband reflektiert diese Entwicklung, denn er läßt mit Volker Ullrich und Michael Jeismann zwei dieser Protagonisten selbst zu Wort kommen.

Thematisch werden im ersten und zweiten Abschnitt des Bandes die Fischer-Kontroverse von 1961, der Historikerstreit von 1986/87, die Historikerdebatte über den Umbruch von 1989, die Wehrmachtsausstellung von 1995 und die Goldhagen-Debatte von 1996 anhand von Fragen nach dem politischen Kontext, dem Stand der Fachdebatte und der medialen Vermittlung abgehandelt. Am eindringlichsten ist dies Konrad Jarausch zur Fischer-Kontroverse und Ulrich Herbert zum Historikerstreit gelungen. Neben diesen klassischen Themen kommt auch die Auseinandersetzung zwischen der Alltags- und Sozialgeschichte aus den achtziger Jahren wie die »versäumte Kontroverse« über 1968 zu Wort. Auch manche teilnehmenden Akteure werden um ihre nachträgliche Einschätzung gebeten, wie etwa Imanuel Geiss, der die Fischer-Kontroverse durchaus amüsant Revue passieren läßt; Thomas Lindenberger, der sich zur Alltagsgeschichte äußert und Hans-Ulrich Thamer (einer der Gutachter der 2001 unternommenen Überarbeitung der Wehrmachtsausstellung), der die Versachlichung der Debatte um die textintensive und weitaus weniger emotionale Neufassung der Ausstellung als ein Stück Konsensgeschichte deutet. ZEIT-Redakteur Volker Ullrich schreibt als einer der Initiatoren der deutschen Goldhagen-Kontroverse über den Gang der Auseinandersetzung.

Als Restecontainer erscheint gegen die durchaus gelungenen ersten beiden Teile der mit »Zeitgeschichte als Gegenwartsdiagnose« überschriebene dritte Abschnitt. Hierin versteckt sich ein eigentlich einleitender Beitrag von Christoph Kleßmann zur Stellung und Aufgabe von Zeitgeschichte heute. Reinhart Kosellecks gedankenreicher Beitrag zu den Totenmalen im 20. Jahrhundert, der die Frage aufgreift, wie die Sinnlosigkeit und Absurdität des Völkermords künstlerisch umgesetzt werden kann, steht in dem Band recht isoliert. Warum Michael Jeismanns gelungener Beitrag zur Wehrmachtsausstellung und Brigitte Seebacher-Brandts kulturkonservativer und leider ebenso wirrer wie oberflächlicher Aufsatz zum angeblich »sinnentleerten« und durch die Kommerzkultur verflachten »Zeitgeist« von 1968 in diesem Abschnitt auftauchen, blieb dem Rezensenten verborgen.

Es zählt zu den Vorzügen dieses Sammelbandes, daß er sich nicht mit deutscher Nabelschau begnügt, sondern den Blick auf die Kontroversen im europäischen Ausland erweitert. Die Debatte um die Kollaboration Vichy-Frankreichs und um den Algerienkrieg (Etienne François) kommt ebenso zur Sprache wie der Streit um Jedwabne und das polnisch-jüdische Verhältnis (Wlodzimierz Borodziej). Mit der skandalreichen Geschichte des schweizerischen Geschichtsmanagements seit 1944 befaßt sich der informative Aufsatz von Sacha Zala, der verdeutlicht, wie die wirtschaftlichen Beziehungen zwischen der Schweiz und NS-Deutschland durch Intrigen, amtlich kontrollierte Geschichtsschreibung, Zensur und Dokumentenvernichtung verdunkelt wurden. Die jüngsten Auseinandersetzungen um den schweizerischen Goldhandel zeigen, daß Banken, Versicherungen und Industrie die unrühmliche Vergangenheit der Helvetischen Republik fortsetzen. Alexander Pollak verdeutlicht in seinem summarischen Aufsatz, wie sich Österreich bis zur Waldheim-Debatte von 1986 erfolgreich zum ersten Opfer des NS-Regimes stilisierte. David Rey schließlich zeigt, wie die ersten kritischen Erinnerungen an die Franco-Diktatur – gemeint sind die Freilegung von Massengräbern, die Kritik an allgegenwärtigen franquistischen Symbolen im öffentlichen Raum sowie die Rehabilitierung der Kriegsgefangenen und politischen Häftlinge – die Erinnerungsblockade in Spanien durchbrechen. Vor allem zivilgesellschaftliche Initiativen und einige Historiker sind es, die sich gegen das »Abkommen des Schweigens« unter den belasteten Eliten des Landes auflehnen. Dieser letzte Abschnitt zählt zu den innovativsten Teilen des Buches, auch wenn man sich noch andere Beiträge wie etwa eine Darstellung der äußerst lebendigen italienischen Debatte um den Resistenza-Mythos gewünscht hätte.

Sven Reichardt, Konstanz

Replik:
Zur Rezension meines Buches »Die Historiographie der Shoah aus jüdischer Sicht. Konzeptualisierung, Terminologie, Anschauungen, Grundfragen, Dölling und Galitz, Hamburg 2002«, von Moshe Zimmermann, in: BGNS 19 (2003), S. 282 ff.

Ich habe bisher nie auf Rezensionen geantwortet, doch Zimmermanns Ausführungen zu meinem Buch möchte ich nicht unwidersprochen lassen.

1. Das Hauptanliegen meines Buches – was Zimmermann dem Leser nicht offenbart – ist es, die Shoah mit dem professionellen Werkzeug des Historikers zu analysieren, das heißt, Aufklärung darüber zu geben, wie ein Ereignis oder Phänomen konzeptualisiert, definiert und erklärt wird, beispielsweise welche Aspekte in die Betrachtung ein- und welche ausgeschlossen werden, wie eine Erklärung aufgebaut, welcher methodische Ansatz verwendet wird, welche Quellen und Literatur als Belege herangezogen werden. Als »positivistischer« Historiker glaube ich, daß eine spezifische, wenngleich facettenreiche Vergangenheit existiert, die man zumindest auszugsweise darstellen und vergleichen kann. Deshalb habe ich in meinem Buch verschiedene Forschungsansätze betrachtet, die in den letzten fünf Jahrzehnten entstanden sind.

2. Ich habe nie beansprucht, alle Facetten der Shoah und deren Vor- und Nachgeschichte zu behandeln, sondern versucht – und das auch betont –, mich der Geschichtsschreibung von der Sicht der *jüdischen Geschichte* auf die Shoah her zu nähern. Es kann keinem Zweifel unterliegen, daß damit die dreißiger und vierziger Jahre in den Mittelpunkt rücken müssen. Immer wieder werden dabei allerdings Aspekte der Geschichte des Nationalsozialismus, der der deutschen Juden vor 1933 oder des Antisemitismus angesprochen. Doch in der Tat habe ich mein Thema auf das »Dritte Reich« und die Shoa fokussiert – ebenso wie Ian Kershaw und Ulrich Herbert ihre Überblicksarbeiten so anlegten, ohne die zur Nachkriegszeit gehörende Gedenkkultur einzuschließen. Zimmermann wirft ansonsten der israelischen Gesellschaft und den israelischen Shoa-Historikern vor, sie würden nahezu jede Aktion des Staates Israel mit der Shoa rechtfertigen. Insofern ist es doppelt befremdlich, daß er hier die Forderung erhebt, alle Aspekte der Vor- und Nachgeschichte unter dem Begriff »Shoa« zu subsumieren. Und es verwundert, daß er sich selbst plötzlich zu den Holocaust-Historikern zählt. Von der fachwissenschaftlichen Ausrichtung her ist er es ebensowenig wie die von ihm Benannten: Shulamit Volkov, Yakov Katz, Yfaat Weiss, Frank Stern und Moshe Zuckermann würden wohl allesamt eine solche Klassifizierung ihrer Arbeit zurückweisen.

3. Zimmermann suggeriert, ich gehörte zu einer Forschungsrichtung, »die man in Israel ›Shoologie‹ nennt«. Man? In Israel? Tatsächlich ist dies eine von Zimmermann und seinen Adepten kreierte Bezeichnung, zählt aber ebenso zu den wiederholten Vorwürfen wie die unsachliche Anschuldigung, ich fordere einen »Ariernachweis«, wenn ich mich nicht auf die Arbeiten der von ihm oben benannten Historiker beziehe.

4. Zimmermann erweckt den Eindruck, als ob mein Buch von deutscher wie von israelischer Geschichtsschreibung handelt. Jedoch werden diese beiden Historiographien nur in einem von insgesamt 16 Aufsätzen gemeinsam behandelt, und dann auch nur in einem Teil dieses Beitrages, der »Ein Thema, mehrere Stimmen: Sprache und Kultur in der Shoahforschung« heißt. In diesem Text untersuche ich kritisch die deutsche, französische, englische und hebräische Shoa-Forschung und zeige, daß die meisten dieser »Sprachräume« in sich geschlossene Kreise sind. Demzufolge ent-

wickelten sich verschiedene Shoah-Forschungen (im Plural). Die deutsche und israelische Forschung stellen in diesem Kontext nur eine Minderheit dar. Wenn Zimmermann darauf hinweist, daß »Bauer, Gutman, Michman, Ofer, Yahil am häufigsten auf[tauchen]«, dann muß hinzugefügt werden, daß auch die Arbeiten von Adam, Arendt, Benz, Browning, Davidowicz, de Jong, Friedländer, Goldhagen, Gottlieb, Hilberg, Kershaw, Marrus, Poliakov, Reitlinger, Schleunes, Steinberg, Trunk und hunderten anderen – in ihren jeweiligen Sprachräumen – Gegenstand der Auseinandersetzung sind.

5. Zimmermann suggeriert, daß schon die bloße Beschäftigung mit den Forschungsansätzen israelischer Historiker eine kritiklose Übernahme von deren Positionen bedeute. Dies ist eine verzerrte Wahrnehmung. So setze ich mich beispielsweise intensiv mit Yehuda Bauer auseinander, um einige seiner zentralen Thesen zu widerlegen, darunter die von der kausalen Verbindung zwischen der Shoah und der Gründung des Staates Israel. Zimmermann erwähnt dies natürlich nicht, denn es würde seine Darstellung der israelischen »Shoologen« als eines geschlossenen nationalistischen und positivistischen Clans über den Haufen werfen.

6. Zimmermann meint: »Forschung ist für Michman eine interne Angelegenheit von Yad Vashem«. Diese Bemerkung zeigt, wie wenig er mit der israelischen Forschung vertraut ist. Shoah-Forschung ist in Israel nur an den Universitäten angesiedelt. Es gibt keine »interne Forschung« von Yad Vashem!

7. Zimmermann ärgert sich über meine Bewertung, die deutsche Geschichtsschreibung zur Shoah sei »germanozentrisch« und »in hohen Maße« […] provinziell und arrogant zugleich«. Er verschweigt dabei zum einen, daß ich auch deren »immense Bedeutung« als leitende Forschungsrichtung hervorhebe, und geht zum anderen nicht auf meine Begründung ein, daß die deutsche Geschichtswissenschaft die nichtdeutsche Literatur über Jahrzehnte kaum rezipiert und diskutiert hat. In diesem Zusammenhang unterschlägt er ebenso meine Bemerkung, daß sich die Generation der jungen deutschen Shoah-Forscher – etwa seit den neunziger Jahren – positiv von ihren Vorgängern abhebt.

8. Wenn Zimmermann glaubt, ich kenne seine Publikationsliste nicht, befindet er sich im Irrtum.

9. Der ärgerlichste Aspekt von Zimmermanns »Rezension« ist sein Versuch, mich über meinen Wohnort und meine politischen Ansichten (die er im übrigen nicht kennt) unglaubwürdig zu machen. Er selbst bezieht seit 30 Jahren sein Gehalt von der einzigen israelischen Universität, die ihren Campus auf okkupiertes arabisches Gebiet ausgedehnt hat, obwohl er sich als strenger »Kritiker« der israelischen Politik geriert. Heuchelei? Oder liegt die »Siedlungsfrage« in Israel komplizierter als in Zimmermanns verkürzter und wertender Formulierung?

10. Zimmermanns Besprechung beginnt mit dem Satz: »Man braucht Michmans ›Historiographie der Shoah aus jüdischer Sicht‹ nicht von den ersten bis zur letzten Seite zu lesen, um einen fundierten Eindruck von Inhalt und Absicht dieses Werkes zu erhalten«. Leider hat er das Buch wohl wirklich nicht gelesen. Diese wenig fundierte, ja völlig verzerrte Besprechung bestätigt seinen Ruf, jede Rezension mit seinen persönlich-politischen Anliegen zu verknüpfen. So kann ich denjenigen, die am Inhalt meines Buchs interessiert sind, nur dringend empfehlen, dieses selbst oder wenigstens andere Rezensionen zu lesen.

Dan Michman, Jerusalem

Personenregister

Abraham, Ruth u. Walter 148-149
Adler, H. G. 21-22, 32, 84, 160, 162
Alexander, Frieda u. Renate 129
Alexander, Lola 157
Alten, Marek 117, 122
Aly, Götz 36, 50, 196
Ascher, Ludwig 71
Auerbach 130
Baab, Heinrich 69
Bacher, Walter 100
Backe, Herbert 201
Bajohr, Frank 20, 136, 161
Bamberg, Lotte 145
Bankier, David 136, 183
Baum, Julia 91
Becker, Franziska 189
Bentheim 88
Berlin, Walter 74-75, 78
Best, Werner 24
Bibo, Rosel u. Siegfried 152
Björnstjerna 208
Blaszczyk, Helena 126, 132
Blatt, Thomas (Toivi) 127
Blau, Julius 71
Blum, Wilhelm 90
Bohrmann 88
Breder, Reinhard 68
Browning, Christopher 15, 32, 121, 194
Bürckel, Josef 27, 32, 34, 41
Cahen-Brach 106
Cahn, Max L. 69, 72-73, 94
Cahn, Tilly 93-94, 103, 106
Camp, Lothar de la 190
Cassierer, Alfred 144
Daluege, Kurt 52
Daene, Wilhelm 157
Demant, Rudolf 147
Dengler, Georg Albert 82
Deutschkron, Ella u. Inge 151
Drach, Anna 143, 149
Dulles, Allen 198
Dyck, Selly 154
Eichholz, Edgar 195
Eichler, Volker 70, 72
Eichmann, Adolf 12, 31-33, 36, 40, 42, 44, 47, 52, 54-56, 61, 66
Eisenstädt, Robert 105
Engel, Hans 203
Eschwege, Helmut 142
Falkenhausen, Alexander von 198
Fechheimer, Albert 77
Feldhendler, Leon-Lejb 127
Fiehler, Karl 43
Florath, Alois 152
Flörsheim 88
Flörsheimer, Erich 95
Florstädt, Hermann 129
Frank, Hans 36, 44
Frank, Karl 109
Frick, Wilhelm 26
Fromm, Friedrich 204
Funk, Walther Emanuel 26
Gerlach, Christian 9, 15, 49, 53, 137, 196
Gilbert, Martin 198
Globocnik, Odilo 27
Goebbels, Joseph 29, 41 44, 47, 50, 61, 67, 137, 194, 204
Greiser, Arthur 48
Gumz, Emma 151
Gustke, Herrenschneider 157
Gutterer, Leopold 41
Häglöff 208
Hahn, Lili 98, 103
Heimann, Manfred 117
Helldorf, Wolf Graf Heinrich von 67
Henschel, Hildegard 141-142
Herbert, Ulrich 29
Herxheimer 106
Hess, Emma und Menachem 95-96
Heß, Rudolf 26
Heydrich, Reinhard 25, 27, 30, 36-37, 39, 43-44, 46-47, 54-56

Hilberg, Raul 63
Himmler, Heinrich 26, 29, 32, 34-36, 39, 41, 43, 48, 50, 54, 60-61
Hindels, Arnold 102
Hinkel, Hans 41
Hirsch, Ernst 103
Hirsch, Otto 75
Hitler, Adolf 13, 15, 24, 26-27, 29-32, 43-44, 47-51, 54, 60-61, 63, 149, 197, 202, 207
Holland, Ernst 70, 72
Kaplan, Marion 135
Karny, Miroslav 108
Kaufmann, Karl 49
Keitel, Wilhelm 203
Kelley, Commercial Councellor 200
Kershaw, Ian 183
Kleeblatt, Baruch 100
Kleinstraß, Johanna u. Albert 107
Klemperer, Victor 59, 203
Kohlmann 106
Kolb, Bernhard 75-78, 82
Koppe, Wilhelm 48
Krämer, Adolf 78
Krebs, Friedrich 71
Kroener, Bernhard 14
Krogmann, Carl Vincent 188
Krombach, Ernst 104, 113
Krüger, Friedrich-Wilhelm 48
Kulka, Otto Dov 183
Kwiet, Konrad 139, 142
Lamm, Amanda u. Werner 96
Lane, Bernie 96
Lerner, Louis 71-73, 82
Leschnitzer, Käthe 127
Levi, Rabbiner 79
Lewin, Grethe 153
Lindenberg, Kurt 139, 143, 150, 154
Lion, Ruth 100
Longerich, Peter 14-15, 31-32, 47, 49
Lorge, Heinz 100
Löwensberg, Fritz 81
Löwenthal, Irma 90
Maedel, Ministerialrat 178

Mallet, Victor 196, 198, 201, 204, 208
Martin, Benno 74-75, 78, 163, 175-178
Meyer, Beate 140
Mommsen, Hans 16, 71
Morgen, Konrad 129
Müller, Heinrich 31, 34
Natt-Fuchs, Rosa 107
Neuhaus, Leopold 109-110
Nürnberger, Julius 78
Oppenheim, Baron 208
Oppenheim, Michel 79-83, 102, 106
Oppenheimer, Bertha 97
Oppenheimer, Karl 71-73
Padover, Saul K. 195
Pagel, Fritz 156-157
Petain, Henri Philippe 208
Plaut, Max 67
Pleiger, Paul 199-200
Poche, Oswald 68
Pollack, Ditti 149
Pollak-Langford, Lucia 132
Popper, Siegfried 93
Popper, Steffen 93
Preis 131
Reichenberg, Salli u. Hilda 93
Reuband, Karl-Heinz 136, 187
Ribbentrop, Joachim 207
Roseman, Mark 104, 113, 152
Rosenberg, Alfred 169
Rosenfeld, Oskar 90-91
Rosenthal, Edith u. Bernhard 149-150
Rosenzweig 77
Schacht, Hjalmar 198
Schafranek, Fritz 87-88, 92-93
Scheffler, Wolfgang 37, 63
Schindler, Walter 141, 145
Scholsohn, Michel 122
Schoppmann, Claudia 138
Schulz, Johann 90
Schulz, Willi 96
Schwerin von Krosigk, Lutz Graf von 26
Segal, Erna u. Manfred 151
Seligsohn, Julius 66
Sendłak, Stefan 119, 128

Singer, Oskar 91-92
Smorczewski 122
Sommer, Salomon u. Betty 105
Sonneberg 88
Speer, Albert 47-48, 50
Spiegel, Marga 147, 155
Spiegel, Siegmund 158
Spier, Gisela 108
Sprenger, Jakob 68, 71, 74, 79
Stein, Ilse 95-96
Stern, Heinrich 105
Stern, Hilda 87-88, 93
Stern, Ludwig 110
Stern 189
Stillmann, Ilse 146, 153
Stock, Margarete 95
Strauß 88
Strauss, Herbert A. 154
Strauß, Lilli 99-101
Strauss, Lotte 155
Strauß, Marianne 152

Streicher, Julius 73-74, 163, 174-175
Strindberg, Friedrich 155
Szulc, Jan 128
Themal, Lotte 143-144, 153, 157-158
Themal, Rolf 153
Thomas, Georg 50
Thomas, Kurt 132
Trzeciak, Werner 145
Veit, Susanne 144, 152
Wallenberg, Jacob 20, 196ff.
Wallenberg, Marcus 197-198
Wallenberg, Raoul 197
Warlimont, Walter 203
Wecker, Ingrid 188
Weil, Alfred 71
Weltlinger, Siegmund 135
Wiskemann, Elisabeth 205
Witte, Peter 49-50, 101, 103
Wolf, Albert 72
Wösch, Christian 75

Zu den Autorinnen und Autoren

Frank Bajohr, Dr. phil., geb. 1961, wissenschaftlicher Mitarbeiter an der Forschungsstelle für Zeitgeschichte in Hamburg, Forschungsschwerpunkte: Nationalsozialismus und »Drittes Reich«, NS-Judenverfolgung, deutsche und Hamburger Zeitgeschichte; Veröffentlichungen u.a. »Arisierung« in Hamburg, Hamburg 2002; Parvenüs und Profiteure. Korruption in der NS-Zeit, Frankfurt/M. 2001; »Unser Hotel ist judenfrei«. Bäder-Antisemitismus im 19. und 20. Jahrhundert, Frankfurt/M. 2003.
bajohr@fzh.uni-hamburg.de

Wolf Gruner, Dr. phil., geb. 1960, promovierte am Zentrum für Antisemitismusforschung der TU Berlin, Stipendiat am Institut für Zeitgeschichte-Außenstelle Berlin, schreibt derzeit an einer Gesamtdarstellung der Judenverfolgung in Deutschland 1933-1945; Forschungsschwerpunkte: Geschichte der NS-Judenverfolgung in Europa. Staatliche Diskriminierung der indianischen Bevölkerung in Lateinamerika im 19./20. Jahrhundert; Veröffentlichungen u.a.: Öffentliche Wohlfahrt und Judenverfolgung im NS-Staat, München 2002; »Forced Labor of Jews in Europe. A comparative View« (im Druck bei Cambridge University Press).
gruner@ifz-muenchen.de

Monica Kingreen, Dipl.-Pädagogin, geb. 1952, wissenschaftliche Mitarbeiterin am Fritz Bauer Institut, Studien- u. Dokumentationszentrum zur Geschichte und Wirkung des Holocaust, in Frankfurt/M.; Forschungsschwerpunkte: Jüdisches Landleben, Verfolgung der Juden in Hessen; Veröffentlichungen u.a.: Hanauer Juden 1933-1945. Entrechtung, Verfolgung, Deportation (mit M. Pfeiffer), Hanau 1998; als Hg.: »Nach der Kristallnacht«. Jüdisches Leben und antijüdische Politik in Frankfurt am Main 1938-1934, Frankfurt/New York 1999.
M.Kingreen@fritz-bauer-institut.de

Beate Kosmala, Dr. phil., geb. 1949, wissenschaftliche Mitarbeiterin am Zentrum für Antisemitismusforschung der TU Berlin, Forschungsprojekt: Die polnische Industriestadt Łódź und ihre jüdische Minderheit 1945-1968; Forschungsschwerpunkte: NS-Judenverfolgung, polnisch-jüdische Geschichte; Veröffentlichungen u.a.: Die Vertreibung der Juden aus Polen 1968. Antisemitismus und politisches Kalkül, Berlin 2000; Zus. mit Claudia Schoppmann (Hg.), Überleben im Untergrund. Hilfe für Juden in Deutschland 1941-1945, Berlin 2002.
kos@zfa.kgw.tu-berlin.de

Christiane Kuller, Dr. phil., geb. 1970, wissenschaftliche Mitarbeiterin im Historischen Seminar der Ludwig-Maximilians-Universität München, Forschungsprojekt »Finanzverwaltung und Judenverfolgung«. Forschungsschwerpunkte: NS-Judenverfolgung und Geschichte der Bundesrepublik; Veröffentlichungen u.a.: Zus. mit Hans Günter Hockerts (Hg.), Nach der Verfolgung. Wiedergutmachung nationalsozialistischen Unrechts in Deutschland?, Göttingen 2003; Familienpolitik im föderativen So-

zialstaat. Die Formierung eines Politikfeldes in der Bundesrepublik 1949-1975, München 2004.
c.kuller@lrz.uni-muenchen.de

Birthe Kundrus, Dr. phil., geb. 1963, Privatdozentin an der Universität Oldenburg, wissenschaftliche Mitarbeiterin am Hamburger Institut für Sozialforschung, Projekt: Laboratorium der Gewalt. Die deutsche Besatzung in Polen 1939-1945; Forschungsschwerpunkte: Colonial/Postcolonial Studies; deutsche Gesellschaftsgeschichte; Theorie und Geschichte der Gewalt in Kriegen; Geschlechtergeschichte des 19. und 20. Jahrhunderts. Veröffentlichungen u.a.: Moderne Imperialisten. Das Kaiserreich im Spiegel seiner Kolonien, Köln 2003; »Phantasiereiche«. Zur Kulturgeschichte des deutschen Kolonialismus, Frankfurt/M./New York 2003.
birthe.kundrus@his-online.de

Robert Kuwałek, geb. 1966, Historiker an der Gedenkstätte Majdanek und Leiter der Gedenkstätte Bełżec. Forschungsschwerpunkte: Jüdische Geschichte in der Region Lublin sowie die »Aktion Reinhardt« im Distrikt Lublin. Veröffentlichungen u.a.: Getta tranzytowe w dystrykcie lubelskim (między innymi Piaski, Izbica, Rejowiec, Trawniki), in: Bogdan Musial (Hg.) »Aktion Reinhardt«. Der Völkermord an den Juden im Generalgouvernement 1941-1944, im Druck; Die letzte Station vor der Vernichtung. Das Durchgangsghetto in Izbica, in: Andrea Löw/Kerstin Robusch/Stefanie Walter (Hg.), Deutsche – Juden – Polen. Geschichte einer wechselvollen Beziehung im 20. Jahrhundert, Frankfurt/New York 2004, S. 157-179.
robkuwalek@gmx.net

Beate Meyer, Dr. phil., geb. 1952, wissenschaftliche Mitarbeiterin am Institut für die Geschichte der deutschen Juden, Hamburg, derzeitiges Projekt: Die Reichsvereinigung der Juden in Deutschland – ein deutscher Judenrat? Forschungsschwerpunkte: oral history, regionale Aspekte der NS-Herrschaft, NS-Judenverfolgung in Deutschland und Hamburg, Veröffentlichungen u.a. »Jüdische Mischlinge«. Rassenpolitik und Verfolgungserfahrung (1933-1945), Hamburg 1998; Zus. mit Hermann Simon (Hg.), Juden in Berlin 1938-1945, Berlin 2000.
beate_meyer@yahoo.de

Nicolas Terry, geb. 1970, promovierte am King's College, London, über »Die Heeresgruppe Mitte und die sowjetische Zivilbevölkerung 1941-1944«; 2004/2005 Fellow am United Holocaust Memorial Museum, Projekt: Einsatzgruppe B in Rußland und Belorußland 1941-1944; Forschungsschwerpunkte: NS-Besatzungspolitik in Sowjetrußland, britischer Nachrichtendienst und besetztes Europa während des Zweiten Weltkrieges; Veröffentlichungen u.a.: Enforcing German Rule in Russia, 1941-1944: Policing the Occupation, in: Gerard Oram (Hg.), Conflict and Legality: Policing Mid-Twentieth Century Europe, London 2003, S. 125-148; Conflicting Signals: British Intelligence on the ›Final Solution‹ through Radio Intercepts and other Sources, 1941-1942, in: Yad Vashem Studies XXXII (2004), S.351-396.
nickterry@ukonline.co.uk

Ankündigung

Beiträge zur Geschichte des Nationalsozialismus, Band 21
Vergleichende Faschismusforschung

Die angloamerikanische Forschung hat im letzten Jahrzehnt komparative Faschismusanalysen vorgelegt, die es erlauben, den Nationalsozialismus unter einer dezidiert sozial- und kulturgeschichtlichen Perspektive vergleichend in den Blick zu nehmen. In diesen entwicklungsgeschichtlichen Untersuchungen werden Handlungen und soziale Praktiken der Faschisten in das Zentrum der Analyse gestellt. Band 21 der »Beiträge zur Geschichte des Nationalsozialismus« möchte die Tragfähigkeit dieser neueren Ansätze anhand von vier Themenkomplexen überprüfen. Dabei soll erstens gefragt werden, inwieweit der Zusammenhang von Gemeinschaftsbildung und Gewalt ein zentrales Merkmal des Vitalismus und der Dynamik des Faschismus darstellt. Zweitens soll nach der Verklammerung von Arbeits- und Sozialpolitik auf der einen und rassistischen Vorstellungen von »Gemeinschaftsfremden« auf der anderen Seite als regimeübergreifendem Merkmal des Faschismus gefragt werden. Drittens sollen Richtung und Ausmaß der Zustimmung in den faschistischen »Volksgemeinschaften« verglichen und viertens schließlich soziale Generationserfahrungen und -konflikte wie auch spezifische Elemente der generationellen Selbsterfindung im Faschismus untersucht werden. Der Band bezieht sich auf den Vergleich von ost- und westeuropäischen Ländern zwischen 1914 und 1945.